本书由国家社会科学基金重大项目"20世纪中国婚姻史研究"（项目编号：15ZDB050）资助出版

近代中国陋俗文化嬗变研究

梁景和 著

人 民 出 版 社

责任编辑：姜　虹

封面设计：汪　阳

图书在版编目(CIP)数据

近代中国陋俗文化嬗变研究 ／ 梁景和著. -- 北京 ：
人民出版社，2025. 6. -- ISBN 978－7－01－027344－0

Ⅰ．K892.29

中国国家版本馆 CIP 数据核字第 20255JD301 号

近代中国陋俗文化嬗变研究

JINDAI ZHONGGUO LOUSU WENHUA SHANBIAN YANJIU

梁景和　著

人民出版社 出版发行

（100706　北京市东城区隆福寺街 99 号）

北京中科印刷有限公司印刷　新华书店经销

2025 年 6 月第 1 版　2025 年 6 月北京第 1 次印刷
开本：710 毫米×1000 毫米 1/16　印张：21.75
字数：345 千字

ISBN 978－7－01－027344－0　定价：100.00 元

邮购地址 100706　北京市东城区隆福寺街 99 号
人民东方图书销售中心　电话（010）65250042　65289539

序

龚书铎

任何一个国家、民族的文化都具有两重性,中国传统文化也是如此,既有优秀的精华,也有腐陋的糟粕。对此应该进行认真分析,批判继承,取其精华,弃其糟粕,才能有利于建设有中国特色的社会主义文化。梁景和同志关于中国近代陋俗文化的研究,正是力图对中国传统社会习俗的精华和糟粕作出正确的区分和深入的探讨,因此,它不仅具有学术价值,而且也具有现实意义。

对于中国陋俗文化,学术界曾有所研究,取得的成果主要是有关中国陋俗文化的某些方面的具体阐述,迄今为止对中国近代陋俗文化尚缺少全面、系统的研究。景和在已有成果的基础上,对中国陋俗文化进行了细致的、较全面的探讨,从而弥补了这项研究的不足。

文化是人创造的,是人的文化;人又是在文化环境中受陶冶,是文化的人。因此,文化问题从根本上说是人的问题。人不是抽象的,它是一切社会关系的总和。人的主体在社会客体之中,人在改造社会客体的同时改变着主体自身。没有主体的改变,客体的变革不可能真正完善;不变革客体,主体也不可能得到合理的、充分的改变。

本书正是以人创造了文化,人又被文化所束缚,这个文化效能和人的局限作为立论的主题,紧密结合近代中国社会与文化的变迁,探讨了中国传统文化中的陋俗文化在近代中国的动态运演过程,揭示了传统人伦文化塑造的民族心理在近代中国的演变大略。全书共分"首论""婚姻""家庭""妇女""'性伦'"和"结论"6卷,对中国近代陋俗文化的内容、特征及其嬗变,做了较好的概括和深入的分析。作者没有满足于对陋俗文化现象的简单罗列,而是从社会文化史的角度,去探讨社会生活和观念形态之间的相互关系,既注重了显形的社会生活,又深入分析了隐形的精神状态,力图挖掘出社会精神面貌的深层结构。特别是在"结论"卷中,作者着力剖析了陋俗文化的嬗变与人的精神进化的关系,指出"近代中国陋俗文化的演变并非特定时期内孤立的文化现象,实际上,它既是人类精神进化过程中一个阶段性的主旨,又是再次实现人的自身觉醒和精神解放的一个重要途径。"并对近代中国陋俗文化的发展规律和经验教训予以总结,从而进一步增加了本书的学术价值和现实意义。在对具体问题的论述上,书中也提出了不少新的见解。例如,陋俗文化是指体现于风俗习惯上的并为传统文化所认同的文化糟粕的见解,以及对文化精华和糟粕的界定和阐释,对传统家庭文化本质的优质与劣质的辨析,说明文化精华和糟粕所具有的相对独立性和历史性,它们既互相包含,又可以在一定条件下互相转化,等等,都透发出新意。

书中所展现出的独到见解,是作者在掌握了大量文献并进行了研究之后提出的。景和在北京师范大学攻读硕士学位时,即有志于对中国近代社会文化史的研究。此后又师从林增平教授攻读博士学位,着重研究中国近代陋俗文化。本书是由其博士论文修改而成。在撰写过程中,作者查阅的报刊、方志、家谱、笔记、文集、传记等文献及国内外有关论著共 200 余种,征引千余条,做到了立论严谨,言必有据。在"十年磨一剑"有被"一年造十剑"所取代的今天,作为一个青年学者,景和能够不为潮流所动,潜心研究,体现出严谨扎实的学风,这是难能可贵的。

学问没有止境,个人的学识和理论水平难免有局限,因此,这部著作不可避免地会存在不足之处。书的出版,不等于研究的结束。希望景和进一步深入研究,精益求精,使之更臻于深刻、全面。

1998 年元月

目　　录

首　论　卷

婚　姻　卷

家　庭　卷

妇　女　卷

"性 伦"卷

结　论　卷

首 论 卷

一、文化的界定及文化的精华与糟粕

（一）文化类型说

人类创造了文化，而文化又反过来给人类及人类社会以重大影响。当我们浮光掠影般地仅凭直觉而缺乏理性辨析和逻辑推理去面对文化的时候，它似乎是极为简单的常识，简单得往往使人不屑一顾。然而当我们拂开那种笼统的似是而非的直观层面，就即刻发现文化蕴藏着无限的复杂。其复杂性体现在这个社会科学家和人文主义学者经常使用又在民间得到广泛流行的词语是一个说明人类行为和人类历史的最广泛的概念，它所涉及的不是一种单项事实，而是在普通事物中不同层次上的不可计数的多种事项；它的复杂还在于文化的内容是描述人类在复杂迷离和纷繁斑驳的发展过程中所取得的所有成就，它显示了人类在数十万年间获得的关于人类自己，关于世界和与人类共同享有这个世界的其他生物的一切知识；它的复杂更在于文化的运用极为广泛，而人们对它认识的视角又往往不同，这就导致文化内涵和外延的不确定性，从而造成"文化"的歧义。正因为文化是这样一个复杂现象，所以要研究文化，就必须首先界定文化。又因为文化的复杂，迄今为止，还没有一个能够被普遍认同的文化界定。事实上，并不存在一个包含绝对真理的绝对科学的文化概念。但又不能因而要求人们放弃对文化的探讨。人类是在特定历史环境和认识水平上来探索文化的，人类认识既有局限又有所进化。因此对文化探索亦既有局限又有所进化。应当强调，虽然很难有一个永恒的文化概念，但这绝不妨碍我们去界定文化，其实对文化的每次较科学的界定，都是对人类认识文化本质的一次推动和促进。考察历史，不难发现，人类从 19 世纪开始对文化的探索从未间歇过。从 1843 年德国学者 C.E.克莱姆(1802—1867)所著的《普通文化史》一书算起,迄今文化科学已形成了一门包含文化人类学、社会学、文化学和文化史学等多个分支的交叉学科。一个半多世纪里,人们围绕着"文化"著书立说,所界定的"文化"千姿百态。美国人类学家 A.L.克罗伯和 C.克鲁克洪在《文化概念:一个重要概念的历史回顾》一文中统计了从 1871 年至 1951 年间,提出的文化定义约 164 种。20 世纪 50 年代后,文化探讨在各国展开,文化定义的数目已不可粗略统计了,或许已有几百种甚至上千种之多。①《文化概念:一个重要概念的历史回顾》中分析了约 164 个文化定义,并据各自的侧重点将它们大致划为描述性的、历史性的、规范性的、心理性的、结构性的、遗传性的六大类。最早给文化界定的是英国杰出的人类学家、文化史和人类学进化论学派的奠基人泰勒(E.B.Tylor,1832—1917)。他先后给文化下过两个定义,1865 年他在《人类早期历史与文化发展之研究》中曾对文化界定过。而 1871 年他在《原始文化》中所下的定义至今仍被学术界广泛地引用,他说:"所谓文化或文明乃是包括知识、信仰、艺术、道德、法律、习惯以及其他人类作为社会的成员而获得的种种的能力、习性在内的一种复合整体。"②这个定义强调人类精神事象的复合体,还未能揭示文化的本质,只是个描述性定义。然而,由于泰勒的文化定义阐发最早、影响较大,为世界不少学者所接受。

通过对往昔若干文化定义的考察,笔者以为以往的文化概念可以概括为十大类型,即模式文化说、结构文化说、价值文化说、功能文化说、符号文化说、传播文化说、成果文化说、事象文化说、工具文化说、综合文化说。即界定者往往自觉不自觉地以文化的模式、结构、价值、功能、符号、传播、成果、事象、工具、综合等为着眼点来思考文化并为之下定义的。通过对文化类型的考察,可以寻出国内外学者对文化探索的一般轨迹。

1. 模式文化说

这一界定强调文化是人类行为的形式或模型,其代表人物为美国人类学

---

① 张立文:《传统学导论》,《上海社科院学术季刊》1989 年第 1 期。
② 庄锡昌等编:《多维视野中的文化理论》,浙江人民出版社 1987 年版,第 98 页。

家露丝·本尼迪克特(Ruth Benedict)。1935 年,她的代表作《文化模式》出版,书中说:"一种文化就像是一个人,是思想和行动的一个或多或少贯一的模式。"①克鲁克洪和凯利(Kelly)②、菲利普·巴格比(Bagby)③、帕克(Robert E.Park,美国社会学家,1864—1944)、伯吉斯(Ernest Watson Burgess,美国社会学家,1886—1966)④、爱尔伍德(C.A.Ellwood)⑤等人的文化界定也可归纳为这一类。这一类型说把文化视为人类思想和行为的一种规范、一种准则、一种范式,从而突出了文化的静态特征,却忽视了文化的动态特征。我国文化比较研究的开拓者梁漱溟说:文化"是人类生活的样法"⑥,当代学者沙莲香说:"所谓文化,就是人们在长期的社会生活中凝聚起来的生活方式之总体"⑦,他们对文化的界定也可视为模式文化说。

2. 结构文化说

文化是由多种具体的文化现象组成的。这种被组成的文化结构具有可缩和可扩的弹性特征,它随时可以接受具体的文化现象,灵活性极强,概括性亦极强。如陈独秀视文化运动的内容为"文学、美术、音乐、哲学、科学这一类的事"⑧。张岱年认为"文化包含哲学、宗教、科学、技术、文学、艺术、教育,等等"⑨。结构文化说注重具体文化现象的罗列,却未能揭示文化的任何特征。威斯勒(Wissler Clark,美国人类学家,1870—1947)和马林诺夫斯基(Malinowski Bronislaw,波兰社会人类学家,1884—1942)⑩也从文化结构入手

① [美]露丝·本尼迪克特:《文化模式》,王炜等译,生活·读书·新知三联书店 1989 年版,第 48 页。
② [美]克莱德·克鲁克洪等:《文化与个人》,高佳等译,浙江人民出版社 1986 年版,第 6 页。
③ [美]菲利普·巴格比:《文化·历史的投影》,夏克等译,上海人民出版社 1987 年版,第 98 页。
④ 《中国文化研究集刊》第 1 辑,复旦大学出版社 1984 年版,第 449 页。
⑤ 《中国文化研究集刊》第 1 辑,复旦大学出版社 1984 年版,第 450 页。
⑥ 梁漱溟:《东西文化及其哲学》,商务印书馆 1987 年影印版,第 53 页。
⑦ 张立文等主编:《传统文化与现代化》,中国人民大学出版社 1987 年版,第 158—159 页。
⑧ 《文化运动与社会运动》,载《独秀文存》卷二,安徽人民出版社 1987 年版,第 608 页。
⑨ 《东西方文化研究》,河南人民出版社 1986 年版,创刊号,第 19 页。
⑩ 《中国文化研究集刊》第 1 辑,复旦大学出版社 1984 年版,第 449 页。

界定文化,这种界定只是一种感性的知觉,而缺乏一种理性的界定。

3. 价值文化说

梁启超说:"文化者,人类心能所开释出来之有价值的共业也"①;余英时说:文化是"成套的行为系统,其核心则由一套传统观念,尤其是价值系统构成的。"②应当指出的是,价值文化说无论是否全面而又透彻地阐释了文化,但已力图从文化的本质来揭示文化的内涵了。

4. 功能文化说

阿诺德(Arnold Matthew,英国诗人、评论家,1822—1888)在《文化与纷乱》中认为,文化不仅指学术而言,而是对于人生与性格发生作用与能够变动的最好的知识。③ 施塔姆勒(Stammler Rudolf,德国法学家,1856—1938)认为"文化不外是在正当的途径上发展的人类的能力。"④国内有的学者也把文化的本质视为"人类适应环境、主宰环境的一种群体的综合性行为能力"⑤。对文化进行功能研究就充分肯定了文化对于人生、对人本身的性格与能力的变化和发展、对人类控制自然而发生的重要影响和决定性作用。它突出强调了文化的功能特征。这一特征虽然非常重要,理当要充分肯定,然而它的缺憾在于无视文化的其他特征,它的片面是显而易见的。

5. 符号文化说

德国文化哲学家卡西尔(Ernst Cassirer,1874—1945)在探讨人的本质时,直接把人定义为"符号的动物"⑥,认为人能运用符号创造文化。文化无非是人的外化和对象化,无非是符号活动的现实化和具体化。美国当代民族学家

---

① 《什么是文化》,《学灯》1922年12月1日,载夏晓虹编:《梁启超文选》(下),中国广播电视出版社1992年版,第538页。
② 《从价值系统看中国的传统文化》,《理论信息报》1986年3月10日。
③ 《中国文化研究集刊》第1辑,复旦大学出版社1984年版,第450页。
④ 《中国文化研究集刊》第1辑,复旦大学出版社1984年版,第449页。
⑤ 《文化概念分析》,《学习与探索》1988年第2期。
⑥ [德]恩斯特·卡西尔:《人论》,甘阳译,上海译文出版社1985年版,第34页。

和社会学家莱斯利·怀特认为"文化是象征符号的总和",而"象征符号是所有人类行为和文明的基本单位","所有人类行为都起源于象征符号的使用。……只是由于使用了象征符号,所有的文明才被创造出来并得以保存。……人类行为是象征符号行为;象征符号行为是人类行为。象征符号是人类的宇宙。"①符号文化说已开始摆脱从单一方面揭示文化的个别属性,而力图逼近文化的本质。把象征符号能力视为要根据不同情境赋予事物以其本身不具有的某种意义的能力。国内当代一些青年学者也注重利用"符号"来界定文化。如"文化是人类在社会历史实践中运用象征符号进行的精神活动,创造出的精神成果以及在人们自身所凝聚的素质、行为方式的复合体"②"文化既是一种象征符号系统,又是由具体物质及种种象征符号所表现出来的人类群体的思想方式、行为模式、制度型式等等的整个生活样式"③。当代学者冯天瑜认为,卡西尔把人类的"符号活动"归结为"先验活动",避而不谈包括物质生产在内的社会实践对文化创造的人的本质的实现的决定作用。这是符号——文化学派文化观的根本性缺陷。④

6. 传播文化说

19 世纪末,西方就产生了文化传播学派。这个学派注重考察文化的迁徙和分布现象,注意探讨文化从创造点散布到接受点的过程,认为文化都具备从一个地域传递到另一个地域、从一个社会播散到另一个社会这样的过程。传播文化说把文化看作一个迁移和扩散的动态历程,是文化探索的一个进步。但若只强调文化只有一个中心而向四方单向播散显然是不符合文化的多元历史的。20 世纪 70 年代以来,传播文化说更为西方学者所重视,这影响到国内学者。有人正是从文化传播学的角度来定义文化的,认为文化的本质"一言

---

① 转引自《论文化发展的未来趋势》,《社会科学》(沪)1987 年第 1 期。
② 曹大为、曹文柱:《关于中国文化史学科建设的若干构想》,《北京师范大学学报》1988 年第 6 期。
③ 顾晓鸣:《文艺创作和鉴赏的文化学分析》,《复旦学报》1986 年第 1 期。
④ 冯天瑜:《文化:向着广延度和深刻度进军的多种定义》,《湖北社会科学》1988 年第 11 期。

以蔽之:传播","没有传播就没有文化,传播就是文化的实现"。①

7. 成果文化说

华德(Ward Lester Flrank,美国社会学家,1841—1913)认为,"欲望是社会与文化的主要动力。由欲望产生的一切结果,是人类的成就。人类的成就,不外是文明。环境改变动物,而人类改变环境。所谓变迁,都是文化。工具补充爪牙。望远镜与显微镜补充目力、铁道代翼、轮船代鳍。人类生活的特点,就是人为改变天然。所谓人为,就是成就,就是文化。成就包括物质与非物质两方面,成就主要是非物质的,是永久的,包括语言、制度、文学、哲学、科学等。"②成果文化说视文化为人类改变自然的成就,这成就既包括物质的诸如工具与机器的进步,亦包括精神的诸如各类文化学科的产生,还包括物质与精神的文化成果给人类生活带来了的安闲与幸福。成果文化说着眼点在于文化发挥作用之后的成果,珍惜的是文化的成就,但它缺乏对文化本质的阐释。

8. 事象文化说

霍布士(Thomas Hobbes,英国机械唯物主义哲学家,1588—1679)认为"文化就是教育"③。培娄(G.V.Below)认为"文化是民族精神的表现"④。事象文化说把文化仅仅等同于一种文化事象。它虽然具体、清晰,易于理解,然而它无论如何也涵盖不了文化的丰富内容。它的简单化倾向,容易萎缩和扼杀文化的生命力,阻碍了人类的思维力,不利于文化科学向着广阔和深远的方向发展。

9. 工具文化说

博洛尼斯留·马里诺乌斯基则做过这样的归纳:所谓"文化"是"一个在

---

① 居延安:《关于文化传播学的几个问题》,载复旦学报编辑部:《断裂与继承:青年学者论传统文化与现代化》,上海人民出版社1987年版,第180页。
② 《中国文化研究集刊》第1辑,复旦大学出版社1984年版,第450页。
③ 《中国文化研究集刊》第1辑,复旦大学出版社1984年版,第450页。
④ 《中国文化研究集刊》第1辑,复旦大学出版社1984年版,第450页。

满足人的要求的过程中,为应付该环境中面临的具体、特殊的课题,而把自己置于一个更好的位置上的工具性装置"。"很明显,它是一个由工具、消费物,在制度上对各种社会集团的认定、观念、技术、信仰、习惯等构成的统一的总体。"①俄斯特瓦尔德(W.Ostwald)是一个化学物理学家,他认为"文化是指人类所有一切事物而言。文化演进的原理,本于能力的定律。由能力的观点来看,文化演进史,不过是工具与机器演进史"②。把文化视为"工具性装置",强调了文化的实用性特征,把文化演进史视为"工具与机器演进史",直接把文化与工具和机器等同,这就紧缩了文化丰厚的内涵,显然亦是片面的。

10. 综合文化说

这是相对于上述文化说而言的,综合文化说不是从一个侧面而是从多方面、多角度来揭示文化的特征或本质,也有些就是直接对上述几种文化说的合并和综合。综合文化说更能反映文化界定的深刻性和准确性。泰勒的文化定义可视为最早的综合文化说。它综合了结构文化说和功能文化说的特点,长期被看作经典的定义,只是因它未能正面揭示文化的本质,所以还属于一个描述性定义。克罗伯和克鲁克洪的文化定义是目前世界上获得较多学者认同的,他们认为,"文化包括各种外显或内隐的行为模式,它们借符号之使用而被学到或被传授,而且构成人类群体的出色成就,包括体现于人工制品中的成就;文化的基本核心包括传统观念,尤其是其价值观念;文化体系虽可被认为是人类活动之产物,但也可被视为限制人类作进一步活动之因素。"③这里突出强调了文化的模式、价值、符号、成果,把握到了"文化"某些方面的质的规定性或某几个重要特征。但这个定义仍可以从不同侧面无限制地添加罗列,所以又不能使人从整体上把握文化的内在本质。苏联学者 Д.И.契斯诺科夫认为:"文化是受历史制约的人们的技能、知识、思想和感情的总和,同时也是其在生产技术和生活服务技术上、在人民的教育水平以及规定和组织社会生

---

① 庄锡昌等编:《多维视野中的文化理论》,浙江人民出版社 1987 年版,第 371 页。
② 《中国文化研究集刊》第 1 辑,复旦大学出版社 1984 年版,第 449—450 页。
③ 《美国考古学和人类文化学波包蒂博物馆论文集》1952 年第 1 期。

活的社会制度上,在科学技术成果和文学艺术作品中的固定化和物质化。"①
这里,文化作为一种固定化和物质化的存在表现在物质生产和精神生产的历
史发展过程中。这是苏联哲学界试图把文化概念纳入历史唯物主义理论体系
以至建立独立的马克思主义文化理论的尝试。中国学者从综合文化说的角度
来界定文化者并不少见。早年蔡元培的"文化是人生发展的状况"②、梁漱溟
的"文化,就是吾人生活所依靠之一切"③,贺麟的"文化就是经过人类精神陶
铸过的自然"等均属于那种笼统地描述性质的综合文化说。20 世纪 80 年代,
国内学者在"文化热"中,试图严格地界定文化,力图准确把握文化的某些基
本特征,这是文化研究得到深入发展的一个显著标志。张立文认为:"文化乃
是人类在实践中所建构的各种方式和成果的总体。"④这里首先强调了文化是
人类在实践中建构的,即文化是人类实践的产物,其次指出文化是人类建构过
程中的各种方式和成果。此说所含容量较大,是对模式文化说、成果文化说和
结构文化说的综合。李侃认为:"文化是人类认识自然社会的水平在人脑中
的反映。"⑤这是从唯物主义认识论的视角来界定文化的。这里用"反映"来
说明人类与自然和社会这一主体和客体的关系,用"认识水平"说明人类与自
然和社会结成关系的某种程度,把文化的有限和无限的特征作了逻辑的注释,
具有极强的概括力。王富仁认为,文化是"人类在自己存在和发展过程中所
创造并作为一种信息反转来作用于人类自身的存在和发展的物质和精神成果
的总和"⑥。这一界定突出了文化是物质和精神成果的总和,这无疑是最全面
的,但若不加任何定语的限制,这种全面就显得空泛,王富仁为避免这一缺漏,
力图揭示文化最基本的特征,他是从如下几方面来把握文化的基本特征的:其
一,文化是人类自身在存在和发展过程中的创造;其二,文化是一种信息符号;
其三,文化这一信息符号又能作用于人类自身的存在和发展。这一定义由于
把握了文化的某些基本特征,较适当地界定了文化,它实际是融合成果文化

① 《历史唯物主义》,莫斯科 1965 年版,第 346 页。
② 《何谓文化》,载《蔡元培美学文选》,北京大学出版社 1983 年版,第 113 页。
③ 《漱溟最近文录》,中华正气出版社 1944 年版,第 9 页。
④ 张立文:《传统学导论》,《上海社科院学术季刊》1989 年第 1 期。
⑤ 1985 年在北京师范大学历史系研究生课堂上的一次讲演。
⑥ 《东西方文化研究》,河南人民出版社 1986 年版,创刊号第 77 页。

说、功能文化说、符号文化说、结构文化说的综合文化说。顾晓鸣认为,"文化,不管如何的恢宏,或者如何的具体,它只是自然无限发展过程中的一个创造,是自然创造的人类之有意识、有心智、有目的实践过程的体现——表现为人的存在和活动形式,表现为人的存在和活动的一切物质具象,表现为人存在和活动的成果的遗迹。"①这里从更为广阔的视角,把由自然创造的主体的人以及再由人的实践而创造的文化紧密地联系起来,特别强调了文化的多维性,揭示了文化的若干本质,是文化界定进一步深化的体现。

上面对文化界定进行了归类和评说。事实上这十种文化说之间并不存在绝对不可逾越的界限,它们之间相互渗透、相互包含、联系紧密,有些界定由于并不明显,所以在归类上不易确定,模糊于两者之间。人为地把文化界定划分为若干类型,仅仅是为了在文化分类过程中,通过对文化的辨析和考察,以求理解以往人们对文化认识的心迹,从而为我们进一步认识文化寻找历史的感悟和新的定位,以往所有的文化界定虽然千差万别,但细究起来,它们明显有着两方面的共同之处:其一,文化是习得,即通过后天的学习而获得的,而不是通过生物性的遗传而得到的。其二,文化是人的创造,是人类劳动的外化和对象化,即文化是主体从事创造的能力,是主体创造的客体之一。文化界定既有共同之处,又难以求得被普遍认同的统一界定,造成彼此相异的主要原因在于,人们各自运用的方法不同,观察的视角不同,把握的层面不同,研究的学科不同,等等。而之所以出现诸如此类的不同,恰恰又是纷繁斑驳的文化本身造成的。鉴于这种客观实际,我们就必须用辩证的态度替代机械的和形而上学的态度去对待文化。我们应当认定,不存在一个无条件的绝对科学的文化界定。正如列宁所说:"所有的定义都只有有条件的、相对的意义,永远也不能包括充分发展的现象的各方面联系"②。任何事物都存在多方面、多层面的联系,形成了多方面的质的规定性,何况是文化这样的一个复杂的现象,所以要穷尽文化的质的规定性是困难的,我们不必为在纷然陈杂的文化概念中找不

---

① 顾晓鸣:《多维视野中的"文化"概念——简论"文化"》,《社会科学战线》1987 年第 4 期。

② 列宁:《帝国主义是资本主义的最高阶段》,载《列宁选集》第 2 卷,人民出版社 1972 年版,第 808 页。

到一个永恒的文化界定而忧心忡忡和茫然失措。对事物的发展和科学本身来讲,定义是微不足道的。恩格斯说:"定义对于科学来说是没有价值的,因为它们总是不充分的。唯一真实的定义是事物本身的发展"①。可见,仅为定义而界定是徒劳和没有意义的。然而我们又不能因此产生误解,认为可以取消对文化的界定。事实上,要进行规范的文化研究,每个研究者在具体的文化研究领域都要对自己所使用的文化概念有一个准确的界定,否则就谈不上科学研究,其他一系列概念和研究也就无法进行。对不同专业的研究来说,文化定义的多种含义是正常的,而且是有意义的。众多的文化定义都是观察分析问题的角度,他们之间有分歧、有争论,才有可能集思广益,有助于我们对文化本质的深入理解,从而达成大体一致的认识。文化界定的过程不但是文化本身的进化,亦是社会历史的进化和人类智慧的进化。

正是基于上述认识,结合自己所研究的专业领域,笔者对文化的理解是这样的:

文化是人类智慧创造的,使人的身心在一定层次和维度上得到满足和发展,人际关系及人与自然关系得到方向性转换,社会形态得到实质性变革的一种功能性模式。

这个文化界定里反映了笔者对文化基本特征的看法。其一,肯定文化是人类智慧的创造物,而排除了非人类智慧的创造物,在人类还不能断定是否存在非人类智慧的创造物之前,文化只是人类自身创造的产物。其二,文化是一种模式,具有一种静态的特质。这种模式不仅仅是显形的,实际上它有显形的物化形态和非显形的非物化形态这样两种表现形式。显形的物化形态易于理解,每个具体事物都存在显形的物化形态的模式。而非显形的非物化形态的文化模式亦存在。诸如政治学上的社会制度、哲学上的学说体系、伦理学上爱憎的评价、文学上人物的褒贬、工艺学上作品创作的构思、机械学上机器制造的设计等均属于非显形的非物化形态的文化模式。其三,文化模式具有功能性,这种文化功能可以产生一种动态的功效特质,这种功效主要体现于对人本身、对人际关系及人与自然关系、对社会形态的直接作用上。其中人的身心满

---

① 恩格斯:《〈反杜林论〉的准备材料》,载《反杜林论》,人民出版社 2018 年版,第 362 页。

足包含本能与审美,即灵与肉的满足,人的身心发展包含智能与体能的发展。而这种满足与发展又具备不同的层次和维度。所谓层次是现世的对衣食住行乐等各类要求的不同标准和不同感受。所谓维度是指对诸如宗教、气功等神秘文化的超时空及其非阳世的认同。文化对人际关系起着变换的作用,这种变换有着多路向的方向性特点,诸如和谐、冲突、融洽、对立、协调、敌视等。文化对社会形态起转化和变革的作用,使社会形态中的经济、政治及其制度的内容发生本质上的变化。在此应再一次强调,每一种具体的文化界定,都具有相对的真理性和科学性,对各种文化界定的一定程度的认同,均能对我们更科学地理解文化有所启示。同时要承认,仅就人类思维能力和语言的局限而言,任何文化界定都不能避免它自身存在的某些缺憾。

(二)文化精华与糟粕的基本特征

人们往往用精华与糟粕来形容文化的品质。精华与糟粕构成文化学的一对基本范畴,何谓精华?何谓糟粕?笔者认为,所谓文化精华是指使人的体能和心智得到健康发展和陶冶,使人际关系及人与自然关系向着和谐、融洽、协调的方向转换,使社会形态朝着进步的趋向变革的功能性模式。所谓文化糟粕,与文化精华恰恰相反,是指不能使人的体能和心智得到健康发展和陶冶,不能使人际关系及人与自然关系向着和谐、融洽、协调的方向转换,不能使社会形态朝着进步趋向变革的功能性模式。对文化精华与糟粕的判断是有条件的、相对的。只有在一定历史条件下才能正确判断文化精华与糟粕,无条件就无法进行正确的判断;不存在绝对的文化精华与糟粕,绝对的精华与糟粕是不可思议的。文化精华与糟粕有相对的独立性,同时两者又是相互包含及相互转化的。它们的基本特征表现于:

1. 文化精华与糟粕具有相对的独立性

这是指一般的文化现象而言,诸如某些具体的政治制度、经济制度、哲学原理、伦理道德、科学成果、宗教信仰、艺术形式、民族精神、风俗习惯等。其中的很多具体文化现象,我们可以在相当广的范围或相当长的时间内,作出文化精华或文化糟粕的判断,使人们较容易地把握它们。由于这种独立性的客观性质,所以这种判断和归纳往往具有人类的共通性,即判断的超时代、超地域、超民族、超国界、超阶级的性质。当然,这种文化精华和糟粕的独立性虽有人类共通性的特点,但它仍然是有条件的、相对的,绝不是永恒的或绝对的。

2. 文化精华与糟粕具有一定的历史性

即我们应当在特定的历史阶段内来判断文化的精华与糟粕。离开具体的历史环境就难以对某些文化现象作出精华与糟粕的辨别。例如贞操观念,今天作为对妇女片面苛求和极不公正的封建道德观,它的具体内容已经成为文化糟粕,理当予以批判和摒弃。但追溯历史,在一夫一妻制刚刚诞生的时候,贞操观也相伴而生,这时关于女子贞操要求有对乱婚以及乱婚对女性造成的极度难堪的情况的否定意义,也有促进男女双方共同承担家庭义务的作用,后来它甚至还对塑造君臣、国民精忠报国的民族气节发生过正面影响。从这个意义上讲,在上述历史时期内,我们还不能全盘否定贞操观念的进步意义。再如传统的尽孝观念也是这样:在封建社会,卧冰求鲤、为母埋儿、尝粪心忧、剜肉治疾等作为尽孝的典范被广泛地赞誉过,而在今天,这种尽孝方式已不可能再为人们所提倡。时代变了,历史进化了,人们可以用新的方式敬爱父母,以达尽孝之目的。又如巫术亦是如此:在古代社会,人们处于蒙昧的时代,充满愚昧和迷信内容的巫术极为盛行。但是在那个时代,还不能彻底否定巫术本身存在的意义。其实,未有巫术前的古人比有了巫术后的人更加愚昧。人们在当时的生活实践中逐渐发现某种活动或动作与猎获某种动物有关,某种体位的刺激与某种病痛的解除有关,但是他们不懂得其间真正的因果关系,于是用幻想的联系权且作为实际的联系,搞出了种种巫术,这种巫术是对更早的更愚昧状态的否定,在古代占有一席之地,有文化精华的一面。只是随着历史的发展和科学的进步,医学对于疾病有了科学诊断和治疗手段,从此巫术中不科学成分成为文化糟粕,自然应当予以淘汰和剔除。① 可见,判断文化精华与糟

---

① 刘家和:《略说文化》,载《中国文化研究集刊》第 2 辑,复旦大学出版社 1985 年版,第 13 页。

粕不能割断历史,没有历史眼光,就不能正确认识文化的精华与糟粕,这是文化精华与糟粕历史性的体现。

3. 文化精华与糟粕有相互包含并相互转化的特征

这一般是对一个具体文化现象内部的某些因素之间的关系而言。即一个文化现象的具体内容由诸多因素构成,使这一文化现象成为多种因素构成的统一体。在这个统一体内部,各因素之间在运动中有一个量的变化过程。而一旦某一因素占有了主要量,它就代表了这一具体文化现象的本质,而在继续运动中占有主要量的因素逐渐减少,而占有次要量的因素逐渐增加,当这种运动继续到一定程度,具体文化现象就会发生质的转变。或文化糟粕变为文化精华,或文化精华变为文化糟粕。如神秘文化中的咒语就会发生这样的情况。提起咒语,一般被斥为封建迷信,是一种愚昧及骗人的东西。实际上,咒语作为一种文化现象和文化实践,从本质上来说,有些咒语是科学与迷信相掺和的文化现象,咒语中的科学与迷信的成分是存在着量的转化的。诚然,咒语本身有迷信的因素,如视咒语为整个社会一切现象和事物的主宰,加之它本身科学的实用性有时并不稳定,所以长期以来成为"谈虎色变"的禁区。然而实践证明,有些咒语有着某些特殊的功效。长期默诵,可以激发生命的潜能,开智通慧,达到一种神妙的境界。特别是在气功的实践中,可以促人入静进入功态,达到祛疾治病、强身健体的目的。咒语本身有其深奥的科学原理,并有很多实用价值。如果充分发挥咒语科学成分的特殊功效,摒弃其"神化"的迷信成分,修正其包治百病、使人腾飞、隐形、成佛以至无所不能的"法宝"的错觉,咒语本身内部在转化过程中,科学之量就会渐次排斥迷信之量,使其在本质上转化为文化精华。相反,如果迷信之量不断排斥科学之量,最终将转化为文化糟粕。一个具体文化现象内的不同因素之间的相互转化,就可以对此文化现象作出文化精华或糟粕的不同判断。这是由文化精华与糟粕之间相互包含并相互转化的特征决定的。

4. 文化精华与糟粕有否定之否定的特征

这是某些具体文化现象在一个较长历史时期内的一种表现方式。对一个具体的文化现象而言,在一定的历史时期内它可被视为文化的精华或糟粕,随着历史的演化,它可能又被视为文化的糟粕或精华;而又随着历史的再变化,它又可能反转轮回,再次回反,又被重新视为当初的文化精华或糟粕。这里完成了一个否定之否定的过程,其实这种过程并没有结束,还将继续随着历史进程的变化而被渐次否定,不断从精华转为糟粕,再从糟粕转为精华,辗转反复。然而每次否定都是一种发展的否定。诸如,原始公有制被私有制所代替,完成了文化精华向糟粕的转化,新的公有制再替代私有制,又完成了文化糟粕向文化精华的转变,从而结束了一个轮回过程,即一个否定之否定的过程。

上面阐述了文化精华与糟粕的几个基本特征,认识并领会这些特征意义重大:第一,正确判断文化的精华与糟粕,可更好地继承精华、剔除糟粕而不至流于口头上的空谈;第二,树立辩证的思维方式,做好糟粕向精华的转化工作;第三,精华向糟粕转化,在特定的历史条件下在所难免,要正确对待,并创造条件,促其再次转化。

当探索了文化的精华和糟粕的基本特征之后,笔者感到,从某种意义上说,研究文化也可以说就是研究文化的精华与糟粕。我们既要研究精华问题,又要研究糟粕问题,更要研究两者的关系问题。文化精华与糟粕,实际仍是一个大范畴、大概念。而从事文化研究还是要从更为具体的问题入手。探讨陋俗文化就是从文化糟粕领域内的一个较为具体的方面作为研究对象的。本书旨在从近代陋俗文化这个具体的文化形态来着手探究有关文化问题的。

二、近代陋俗文化嬗变要略

（一）近代陋俗文化变革的历史条件

所谓陋俗文化是指特定时期内体现于风俗惯制上的并为传统人伦文化所认同的文化糟粕。它包含两方面的内容：一是指陋俗所反映的传统人伦文化观念中的糟粕；一是指传统人伦文化观念糟粕所铸成的陋俗。两者既统一相关又有所不同，前者是内在的起支配作用的观念形态，后者是外显的被观念形态所支配的行为方式，两者是统一体中本质和现象的反映。陋俗文化作为文化糟粕有着与糟粕文化同样的特征，诸如它本身所具有的独立性、历史性、转化与轮回的特征。此外，陋俗文化还有一个它本身所独具的文化特征，那就是陋俗文化中的本质和现象即传统人伦文化观念与陋俗本身的相互认同。陋俗文化中的本质和现象绝不能分割，两者缺一不可，否则任何单独一方均不能构成陋俗文化。所以陋俗文化与传统人伦文化不同，传统人伦文化不必非得具备陋俗事象不可，但陋俗文化却必须具备它；陋俗文化又与陋俗不同，陋俗不必非得被传统人伦文化认同，但陋俗文化却必须被其认同。这就是陋俗文化与传统文化及陋俗之间的异同点。

中国近代陋俗文化是指在中国近代社会发挥着文化糟粕功能的体现于习俗上的并为传统人伦文化所认同的习俗文化。我们虽然限制了中国近代陋俗文化的时间范围，但它不仅说明在这个时期内有这样的陋俗文化存在并发挥着文化糟粕的作用，同时为一定的人所认识，而且我们又不排除在其他历史时期内也存在这样的陋俗文化并为一些先进分子所批判。

研究近代中国陋俗文化的嬗变，是因为中国陋俗文化在近代这个历史时期内不同程度地发生了变化。有了这个客观事实,才为我们研究这一问题提供了可能。那么,为什么近代中国会出现陋俗文化变化这一客观存在,或者说,近代中国陋俗文化发生嬗变的原因是什么? 实际这是近代社会特定历史条件决定的。对这些历史条件进行考察,其主要包括如下方面:即落后挨打的基本国情、进化论学说的传播与吸收、开通民智的文化氛围、新的文化价值观念的形成和影响等。诸因素之间并非彼此孤立,而是有着紧密的内在联系,其中落后挨打的基本国情是其根本原因。要拯救这落后挨打的国家,人们就要运用一种思想理论去寻找救国救民的出路,时人选择了进化论,而这种理论的传播和吸收则成为变革陋俗文化的思想武器。在进化论指导下,人们打出"开通民智"的大旗,以"开通民智"为宗旨的广泛宣传则构成近代陋俗文化变革的文化环境;而开通民智的直接后果是文化观念形态发生了变化,这些新的文化价值观正是陋俗文化嬗变的至关重要的思想基础。下面就对陋俗文化嬗变的因素做几点综合分析。

1. 近代中国正处于一个剧变的时代

我国缓慢发展起来的资本主义要求冲破封建专制的束缚,摆脱殖民者的压迫,从而得到充分和自由的发展。然而严重的民族危机和社会危机,使灾难中的祖国走到亡国灭种的边缘。当时"天下爱国之士,莫不焦心竭虑,忧国之将危将亡,思有以挽回补救之策"①。但是出路何在? 爱国志士们站在不同的角度寻求各自不同的救国方案:纷纷提出教育救国、实业救国、科学救国,甚至提出文学救国、音乐救国的主张,在这样一个救亡图存的社会背景下,一些以救国为目的的知识分子提出了改造旧习俗的救国主张,他们明确指出:"欲救中国,必自改革习俗入手。"②正是在这个救国动机的驱使下,先进分子在宣传改造陋俗的时候,能自觉地同救亡图存联系起来。例如:认为兴办女学是"强国强种",关系国家兴衰、民族存亡的大事,"试观五洲之国,女学昌其国昌,女学衰其国衰"③;认为提倡天足是"植国家富强之基础";认为迷信陋俗一日不除,"则中国一日不可

---

① 芙峰:《日本宪法与国会之原动力在于日本国民》"绪论"部分,《译书汇编》第12期。
② 壮者:《扫迷帚》第1回,《绣像小说》第43期。
③ 清扬女士:《书端中丞奏兴女学事》,《大公报》1905年11月30日。

救";认为能否讲求卫生,关系到"一国之休戚,一家之盛衰";认为"我国男女禁自择配偶,其交合皆属勉强,故种性不精良,而人才罕觏。国之不振,非一原因也"①。可见,近代中国思想文化领域内这股以改造旧习俗来拯救祖国的主张已经形成了一种思潮。这种思潮主张从一点一滴地改造陋俗文化入手来拯救国家,虽然并没有抓住解决救亡图存问题的根本,也不能最终挽救祖国的危亡命运,但国家的衰弱同陋俗文化并非没有丝毫关系,弊习陋俗是造成国家落后衰败的一个重要因素,所以改造陋俗文化无疑是有益于国家的文明和进步的。

2. 达尔文进化论传入中国

进化论学说当时在世界范围内产生了十分广泛的影响,关键在于有人用进化论来解释社会现象,把人类社会和生物有机体相比拟,用生存竞争来解释人类的社会关系,形成社会达尔文主义。这种社会学理论也影响到中国。中国人向西方学习,是从科学技术等物质文明到变法改制等制度文明,又走向文学、哲学、社会科学等精神文明的。在这样一个向西方学习的逻辑中,结合中国的状况,19 世纪 70 年代就在中国传播的进化论学说,戊戌时期之后就更容易让人发生兴趣,更容易得到进一步的传播和吸收。20 世纪以来出版的不少报纸杂志都注重介绍和宣传进化论学说,这不仅因为进化论是当时影响最大的一种理论体系,而且它可以激发人们从这个思想体系中去寻找救国救民的出路。当时的先进分子几乎没有不受进化论影响的。作为先进分子的一种理论信仰,进化论成为他们观察和变革社会的哲学基础与指导理论。受进化论影响的中国人认为:20 世纪是一个"优胜劣败"②的世界,这个世界是"生存竞争之剧场,优胜劣败之舞台"③。而中国与西方列强相比正处于弱国弱种的地位,原因何在? 一些先进分子开始从中华民族自身去寻找原因,他们认为,不讲体育卫生、缠足、早婚等陋俗造成中华民族的种弱,无女学、迷信造成中华民族的愚昧,这一切都是中国败弱的病根所在。他们认为,同西方民族相比,中华民族存在着某些自身的弱点,并开始用对比的方法对这些弱点进行了揭露

① 孙宝瑄:《忘山庐日记》上册,上海古籍出版社 1983 年版,第 598 页。
② 《盛京时报发行之词》,《盛京时报》1906 年 10 月 18 日。
③ 普澄:《卫生学概论》,《江苏》第 3 期。

和批判。如贬损中国人无公德,就称赞欧美诸国有公德,有严刑峻法;说中国人无冒险进取精神,就说西方人如何好进取,好冒险;说中国人好嫉妒,就说外国人如何好争胜;说中国人尚虚尚名尚空谈,就说外国人如何尚实尚功尚力行;说中国人无远虑,就说欧美各国如何重将来;说中国人优柔寡断,就说泰西人如何当机立断;等等。这些对比认识有些实在缺乏事实根据,有些甚至与事实完全相反。但在一个民族落后于另一个民族时,落后民族要自强、要赶上先进民族,一般都会自觉运用比较的方法来查找本民族的弱点和先进民族的优点,以此作为本民族自强进化的起点,这完全符合落后民族的自身认识规律。而进化论学说会使这种认识变得更为自觉。从以上的分析中我们可以看到,任何一种救国主张,一般都是在一定的理论指导下产生的,以改造陋俗来拯救祖国的主张实际上就是在社会达尔文主义理论的影响下产生的。社会达尔文主义并不科学,甚至是反动的,它为帝国主义侵略弱小国家制造了舆论。但这种理论在当时中国却产生了积极的意义。既然弱肉强食是普遍规律,那么帝国主义列强侵略"弱种"民族也就势在必行。中国如果不变"弱种"为"强种",就只有亡国灭种。这个结论不能不给关心国家命运的人们以极大的刺激。先进分子的惊愕促使他们必须寻求"弱种"变"强种"、"衰败"变"强盛"的出路。既然如此,以变革陋俗文化来强种强国就成为当时一部分人的一种主张。这是达尔文进化论影响中国人在近代特定历史条件下的一种积极反映。

3. 出现了"开通民智"的文化氛围

面对中国国情,在进化论思想的影响下,针对中国人的贫穷和愚昧,有人提出中国可忧虑的不在贫穷,而在人人糊涂,人人愚昧,所以在"贫"与"愚"的问题上,治愚更重要。"今中国有至大之患二,一曰贫,二曰愚。此二者有其一焉,则足以亡国灭种"。"贫可生愚,愚亦可生贫。必定谁为先生,殆恐各社会未必一律。若以中国目前之现状言之,已至国家极贫极愚之限,若再过此,则非国家矣。其原理如何,虽一时不能论定,而欲定救济之方,则本报之意,以为宜先救愚,而后救贫,非智则贫不可救也。""故曰,救中国之贫,宜先开中国之智"。① 并把外

① 《论贫与愚之因果》,《东方杂志》1904 年第 2 期。

国强盛富足的根子归于教育,归于人人明晰、上下通情、通国一心。基于这样
的认识,有人大力提倡发展教育事业,通过教育养成"国民之资格,发达御侮
之能力"。正如时人所说:"至今日而不设会研究教育,是犹人已臻于绝岭,我
犹居夫邱垤,天演淘汰之数在所难逃。至今日而始设学研究教育,是犹渴而掘
井,饥而种粟,情状之急,一刻千金,关系之重,千钧一发。虽然亡羊而补牢,见
兔而顾犬,及今力图,犹堪挽救,果使群策群力,万众一心,则星火可以燎原,壤
土可以泰山,涓滴可以江湖……国际之竞争不在于军备而在于教育。故一国
最上之资本,莫大于发达国民之脑力。"①而今天的中国,"不可不急起直追,破
昔日之积习,而求可以适于天演生存之理,此教育之事业所以为今日救中国之
至切至紧,不可稍缓之要图也。"②基于此,中国在跨世纪前后,思想文化领域
内出现了以开通民智为标志的一场旗帜鲜明的思想启蒙运动。在这场启蒙运
动中,深刻揭示了民智未开的缘由,以及为什么要开民智和如何开民智等问
题。20 世纪初,呐喊"开民智"的志士们通过各种方式宣传他们的主张,很多
报纸杂志就是以"开通民智"为宗旨的。"知中国之患不在一人而在全体也,
于是汲汲言教育"③。言教育就是要开民智。所以当时所谓开通民智就是要
通过教育和宣传的手段启发全体国民的智慧,让其从昏暗的黑暗中走向国富
民强的新世界。开通民智是解决当时中国人的愚昧,而陋俗文化与中国人愚
昧之间存在着一种相互因果的关系,所以从某种意义上说,陋俗文化是造成中
国人愚昧的一个缘由。当时中国人尤其是女子的不受教育、迷信,这些陋俗文
化都必将造成民智的愚昧和闭塞。所以当时有人把改造陋俗文化看成是开通
民智的重要内容和途径,认为要开民智,非先将旧习俗剔尽不可。④ 正是在这
样的文化气氛下,激发人们进一步批判、揭露和改造陋俗文化,开民智是思想
文化领域内的一个口号,是当时中国社会的一种文化氛围,而改造陋俗文化恰
恰是在这种文化环境下进行开启民智的具体实践之一。这种实践的成果体现
着开通民智这面旗帜所遗留下来的积极历史意义。

---

① 耀枢:《研究教育私议》,《大公报》1906 年 12 月 5 日。
② 耀枢:《研究教育私议》,《大公报》1906 年 12 月 6 日。
③ 《国魂篇》,《浙江潮》第 1 期。
④ 清醒居士:《开民智法》,《大公报》1902 年 7 月 21 日。

4.新文化价值观念的确立

近代中国新文化价值的核心内容是自由平等和民主科学观。"自由"作为个体的权利,非同小可,是人的本质价值的体现。"自由云者,正使人自知其本性,而不受箝制于他人。"①"自由者,天下之公理,人生之要具,无往而不适用者也。"②"平等"作为人与人之间关系的准则,应为大力提倡君臣、父子、夫妻、兄弟、亲朋之间均应平等。人群之间是否平等反映一个国家的文明程度,"国家愈文明,其要求平等之心愈切,而野蛮之国反是"③。尤其是男女之间更当如此,"天赋人权,男女平等,同是骨骸,同是知觉,乃必愚我、奴我,以至物我,剥丧其固有、矫揉其所无,残此界以供彼界之乐,居心惨酷,言之痛心"④。男女同是有血有肉之人,女子不应成为男子的奴隶和玩物,不应套在被使役、被买卖、被生杀、被禁锢的枷锁之中。在跨世纪前后就已被先进分子倡导的民主与科学思想,到了民国成立以后,尤其是在五四时期得到了进一步的倡导。主张民主与科学是为了反对专制与蒙昧,树立民主科学观,是为了走出专制主义和蒙昧主义的泥潭。正如陈独秀所说,"要拥护那德先生,便不得不反对孔教、礼法、贞节、旧伦理、旧政治。要拥护那赛先生,便不得不反对旧艺术、旧宗教。要拥护德先生又要拥护赛先生,便不得不反对国粹和旧文学。"⑤陈独秀早在《青年杂志》的《敬告青年》中就高举起民主与科学的大旗,指出科学与人权,"若舟车之有两轮焉","国人而欲脱蒙昧时代,羞为浅化之民也,则急起直追,当以科学与人权并重",这里的"人权"即"民主",民主与科学也就是新文化运动时期被社会广为称颂的"德先生"和"赛先生",认为只有这样的两位"先生",才能"救治中国政治上、道德上、学术上、思想上一切的黑暗"⑥。无疑,近代自由、平等、民主、

①　丁文江、赵丰田编:《梁启超年谱长编》,上海人民出版社1983年版,第235页。
②　《新民说·论自由》,载梁启超:《饮冰室合集》第4册文集27—37,中华书局1989年版,第40页。
③　蒋观云:《平等说与中国旧伦理之冲突》,《东方杂志》1906年第3期。
④　韦贞卿:《论过渡时代之女界》,《女报》,"女论·特论"第1页。
⑤　陈独秀:《本志罪案之答辩书》,《新青年》第6卷第1号。
⑥　陈独秀:《本志罪案之答辩书》,《新青年》第6卷第1号。

科学观的确立是近代陋俗文化发生变革的深层的心理基础。

（二）近代陋俗文化演变述略

前面分析了近代中国陋俗文化嬗变的原因。通过以上分析可以看到,近代中国陋俗文化变化的实质是围绕着救国这个既定目标展开的。在一个民族、一个国家衰败之时,人们不安于现状,为拯救那垂危的祖国而奋起。各种历史因素的相互作用,使这个社会呈现出一种大动荡。在这个大动荡时期,国家的政治、经济、思想文化必将发生不同程度的变化。那么作为一个比较具体的社会文化领域——陋俗文化也将随着这样的时代而发生自身的变化,这是历史的必然。

近代中国陋俗文化的变化主要体现在婚姻文化、家庭文化、妇女文化及其"性伦"文化上。

1. 关于婚姻文化

在几千年的中国传统婚姻生活中,中华民族形成了适合于自己生活状况的婚姻俗制,它包含着富有自己民族特色的婚姻观念、婚姻行为、婚姻礼仪等诸多的婚姻范畴和模式。站在近代中国人的立场上对中国传统婚姻俗制进行考察,其陋俗特征表现在传统婚姻的他主性、买卖性、抑女性、承嗣性、繁缛性上。近代婚姻习俗的变化自然也体现在对传统婚姻陋俗特征的否定上。

太平天国作为一种特殊的社会形态,为了军事生活和夺取国家政权的特殊需要,以及因中国传统文化和基督教文化影响的无序掺和,使其内部形成一套显为抵牾和不规范的婚姻状态,诸如拆散夫妻与恢复夫妻生活,多妻与一夫一妇,官媒婚与自由婚,与传统中国社会相悖的婚姻礼仪形式等。太平天国婚姻状态表现出鲜明的前后迥异和上下迥异的特征。太平天国这种异于传统并具一定进步意义,又未对封建婚姻陋俗做过系统的理性批判和改造的婚姻状况并不代表近代中国封建婚姻陋俗的真正变革。

站在资产阶级的文化高度对中国传统婚姻陋俗进行自觉的文化批判是

从维新派开始的。其时中国的经济、政治的变化是促使维新派产生新式婚姻观的根本原因,而赴欧美的中国人对异域婚姻的直接见闻、外国传教士在中国介绍西方的婚姻观、西方婚姻文化的理论形态对中国人价值观的影响均构成维新派婚姻观形成的一个值得探究的文化要素。维新派批判了封建婚姻的他主性、夫妻不平等、守寡、早婚、童养媳婚等。维新派主张婚姻自主、离异自由、婚礼从简、聘礼简省等。维新时期极少数的先觉女性控诉了封建礼教对妇女的摧残,批判了婚姻陋俗,勇敢提出了婚姻自主的主张。维新派领袖康有为还设计了一系列未来社会的婚姻法则。维新派以自主为原则,以情志为媒介,追求个人人生幸福的婚姻观达到了 19 世纪中国进步婚姻观的最高水平。

清末民初,婚俗变革与国家社会进步联系起来,如果说维新时期,对封建婚姻陋俗进行批判主要集中于几位维新的"前识者"身上,那么到了清末民初,这支批判的队伍已经扩展到一大批知识分子的群体身上。如果说维新时期的"前识者"还不是改造婚姻陋俗的躬行者,那么清末民初,一些仁人志士已经成为提倡婚俗改革并能以身作则的典范。如果说从整体角度看,维新时期的"前识者"对传统婚姻陋俗文化还不能做到系统、全面和深刻的理性批判,那么清末民初的有识之士可谓做到了这一点。清末民初进步知识分子提出了与之批判内容完全对立的婚姻主张,诸如婚姻自由、晚婚、废除买卖婚、主张商定婚等。清末民初婚姻习俗亦发生变化,出现自由婚与同意婚;出现离婚与再醮现象;并开始注重婚姻法规和婚姻契约,婚姻礼仪和服饰也发生变革;婚俗删繁就简以求节俭;婚姻媒介方式有了革新。清末民初婚俗变化是不平衡的,它包括地域上、人的不同层次上以及婚俗新旧掺和的不平衡。清末民初为近代中国婚姻陋俗发生变化的开端。

五四时期迎来了婚姻变革的新时期。造成这个新时期的因素有:近代以来婚俗变革的延续与深入,新文化运动的深刻影响,一些进步知识分子和先进青年的表率作用等。五四时期婚俗变革的特征为:婚姻观念变革的广泛性与深刻性,婚姻观念变革的冲突性,婚姻观念变革的偏激性等。婚俗变革具体表现在如下方面:废除封建婚俗形式与解约,离家出走与以智抗争,自由结婚与自由离婚等。五四时期婚姻习俗虽然发生了明显的变化,但其中仍发生了一些重蹈戕害女性覆辙的问题,反映了婚俗变革过程中的曲折、复杂性和历史的局限性。

2. 关于家庭文化

研究家庭生活离不开探讨传统家族文化。家族文化是相对于家族制度而言的,是家族制度的深层状态,并呈现表象与本质两方面的特征。表象特征体现于结构特征、族权特征、经济特征、教育特征、宗法特征等。这些表象特征之间并非彼此孤立,而是相互制约、互为条件、互为依存的。家族文化的本质特征又有优质与劣质之分。优质特征表现于端正风气、互助精神、敬老养老、和平共处等;而劣质特征则表现于依赖懒惰、封建保守、专制野蛮、亲疏有别、狭隘自私、等级严格、无独立自由等。

清末先进的中国人在投身政治革命的同时,喊出了"家庭革命"的口号,所谓家庭革命就是要摆脱旧家庭的束缚、禁锢、限制和奴役,从而走上政治革命的道路,获得作为人的自由、幸福、才智和权利。为了开展家庭革命,清末思想界做了大量的舆论鼓动,并集中力量对传统家庭的弊害进行深刻的揭露和批判,认为中国是家庭思想发达导致缺乏国家思想;认为传统家族制度造成中国人愚蒙麻木、畏服顺从和无自由。与此同时,清末思想界对如何进行家庭革命提出了"祖宗革命"和"纲常革命"的主张。并注重从思想观念上对中国人加以引导,以获开启民智之功。清末极少数知识分子还公然提出"毁家"主张,虽失之偏颇,但就其"冒天下之大不韪"的提法,就已震惊舆坛,不能令人等闲视之。

民初,知识界继承清末"家庭革命"的思想,继续主张改革传统的家族制度。到了五四时期,中国知识分子又开始对中国传统家庭制度进行再批判,欲把改造中国社会与改造家庭制度联系起来,通过改造家族制度来最终达到推翻专制主义之目的,从而具备了文化革命的深刻意义。这一时期的"家庭改制"观可归纳为:改变传统家庭的生活方式,建立小家庭制,废除婚姻、毁灭家庭,在改造社会的过程中改造家庭等。以上是具有代表性的四个观点,此外各类主张还有很多,如脱离家庭、组织新村、建立家庭俱乐部、组织家庭公共团体、夫妻分居等。这一时期的"家庭改制"观除了是对清末"家庭革命"说的继承外,也是这一时期进步知识分子在西方文明的感召下,深入体味到了中国封建家庭制度的黑暗与残酷,更多的人终于觉醒,为争获平等自由权,为从旧家庭的桎梏中挣脱出来,结束那非人的生活,获得做人的资格,决意通过改造封建家庭制度去追求新的生活与新的人生。

在家庭生活上,近代中国人曾提出"节制生育"思想。最早主张节制生育者为19世纪中叶的汪士铎。清末民初直至五四,节制生育思想再次为人们所提倡。近代"节制生育"思潮的高峰期是1922年美国桑格夫人来华引发的,并形成舆论上的热点。当时报刊发表文章所涉及的内容包括:生育节制的理论,西方节育运动的历史与现状,中国实行节育的必要性和可能性,节育与政治、经济、道德、生理的关系等。其中最令人关心的是"为什么要节育"和"怎样节育"的问题。"节制生育"思潮在社会上引起了较大反响,震撼了社会各界人士,一方面受到有识之士的赞誉,一方面也引起了一部分人的恐惧,上海、北京的报刊上出现怀疑和诬蔑的言辞。双方的冲突直接引出了一场伦理和文化上的大论战。论战之后,"节制生育"观为更多的人所接受,并渐次从理论宣传走向了实践。"节制生育"思想作为改造近代社会生育陋俗文化的一个手段对消除社会上的某些丑陋习俗与优生善种意义重大。然而在近代中国,把节制生育视为改造中国社会的重要方式,让它承担社会改造运动"主帅""先锋"的重任,却是错误的。

近代家庭生活的变革还表现在丧葬礼俗的演变上。中国传统的丧葬习俗实质上是民间俗情与儒家士文化结合的产物,是两者长期交融的结果。丧葬礼俗有其表达情感的合理因素,但亦存在虚荣、伪饰和劳民伤财的舛错。太平天国时期就出现了具有社会进步意义的否定以往烦琐靡费的新式葬礼观。对丧葬习俗真正进行文化批判是在新文化运动时期。批判所及包括:守三年丧,土葬和风水,丧礼的靡费虚伪及繁杂等。新式葬礼观包括:丧葬务求节俭,不信风水,实行短丧,革去葬礼中的旧形式等。丧葬礼俗本身亦发生了变化,如摒弃传统的迷信活动,变革丧服,实行火葬,变革丧葬礼仪等。

3. 关于妇女文化

近代社会陋俗文化的演变同时带动了妇女生活的深层结构——妇女陋俗文化的变化。近代中国产生了包括形体观、自立观、女学观、参政观、社交观、自重观、自主观、道德平等观等在内的新式女性文化观。由于社会历史条件及其思想界认识程度的不同,使近代新式女性文化观呈现出一种递进的状态。近代女性文化观变革的实质是要把中国妇女通过形体解放到教育解放,最后达到伦理解放这一由低级到高级的发展过程,使中国女性最终获得形体直至心灵的最后解放。

缠足是中国妇女独有的生活陋俗,已有上千年的历史。其兴起的根本原因是中国封建社会的男权文化被普遍认同;直接原因是统治集团荒淫无耻的生活恶习及民间"上行下效"的心态使然。其流传的原因又是多面的,主要有:审美心理与传统相通,小脚成为诱发"性意识"的重要因素,小脚成为择偶的重要条件,小脚成为身份和福祉的象征,小脚成为独占女性贞操的一种手段。缠足陋俗在近代社会以前,虽曾受到某些有识之士的反对和抨击,但作为不缠足运动却是中国步入近代社会后才出现的。近代禁缠足始于太平天国。不缠足运动的萌生期与西方传教士在中国的宣传和主张关系甚密;其发展期是从戊戌时期开始的;随着辛亥革命的兴起,迎来了不缠足运动的扩展期。这一时期从 20 世纪初年开始,经历了民初,才慢慢接近了尾声;新文化运动的冲击,缠足陋俗趋于根除。虽然三四十年代还有缠足的残渣遗留,但新中国成立后,最终根除了这一陋俗。

在"女子无才便是德"这种妇德观的束缚下,中国女子不曾有过专门的学校教育。近代中国最早出现的女子学校是外国人在中国兴办的女子教会学校。中国自办女学在近代的发展脉络为:戊戌年间为发端期,20 世纪初为发展期,1907 年至民国初为制度上的确立时期,新文化运动期间是通过新旧伦理观念的论战而使女学得到深入发展的新时期。

"内言不出,外言不入"的长久影响,中国社会不鼓励妇女参与政事,中国妇女只能被关在闺门之内而熬尽人生。近代以后,在"自由平等""天赋人权"学说的启迪下,才有"前识者"为之鸣不平。从此女子参政的呼声日高,而渐次形成近代中国妇女的参政运动。并于辛亥时期与五四时期掀起了振聋发聩的两次高潮。近代女子参政运动失败了,它启示人们:若不改造传统的习俗观念,不树立新式妇女道德观,不让女子获得与男子同等的教育权,不养成社会上男女平等之心态,女子就不可能获得真正的参政权,获得了也要再度失去。这种饱尝中国女子参政运动失败的痛楚而产生的切身体验给后人留下了一个深刻的教训。

近代女性陋俗文化变化的特征突出体现于两个方面:其一,近代女性陋俗文化变革是整体运动与个体运动相互依存、相互映衬的过程;其二,在近代女性陋俗文化变革过程中,先进男子在理论阐述、认识深度及变革陋俗实践上往往站在时代的前列,成为改造女性陋俗文化的主动倡导者和积极宣传者。女性中也有对陋俗文化无所畏惧的叛逆者,也有开启民智的鼓动家,甚至有敢于以死抗争的女勇士,但两者相比,前者更自觉,在理论和实践上影响更大,而后者往往受前者熏染,是前者的追随者。

4. 关于"性伦"文化

近代中国"性伦"文化的变化主要体现于主张"男女社交公开",批判封建的贞操观,主张进行必要的学校和家庭的"性教育"。

五四时期,在思想文化界出现了"男女社交公开"的思潮。这种思潮的辩争又与"性意识"的论辩紧密相连,构成传统伦理道德价值观深刻变化过程的一大特色。传统中国为了阻绝男女间的交往,必须用适合于它的伦理道德观去契合。中国的封建"礼教"自然产生了这项内容,成为人们行为举止的道德标准,并在民间得以弘扬。由于封建礼教长期束缚,中国女子社交权利被彻底剥夺。她们的生活方式及心灵被严重扭曲。戊戌至五四时期,女性陋俗文化逐渐发生了变化,已有女子走出家门,进入学校、走进工厂,参加政治和军事斗争以及其他社会工作,出现了男女社交公开的端倪。新文化运动以后,"男女有别"的礼教观受到有史以来最强烈的抨击,有人公开喊出"男女社交公开"的口号,随之引发了思想文化界对此一问题展开的激烈思想交锋。这次思想交锋主要体现在是维护还是背叛封建礼教的斗争上,而论战双方又都以维护"性道德"作为攻击和谋求战胜对手的有力武器。五四时期的进步青年不仅在思想上认同男女公开社交,并在行动上甘于悖逆陈规陋习,勇敢迈出了社交自由的第一步。五四时期男女社交公开所取得的成果还极为有限,它的普遍实现还需要一个相当长的历史过程。

贞操观念是社会要求女子单方面实行性禁锢的一种道德观。贞操观念是伴随着一夫一妻制的确立而渐次产生的。在《周易》和《礼记》中就已出现有关反映贞操观念的文字记载。自秦至唐社会对贞操观虽日益重视,但还不甚严格。宋代理学的崛起,使贞操观极度强化。明清时代,贞操观念达登峰造极之程度,这既与儒学及宋明理学的潜移默化有关,更与统治者为维护专制而极度倡导相联系。近代社会对贞操观的批判是从维新派开始的;而清末民初贞操观受到了进一步抨击;到了五四时期,思想文化界展开了对封建贞操观的极其尖锐、极其无情、极其用力的批判。其批判内容包括:其一,男女道德评判上的不公允;其二,致女子于"苦"或"死"的境地;其三,扼杀人性;其四,男性的丑恶和卑劣;其五,女性的沽名钓誉。而主张:其一,"节烈"绝不道德;其二,守节与否决定于个人的自由意志;其三,夫妻要持相待平等的态度;其四,提倡新式贞操观;其五,摒除封建"节烈"观。戊戌至五四时期,主要在知识分子阶层,传统贞操观念日趋淡漠,并在生活习俗上有所反映,这就是寡妇再嫁和离婚改嫁风习的出现。然而普通民众阶层还生活在贞操观束缚下的陋俗生活中。从戊戌至五四时期,终于有人开始打破这"贞操"的迷信,成为贞操陋俗发生变化的新起点。

性科学,无论对于社会和个人都是一门非常重要的科学。性教育也是人生不可缺少的科学教育。"性忌讳"与"性无知"在中国并非古已有之,只是到了后来,由于男性对女性的愚昧需要,由于社会把淫男奔女视为败坏社会风尚的邪恶力量,所以随着封建礼教的不断积淀和浸透,逐渐把"性"视为腐蚀世道人心的蟊贼,从此禁锢和防范越来越严,使"性"成为人们不敢问津的禁区。新文化运动时期,国内思想文化界开始积极地介绍欧美有关性教育状况和性教育书籍,借以提高中国人的认识和推动性教育的宣传与实施。当时一些知识分子主张在儿童及成人中实行性教育,一方面可使人们增长性知识,明白误用性官能的危害,以保持身体健康;另一方面又可打破以往的猥亵观念,以端正两性间的行为与态度。五四时期,中国历史上兴起第一次令人瞩目的"性教育"思潮。这一思潮的显著特征是:其一,对传统性禁忌心态的批判,肯定了"性"本能的圣洁;其二,探究性教育的方法;其三,宣传性教育的内容,包括性欲与情感的关系,性欲与民族进化的关系等。五四时期的性教育思想具有全盘否定传统性禁忌和人的自身认识以及人的自身解放的深刻意义。

近代中国陋俗文化正是在上述诸方面发生变化的。

婚 姻 卷

婚姻是人类通过被社会认同的方式而结成的一种配偶关系。婚姻生活是人类社会特有的现象。我们之所以认定动物和原始人的祖先（即非人）不存在婚姻生活，就在于婚姻除了存有本能的自然生活因素的构成外，还存有经济生活因素和精神生活因素的构成。但是动物及原始人的祖先的生活完全属于一种非社会性的自然生活，而缺乏经济和精神方面的生活因素，所以它们也就不存在婚姻生活。而人类的生活并非如此，人类的自然生活是与经济生活和精神生活不可分割而融为一体的。所以我们就绝不能简单地理解人类的婚姻，仅视它为满足自然性欲以及传宗接代的一种方式，而必须视它为人的经济生活和精神生活的一种方式。在经济生活和精神生活两者之间，经济生活是人生存的基础，它是人类的第一需要。所以在漫长的人类生活中，在物质生活水平极为低下的社会生活中，婚姻形式和内容都留有为生存这第一需要服务的痕迹。对中国婚姻俗制的特征做历史考察，不难发现，诸多特征与经济生活有着相当的紧密联系。即便是婚姻俗制中的陋俗特征也可以从经济生活中找到它的生成缘由。人之所以不同于动物，更在于他还存在一种追求精神享乐的欲望，这种欲望绝不亚于人的自然本能的欲望，甚或随着人和社会的不断进化，这种欲望将越来越强烈，以致成为人不可缺少的重要生活内涵。这就要求婚姻生活的内容要更广阔、更理想、更美满。即人在各自的婚姻生活中，不但要满足自然本能的欲望，而且要满足经济生活的欲望，更要满足精神生活的欲望。那么寻找志趣相投的伴侣，追求高尚美满幸福的情感生活就成了人们追求婚姻生活的一个重要旨趣，而一切阻挡这种执着追求的障碍，尤其是来自传统婚姻陋俗方面的障碍就成为人们要革除和抛弃的对象，那么变革传统的婚姻陋俗也就势在必行。近代中国是人们追求美满幸福的婚姻生活进而变革传统婚姻陋俗的新时期。

一、中国传统婚姻陋俗

（一）传统婚姻陋俗的特征

"天下之本在国,国之本在家",家庭又立基于婚姻之上,故婚姻乃全部社会生活之"万世之始也"。《礼记·礼运》曰:"饮食男女,人之大欲存焉。"①这里揭示了人类婚姻的自然基础,即作为动物的人类由于两性的自然构造而具有繁衍同类的本能。然而人类终为文明类属,所以把繁衍后代的本能予以理性化、社会化和科学化。因此,婚姻作为人类自身延续和发展的最基本的形式具有广泛而又深刻的社会内容。随着人类社会从较低级阶段向较高级阶段的发展,婚姻社会化内容也就随之变化。其变化又导致婚姻形态的渐次变革。考察人类婚姻形态的发展轨迹,大致经历了五个阶段,即原始群的杂婚、同辈血缘婚、排斥同辈同胞血缘的伙婚、对偶婚、一夫一妻制的专偶婚。其中一夫一妻制与以往婚姻形态完全不同,它是私有制产生、父权制巩固后形成的;它是"以经济条件为基础,即以私有制对原始的自然产生的公有制的胜利为基础的第一个家庭形式"②;它是人类跨入文明后诞生的;它更具严格完善的形式和普遍的社会意义。婚姻形态在一夫一妻制上定型,并一直保持到今天。

在几千年的婚姻生活中,中华民族形成了适合于自己生活状态的婚姻俗制,它包含着富有民族特色的婚姻观念、婚姻行为、婚姻礼仪等诸多婚姻范畴和模式。这种婚姻俗制姹紫嫣红、五彩缤纷,尽管优劣掺杂,但均为中国传统

---

① （清）阮元校刻:《十三经注疏》卷二十二《礼记正义·礼运》,中华书局 1980 年版,第1422 页。

② 恩格斯:《家庭、私有制和国家的起源》,人民出版社 2018 年版,第 69 页。

婚俗的重要组成部分。对中国传统婚姻俗制进行总体考察，其陋俗特征反映在如下诸方面。

1. 传统婚姻的他主性

中国传统婚姻俗制体现着一种他主性的特征。当事人往往对自己的婚姻没有直接参与意见的权利，更没有决定权。"父母之命，媒妁之言"为男婚女嫁总的婚配准则。《白虎通·嫁娶》中载"男不自专娶，女不自专嫁，必由父母，须媒妁"①。《孟子·滕文公下》言："不待父母之命、媒妁之言，钻穴隙相窥，逾墙相从，则父母国人皆贱之。"②把不经父母同意、媒妁说合的男女双方的倾慕相爱视为"私会""淫奔"，并认为这是不合法的，是违背伦理道德的，要遭父母及其他人的鄙视。

"父母之命"表现为父母对子女的婚姻有决定权。早在先秦时代，就有所谓"蓺麻如之何？衡从其亩；娶妻如之何？必告父母"③的说法。《诗经》有一首恋歌写道："将仲子兮！无逾我里！无折我树杞！岂敢爱之，畏我父母。仲可怀也，父母之言，亦可畏也。将仲子兮！无逾我墙！无折我树桑！岂敢爱之，畏我诸兄。仲可怀也，诸兄之言，亦可畏也。"④表达了一个自由恋爱的女子在"父母之命"的束缚下，既怀恋情人又畏惧父兄的矛盾心理。中国封建社会无数青年人的婚姻就是在毫无自主权下由"父母之命"决定的，其造成的婚姻悲剧俯拾即是，历代不绝。汉代乐府诗《孔雀东南飞》描述了焦仲卿与刘兰芝夫妻恩爱却硬被其母逼散，双方殉情的婚姻悲剧；宋代大诗人陆游与表妹唐琬结为伉俪，两人相敬相爱，幸福美满。一对恩爱夫妻却被陆游的母亲活活拆散，一个忧郁而逝，一个抱恨终身；《红楼梦》里的宝玉爱的是林妹妹，他日夜思念能与林妹妹结成百年之好，可依贾母、王夫人、贾政的意愿，宝玉就得与宝

---

① 《百子全书》(六)《白虎通·嫁娶》，浙江人民出版社 1984 年版。
② (清)阮元校刻：《十三经注疏》卷六《孟子注疏·滕文公章句下》，中华书局 1980 年版，第 2711 页。
③ (清)阮元校刻：《十三经注疏》卷五《毛诗正义·齐风·南山》，中华书局 1980 年版，第 352 页。
④ (清)阮元校刻：《十三经注疏》卷四《毛诗正义·郑风·将仲子》，中华书局 1980 年版，第 337 页。

姐姐成婚了。不仅宝玉，《红楼梦》中的迎春、探春、史湘云、薛宝钗无一摆脱"父母之命"的羁绊。"父母之命"在指腹婚、襁褓婚、赠与婚、收继婚、童婚、转房婚、交换婚中表现得最为突出。在传统婚姻中，"父母之命"还能扩张膨胀，推及父母以外的其他尊长，如祖父母、伯叔、兄长等。有些家长就管起孙子的婚事，"凡诸孙论婚，须先禀知，切勿径许"①。"父母之命"与子女的个人私情往往发生尖锐的对立或冲突，但传统婚姻俗制认同前者，不容后者。

　　"媒妁之言"在婚姻俗制中与"父母之命"同等重要。在强制婚姻中，它与"父母之命"互为辅伴。《诗经》曰："娶妻如之何？匪媒不得。"②"匪我愆期，子无良媒。"③《礼记》曰："男女非有行媒，不相知名"④"男女无媒不交"⑤。男子无媒终身不娶，女子无媒老而不嫁。故《战国策·燕策》上说："处女无媒，老且不嫁；舍媒而自衒，弊而不售，顺而无败，售而无弊者，唯媒而已。"⑥民间俗谚说，"天上无云不下雨，地上无媒不成亲"，可见人们视"媒"之重要程度。《说文解字》言："媒，谋也，谋合二姓""妁，酌也，斟酌二姓也"。"媒氏掌万民之判，凡男女自成名以上，皆书年、月、日、名焉。"⑦媒握有未婚男女名册的权利。唐代，媒妁入律，为法律条文所承认。以后宋元明清各代亦有相同的规定。在道德和法律的双重认同下，媒妁"隔男女，防淫佚，养廉耻"⑧的功用为人们所共识，并普遍渗透于人们的观念形态中。"媒妁之言"与"父母之命"一道构成中国传统婚姻观念的重要内容，并普遍制约着人们的婚姻行为。"媒

---

　　① 《左宗棠全集》，岳麓书社 1987 年版，第 216 页。

　　② （清）阮元校刻：《十三经注疏》卷五《毛诗正义·齐风·南山》，中华书局 1980 年版，第 353 页。

　　③ （清）阮元校刻：《十三经注疏》卷三《毛诗正义·卫风·氓》，中华书局 1980 年版，第 324 页。

　　④ （清）阮元校刻：《十三经注疏》卷二《礼记正义·曲礼上》，中华书局 1980 年版，第 1241 页。

　　⑤ （清）阮元校刻：《十三经注疏》卷五十一《礼记正义·坊记第三十》，中华书局 1980 年版，第 1622 页。

　　⑥ （西汉）刘向集录：《战国策》下册卷二十九《燕一·燕王谓苏代》，上海古籍出版社 1978 年版，第 1075 页。

　　⑦ （清）阮元校刻：《十三经注疏》卷十四《周礼注疏·媒氏》，中华书局 1980 年版，第 732—733 页。

　　⑧ 陈鹏：《中国婚姻史稿》，中华书局 1990 年版，第 317 页。

妁"在中国婚姻舞台上摇唇鼓舌,给广大青年男女造成了人生苦难。虽偶尔有人对媒妁表示过抗争,但最终还是被婚姻陋俗的汪洋大海所吞没。

2. 传统婚姻的买卖性

人类之间的很多交往都是有条件的,都涉及交往双方的切身利益。中国传统婚姻习俗似乎也不例外,体现一种买卖性的特征来。古籍有言:伏羲(太昊)"制嫁娶,以俪皮为礼"①"非受币不交不亲"②"币必诚"③"凡嫁子娶妻,入币纯帛"④"纳征者纳聘财也"⑤"卖女纳财,买妇输绢"⑥"虽无许婚之书,但受聘财亦是"⑦"凡婚嫁无不以财币为事,争多竞少,恬不为怪"⑧。通过上述记载,我们看到了如下几点,其一,原始公社末期,中国社会就出现了以"俪皮"为聘礼形式的买卖婚姻;其二,财礼为婚姻成立之要件,无财礼不成婚,已为民间世俗所认同;其三,财礼有"婚书"之信用,为法律所认可。

买卖婚姻的特征是视人为商品,视婚姻为交易。我国传统婚姻形式直接打上了买卖婚姻的烙印。这在交换婚、服役婚、典妻婚、招养婚、招养夫婚中体现得尤为明显和突出。买卖婚姻贯穿于中国传统婚姻俗制的始终,造成的恶果也十分明显。首先,上层统治集团往往通过丰富的彩礼来炫耀自己的财富,所以婚礼越办越奢侈豪华,无形中把沉重的负担和巨大的灾难转嫁给社会和人民。如汉代天子娶后,以巨额黄金钱帛为聘礼,"汉高后制聘,后黄金二百斤,马十二匹。夫人金五十斤,马四匹。"⑨但事实上用币不止此数,平帝纳王

---

① (唐)司马贞:《补史记·三皇本纪》。
② (清)阮元校刻:《十三经注疏》卷二《礼记正义·曲礼上》,中华书局1980年版,第1241页。
③ (清)阮元校刻:《十三经注疏》卷二十六《礼记正义·郊特牲》,中华书局1980年版,第1456页。
④ (清)阮元校刻:《十三经注疏》卷十四《周礼注疏·媒氏》,中华书局1980年版,第733页。
⑤ (清)阮元校刻:《十三经注疏》卷六十一《礼记正义·昏义第四十四》,中华书局1980年版,第1680页。
⑥ 《百子全书》(六)《颜氏家训·卷上·治家篇》,浙江人民出版社1984年版。
⑦ 《唐律》卷十三《户婚·许嫁女报婚书》。
⑧ (清)赵翼:《廿二史札记》卷十五《财婚》,世界书局1936年版,第197页。
⑨ (唐)房玄龄等撰:《晋书》卷二十一《志第十一·礼下》,中华书局1974年版,第665页。

莽女为后，"聘皇后黄金二万斤，为钱二万万"。① 汉献帝纳曹操女为夫人，"聘以束帛玄纁五万匹。"② 上层统治集团高金巨款的聘礼在古代社会可谓比比皆是，典籍中不乏记载。其次，婚姻既以财钱为重，故富室多不愿以女嫁贫人，而常人亦不屑娶贫家女。贫者虽为博学知名之士，因筹措不起巨额的聘金，而无以成婚。如《史记·陈丞相世家》记载，"陈丞相平者，阳武户牖乡人也，少时家贫，好读书。……及平长，可娶妻，富人莫肯与者，贫者平亦耻之。久之，户牖富人有张负，张负女孙五嫁而夫辄死，人莫敢娶。平欲得之。"张负"卒与女。为平贫，乃假贷币以聘，予酒肉之资以内妇"③。《文心雕龙》作者，南朝梁代文学理论批评家刘勰因贫无聘财，终不能娶，而皈依佛门。《明史》中的《朱鉴传》《黄宗载传》载：湘、鄂男夫，三四十岁尚不能婚娶者，大多均为无力筹措聘金所致④。还有，婚俗既以男家聘财之厚薄，女家妆奁之丰俭为双方缔结婚姻之基础，婚姻与钱财紧紧相连，密不可分，使诸多美满婚姻，因无聘礼而告吹。甚者，还引发出贩卖人口、拐卖妇女之罪恶。

3. 传统婚姻的抑女性

"夫为妻纲"，乃中国封建社会夫妻关系之大伦。"天尊地卑，乾坤定矣""乾道成男，坤道成女"，⑤体现在婚姻上，便有"夫妇有别""夫尊妇卑"之观念。女子处于这种被压制的地位反映着中国传统婚姻的抑女性特征。这一特征又是通过婚姻中的诸多俗制来表现的。首先，婚姻中"夫有再娶之义，妇无二适之文"⑥。丈夫有离婚和再娶的专有权，而妻子只能是失掉任何独立性的

① （汉）班固撰：《汉书》卷九十九上《王莽传第六十九上》，中华书局1976年版，第4052页。

② （宋）范晔撰：《后汉书》卷十下《皇后纪第十下》，中华书局1965年版，第455页。

③ （汉）司马迁撰：《史记》卷五十六《陈丞相世家第二十六》，中华书局1982年版，第2051—2052页。

④ （清）张廷玉等撰：《明史》卷一百七十二《列传第六十·朱鉴》，中华书局1974年版，第4588页；（清）张廷玉等撰：《明史》卷一百五十八《列传第四十六·黄宗载》，中华书局1974年版，第4309页。

⑤ （清）阮元校刻：《十三经注疏》卷七《周易正义·系辞上》，中华书局1980年版，第75页。

⑥ （汉）班昭：《女诫·专心第五》。

附属物,是丈夫利益的牺牲品。"妇者,服也"①,妻子只有服从的义务,没有反抗的自由。在封建社会,丈夫若不满妻子,便可把她送归母家,这叫出妻。先秦,丈夫抛弃妻子是随心所欲的,并不需要什么理由。到了汉代,明文规定了出妻的七项条件,称作"七出"。七出的基点是维护夫权,压制妇女。《大戴礼记》卷第十三《本命第八十》中记载:"妇有七去,不顺父母去,无子去,淫去,妒去,有恶疾去,多言去,窃盗去。不顺父母,为其逆德也;无子,为其绝世也;淫,为其乱族也;妒,为其乱家也;有恶疾,为其不可与共粢盛也;口多言,为其离亲也;窃盗,为其反义也"②。"七出"内容呈现出宗法社会的特征,与夫妻感情是否破裂丝毫无关,完全是对女子"欲加之罪"的借口。其次,鼓励死去丈夫的女子守寡或殉夫。"妻者齐也"③,"一与之齐,终身不改,故夫死不嫁。"④这是当前认为最早反对寡妇再嫁的文字。秦始皇曾在越地立下的《会稽刻石》中有"有子而嫁,倍死不贞"⑤的话,也有要求女子守贞的意味。至宋代,朱熹《近思录》中记述了大理学家程颐的名言:"问:'孀妇于理,似不可取,如何?'曰:'然!凡取以配身也,若取失节者以配身,是己失节也。'又问:'或有孤孀贫穷无托者,可再嫁否?'曰:'只是后世怕寒饿死,故有是说'。然'饿死事极小,失节事极大。'"⑥从此"饿死事小,失节事大"既成为劝诫寡妇守节的用语,也是婚姻俗制中的一条道德规范。宋以后,历代王朝对寡妇守节极力褒奖,《元典章》《明会典》《清会典》中都有此一规定。如《清会典》规定:"守节之妇,不论妻妾,自三十岁以前守节至五十岁;或年未五十身故,其守节已及六年,果系孝义兼全堪穷堪悯者,俱准旌表。"⑦统治者的提倡,更使此一陋风愈演愈烈,迫使千百万妇女夜伴孤灯,凄凉寂寞地了此一生。元代,殉夫习俗开始流行。烈女殉夫,是男子对女子

---

① 《百子全书》(六)《白虎通·嫁娶》,浙江人民出版社1984年版。
② 《大戴礼记》,载《四部丛刊初编》,商务印书馆(年代不详),第69页。
③ 《百子全书》(六)《白虎通·嫁娶》,浙江人民出版社1984年版。
④ (清)阮元校刻:《十三经注疏》卷二十六《礼记正义·郊特牲》,中华书局1980年版,第1456页。
⑤ (汉)司马迁撰:《史记》卷六《秦始皇本纪第六》,中华书局1982年版,第262页。
⑥ (清)江永注:《近思录集注》卷六《齐家之道》,上海书店1987年影印版,第4页。
⑦ 《清会典》卷三十《礼部》,中华书局1991年版,第254页。

人身占有达到极尽的表现,是女子为丈夫守贞最极端的操行,是断绝女子与男子再度交往的一种残酷和灭绝人性的罪孽。女子"自经死""投水死""投崖而死"①,去做殉夫的烈女,以赢得舆论的称赞与褒扬。此外,传统婚姻生活中,妻子实际上只是一件延续家世、传宗接代的工具,这工具自然毫无人格可言,她不能有情欲,而甘愿受到丈夫的主宰和摆布。相反,丈夫则没有肉欲的束缚和禁忌,他们把妻子视为泄欲的对象。"假如男人死了,女人再嫁,便道是失了节,玷了名、污了身子,是个行不得的事。……男人家丧了妻子。却又凭他续弦再娶,置妾置婢,做出若干的勾当。把死的丢在脑后,不提起了,并没人道他薄幸负心,……女子少有外情,便是老大的丑事,人世羞言;及至男人家撇了妻子,贪淫好色,宿娼养妓,无所不为。""女子愈加可怜,男子愈加放肆"②,这即是对中国传统婚姻毫无情爱可言的夫妻双方的命运和人格的评骘与批判。

4. 传统婚姻的承嗣性

婚姻者"合二姓之好,上以事宗庙,而下以继后世也"③。"人道所以有嫁娶何?……重人伦,广继嗣也。"④这里均强调了婚姻的一个重要目的是为了满足"人自身的生产,即种的繁衍"⑤的需要,应当肯定这是人类自身延续的基本需要之一,是人类缔结婚姻的一个重要目的,然而中国传统婚姻"继后嗣"中之所以涵盖了陋俗的底色,是因为它把"继后嗣"强调成为"唯一"的婚姻目的,而排斥了其他合情合理的婚姻生活内容,还由于为早"继后",而形成了诸多婚姻陋俗之事象。

在传统婚姻生活中,把"自身的蕃衍"与"情感的享受"完全对立起来,只

① (明)宋濂等撰:《元史》卷二百《列传第八十七·烈女一》,中华书局 1977 年版,第 4485 页;(明)宋濂等撰:《元史》卷二百一《列传第八十八·烈女二》,中华书局 1977 年版,第 4502、4509 页。

② (明)凌濛初:《二刻拍案惊奇》卷十一,古典文学出版社 1957 年版,第 243 页。

③ (清)阮元校刻:《十三经注疏》卷六十一《礼记正义·昏义第四十四》,中华书局 1980 年版,第 1680 页。

④ 《百子全书》(六)《白虎通·嫁娶篇》,浙江人民出版社 1984 年版。

⑤ 恩格斯:《家庭、私有制和国家的起源》,人民出版社 2018 年版,第 4 页。

强调男婚女嫁是为"广家族，繁子孙"，强调"大昏，万世之嗣也"①，而否定了婚姻的爱与美。夫妻做爱"非为色也，乃为后也"，正符合中国传统的"天理""人欲"观。《礼记·乐记》中首先把"天理""人欲"作为一对道德范畴而提出，认为"灭天理""穷人欲"是"悖逆诈伪之心""淫泆作乱之事"②的根源，这种思想影响了宋明理学家，并自觉形成了"存天理，灭人欲"的理学思想。朱熹说："人之一心，天理存，则人欲亡；人欲胜，则天理灭；未有天理人欲夹杂者。"③这一思想强化了传统婚姻生活中"继后嗣"的"天理"意识。婚姻的"天理"是"继后嗣"，这与人们普遍接受的孟子"不孝有三，无后为大"④这一符合"天理"规范的传统观念正好吻合。我们也就自然理解民间为何普遍存在着"多子多福""无子不成家""有子万事足""三兄四弟一条心，门前泥土变黄金"等俗谚的社会心理了。故"凡年至四五十而尚未有子者，辄引以为大忧，惧他日为若敖之鬼也，他人亦为之鳃鳃虑，视灭国之痛尤过之，盖狭义灭种之惧也。"⑤

由于"继后嗣"观念的束缚，所以在婚姻生活中又引发了一系列陋俗事象。其一，早婚早育。只有早婚才能早育，只有早育才能早得贵子，所以形成我国的早婚习俗，古诗云："十四为君妇，羞颜未尝开。"⑥"十六知礼仪，十七遣汝嫁。"⑦"十三能织绮，十四采桑南陌头。十五嫁为卢郎妇，十六生儿字阿侯。"⑧可见未晓男女之事的小姑娘就已完婚生子了。从各朝各代的律令看，自战国至清代，一般男子为十五六岁成婚，女子为十三四结婚，反映了我国早婚现象的普遍性。其二，出妻纳妾。无子为"七出"之一，"妻以无子而被出

---

① （清）阮元校刻：《十三经注疏》卷五十《礼记正义·哀公问第二十七》，中华书局1980年版，第1611页。

② （清）阮元校刻：《十三经注疏》卷三十七《礼记正义·乐记第十九》，中华书局1980年版，第1529页。

③ （宋）黎靖德编：《朱子语类》卷十三，中华书局1986年版，第224页。

④ （清）阮元校刻：《十三经注疏》卷七《孟子注疏·离娄章句上》，中华书局1980年版，第2723页。

⑤ 徐珂编撰：《清稗类钞》第5册，中华书局1984年版，第2191页。

⑥ 《长干行》，载《李太白全集》上册，中华书局1977年版，第256页。

⑦ 《焦仲卿妻》，载（宋）郭茂倩：《乐府诗集》第三册，中华书局1979年版，第1036页。

⑧ （南朝梁）梁武帝：《河中之水歌》，载余冠英选注：《汉魏六朝诗选》，人民文学出版社1958年版，第257页；（宋）郭茂倩：《乐府诗集》第四册，中华书局1979年版，第1204页。

者,似颇成俗"①。在封建社会,天子、达官显贵,大多有娶妾之好、礼俗许之。《礼记·曲礼》曰:"天子有后,有夫人,有世妇,有嫔、有妻、有妾"②。民间也有纳妾之风,这除了男子纵欲的因素外,其"广继嗣""崇孝道",是其重要的缘故。特别是在妻不生子的情况下,被怂恿纳妾,更为天经地义。"如妻子虽在,多年不能生育;或因多病,眼见得不能生育,可以另行娶妾……已有子的买妾尚且不禁,若因无子而买妾,更不必说了。"③"如果没有儿子,只有女儿,就要再娶一个小老婆生儿子。"④且有子无子的妻妾地位也大为不同。"礼、嫡夫人无子,立右媵,右媵无子,立左媵,左媵无子,立嫡侄娣、嫡侄娣无子,立右媵侄娣、右媵侄娣无子,立左媵侄娣。"⑤有子与否,妻妾地位就随之变化了。其三,重男轻女。"后"专指"子",而排斥"女",所以父母双方存有重男轻女的心理。"生了女儿不算数,非得生一个儿子不可。……认为人死后,有了儿子才有人给他供香烛,使他的灵魂得到超度"。⑥遂有"乃生男子,载寝之床,载衣之裳,载弄之璋……乃生女子,载寝之地,载衣之裼,载弄之瓦"⑦之不同,"生男则喜、生女则戚"⑧,甚至演化为"溺女"的民间恶俗。

5. 传统婚姻的繁缛性

《礼记·昏义》上开宗明义地说:"是以婚礼,纳采、问名、纳吉、纳征、请

---

① 陈鹏:《中国婚姻史稿》,中华书局 1990 年版,第 615 页。

② (清)阮元校刻:《十三经注疏》卷四《礼记正义·曲礼下第二》,中华书局 1980 年版,第 1261 页。

③ 《中国旧家庭制度的变动》,载中国民主促进会中央宣传部编:《周建人文选》,中国文史出版社 1988 年版,第 144 页。

④ 《计划生育与传宗接代》,载中国民主促进会中央宣传部编:《周建人文选》,中国文史出版社 1988 年版,第 374 页。

⑤ (清)阮元校刻:《十三经注疏》卷一《春秋公羊传注疏·隐公元年》,中华书局 1980 年版,第 2197 页。

⑥ 《计划生育与传宗接代》,载中国民主促进会中央宣传部编:《周建人文选》,中国文史出版社 1988 年版,第 374—375 页。

⑦ (清)阮元校刻:《十三经注疏》卷十一《毛诗正义·小雅·斯干》,中华书局 1980 年版,第 437 页。

⑧ (北宋)司马光:《司马温公书仪》卷三《婚仪上·亲迎》,研香书屋藏版。

期,皆主人筵几于庙,而拜迎于门外。人,揖让而升,听命于庙,所以敬慎重正昏礼也。……敬慎重正,而后亲之,礼之大体。而所以成男女之别,而立夫妇之义也。男女有别,而后夫妇有义,夫妇有义,而后父子有亲,父子有亲,而后君臣有正,故曰:昏礼者,礼之本也。"①婚礼之意义,一言以蔽之,为男女有别。只有男女有别,才能夫妻有义,父子有亲,君臣有正,从而达到社会有序,天下安宁。故婚礼为"礼之本也"。婚姻只有按礼的程序去做才是合法的。"聘则为妻,奔则为妾"②,即只有具备婚礼,明媒正娶才能取得作妻子的合法身份,而不经聘娶礼仪者只能屈居妾的地位。婚礼从简至繁,到周朝日趋完善,形成六礼。六礼是中国传统婚姻必须遵守的礼仪程序,遵行六礼的婚姻算严肃合法,乃为社会承认。所谓六礼,即纳采、问名、纳吉、纳征、请期、亲迎。"纳采用雁,将欲与彼合婚姻,必先使媒氏下通其言,女氏许之。乃后使人纳其采择之礼""问名,问名者将归卜其吉凶""纳吉,归卜于庙,得吉兆,复使使者往告,婚姻之事于是定""纳征,使使者纳币以成婚礼""请期,阳倡阴和,期日宜由夫家来也,夫家必先卜之,得吉日乃使使者往辞,即告之""亲迎,所以重之亲之"。③ 此上可略见六礼之意义。上述只言其大意,每一仪礼中多有繁缛细微之处,此不赘言。六礼于历代虽略有变更,但繁杂琐碎之形式始终不变。相反,其繁缛形式使婚姻当事人及相关者被束其中,既靡钱财,又遭劳瘁。六礼为婚姻大礼,此外烦琐的婚姻仪礼千姿百态,数不胜数。言其大略,诸如:催妆、障车、青庐、却扇、铺房、合髻、盖头、障面、撒谷豆、转席、传代、铺毡、跨马鞍、护姑粉、泼水、跨火、拜堂、牵巾、系臂、合卺、撒帐、闹房、馈女、回门等。这些俗礼包括诸多不成文的具体规定,民间就依此法去履行婚礼的每一程序,疲于琐微,不堪言表。

---

① (清)阮元校刻:《十三经注疏》卷六十一《礼记正义·昏义第四十四》,中华书局1980年版,第1680—1681页。

② (清)阮元校刻:《十三经注疏》卷二十八《礼记正义·内则》,中华书局1980年版,第1471页。

③ (清)阮元校刻:《十三经注疏》卷四《仪礼注疏·士昏礼第二》,中华书局1980年版,第961—964页。

（二）传统婚姻陋俗的历史地位

前面将中国传统婚姻陋俗的特征归结为"他主性""买卖性""抑女性""承嗣性""繁缛性"五个方面。这是与产生阶级之前的社会形态及现代社会形态相比较而言的,是对传统婚姻俗制的一种纵向的审视和把握。这些特征的形成无疑有着相互联系的诸多因素的多方制约,包括经济的、地理条件的、民族文化及民族心理的、政治的等因素的作用。由于上述诸因素的客观性,那么它所造就的历史本身乃具一定程度的合理性。观察和思考人类婚姻史也是这样,如果我们不是从今天所见的婚姻陋俗的角度而是从婚姻史的角度进行思考,那么上述五种特征在特定的历史阶段(甚至不受历史阶段的限制)也具某种合理性。如婚姻的承嗣性,它是人类本身"种的蕃衍"的需要,是婚姻意义的重要体现;举行必要的婚礼,婚礼采取一定的形式并非完全可以否定,它既是获得社会承认的需要,又是男女双方为巩固已建立的婚姻关系的需要,"礼的要义,礼的真意,就是在社会人生各种节目上要人沉着、郑重、认真其事,而莫轻浮随便苟且出之"①。可见,举行婚礼是表示对婚姻大事的慎重态度。即便是聘金彩礼,亦为实现婚姻中的交换价值,在特定历史时期,它是经济生活的一种被人们普遍接受的特殊要求。我们既然承认上述婚姻特征有其合理性,又把它视为传统婚姻的陋俗特征,其原因在于婚姻俗制在历史演化过程中把上述特征强调到过分的程度,使之在量的转化中变成了文化糟粕。而使婚姻摒弃了人的情感欲求、自由意志、精神享乐而变为被动、机械、违心的僵死程序和过程,使中国传统婚姻俗制变成束缚人性的枷锁。通过前文的引述,我们看到,在《易经》《诗经》《礼记》《周礼》《仪礼》《论语》《孟子》等文化典籍中,均有对婚姻观念、婚姻行为、婚姻礼仪的详细阐述和严格规定。婚姻俗制也基本是以上述文化典籍的要求而渐次形成的。上述文化典籍的诞生,是中华民族从愚钝走向文明的标志。它的产生曾对中华民族的文明历程予以指路和导航。文化典籍的历史功绩绝不能抹杀。问题在于,社会并不是静止的,人

---

①　梁漱溟:《人心与人生》,学林出版社 1984 年版,第 243 页。

类对世界的认识也不会穷尽,我们若把文化典籍视为千古不变的死的教条,视为永恒的道德标准和行为准则,那将会给人类社会生活带来难言的痛楚和鄙陋。可是传统社会的人们还很难摆脱这样的束缚。人被文化传统释放出来的力量驱使着,人在这种力量面前好像无所适从,只能百依百顺。人学得文化容易,超越和否定文化难。人创造了文化,人又被文化所束缚,这是文化的效能,这也是人的局限。然而这一切都是一定历史条件下的必然。当历史条件发生变化,人们的价值观念和生活方式就要随之变化。19 世纪中叶,中国传统社会几乎走到尽头,传统文化观念发生了动摇。而其中就包括对传统婚姻观的批判和否定。由觉悟了的仁人志士渐次到更广泛的民众阶层,开始背叛传统婚姻方式而去追求新的婚姻生活,历史走到这一天,也就迎来了中国传统婚姻俗制发生变革的新时期。

二、太平天国的婚姻形态

（一）太平天国内部的婚姻状态

真正意义上的婚姻习俗变革是在深刻认识婚姻陋俗文化并以一种新的婚姻观念为武器对传统婚姻陋俗进行尖锐批判的基础上开始的。而太平天国婚姻习尚的变化缺乏一种对传统婚姻陋俗的深刻领略，并未形成一种新的婚姻观，所以它还不是完整意义上的婚姻陋俗文化的变革。但由于太平天国作为一种特殊的社会形态，为了军事和夺取国家政权的现实需要，在其内部婚姻生活方式上出现少许不同于传统婚俗的新形式。军事生活的特殊需要和中国传统文化及基督教文化影响的无序掺和，使太平天国内部婚姻状况呈现出一种显为抵牾的状态。然而就太平天国婚俗变化的某些具体方面而言，又应承认其在社会历史上具有一定的进步意义，下面就对太平天国内部的婚姻状态加以系统描述。

1. 拆散夫妻与恢复夫妻生活

太平军在金田起事时，拜上帝会的信徒大多拖儿带女，举家参加。使得这支单纯的农民起义的队伍，具备了军事社会集团的双重性质。为了战争的需要，起义一开始，洪秀全就发布了"别男行女行"[1]的命令，声称"天堂子女，男有男行，女有女行，不得混杂"[2]，并在《太平条规》上明文规定，"要别男营女

---

① 中国史学会主编：《太平天国》（一），上海人民出版社 1957 年版，第 63 页。
② 中国史学会主编：《太平天国》（一），上海人民出版社 1957 年版，第 79 页。

营,不得授受相亲"①。所以太平天国把参加起义的男子编入男营,女子编入女营,严禁男女娶首,虽夫妻亦不得同宿。实际是拆散了夫妻,取消了家庭,实行一种禁欲措施,暂时否定了婚姻生活。"令阖城男女分别住馆,不准私藏在家"。为了严明夫妻分居的"馆制",若有"夫妻私犯天条者,男女皆斩"。②"一经查出,立即严拿斩首示众,决无宽赦。"③如"梁郭溱同其妻韦大妹不遵天诫,屡次私行合好"④。夫妻二人均被杀。又如"萧朝贵之父,在长沙途中,密招朝贵母同卧。……而朝贵竟斩其父母以警众,且扬扬语人曰:父母违犯天条,不足为父母也"⑤。即便对身居高职而违反天条的官员亦严惩不贷,功高封侯如镇国侯卢贤拔也因夫妻同宿犯天条而被革职。⑥有一次东王杨秀清闭门大搜查,结果"搜出男扮女、女扮男及孕妇各数十人,悉杀之"⑦。为了防止男女授受相亲,不但夫妻不能相聚同宿,甚至"母子亦不许相见讲话"⑧。本来,"省视父母,探看妻子,此亦人情之常,原属在所不禁;然只宜在门首问答,相离数步之地,声音务要响亮,不得径进姊妹营中,男女混杂"⑨。有一男子在女馆前探望其母,被巡查发现,便诬陷他们母子有奸情,犯了天条,母子均遭枷责惩罚⑩,太平天国亲族内部的"男女之别"甚至远远超出了封建道德家的说教,洪秀全在《十救诗》中规定:妈崽之间,"崽长成时不相见",姊弟之间,"弟

---

① 中国史学会主编:《太平天国》(一),上海人民出版社1957年版,第155页。

② (清)张德坚:《贼情汇纂》卷八《伪文告下》,载中国史学会主编:《太平天国》(三),上海人民出版社1957年版,第231页。

③ 中国史学会主编:《太平天国》(一),上海人民出版社1957年版,第68页。

④ 中国史学会主编:《太平天国》(一),上海人民出版社1957年版,第489页。

⑤ (清)杜文澜撰:《平定粤寇纪略·附记二》,载《太平天国资料汇编》第1册,中华书局1980年版,第316页。

⑥ (清)张德坚:《贼情汇纂》卷二,载中国史学会主编:《太平天国》(三),上海人民出版社1957年版,第54页。

⑦ (清)杜文澜撰:《平定粤寇纪略·附记二》,载《太平天国资料汇编》第1册,中华书局1980年版,第324页。

⑧ 汪堃:《盾鼻随闻录》卷三,载中国史学会主编:《太平天国》(四),上海人民出版社1957年版,第377页。

⑨ 《天情道理书》,载中国史学会主编:《太平天国》(一),上海人民出版社1957年版,第384页。

⑩ (清)涤浮道人:《金陵杂记》,载中国史学会主编:《太平天国》(四),上海人民出版社1957年版,第623页。

大九岁远别清";哥妹之间,"妹大五岁手莫摸";嫂叔之间,"叔大七岁不相见";哥婶之间,"永不相见福多多";爹媳之间,"媳一进来别无差,爹有妈为莫见媳,媳有夫为莫见爹";婆孙之间,"孙大九岁严分别,常不相见永生存"。①洪秀全对其子幼天王洪天贵福的要求也极为苛刻,自九岁后,就不准与母亲和姐妹见面,幼天王只能趁洪秀全上朝时偷偷地去与她们会面。太平天国对男女之间的防范极为严酷,不仅对一般的男女之间,就是对家族亲人之间,甚至对夫妻之间也毫无宽赦。然而太平天国起义不久就强制实行的拆散夫妻、废除家庭的制度到太平天国建都天京后一年半突然发生了转变,1854年9月29日(太平天国甲寅四年八月二十四日)通过天父下凡传旨:"铺排尔一班小弟小妹团聚成家。"②四个月后,大约甲寅四年十二月至翌年(乙卯)正月,"许男女配偶"③,天京城中男馆女馆解散,恢复了夫妻家庭生活。其转变的缘由在下文再作阐述。

2. 多妻与一夫一妇

太平天国对其内部的男女实行严厉的隔绝,以致拆散夫妻的共同生活,然而"天朝"的领袖人物却因袭了封建的多妻制。他们广选嫔妃、妻妾成群,过着帝王式的淫奢生活。洪秀全的妻妾"皆自粤西随来,盛置姿媵,僭称妃嫔"④。"自起义金田,洪氏即天王位,全军开到江口墟,天王驻跸石头脚陈公馆。天王忽拥有十五六位娘娘……同时,杨秀清又假托天父下凡,诏命各王多纳女子事。"⑤例如有一次,"天父曾命西王(萧朝贵,天王妹夫)为天王多纳二妻,而为翼王多纳一女子。"⑥太平天国领袖们的多妻习俗,"不独承袭旧社会制度,而且公然相信是上帝所命而得宗教上的裁可者。其后,一夫多妻,为满

① 《幼主诏书》,载中国史学会主编:《太平天国》(二),上海人民出版社1957年版,第519—520页。

② 王庆成编注:《天父天兄圣旨》,辽宁人民出版社1986年版,第111—112页。

③ 《太平天国资料汇编》第1册,中华书局1980年版,第324页。

④ (清)张德坚:《贼情汇纂》卷一,载中国史学会主编:《太平天国》(三),上海人民出版社1957年版,第45页。

⑤ 简又文:《太平天国典制通考》中册,简氏猛进书屋1958年版,第1258页。

⑥ 简又文:《太平天国典制通考》中册,简氏猛进书屋1958年版,第1252页。

朝新贵普遍的习尚矣"。① 据后来在永安突围时被清军擒获的洪大全供称,至永安,"洪秀全耽于女色,有三十六个女人"②。入天京初年,"蒙天父天恩,娘娘甚众"③,洪秀全府中,"僭称妃嫔者四十余人"④。至天朝末期,"洪秀全有妇八十八人。"⑤简又文先生认为此数"比较可信"⑥。太平天国后期,洪秀全颁发多妻诏,认为天国居民,海外番众,皆以多妻为荣,故"天王诏定东王西王各娶十一人,南王至豫王各娶六人,高级官三人,中级二人,低级一人"⑦。自高而低,依次递减,上多下少,切勿妒忌,不仅仅是洪秀全,"天朝"中的其他诸王也多置妻妾,东王府"盛营宫室,多立伪妃嫔,穷奢极欲"⑧。其他各王也均有妻妾多人。更有甚者,有些人把美女当作赠品,女营事务总理蒙德恩就曾在杨秀清生日之日"逐户采选,不分良贱,势迫刑驱,号哭之声,呼天抢地"⑨,赠送美女成为服务于多妻制的一种随意手段和方式。然而多妻是"天朝"高级官员的特权,低级官员和其他军民"一人只许娶一个妻子"⑩。违反者为犯天条,将斩首不留。所以天朝官员曾多次颁谕声称"一夫一妇,理所宜然"⑪。太平天国没有实行一种人人平等、统一规范的婚姻制度。即便是对下层军民要求的"一夫一妇",也并非从改造传统婚姻陋俗的角度出发,主要还是从"邪淫最是恶之魁"⑫这一"禁淫"要求来做现实考虑的。

---

① 简又文:《太平天国典制通考》中册,简氏猛进书屋 1958 年版,第 1250 页。

② 《洪大泉自述》,载中国史学会主编:《太平天国》(二),上海人民出版社 1957 年版,第778 页。

③ 《天父下凡诏书二》,载中国史学会主编:《太平天国》(一),上海人民出版社 1957 年版,第 50 页。

④ 汪堃:《盾鼻随闻录》卷五《撼言纪略》,载中国史学会主编:《太平天国》(四),上海人民出版社 1957 年版,第 399 页。

⑤ 《太平天国资料汇编》第 1 册,中华书局 1980 年版,第 330 页。

⑥ 简又文:《太平天国典制通考》中册,简氏猛进书屋 1958 年版,第 1255 页。

⑦ 郭廷以:《太平天国史事日志》,上海书店 1980 年影印版,第 748 页。

⑧ (清)张德坚:《贼情汇纂》卷一,载中国史学会主编:《太平天国》(三),上海人民出版社 1957 年版,第 46 页。

⑨ (清)张德坚:《贼情汇纂》卷二,载中国史学会主编:《太平天国》(三),上海人民出版社 1957 年版,第 59 页。

⑩ [英]呤唎:《太平天国革命亲历记》,王维周译,上海古籍出版社 1985 年版,第 240 页。

⑪ (清)张德坚:《贼情汇纂》卷七,载中国史学会主编:《太平天国》(三),上海人民出版社 1957 年版,第 225 页。

⑫ 《天条书》,载中国史学会主编:《太平天国》(一),上海人民出版社 1957 年版,第 79 页。

3. 官媒婚与自由婚

前文谈及 1854 年底,太平天国下令解散了男馆女馆,恢复了夫妻生活,并许未婚男女配偶。就当时情况看,许男女婚配令来得突然,除少部分人能够自由择偶外,恐怕"这自由婚姻的新制度","实未尝普遍全朝全军者"①。很大一部分功臣将士是由天朝媒官掣签分配妇女的。当时天朝专门设立媒官负责男女偶配之事,"凡男女十五岁以上至五十岁者,皆报名指配",官高者得多人,依次递减。由于媒官掣签指婚,于是"有老夫得少妻,童子获衰妇者"②。这种官媒婚姻显有弊害,"或多或寡,或美或丑,或老或少,全无自由选择之权……至于军中将士之就地结婚者,恐其大多数皆由俘虏或难民中选择有姿色者,强行结合,不问女子之自由同意否也。"③允许男女婚配,自然比太平天国早期拆散夫妻是一种进步,然而用媒官任意指配的方式而不顾当事人的意愿,终未跳出野蛮强制婚姻的窠臼。应当承认,太平天国也留有青年男女"爱情的结合"④的自由婚姻的痕迹,"甚至当官长的女儿跟有权利的首领结亲的时候,也从未采用过强迫方式,而是使男女双方首先有各种机会互相熟识起来。"⑤这种自由婚甚至自由到"涉外"的程度,忠王李秀成爱女金好与英籍太平军军官埃尔相亲相爱,他们敢于对抗来自世俗和家庭的阻力。最终忠王夫妇也表现了异乎寻常的宽容和开放,接受了这桩异国的婚姻。希腊籍太平军军官腓力普与中国女子结婚虽然是由一出英雄救美人的喜剧促成,但都是出于"他们双方的自愿"⑥。太平天国内部的自由婚主要体现在"天朝"上层的家族中,即便如此,这些零星可见的自由婚例只能视为"天朝内特殊事件",而"未必是普遍的制度"⑦。

---

① 简又文:《太平天国典制通考》中册,简氏猛进书屋 1958 年版,第 1241 页。
② 《太平天国资料汇编》第 1 册,中华书局 1980 年版,第 324 页。
③ 简又文:《太平天国典制通考》中册,简氏猛进书屋 1958 年版,第 1241 页。
④ [英]呤唎:《太平天国革命亲历记》,王维周译,上海古籍出版社 1985 年版,第 253 页。
⑤ [英]呤唎:《太平天国革命亲历记》,王维周译,上海古籍出版社 1985 年版,第 253 页。
⑥ [英]呤唎:《太平天国革命亲历记》,王维周译,上海古籍出版社 1985 年版,第 395 页。
⑦ 简又文:《太平天国典制通考》中册,简氏猛进书屋 1958 年版,第 1245 页。

4. 与传统相悖的婚姻礼仪形式

太平天国主张废除中国封建婚姻的繁文缛节,代之以新的宗教仪式。《天朝田亩制度》明文规定,"凡两司马办其二十五家婚娶吉喜等事总是祭告天父上主皇上帝,一切旧时歪例尽除"。根据上文的规定,太平天国的确改变了一些"旧时歪例"。诸如"选择吉日的迷信,以及致送聘金等"①。但对传统婚姻旧俗并非"革除净尽"②,如"新娘将下垂的长发挽起成髻,以及新郎于夜间率乐队、灯笼、轿子和骑着马的友人(首领结婚则尚有旗帜、仪仗等)至女家迎娶"等还"仍旧保持着昔日的风俗"③。太平天国在革除传统婚礼的同时,制定了极为庄严的宗教婚礼仪式,这种仪式从初期至后期经历了由简单到完备的发展过程,尤其是干王洪仁玕抵南京后,进一步改革婚礼,"使之十分类似英国教堂所举行的仪式"。④ 太平天国婚礼是由教士或长老在天父堂主持,其祷告时按《天条书》特制的"奏章"进行祈祷。即:"凡生日、满月、嫁娶一切吉事,俱用牲馔茶饭祭告:

> 皇上帝。其奏章曰:
> 小子〇〇〇
> 小女〇〇〇跪在地下,祷告
> 小子〇〇〇生日
> 天父皇上帝:今有迎亲嫁娶等事,虔具牲馔茶饭,
> 小女〇〇〇满月
>
> 敬奉
> 天父皇上帝,恳求
> 小子〇〇〇

---

① [英]呤唎:《太平天国革命亲历记》,王维周译,上海古籍出版社1985年版,第253页。
② [英]呤唎:《太平天国革命亲历记》,王维周译,上海古籍出版社1985年版,第253页。
③ [英]呤唎:《太平天国革命亲历记》,王维周译,上海古籍出版社1985年版,第253页。
④ [英]呤唎:《太平天国革命亲历记》,王维周译,上海古籍出版社1985年版,第444页。

天父皇上帝祝福家中吉庆,万事胜意。托

小女〇〇〇

救世主天兄耶稣赎罪功劳,转求

天父皇上帝在天圣旨成行,在地如在天焉。俯准所求,心诚所愿。①

　　太平天国首领或上层家族结婚与下层军民截然不同,他们往往大操大办,"举行隆重庆祝的盛大宴会"。② 太平天国虽然废除了传统婚俗的繁文缛节,但上层家族的"隆重盛典"③式婚姻仪式似又罩上一层新的繁缛阴影。

　　太平天国在恢复了家庭制度后,一般军民结婚要经直接上级批准,始可结婚。太平天国特地任命"婚娶官"来专门负责男女婚配事务。《金陵纪事诗》中有一首咏天朝婚姻制度的绝句,"莫道桑间旧染渐,烟花禁令却森严,寻常婚娶浑闲事,要向官家索票签。"④诗原注说,"男女配合,须由本队主禀明婚娶官,给'龙凤合挥'方准"。⑤ 即男女婚姻由主管官申请婚娶官发给称为"龙凤合挥"的结婚证书,婚姻即成。"龙凤合挥"是 1954 年 1 月浙江绍兴市毛儿桥三秀庵(原名三依庵)壁间由泥水工人发现的。据简又文先生考证,"挥"粤语与"飞"同音,而粤人称凭单、票据、证券为"飞",所以简又文先生认为"'合挥'即是男女正式结合联婚之凭证之意也。"⑥合挥上载有男女双方的姓名、年龄、籍贯及参加太平天国的时间,再盖上龙凤官印。合挥一式两份,一份保存在政府主管部门,另一份发给结婚当事人,中缝还有号码,以备对勘。合挥作为"结婚证书",是中国历史上首次出现的,使婚姻开始倾向法制化,要充分肯定其重要的历史意义。但太平天国时期的"合挥"制是否具有普遍性,这还是一个需要继续探索的问题。另外,太平天国内部"婚姻一旦缔结之后就永远

---

①　《天条书》,载中国史学会主编:《太平天国》(一),上海人民出版社 1957 年版,第 76 页。
②　[英]呤唎:《太平天国革命亲历记》,王维周译,上海古籍出版社 1985 年版,第 240 页。
③　[英]呤唎:《太平天国革命亲历记》,王维周译,上海古籍出版社 1985 年版,第 445 页。
④　罗尔纲:《太平天国史料考释集》,生活·读书·新知三联书店 1956 年版,第 338 页。
⑤　简又文:《太平天国典制通考》中册,简氏猛进书屋 1958 年版,第 1244 页。
⑥　简又文:《太平天国典制通考》中册,简氏猛进书屋 1958 年版,第 1245 页。

不能解除"①,这对中国传统任意出妻鬻妻的陋俗是个否定,是保护处于被动地位的中国妇女的一个重要措施,但它又同文明的"自由婚姻"形成龃龉。

《天朝田亩制度》中有"凡天下婚姻不论财"的规定。很多论者以此为据,认为太平天国废除了封建买卖婚姻制度。实际上,这只是否定封建买卖婚姻制度的一个原则,这个原则来源于他们对未来社会的理想,正如《天朝田亩制度》所描绘的那样,在理想社会里,农副产品的收获归农民所有的仅够"接新谷","余则归国库","婚娶弥月喜事,俱用国库"。国库供给亦有限制,"如一家有婚娶弥月事给钱一千,谷一百斤,通天下皆一式"。可见在这样一个极"公平"的理想社会中,人人无私产,无私财,婚姻自然也就不论财了。太平天国的婚姻不论财,还只是一种理想,很难在改造封建买卖婚姻的实践上产生实效。因为这一原则的着眼点不在对婚姻陋俗的批判和改革上,仅在对未来理想社会的婚姻生活的描绘上。

(二)太平天国婚姻的特征

上文叙述了太平天国的婚姻状况,它具有如下明显特征。

1. 前后政策迥异

太平天国实行了一项前后迥异的婚姻政策,其体现于前期拆散夫妻与后期恢复家庭生活上。实际上,无论是采取禁欲主义政策或改变这一政策,都是战争和军事斗争需要决定的。太平天国起义后,男女分营,拆散夫妻,实行一种禁欲措施,显然既不是某种文化传统的继承,又非宗教信仰所驱使,是军事斗争所需要。为加强太平军的纪律性和提高其战斗力,太平天国领袖声称,为"享天福",必先"脱俗缘"②"脱凡情"③并向天朝军民许愿,"至金陵登天堂,

---

① [英]吟唎:《太平天国革命亲历记》,王维周译,上海古籍出版社1985年版,第240页。
② 《原道救世歌》,载《太平天国文选》,上海人民出版社1956年版,第225页。
③ 《天情道理书》,载中国史学会主编:《太平天国》(一),上海人民出版社1957年版,第394页。

许夫妇团聚"。① 这是通过类似宗教式的说教而给天朝军民虚送一种精神慰藉,使其主动承受那违反人性的心理及生理之负荷。许愿只是许愿,到了建都天京后,却仍然继续施行这种禁欲主义政策,男女之别如前严格,夫妻母子如前分离,并把这一政策扩大至天京城内一般民众之中。用此种方法管理城市,天朝内部曾产生了意见分歧。当时总理女营事务的春官又正丞相蒙得恩就说,"当安民,毋用男行女行法",而东王大怒,"谓汝何以不能认实天父,欲妄改天父排定章程,不从"②。所谓天父排定章程,就是打到北京推翻清政府统治,"天下一日平定,方许完娶,未娶者方准婚配。"③在天下未定之前,只能男女分居,否则违犯天条,当斩。为安军心,天朝还多方宣传,进行教育开导工作,如《天情道理书》说:"我们兄弟荷蒙天父化醒心肠,早日投营扶主,多有父母妻子伯叔兄弟举家齐来,固宜侍奉父母,携带妻子。但当创业之初,必有国而后有家,先公而后及私;况内外贵避嫌疑,男女均当分别,故必男有男行,女有女行,方昭严肃而免混淆,断不可男女行中或相丛杂,致起奸淫,有犯天条"。④ 并要求军民,"现今建都天京,虽家室尚未团圆……我兄弟各宜坚耐心肠,勿因夫妇一事,自图苟合,不遵天诫",指出:"现下残妖尚未灭尽,成家合好尚未及时,我们弟妹须坚耐到底,合力同心,顶起上帝纲常,指日扫尽妖氛,太平一统,那时天父开恩,论功封赏,富贵显扬,使我们一班兄弟室家相庆,夫妇和谐,猗欤代哉!"⑤当初,"至金陵登天堂,许夫妇团聚"的许诺未能兑现,为"扫尽妖氛,太平一统"的战争需要,又把承诺推至北京。然而天朝军民即便再愚钝,但由于"男女分别"政策远离人情,严重脱离了民众,不禁怨恨渐生,军心动摇。因此,1854 年 4 月东王再次降谕劝慰天朝军民,应承打到北京后即准家人团聚。降谕云:"仰承天意,分为男行女行,以杜淫乱之渐,不过暂

---

① 《太平天国资料汇编》第 1 册,中华书局 1980 年版,第 324 页。

② (清)张汝南:《金陵省难纪略》,载中国史学会主编:《太平天国》(四),上海人民出版社 1957 年版。

③ (清)张德坚:《贼情汇纂》,载中国史学会主编:《太平天国》(三),上海人民出版社 1957 年版。

④ 《天情道理书》,载中国史学会主编:《太平天国》(一),上海人民出版社 1957 年版,第 384 页。

⑤ 《太平天国文书汇编》,中华书局 1979 年版。

时分离,将来罪隶(笔者按:太平天国将直隶省贬称为'罪隶省')诛锄,仍然完聚。在尔民人以为荡我家资,离我骨肉,财物为之一空,妻孥忽然尽散,嗟怨之声,至今未息,尔等不知往古来今更换朝代,凡属兴师问罪者,当城破之日,无不斩杀殆尽,玉石俱焚,血流成渠,不留鸡犬,有似我天朝不妄杀一人,犹给与衣食,视同一体者乎?"① 拆散夫妻,取消家庭这种违反人伦、不近人情的政策已经造成上下龃龉和隔阂,不少太平天国军民怨悔逃离,严重威胁了革命军的力量,再想用以往的说教来抚慰嗟怨不满之军心,已很难奏效了。而"曾水源事件"使太平天国领袖猛然觉悟,决计改变政策、急图补救。据载,天官丞相曾水源去芜湖,误期削职,其弟怨悔逸去。东王大怒,疑水源主使其私逃,勾结官军而己为内应,遽施以五马分尸极刑。东王因询心腹何以老兄弟亦效新者之私逃,答昔在永安时,天父曾降言到金陵小天堂便许夫妻团聚,今日仍不准有家,感疑天父诳人,故人心涣散思去,恐此后逃者更众。东王由是觉悟。下令准夫妻团圆,恢复家庭生活。② 实际上这一政策的转变只是为了笼络官兵,聚拢军队的战斗力,还是出于战争需要的考虑,并非体恤天朝军民从而大发了自己的慈悲心肠!

2. 上下政策迥异

太平天国还实行一项上下迥异的婚姻政策,这主要体现在天朝领袖的多妻与一般军民的一妻制上。事实上,这是封建等级制的体现,反映了天朝领袖人物还未能摆脱封建纲常名教的严重束缚。以洪秀全为首的太平天国农民战争的领袖人物,在中国封建制占主要地位的近代初期,还不可能自觉生成一种先进的代表新时期的思想文化意识,在他们的思想中,不能不弥漫着大量的封建伦理道德意识。这种封建意识是多方面的,我们仅以洪秀全的封建妇女观即可察觉进而窥略其一斑。洪秀全封建妇女观的主要内容包括:其一,夫为阳,妻为阴。洪秀全说,"朕是太阳,朕妻太阴"。③ 这里用"太阳""太阴"专指

———————————

① 《东王杨秀清劝告天京人民诰谕》,载《太平天国文书汇编》,中华书局 1979 年版,第114—115 页。

② 《太平天国资料汇编》第 1 册,中华书局 1980 年版,第 324 页。

③ 《钦定前遗诏圣书批解》,载《太平天国史料》,开明书店 1950 年版,第 86 页。

洪秀全和他的妻子,实质是用传统的阳阴概念来区分夫妻和尊男女卑的。其二,男主外,女主内。《幼学诗》中的"男道"说,"乾刚严位外,道在避嫌疑",而"女道"却说,"幽间端位内,从此兆祥祯"①,这里肯定了男子高于女子的社会地位,并把这种规定视为天经地义,视为吉利和祥祯。这就要求妻子必须绝对地服从丈夫,"妻道在三从,无违尔夫主,牝鸡若司晨,自求家道苦"②,服从是女子的义务和天职,否则"只有媳错无爷错,只有婶错无哥错"。③ 这不仅仅是一种武断,实在是一种毫无顾忌的胡言和赤裸裸的野蛮。其三,妻的单向忠贞。洪秀全十分强调妻子对丈夫的片面忠贞,丁酉年(1837年)洪氏病危在安排后事时就曾对妻子赖氏有"勿嫁"要求,说"尔为朕妻,尔不可嫁。尔身怀妊。未知男女,男钦,当依兄勿嫁,女钦,亦然"。④ 后来洪秀全也一直强调"妇人以贞节为贵"⑤"女道总宜贞,男人近不应"⑥等封建道德信条,并把"节妇断臂"的女子视为贞节的楷模,赞叹"被牵将手断,节烈真堪诵!"⑦其四,虐待妻妾。洪秀全不但有赤裸裸的封建妇女道德观,而且也是"三从四德""男尊女卑"的实行者。他公然制定了十个妻妾"该打"的条文,规定"服事不虔诚,一该打;硬颈不听教,二该打;起眼看丈夫,三该打;问王不虔诚,四该打;躁气不纯静,五该打;讲话极大声,六该打;有唤不应声,七该打;面情不欢喜,八该打;眼左望右望,九该打;讲话不悠然,十该打。"⑧另外在五百余首"天父诗"中,有四百多首是训诫娘娘和宫内嫔妃的。要求娘娘宫女"恪守妇道",要"细心考究天王之脾性,而凡有所命——或这样,或那样,当恪守毋违",一不如意,便要"受笞",以至"罪在不赦,不宜宽恕"。⑨ 娘娘和宫女无不处于"生在君王边,犹如伴虎眠"的窘迫痛楚之中。从上述洪秀全封建妇女观可看出,其核心

① 《幼学诗》,载牟安世:《太平天国》(一),上海人民出版社1979年版,第234页。
② 《幼学诗》,载牟安世:《太平天国》(二),上海人民出版社1979年版,第233页。
③ 《天父诗》,载牟安世:《太平天国》(二),上海人民出版社1979年版,第484页。
④ 《太平天日》,载《太平天国文选》,上海人民出版社1956年版,第138页。
⑤ 《天平礼制(元年)》,载牟安世:《太平天国》(一),上海人民出版社1979年版,第105页。
⑥ 《幼学诗》,载牟安世:《太平天国》(一),上海人民出版社1979年版,第234页。
⑦ 《幼学诗》,载牟安世:《太平天国》(二),上海人民出版社1979年版,第234页。
⑧ 《天父诗》,载牟安世:《太平天国》(二),上海人民出版社1979年版,第435—436页。
⑨ 简又文:《太平天国典制通考》中册,简氏猛进书屋1958年版,第1250—1252页。

内容为"男尊女卑",它的本质是为维护男权社会服务的,亦是为维护封建等级制服务的。等级制是封建社会人与人之间关系的本质体现,正如洪秀全《福音敬录》中所言,"君不君,臣不臣,父不父,子不子,夫不夫,妇不妇,总要君君、臣臣、父父、子子、夫夫、妇妇。"①这种等级观反映在太平天国的婚姻制度上,就是根据男子不同的官位品级来配以不同数量的妻妾。多妻成为男子特权、身份、地位、荣誉的象征。太平天国的领袖们之所以承袭了我国数千年来君主后宫多纳妃嫔的封建婚姻制度,是由他们浓厚的封建伦理观决定的。

---

① 《福音敬录》,载牟安世:《太平天国》(二),上海人民出版社 1979 年版,第 515 页。

三、维新"前识者"的婚姻观

  站在中国近代文化高度对中国封建婚姻陋俗文化进行自觉的文化批判是从维新派开始的。显然,中国当时社会经济、政治和文化的变革是促使维新派产生新式婚姻观的最根本的原因。如果我们仅从婚姻文化的视角来探索问题,那么维新派的婚姻观与中国人在若干时期内接触到西方婚姻文化并受其影响和启迪,当认为不无相应的联系。即赴欧美的中国人对异域婚俗的直接见闻,外国传教士在国内介绍西方的婚姻观,西方婚姻文化的理论形态对中国人价值观的影响均为形成维新派婚姻观的一些值得探究的文化要素。

（一）走向世界的中国人的婚俗视野

  近代中国人对外国奇风异俗的最初关注是在洋务运动时期。这一时期,出现一批走向世界的中国人。他们中有的是饱读经书、经过科举"正途"而跻身朝士行列的驻外使节;有的是长年留居外国,但时刻关心祖国命运的有识之士;有的是为求知求学而赴国外考察游历的文人学者。如容闳 1847 年留学美国;斌椿、张德彝等 1866 年游历欧洲;志刚、孙家谷 1868 年出使泰西,还包括王韬、郭嵩焘、黄遵宪、严复等成为最早走出国门的中国人。他们"学西文、涉重洋,日与彼都人士交接,察其习尚,访其政教,考其风俗利病得失盛衰之由,乃知其治乱之源,富强之本,不尽在船坚炮利,而在议院,上下同心,教养得法。"①他们接触到

---

① （清）郑观应:《盛世危言》自序,载中国史学会主编:《戊戌变法》（一）,上海人民出版社 1957 年版,第 40 页。

西方的社会状况、政治制度、科学文化、文教设施、山川景物、风土人情。他们中有人把在异国他乡的所见所闻通过日记、游记等形式如实地记录下来，其中对外国风土人情的介绍是一个重要内容。闭目塞听的中国人从这些介绍中开始知道，在"天朝"之外，还有一个斑斓而又奇特的崭新世界。近代走向世界的中国人对外国风情的介绍是多方面的，其中不乏对西方婚姻习俗的记录。如张德彝在《航海述奇》中记曰："西俗男女婚嫁，皆自主之。未娶未嫁之时，彼此爱慕，相交如友。再计其一年所得财帛，比之相等。然后告之父母，复同往官署声明，官以一纸书，内载某人娶某氏为妻，某女嫁某男为夫，彼此情愿，男不许娶二室，女不许嫁二夫。待迎娶之日，夫妻先入礼拜堂告之牧师，祝于天主。牧师各以金戒指一枚，贯于男女之无名指，以别处女、鳏夫。嫁娶后，众戚属食于男家。女有一饼，名曰嫁饼，众人分而食之。立言数语，以志庆贺。宴毕，次日或越数日，则夫妻偕往外国遨游。富者之游也，其地或千里，或万里；其期或一年，或数年，然后回国。贫者只在本国遨游数日而已。"①这是具有代表性的记述，它大致涵盖了中国人对西方婚俗的最初认识。当时走出国门的中国人认为西方婚俗与中国婚俗的根本区别主要在于，其一，"男女自相择配，非其所愿，父母不能强也。"②"女有所悦于男，则约男至家相款洽（其俗女荡而男贞，女有所悦辄问其有妻否，无则狎而约之，男不敢先也），常避人密语，相将出游，父母不之禁。款洽既久，两意投合，告父母互访家私，家私不称不为配也（苟访查不确而被欺，则虽既嫁，既娶后，女仍不以男为婿，男仍不以女为妻，等诸婢仆而已）；称，则以语男女，使自主焉。聘定之后（以戒指为定礼，约之使不他悦也），偕出入，益惟其意。"③其二，"夫妇偕老，无妾媵"。④

① （清）张德彝：《航海述奇》，载钟叔河主编：《走向世界丛书》，岳麓书社1985年版，第581页。

② （清）谢清高述，（清）杨炳兰录：《海录》，载（清）斌椿：《乘槎笔记（外一种）》，湖南人民出版社1981年版，第28页。

③ （清）刘锡鸿：《英轺私记》，载钟叔河主编：《走向世界丛书》，岳麓书社1986年版，第181页。

④ （清）王韬：《漫游随录》，载钟叔河主编：《走向世界丛书》，岳麓书社1985年版，第107页。

"自国王至于庶民,无二妻者。妻死然后可再娶,夫死亦可再嫁"。① 其三,婚礼之后,"即乘车船他往游览。按旧规,或在本国,或游别国,一二年方回。名曰度新婚月。今则仍在外数月始归,另择新室而偶处矣。"②其四,"新妇戴钻石围额,上有冠,若小米瓜,以珠界为四棱,宝石如鹅卵者缀其顶。冠后披白纱长及脊,遍身皆白衣裙,袒露其胸背。衣后另幅曳地几盈丈,饰以银花,行则四五官妇以手揭之。"③"泰西尚白,故新妇服此,一取其吉,二明其洁。曾记斌公《海国胜游草》有诗云:'白色花冠素色裳,缟衣如雪履如霜;旁观莫误文君寡,此是人家新嫁娘'。"④其五,教堂婚礼,"男女各有知交五六人陪伴。女皆择美者,服饰如一。教师出堂诵经,男女及陪伴者皆跪。因次第问男女相爱乎?互相照顾乎?事相助、病相恤乎?得失利病能相终乎?各如其言应之。则令男出一戒指呈视,教师持女手,令男约其左指。复上堂诵经,男女亦随上跪听。既毕,入一小阁,贺客皆从入。出一巨册,书男女名姓生年其上,客至者皆与署押,凡二册。询之,一存教堂,一上之国家,以知人数。凡男女生,皆至教堂接名,嫁娶则书名,埋葬各就所书名之教堂。……署押毕,始相与执手为贺。"⑤其六,婚宴,"男女或抵其家,或至店中,式同午后茶会。男皆免冠脱手套,女则否。未设筵之先,新娘之父或母,酌定某男伴某女。待仆报饭齐,则云:请某老爷携某夫人或小姐下楼早餐。下楼第一对为新夫妇,再则新娘之父携新郎之母,三则新郎之父携新娘之母,以后各女伴及男女各客,按等级以次同降。设筵之式与跳舞会之夜馔同,有立者,有坐者,立则量人数列方桌,男女围立,不分上下。若坐,则置长桌。新夫妇并肩坐于一端,或中腰以上。屋大者坐,屋小者立。无论何处,皆新妇坐于新郎之左,非上也,乃下也,因西俗尚右也。

① (清)谢清高述,(清)杨炳兰录:《海录》,载(清)斌椿:《乘槎笔记(外一种)》,湖南人民出版社1981年版,第36页。

② (清)张德彝:《随使英俄记》,载钟叔河主编:《走向世界丛书》,岳麓书社1986年版,第519页。

③ (清)刘锡鸿:《英轺私记》,载钟叔河主编:《走向世界丛书》,岳麓书社1986年版,第219页。

④ (清)张德彝:《欧美环游记》,载钟叔河主编:《走向世界丛书》,岳麓书社1985年版,第701页。

⑤ (清)郭嵩焘:《伦敦与巴黎日记》,载钟叔河主编:《走向世界丛书》,岳麓书社1984年版,第611页。

次则新娘之父与新郎之母坐于新娘之旁,新郎之父与新娘之母坐于新郎之旁。其他男女排列成圈,各女皆在男右。此早餐与午酌大同小异。汤有冷热,菜多冷荤,三鞭、舍利俱全。有鲜果,不备茶食与加非。坐则汤菜皆经仆人捧进,立则置于桌上而自取之。热汤有以盖碗盛满,另置一桌者。冷荤则鸡鱼兔脯等类。坐者备菜单、饭布,立者无汤。"①上面通过大量的引文来反映当时的中国人是怎样关切外国婚姻习尚的。当然,他们当时对自己所记述的事实还来不及认真地品味、思考与评价,但他们这些有选择的记录与中国社会的婚姻习俗无疑有着强烈的反差,以致使读者耳目一新,产生一种殊为异样的新鲜感,记述者实际是用一种景仰的态度来看待它们的,这些记述,日后"也就不可能不在中国发生影响"②。

(二)西方近代婚姻观及婚俗对维新派的影响

18世纪末19世纪初,中国的封建社会已经走到尽头。西方世界以突飞猛进的速度跨进资本主义时代之际,中国人仍在闭目自欺,继续躺在"天朝"的"十字架"上酣睡。皇帝虚骄矜夸,以"天朝物产丰盈,无所不有"的神态睥睨世界,蔑视西洋各国为"化外蠢愚""蛮夷之邦"。长期的封闭政策,使中国人对西方世界了解甚少,封疆大吏闭塞无知,他们当中的许多人甚至连英国在世界的什么方位都不知道,更有甚者,有人还把西方人说成是"腰硬腿直,一击便倒",闹成了笑话。对西方日进的科学技术、士农工商更是不屑一顾,目为"奇技淫巧""旁门邪道"。哥白尼的日心地动说,被大学士阮元斥为"上下易位,动静倒置","离经叛道,不可为训"。③ 然而时代终已发生变化,中国人终究开始认识西方。而西方传教士东来,伴随着欧风美雨的东渐,成为中国人认识了解西方的一个重要渠道。诚然,进入近代以后,西方传教士客观上曾充当过殖民者侵华的得力工具,他们刺探中国政治、经济、军事、文化各方面情

---

① (清)张德彝:《随使英俄记》,载钟叔河主编:《走向世界丛书》,岳麓书社1986年版,第521页。

② 钟叔河主编:《走向世界丛书》,岳麓书社1985年版,"总序"第3页。

③ (清)阮元撰:《畴人传》卷四十六,商务印书馆1935年版,第610页。

报,直接为列强制定侵华政策提供了依据和谋略,甚至参与其中的重要活动。但是传教士的传教又是一种文化活动,并成为中西文化交流的主要渠道之一。为了传教,传教士把介绍西方文化视为一种辅助手段,通过创办报刊、兴办学校来促进西方文化的传播,为先进中国人了解西方、认识西方以及向西方学习提供了必要的知识来源。正如高理文所指出的,当时的中国人对西方国家的"光彩规模,查无闻见,竟毫不知海外更有九州",所以他"不揣固陋,创为汉字地球图及美理哥合省国全图,又以事迹风俗分类略书",将西方知识"宣而播之"①。不仅在传播近代科学知识上,更引人注目的是,在传播资产阶级的民主、自由、平等思想上,给中国知识界输送了反对封建文化专制的武器,促成近代中国最早的思想觉醒和科学启蒙。这其中就包含西方近代婚姻观与婚姻习俗对中国人的直接影响。传教士在上海创办的《万国公报》就较多地登载了一些抨击中国婚姻陋俗文化和介绍西方国家婚姻制度的文章。诸如,介绍西方"一人不得娶二妻"②。"既娶妻不准纳妾,此例固人所共遵而不敢犯,且为人所乐从。"③"夫妇离异之律","以公道处之"④。这些宣传,促使部分中国人开始对中国婚姻制度进行新的审视和评判。如康有为认为"今欧美女子于学问、言语、宴会、观游、择嫁、离异略可以自由矣",⑤"中国尚不能也"⑥。另外,传教士本身严格实行一夫一妻制,亦为改造婚姻习俗作了表率,使一些进步的中国人摒弃纳妾之风以及与之相连带的一些婚姻陋俗。传教士在传教过程中,的确对中国文化观念及其习俗变革产生过一定影响,"苟非五洲大通,耶教之义输入,恐再两千余年,吾人尚不克享宪法上平等自由之幸福,可断言也。"⑦

　　西方书籍的译著对维新派的影响极大,甚至直接推动了维新派改造社会的实践活动。据载,康有为初讲学长兴里,"好浏览西学译本,凡上海广学会

---

① (清)魏源撰:《海国图志》卷五十九,光绪丙申孟秋慎记书庄石印。
② 《万国公报》光绪二十一年十月号。
③ 《万国公报》光绪元年三月号。
④ 《万国公报》光绪二十五年五月号。
⑤ 康有为:《大同书》,古籍出版社1956年版,第136页。
⑥ 康有为:《大同书》,古籍出版社1956年版,第139页。
⑦ 《儒家主张阶级制度之害》,载《吴虞集》,四川人民出版社1985年版,第95页。

出版之书报,莫不尽量购置。"①梁启超也是一样,不仅大量阅读西方译著,还写了很多评论文章。1893年谭嗣同在上海"广购当时江南制造局翻译馆译出的自然科学,广学会译出的外国历史、地理、政治和耶稣教神学以及《西国近事汇编》、《环游地球新录》等书"②。有人指出,谭嗣同与"康有为等维新人士的新知识,有许多地方是从研读广学会中书籍而来的。"③谭嗣同的哲学著作《仁学》和《以太说》中所引用的"以太"概念,就是源于傅兰雅《治心免病法》的译著。其中,中国人直接阅读国外有关婚姻方面的著作,对封建婚姻观的变化起了催化剂作用。孙宝瑄在阅读了日本欧美的婚姻著作后,深有感触地说,"世界文明之极则,男女自择配偶,以学问为媒妁,并以学问为防限。"④

(三)维新派的婚姻观

维新派婚姻观的产生,原因是多方面的,而上述则是不可忽视的重要的文化要素。正是这些因素的影响和作用,中国才迎来了对封建传统婚姻陋俗文化进行自觉文化批判的时代。这种最初的批判是从早期维新派开始的。

早期维新派主要对中国多妻制度和守节陋俗进行了批判,他们认为中国实行的一夫多妻制,"几等妇女为玩好之物,其于天地生人男女并重之说不大相刺谬哉"。⑤ 并认为要求中国女子遵从"饿死事小,失节事大"的节欲规范,强逼女子守节,严禁女子再嫁,必然产生"逼死报烈之惨"的后果。早期维新派主张婚姻自主、一夫一妇。男女离异自由、革除童养媳的陋俗。如宋恕主张,婚姻除父母做主外,须经男女当事人同意,"于文据上亲填愿结","其无亲父母者,悉听本男女自主",严禁他人"强擅订配";⑥主张,欲齐家治国平天下,"则先自一夫一妇始"。认为"一夫一妇,实天之经也,地之义也。无论贫

---

① 冯自由:《革命逸史》,载中国史学会主编:《戊戌变法》(四),中华书局1957年版,第240页。

② 杨廷福:《谭嗣同年谱》,人民出版社1957年版,第63页。

③ 杨廷福:《谭嗣同年谱》,人民出版社1957年版,第52页。

④ 孙宝瑄:《忘山庐日记》上册,上海古籍出版社1983年版,第612页。

⑤ 《原人》,载(清)王韬:《弢园文录外编》,中华书局1959年版,第4页。

⑥ 胡珠生编:《宋恕集》上册,中华书局1993年版,第149页。

富、悉当如是"①。宋恕还认为婚后男女均有权提出离婚,并承认妻子与丈夫、公婆等家人不和,均可为女方提出离异的正当理由,并"宜定三出、五去礼律"②,以为准绳。他还建议把不满十六岁的童养媳送还母家或送养善堂,成年后再行婚配,取原配或改配听便。③ 早期维新派的婚姻主张零散而不系统,但这些零星的观点却为维新派所认同,成为维新派婚姻观的一项重要内容。

维新派的变法思想中有对封建陋俗进行变革的要求,其中包括对封建婚姻文化的批判。这种批判涉及如下具体内容。其一,"男女之约,不由自主,由父母定之。"④谭嗣同对此批判说:"本非两情相愿,而强合漠不相关之人,縶之终身,以为夫妇,夫果何恃以伸其偏权而相苦哉? 实亦三纲之说苦之也。"⑤康有为也认为,"不得自由之事,莫过于强行片半合,夫夫妇为终身之好,其道至难,少有不合,即为终身之憾,无可改悔。"⑥严复指出中国男女婚配既无自主之权,女子就没必要"以他人之制,为终身之偿。"⑦其二,"男为女纲,妇受制于其夫"。⑧ 夫妻之间极不平等,"一夫可娶数妇,一妇不能配数夫"。⑨ 男则"纵淫无忌;女一淫即罪至死。"⑩"其与男子之片半合也,则曰'适',曰'归',曰'嫁',创其义曰'夫为妻纲',女子乃至以一身从之。名其义曰'出嫁从夫',以为至德"⑪,丈夫对妻子,"待之以奴隶,防之以盗贼,责之以圣贤",而女子"其夫既亡,虽恩不足恋,贫不足存,甚或子女亲戚皆不存,而其身犹不可以再嫁",为"人道之至苦"⑫,其与"人道自由,人权天赋之义,已逆背而不乐矣"⑬,

① 《原人》,载(清)王韬:《弢园文录外编》,中华书局 1959 年版,第 5 页。
② 胡珠生编:《宋恕集》上册,中华书局 1993 年版,第 149 页。
③ 胡珠生编:《宋恕集》上册,中华书局 1993 年版,第 52 页。
④ 《实理公法全书》,载《康有为全集》第 1 集,上海古籍出版社 1987 年版,第 283 页。
⑤ 《谭嗣同全集(增订本)》下册,中华书局 1981 年版,第 348—349 页。
⑥ 康有为:《大同书》,古籍出版社 1956 年版,第 136 页。
⑦ 严复译:《孟德斯鸠法意》下册,商务印书馆 1981 年版,第 602 页。
⑧ 《实理公法全书》,载《康有为全集》第 1 集,上海古籍出版社 1987 年版,第 283 页。
⑨ 《实理公法全书》,载《康有为全集》第 1 集,上海古籍出版社 1987 年版,第 283 页。
⑩ 《谭嗣同全集(增订本)》下册,中华书局 1981 年版,第 304 页。
⑪ 康有为:《大同书》,古籍出版社 1956 年版,第 134 页。
⑫ 严复译:《孟德斯鸠法意》下册,商务印书馆 1981 年版,第 603 页。
⑬ 康有为:《大同书》,古籍出版社 1956 年版,第 165 页。

"失自立之人权,悖平等之公理甚矣。"①其三,批判守寡陋习。封建伦理"称'烈女不事二夫',是惟烈女乃然,继则加以'饿死事小,失节事大'之义,于是媚守之寡妇遍地矣"②。如有"不往守者,人议鬼责,举世不容"③。其四,批判早婚与童养媳婚。康有为认为那种"两父相厚,悖国律而指腹为婚,苟年过十四五而不字,则父母恐无人娶之,更有不择而妄适人者"④的早婚陋习,"其为大害,不可尽言"⑤。严复亦认为,由于早婚、生养太多,"所生之子女,饮食粗弊,居住秽恶,教养失宜,生长于疾病愁苦之中,其身必弱,其智必昏,他日长成,必有嗜欲而无远虑,又莫不亟亟于婚娶。于是谬种流传,代复一代"⑥。所以他呼吁:"东方婚嫁太早之俗,必不可以不更。"⑦此外,"更有童养媳者,贫家多行之,欲省婚娶之费也",然而这种"年仅数岁即依他人"的童养媳婚,往往导致"恶姑不慈,待如奴婢,酷不能忍,辄复自尽"⑧的恶果。戊戌维新派从上述方面批判了中国传统婚姻的陋习,并要求改造它。

维新派是从以下几个方面提出他们变革封建婚姻的主张的。其一,"夫妇择偶判妻,皆由两情自愿。"⑨"凡男女如系两相爱悦者,则听其自便","此乃几何公理所出之法"。"天既生一男一女,则人道便当有男女之事。既两相爱悦,理宜任其有自主之权"⑩。谭嗣同在《湖南不缠足会嫁娶章程》中也规定,"同会虽可互通婚姻,然必须年辈相当,两家情愿方可。不得由任指一家,以同会之故,强人为婚。"⑪这里充分体现了婚姻自主的原则。严复也预言"男女自行择配","实为天理之所宜,而又为将来必至之俗"⑫。其二,离异自由。"夫妇不合,辄自离异,夫无河东狮吼之患,妻无中庭相哭之忧,得人道自立之

---

① 康有为:《大同书》,古籍出版社1956年版,第134页。
② 康有为:《大同书》,古籍出版社1956年版,第158页。
③ 康有为:《大同书》,古籍出版社1956年版,第138页。
④ 康有为:《大同书》,古籍出版社1956年版,第137页。
⑤ 康有为:《大同书》,古籍出版社1956年版,第165页。
⑥ 《保种余义》,载王栻主编:《严复集》第1册,中华书局1986年版,第87页。
⑦ 《法意》卷18按语90,载王栻主编:《严复集》第4册,中华书局1986年版,第987页。
⑧ 康有为:《大同书》,古籍出版社1956年版,第138页。
⑨ 《谭嗣同全集(增订本)》下册,中华书局1981年版,第351页。
⑩ 《实理公法全书》,载《康有为全集》第1集,上海古籍出版社1987年版,第281页。
⑪ 《谭嗣同全集(增订本)》下册,中华书局1981年版,第396页。
⑫ 《论沪上创兴女学堂事》,载王栻主编:《严复集》第2册,中华书局1986年版,第470页。

宜，无终身相缠之苦。"①同时也否定了"嫁鸡随鸡，嫁狗随狗"那种"女子所适非人"②的婚姻陋俗。其三，主张聘礼简省、婚礼简便。"无论家道如何丰富，总以简省为宜，女家不得丝毫需索聘礼"，"女家置备嫁奁，亦应简省，男家尤不得以嫁奁不厚，遽存菲薄之意"；"婚姻之礼久矣废绝，古礼既不适于今，能依大清通礼固亦可矣；有时不能不从俗从宜，总择其简便者用之"。③ 维新派还希望有志之士，"破除不肯远嫁之俗见"，主张"苟平素两家相得，而两家中有一家力能远就者，即可为婚"④。上述为维新派婚姻观的主要内容，是他们改造封建婚姻陋俗最重要的见解。

（四）戊戌觉醒的女性与康有为的"大同"婚姻观

19 世纪末，提出改造婚姻陋俗的代表人物为维新派的主要领袖，他们的婚姻主张体现了当时最为进步的婚姻观念。同时我们也不能忽视在戊戌时期已经出现极为少数的先觉女性，她们大多是在维新派的身边，受到维新派的深刻影响，成为中国近代具有维新思想的女性代表，并在维新思想的理论宣传和实践活动上作出了贡献。1897 年，以谭嗣同妻李闰和康广仁妻黄谨娱为倡办董事，在上海成立了以妇女为主体的资产阶级维新派团体——女学会。次年创办旬刊《女学报》作为中国妇女自己的舆论阵地，提出了妇女解放的要求，控诉了封建礼教对妇女的摧残，大胆批判了婚姻陋俗，勇敢提出了婚姻自主的主张。

维新女性认为中国封建婚姻最大的弊害包括他人主婚和夫妻不平等这样两个方面，她们指出，"以自有之身，待人主婚，为人略卖，好恶不遂其志，生死悉听之人"⑤，是婚姻当事人的大不幸；并认为："中国婚姻一事，最为郑重，必

---

① 康有为：《大同书》，古籍出版社 1956 年版，第 138 页。
② 康有为：《大同书》，古籍出版社 1956 年版，第 139 页。
③ 《谭嗣同全集（增订本）》下册，中华书局 1981 年版，第 396—397 页。
④ 《谭嗣同全集（增订本）》下册，中华书局 1981 年版，第 396 页。
⑤ 王春林：《男女平等论》，《女学报》1898 年第 5 期，转引自中华全国妇女联合会妇女运动历史研究室编：《中国妇女运动历史资料（1840—1918）》，中国妇女出版社 1991 年版，第 141—142 页。

待父母之命,媒妁之言。礼制固属谨严,然因此而贻害亦正无穷,凤鸦错配,抱恨终身;伉俪情乖,动多反目。"①她们还认为传统封建家庭的夫妻之间极不平等,"男有权而女无权,天下之事,皆出于男子所欲为,而绝无顾忌;天下之女,一皆听命于男,而不敢与校""男可广置姬妾,而女则以再醮为耻""夫可听其离妇,妇不得听其离夫""夫杀妻则止杖徒,妻杀夫则必凌迟"。② 维新女子在西方文化的影响下,很称羡西方的婚姻习尚,认为"泰西之制,男女平等。彼西人之治家,尽有胜于中国者"。③ 在婚姻上,"男女年至二十一岁,凡事皆可自主,父母之权,即不能抑制","观其并肩共乘,携手同行,百年偕老,相敬如宾。"④所以维新女子力主婚姻自主,"男女择偶,无烦月老,如或两情契合,遂尔永结同心。"⑤维新女子还激励中国女性要成为"转移风化"的实行者,"以今日之女子,厄于今日之风俗"⑥,要为中国婚姻陋俗的变革作出自己的贡献,此后,在中国近代婚姻变革史上渐次出现了一批批新女性,而维新女子可视为这批新女性的最初代表者。

在维新派的婚姻观中,还包括康有为对未来婚姻的认识。康有为一生追求太平之世、向往大同社会。并为这个理想社会设计了一系列的婚姻法则,这婚姻法则中包括了如下要点:"男女婚姻,皆由本人自择,情志相合,乃立合约,名曰交好之约,不得有夫妇旧名""男女合约当有期限,不得为终身之约""婚姻限期,久者不许过一年,短者必满一月,欢好者许其续约""立媒氏之官。

① 《贵族联姻》,《女学报》1898 年第 5 期,转引自中华全国妇女联合会妇女运动历史研究室编:《中国妇女运动历史资料(1840—1918)》,中国妇女出版社 1991 年版,第 144 页。
② 王春林:《男女平等论》,《女学报》1898 年第 5 期,转引自中华全国妇女联合会妇女运动历史研究室编:《中国妇女运动历史资料(1840—1918)》,中国妇女出版社 1991 年版,第 141—142 页。
③ 王春林:《男女平等论》,《女学报》1898 年第 5 期,转引自中华全国妇女联合会妇女运动历史研究室编:《中国妇女运动历史资料(1840—1918)》,中国妇女出版社 1991 年版,第 141—142 页。
④ 《贵族联姻》,《女学报》1898 年第 5 期,转引自中华全国妇女联合会妇女运动历史研究室编:《中国妇女运动历史资料(1840—1918)》,中国妇女出版社 1991 年版,第 144 页。
⑤ 《贵族联姻》,《女学报》1898 年第 5 期,转引自中华全国妇女联合会妇女运动历史研究室编:《中国妇女运动历史资料(1840—1918)》,中国妇女出版社 1991 年版,第 144 页。
⑥ 王春林:《男女平等论》,《女学报》1898 年第 5 期,转引自中华全国妇女联合会妇女运动历史研究室编:《中国妇女运动历史资料(1840—1918)》,中国妇女出版社 1991 年版,第 141—142 页。

凡男女合婚者,随所在地至媒氏官领收印凭,订约写券,于限期之内誓相欢好"①。康有为太平之世婚姻观的核心内容,即在"情志相合"的基础上,于一定的期限内,男女结成"交好之约"。康有为尤其强调,在一般情况下,"不得为终身之约",并为其找到了所谓的"公理",即人的"性格相异"和"情欲好移"所至。他说,"凡名曰人,性必不同,金刚水柔,阴阳异毗,仁贪各具,甘辛殊好,智愚殊等,进退异科,即极欢好者断无有全同之理,一有不合,便生乖暌,故无论何人,但可暂合,断难久持,若必强之,势必反目。"②他又说,"凡人之情,见异思迁,历久生厌,惟新是图,惟美是好。如昔时合约,已得佳人,既而见有才学尤高,色相尤美,性情尤和,资业尤富者,则必生爱慕,必思改交。已而又有所见,岁月不同,所好之人更为殊尤,则必徇其情志,舍旧谋新。"③故康有为得出结论,"凡魂之与魂最难久合,相处既久,则相爱之性多变"④,"虽禀资贤圣,断无久处能相合相乐之理者也。"⑤所以"男女合约当有期限,不得为终身之约"。康有为并未忽略个别现象,"果有永远欢合者,愿听其频频续约,相守终身"⑥,只是要求一切当"因乎人情,听其自由耳"⑦。康有为那种"人人各得所欲,各得所求,各遂所欢,各从所好"⑧的以爱情为基础的自由婚姻观应当给予肯定,但是令人怀疑的是,康有为这种大同社会的男女交好之约,很难使人不陷入肉欲放纵的泥沼之中,虽然康有为强调婚姻期限"短者必满一月",认为"约限不得过短,则人种不杂,即使多欲,亦不毒身"⑨,甚至为防纵欲,康有为提出"多设医局以佐之"的方案,他说,"严限每人或三日或五日即赴医局察验一次以闻。症简验其血管有亏损否,亏损若干,即其戒节色欲若干日。其有过于亏损者,则勒令其暂住数天,略以药物调养,如此则民无天札之患

---

① 康有为:《大同书》,古籍出版社 1956 年版,第 164—167 页。
② 康有为:《大同书》,古籍出版社 1956 年版,第 164 页。
③ 康有为:《大同书》,古籍出版社 1956 年版,第 164—166 页。
④ 《实理公法全书》,载《康有为全集》第 1 集,上海古籍出版社 1987 年版,第 281—282 页。
⑤ 康有为:《大同书》,古籍出版社 1956 年版,第 164—166 页。
⑥ 康有为:《大同书》,古籍出版社 1956 年版,第 164—166 页。
⑦ 康有为:《大同书》,古籍出版社 1956 年版,第 164—166 页。
⑧ 康有为:《大同书》,古籍出版社 1956 年版,第 164—166 页。
⑨ 康有为:《大同书》,古籍出版社 1956 年版,第 164—166 页。

矣。"①但是方案越具体,也就越加暴露"毒身"危害之难免。无论是婚期不短于一月也好,无论是三天五日赴医院察检一次也好,"屡易数妇""屡易数夫"造成的人体亏损无疑是人类的一种自戕,当予批判之。

19世纪末叶,维新派注重批判中国传统婚姻陋俗文化,并把变革婚姻习俗视为改造中国社会的一项具体任务。尽管维新派对封建婚姻陋习抨击的笔墨有限,但在当时的历史条件下,能集中笔力,击中封建婚姻陋俗文化的主要特征,诸如传统婚俗的他主性、买卖性、抑女性、繁缛性等,就已值得称誉了,维新派以自主为原则,以情志为媒介,追求个人人生幸福的婚姻观达到了19世纪中国进步婚姻观的最高水平。

---

① 《实理公法全书》,载《康有为全集》第1集,上海古籍出版社1987年版,第281—282页。

四、清末民初婚俗的演变

（一）清末民初与维新时期婚姻变革之比照

清末民初，一些以救国为目的的知识分子提出改造陋俗的救国主张，而改造陋俗的一个重要内容就是要变革传统的婚姻陋俗。这些先进的知识分子认为"中国现在之婚姻，其不良之点，欲悉数之，殆更仆不能终"，故"非改良现在婚姻之制，微特夫妇之道苦，而其弊害之及于国家社会者，亦非浅少也"，而只有"改良婚姻，微独为谋社会之发达所当有事，亦为谋国家之进步所当有事也"①，把改造婚俗与国家、社会的发达进步紧密地联系起来。

如果说维新变法时期，对封建婚姻陋俗进行批判主要集中于维新变法的几位"前识者"身上，那么到清末民初，这支批判的队伍已经扩展到一大批知识分子的群体身上。他们当中既包括国内的有识之士，也包括大批的出国留学生；既包括名扬遐迩的鸿儒硕学，也包括一批其名不扬的进步青年。其中赫赫声名者既有维新派巨魁梁启超，也有资产阶级革命派蔡元培、秋瑾；既有无政府主义者刘师培、何震、李石曾，又有进步学者金天翮、何大谬等。他们对传统的婚姻陋俗深恶痛绝，感叹"世界皆人于文明，人类悉至于自由，独我中国，犹坚持其野蛮主义，墨守其腐败风俗，以自表异于诸文明国之外，遂使神明之裔濒于沦亡，衣冠之族侪于蛮貉！"②他们欲成为改造婚俗的勇士，"发大愿，出大力，振大铎，奋大笔，以独立分居为根据地，以自由结婚为归着点，扫荡社会

---

① 履夷：《婚姻改良论》，《留日女学会杂志》1911 年第 1 期，载张枏、王忍之编：《辛亥革命前十年间时论选集》第三卷，生活·读书·新知三联书店 1977 年版，第 838—842 页。

② 陈王：《论婚礼之弊》，《觉民》第 1—5 期合本。

上种种风云,打破家庭间重重魔障,使全国婚界放一层异彩,为同胞男女辟一片新土,破坏男女之依赖,推倒专制之恶风,遏绝媒妁之干涉,斩芟仪文之琐屑。"而将"极名誉、极完全、极灿烂、极庄严之一个至高无上、花团锦簇之婚姻自由权,攫而献之于我同胞四万万自由结婚之主人翁!"①

如果说维新时期的"前识者"还不是改造婚姻陋俗的躬行者,那么清末民初,一些先进的仁人志士已经成为提倡婚俗改革并能以身作则的典范人物。其中以蔡元培和秋瑾最为突出。1899年,蔡元培夫人去世,为其做媒续弦者很多,蔡元培想借此机会"改革社会风习、创导男女平等",特提出五项征婚条件:"(一)女子须不缠足者。(二)须识字者。(三)男子不娶妾。(四)男死后,女可再嫁。(五)夫妇不相合,可离婚。"在纲常名教狂泛横溢的守旧社会,勇敢地提出在常人看来是悖逆伦理的征婚条件,尤其是"再嫁""离婚"两条,真叫俗人骇怪不已。1900年蔡元培找到了黄世振女士,她天足、工书画、思想进步。蔡与黄女士在杭州结婚,并对婚礼有所改革,以演说会代替闹洞房。蔡元培在演说会上说,"就学行言,固有先后,就人格言,总是平等"。这反映了他尊重妇女人格,提倡男女平等的思想,在当时可谓难能可贵。蔡元培对婚礼的改革及提出的征婚条件引起了社会的反响。资产阶级女革命家秋瑾1896年由父母包办与满身"无信义、无情谊、嫖赌、虚言、损人利己、凌侮亲戚、夜郎自大、铜臭纨绔之恶习"②的王廷钧结婚。婚后两人感情冷淡,毫无乐趣,使她处于"重重地网与天罗,幽闭深闺莫奈何"③的困境中,秋瑾曾隐喻自己嫁给王廷钧是"才女配庸人""彩凤配凡禽"④,以致"一闻此人(即王廷钧),令人怒发冲冠"⑤。秋瑾再也无法忍受这种悲惨的婚姻生活,毅然与王廷钧决裂,"踏破范围去,女子志何雄?千里开础界,万里快乘风"⑥。于1904年只身赴日留学。与此期间,还有一批女进步青年陈撷芬、徐慕兰、宋雪君、庄汉翅、梁绮川等也纷纷与封建婚姻家庭生活决裂,成为封建礼教的叛逆者。

---

① 陈王:《论婚礼之弊》,《觉民》第1—5期合本。
② 《致秋誉章书·其五》,载《秋瑾集》,上海古籍出版社1979年版,第38页。
③ 《精卫石》,载《秋瑾集》,上海古籍出版社1979年版,第129页。
④ 《精卫石》,载《秋瑾集》,上海古籍出版社1979年版,第146页。
⑤ 《致秋誉章书·其三》,载《秋瑾集》,上海古籍出版社1979年版,第35页。
⑥ 《精卫石》,载《秋瑾集》,上海古籍出版社1979年版,第162页。

如果说维新时期的"前识者",对传统婚姻陋俗文化还不能说已经完全做到系统、全面和深刻的理论批判,那么清末民初的志士们却可谓做到了这一点。其中梁启超《禁早婚议》、陈王的《论婚礼之弊》、履夷的《婚姻改良论》堪称重要文献;另外,《中国婚俗五大弊说》《自由结婚议》《文明婚姻》《婚姻自由论》《禁早婚以强人种论》《论婚姻之弊》《再论婚姻》《婚姻自由》《婚姻篇》《婚嫁改良》《婚姻问题》《说中国之婚姻》《婚姻改进说》《文明结婚》《自由结婚》《婚制改革论》①等均为专门论述变革婚俗的力著;《女界钟》《女界泪》《秋瑾集》中对婚姻陋俗的批判亦着力匪浅。

（二）对婚姻陋俗的系统批判

清末民初进步知识分子对婚姻陋俗的系统批判,言其大略,主要集中于如下诸方面。

1. 父母主婚之弊

中国主婚之全权,实在于父母,"当其始,有所谓问名纳采者,则父母为之;至其中,有所谓文定纳弊,则父母为之;及其终,有所谓结褵合卺者,亦莫非父母为之"②,而婚姻当事人却无容喙之余地,即"不得任一肩,赞一辞,惟默默焉立于旁观之地位"③。这种专制婚姻,"使夫妇之乖违也""使家计之困难也""蹂躏人道也""误子女一生之发展也"。④ 此神州之一大污点也。

2. 媒妁之弊

媒妁者,"中国淫风之起原""自由结婚之大蟊贼也"。"夫媒妁者,古人以之比于鸠鸩,后世以之伦于谩妲。"做媒妁之人,大多乃趋附之徒,好事之辈。

---

① 分别见《中国新女界杂志》第3期;《女子世界》第11期;《女学报》第2期、第3期;《广益丛报》第188号、第82号;《安徽俗话报》第16期、第18期;《白话》第2期;《竞业旬报》第24期、第14期、第28期、第40期、第20期、第15期、第30期;《新世界学报》第14号。
② 陈王:《论婚礼之弊》,《觉民》第1—5期合本。
③ 陈王:《论婚礼之弊》,《觉民》第1—5期合本。
④ 吴贯因:《改良家族制度论》(续),《大中华杂志》第1卷第4期。

他们行于此道,只为博取厚酬,交欢豪族,财帛之外,他非所顾。故"短长其言,上下其手,事成则己任其功,事败则人受其祸,其心术与狐蜮相去无间矣。"①

3. 男女不相见之弊

中国古有男女不相授受,不相为礼之训条,盖男女不相见之制,由来远矣。交友之道,在于渐磨切磋,志同道合,矧终身为伴、长处一庭的夫妻之间,更当如此。那么以素无谋面、茫不知心之男女,一时之间,遽相配合,久而久之,"其反唇反目之事,固势所必有矣"②。且以素不谋面之辈,昔为行道之人而结床第之爱,"天壤间闷杀风景之事,宁有过是耶?"琴瑟燕婉之好乃宇宙高尚纯洁之乐事,今以素不相识之人,蹂躏此等之风趣,"则闺房之内,直等地狱焉"。"以路人而骤作夫妇,则因性情才学之异,易致乖违,此势所必至矣。"故"为夫者不钟情于其妻,则狎妓蓄妾之风开矣;为妻者不钟情于其夫,则外遇私奔之事至矣。"③更为甚者,有些素无谋面之结为夫妻者,"情意不洽则气脉不融,气脉不融则种裔不良,种裔不良则国脉之盛衰系之矣。"④

4. 聘仪奁赠之弊

人类所以异于他等动物者,谓其价值不可以金钱计量也。尤为夫妻之道,宜以爱情结合,而不容夹入他种之观念。而中国婚姻陋俗之一,即讲求聘仪奁赠,约婚之际,既存一博取金钱之心。故"且嫁女者,既问聘钱之有无;则娶妇者,亦将视妆奁之多寡。"择婚标准,不在才学品貌,唯问资产而已。于是有"以绝世才媛,下嫁于枯杨老夫者",亦有"痴汉偏骑骏马走,巧妻常伴拙夫眠"⑤之非和谐之事也。甚或"竞事纷华,互相凌驾,富者竭其脂膏,贫者亦思步武,相穷以力,相尽以财,不至于犬竭兔毙不止",以至"庆贺未终,丧吊已

———————

① 陈王:《论婚礼之弊》,《觉民》第 1—5 期合本。
② 陈王:《论婚礼之弊》,《觉民》第 1—5 期合本。
③ 履夷:《婚姻改良论》,《留日女学会杂志》第 1 期。
④ 陈王:《论婚礼之弊》,《觉民》第 1—5 期合本。
⑤ 履夷:《婚姻改良论》,《留日女学会杂志》第 1 期。

至,爱情未结,怨仇旋生"①,其污损人类情爱之价值,盖亦甚矣!

5. 早婚之弊

梁启超于 1902 年撰《新民议》文,其中有一篇为《禁早婚议》,认为"中国婚姻之俗,宜改良者不一端,而最重要者厥为早婚。"文中对早婚陋俗作了深刻而又系统的批判,认为早婚之弊为"害于养生""害于传种""害于养蒙""害于修学""害于国计"等,可见早婚之祸"其剧而烈也!"②履夷的《婚姻改良论》也把早婚之弊归结为"修学上之害""经济上之害""品性上之害""不能事亲之害""不能教子之害""不能宜室家之害"等数端。早婚之弊要之为二,一则"种类以之大瘠",一则"国气因而不振"。

6. 繁文缛节之弊

中国婚俗的繁文缛节,于一婚之起,始则有之,中则有之,终则有之。"徒以一人之事,动劳百千之众,揆之公德,已属有亏;况以耳目之故,驱人于奴隶之域,上以病国,下以殃民。"③

7. 迷信术数之弊

"如命相、阴阳卜筮之类,以为婚姻为前世所定,实有神仙主之;媒妁说后,再求神示,作为媒妁的补充;遇有疑难,卜筮以决。结果,完全排除男女自己的权力,迫使青年男女在旧婚俗之下,服服帖帖,违拗不得。"④

8. 礼法婚姻之弊

"中国之婚姻,礼法之婚姻也",与法律婚姻不同,法律婚姻优于礼法婚姻之处有三:"一则结婚离婚,均可自由,兼可再嫁;二则行一夫一妻之制;三则

---

① 陈王:《论婚礼之弊》,《觉民》第 1—5 期合本。
② 《禁早婚议》,载李华兴、吴嘉勋编:《梁启超选集》,上海人民出版社 1984 年版,第 357—365 页。
③ 陈王:《论婚礼之弊》,《觉民》第 1—5 期合本。
④ 《辛亥革命时期期刊介绍》第 1 集,人民出版社 1982 年版,第 572 页。

男女同受教育,男女同入交际场。"①

(三)近代文明的婚姻观

清末民初先进知识分子对婚姻陋俗的指斥和批判,可谓击中了封建传统婚姻陋俗文化的本质特征,与此同时,他们提出了与之完全相反的婚姻主张,这些新式婚姻主张的要点可概述如下。首先,要婚姻自由。"盖以婚大事,不可不慎重之,而慎重之之至,则非自男女自约自结不为功。"②"择婚思得自由"③,不用父母强逼,媒婚说谎,一任本人做主。那种父母专制、媒妁撮合的婚姻是没有爱情的,没有爱情的婚姻是痛苦的,故"四百兆同胞齐享幸福,则必自婚姻自由始。"④此时还有人主张离婚自由,认为"夫妇以情交,以义合,情义未绝,虽死可守,而情义既绝,虽生可离。"⑤他们把离婚视为避免女子"一生之祸福荣枯恒持其良人为命运的自主之道"。故主张"男可再婚,女可再醮"。⑥ 其次,主张晚婚。梁启超曾根据统计家的调查报告进行研究而得出结论,认为"愈文明之国,其民之结婚也愈迟;愈野蛮之国,其民之结婚也愈早","一国之中,凡执业愈高尚之人,则其结婚也愈迟;执业愈卑贱之人,则其结婚也愈早。""故吾以为今日之中国,欲改良群治,其必自禁早婚始。"⑦也有人说得更为具体,认为"必年龄稍长,获有职业之后乃得婚娶",以及"青年男女,其能入学读书者,虽在专门大学之学校,亦必俟其毕业,方许成婚",并明确主张"男女之婚期皆限于二十五岁以后,庶乎其可矣。"⑧再次,革除买卖婚。中国

---

　　① 何震:《女子解放问题》,《天义报》第7—10期,1907年9月1日、10月30日,载张枏、王忍之编:《辛亥革命前十年间时论选集》第二卷下册,生活・读书・新知三联书店1963年版,第961页。

　　② 陈王:《论婚礼之弊》,《觉民》第1—5期合本。

　　③ 吴贯因:《改良家族制度后论》,《大中华杂志》第1卷第6期。

　　④ 金一:《女界钟》,上海大同书局1903年版,第81页。

　　⑤ 亢虎:《忠告女同胞》,《民立报》1911年6月8日。

　　⑥ 《男女平等之原理》,《清议报全篇》卷25,附录1。

　　⑦ 《禁早婚议》,载李华兴、吴嘉勋编:《梁启超选集》,上海人民出版社1984年版,第362—363页。

　　⑧ 履夷:《婚姻改良论》,《留日女学会杂志》第1期。

以居女为奇货而必索要聘钱的婚姻流俗,无异于"贩卖鹿豕牛羊"。事实上,"红丝一系,期成连理之枝;黄金无权,难作鹊桥之渡",所以"闺房之中,乃神圣洁净之地,断不容钱神之势力挽入其中也!"有人认为,人类婚姻历史要经历掠婚、卖婚、赠婚而进入自由时代,令人感叹的是,"今世文明各国,其婚姻之制已入于第四期矣。独中国之婚姻尚在卖婚时代。即此一端,中国人之品格,其下于他国人数等,已可概见矣。"故主张"欲增进国民之品格,则卖婚之制必不可不革除。"①最后,主张商定婚。即父母子女双方互相商榷,取得双方同意的折中方案。这是从专制婚过渡到自由婚的一个容易被接受的婚姻主张。认为"婚姻之事,必不能以全权委诸父母;必也,先令子女得自由选择,而复经父母之承认,然后决定,斯最当矣。"②早年的胡适也主张实行"要父母主婚","要子女有权干预"的这种由父母子女双方互相商定的婚姻缔结形式,以避免"年纪既轻,阅历世故自然极浅"的青年人作出不合理的选择。③ 这种把父母的见识、阅历视为对缔结婚姻可起参考作用的婚姻主张还是有相当程度的实用性的。

(四)婚俗的演变

清末民初,由于进步知识分子对婚姻陋俗文化进行了理性的批判,使一些觉悟者开始改变传统婚姻观,社会婚姻陋俗也随之发生变化。由于其变化较为明显,所以它在社会生活中已引起人们的关注。下面对清末民初婚姻习俗演变状况做一历史考察,以了解其变化之大势。

1. 自由婚与同意婚的出现

清末民初,虽然还很少自由恋爱和自由结婚的,但有人已在观念上发生变化,"主自由结婚之说"者,"尤所不免"④。有些先进青年认为自由结婚是文明开化和进步的体现,并勇于付诸行动。无锡一男聘结一女,已择日迎娶。女

---

① 履夷:《婚姻改良论》,《留日女学会杂志》第1期。
② 履夷:《婚姻改良论》,《留日女学会杂志》第1期。
③ 胡适:《婚姻篇》,《竞业旬报》第25期。
④ 傅熊湘:《醴陵乡土志》,第4章风俗·婚嫁。

方寄信告之男方,说这门婚事是家兄一人之意,本人死不顺从。男方晓知真相,退还庚帖。可见当时已经有人树立了婚姻自主的新观念。这件事被人喻为"女权发达之嚆矢,婚嫁文明之滥觞。"①当时有些"因奸毙命之案",不少是因"童年完娶,女长于男",女子秉性稍有偏转,往往走入"邪途",便有与奸夫合谋杀夫之事。这些现象也被一些人视为"无自由结婚所致为多也",②而对此表示同情。有些青年不顾社会陋俗的束缚和家长的反对,执意要求解除包办婚姻,醉心于自由恋爱。如民初上海青年,"亦有男女先自认识",经过自由恋爱,彼此相许,再"订约成婚"③的。四川青年男女也以"唱歌山坳,其歌男炫以富,女夸以巧"的方式来表达双方的爱慕之情。当"相悦订婚",便"宿于荒野","遂为婚"。④通过男女会晤、自由恋爱,进而达到自由结婚成为清末民初婚姻生活的新事物。如河南信阳,出现"入民国,男女自由结婚"⑤的新婚俗。河北盐山县,"民国以来,蔑古益甚,男女平权之说倡,而婚配自择。"⑥自由婚姻还表现出多种形式,有双双离开家门逃往外地的;有"师生为偶",不避物议的;也有因婚姻不如意而自刎身亡的;也有不满意对方家境、相貌及道德品行而赖婚或退婚的,这在清末上海的"通脚"习俗中体现得最为典型。⑦清末民初还出现了同意婚,"男女相慕悦,禀告父母,请介绍人转述意见,双方许可,定期举行结婚仪式。"⑧或"先由男子陈志愿于父母,得父母允准,即延介绍人请愿于女子之父母,得其父母允准,再由介绍人约期订邀男女会晤,男女同意,婚约始定。"⑨四川江律"有用新式婚礼者……男女经介绍人之传达,互得同意后,乃各告于父母为之主婚,或直由父母提起者,亦必经男女自身许可。

---

① 《中外近事·婚嫁自由》,《大公报》1903 年 9 月 26 号。

② 《中外近事·婚配定例》,《大公报》1903 年 12 月 5 号。

③ 汪杰梁女士:《上海婚嫁之礼节·新式婚嫁之礼节》,《中华妇女界》第 1 卷第 4 期。

④ 胡朴安编:《中华全国风俗志》下编,中州古籍出版社 1990 年版,第 365 页。

⑤ 《重修信阳县志》,载《中国地方志民俗资料汇编》中南卷(上),书目文献出版社 1991 年版,第 227 页。

⑥ 孙毓琇主修:民国《盐山新志》卷二十五《故实略·谣俗篇》。

⑦ 参见王贤森、吴福文:《带有特殊性的旧上海婚俗》,《社会科学》(沪)1984 年第 2 期。

⑧ 《平乐县志》,载《中国地方志民俗资料汇编》中南卷(下),书目文献出版社 1991 年版,第 1004 页。

⑨ 徐珂编撰:《清稗类钞》第 5 册,中华书局 1984 年版,第 1987 页。

盖主张婚姻自由也。"①这一时期,家长和子女双方互为认可的婚姻缔结方式还是比较容易被人接受的。自由结婚给青年男女带来了莫大喜悦,当时有一首《自由结婚纪念歌》就反映了青年男女的喜悦心境,歌词为"世界新,男女重平等,文明国,自由结婚乐。我中华,旧俗真堪嗟,抑女权,九州铸铁错。想当初,妇道立三从,依赖性,养成种劣弱。到如今,二亿女同胞,颠不剌,黑狱终沦落。最可怜,淘汰听天然,难怪他,红颜多命薄。想起来,惨酷真非常,吁嗟乎,仁圣何不作。""破题儿,革命自婚姻,当头棒,风光先恢拓。廿世纪,祖国新文明,有心人,毅力来开幕。我同志,为社会牺牲,自由神,呵护脱束缚。曾记得,交换指环时,最快意,爱敬莫人若。"②

2. 出现了离婚与再嫁的婚姻现象

夫妻有隙,佳偶成为怨偶,那么离婚可谓一条出路。清末民初的婚俗变化体现了这一点。"这时的法庭诉讼,男女之请求离婚者,实繁有徒,此皆前此所未有。"③各地离婚案件渐多,如浙江镇海"离婚之案,自民国以来,数见不鲜";④浙江遂安"近自妇女解放声起,离婚别嫁亦日益见多"。⑤ 河北雄县,"近年以来,离婚之诉,日有所闻"⑥;上海"审判厅请求离婚案多"。⑦ 另外,再嫁风气也日渐增多,有些女子已"不以再嫁为耻"⑧;有的寡妇通过社交活动,还尝到了自由恋爱的乐趣⑨;福建邵武县,"夫死再嫁,视为固然。甚有一而再,再而三者。"⑩杭州亦"再娶再醮之风通行"。⑪

———————————

① 聂述文等修,刘泽嘉等纂:《江津县志》卷十一《风俗》,载《中国地方志集成》第45册,巴蜀书社1992年版,第789页。
② 《复报》1906年10月第5号。
③ 无妄:《间评二》,《大公报》1913年9月15日。
④ 王荣商等纂:《镇海县志备稿·沿革志·礼俗·婚礼》。
⑤ 姚桓纂:《遂安县志》卷一《方舆志·风俗·俗礼》。
⑥ 刘崇本纂:民国《雄县新志》第7册《故实略·谣俗篇·礼俗·昏》。
⑦ 觉迷:《自由谈话会》,《申报》1913年1月13日。
⑧ 胡朴安编:《中华全国风俗志》下编,中州古籍出版社1990年版,第115页。
⑨ 心痼:《论寡妇乐》,《申报》1912年5月15日。
⑩ 胡朴安编:《中华全国风俗志》下编,中州古籍出版社1990年版,第313页。
⑪ 《民国杭州市新志稿·俗尚》,转引自周峰主编:《民国时期杭州》,浙江人民出版社1992年版,第634页。

3. 开始注重婚姻法规和婚姻契约

1916 年,司法部附设的法律编查会,先后制定民法草案。关于婚姻制度方面,《民律亲属篇草案》第三章有详细规定,其中有诸如"早婚""重婚""离婚"等改革婚姻陋俗的内容,如"男子未满十六岁,女子未满十五岁,不得成婚""有配偶的,不得重婚""夫妻不相合谐,而两愿离婚的,得离婚"①等。这一草案虽未成为正式法典,但具有法律之效力,而受到一定程度的重视。民初有些地区还专门制定婚礼草案和法规,作为人们婚姻生活中所应遵守的依据。如河南信阳县《民国礼制草案》中的《婚礼草案》中就有关于"订婚""通告""结婚""谒见"②等具体规定,要求人们遵守。另外,有些社团组织制定一些规章来约束自己的会员,如民初成立的并受孙中山、蔡元培、袁世凯、章炳麟等44 人赞成和支持的"中华民国家庭改良会",在其《暂行草章》第一章中"关于实行改革之条件"的九项内容里,就有四项涉及婚姻陋俗的改造,即"婚姻自由,但非达法定年龄不得结婚""厉行一夫一妻制""守义、守节、守贞听其自由,父母翁姑等不得强迫行之""衣食住及其他需要者若婚丧宴会,崇尚节俭"③。这种法规的效力无疑对婚姻陋俗的变革起到了推进作用。应当提到的是,这时有人开始注重履行一种契约婚姻,这是婚姻生活文明化和现代化的体现。孙中山和宋庆龄的契约婚姻最为典型。1915 年 10 月 25 日,孙中山和宋庆龄在东京律师和田瑞家举行了婚礼。他们委托律师和田瑞到东京市政厅办理了结婚登记,并由这位律师主持签订了婚姻誓约书。誓约书一式三份。分别由孙中山、宋庆龄和律师和田瑞各保存一份。中国历史博物馆于 1962 年从私人手中征集到这份誓约书。它纵 11.25 厘米,横 17.25 厘米;朱丝栏,全叶 24 行,墨书日文 22 行;中缝有上鱼尾;栏外左下角印有篆体字"东京榛原制",作腰圆戳记状。原件已装裱成卷,卷尾状有余纸,以备题记。誓约书译文全文如下:

---

① 参见法律编查会编印:《民律亲属篇草案》第 3 章(1915 年印行)。
② 《重修信阳县志》,载《中国地方志民俗资料汇编》中南卷(上),书目文献出版社 1991 年版,第 227—229 页。
③ 《中华民国家庭改良会暂行草章》,《北京档案》1986 年第 2 期。

此次孙文与宋庆琳之间缔结婚约,并订以下诸誓约:

一、尽速办理符合中国法律的正式婚姻手续。

二、将来永远保持夫妇关系,共同努力增进相互间之幸福。

三、万一发生违反本誓约之行为,即使受到法律上,社会上的任何制裁,亦不得有任何异议;而且为了保持各自之名声,即使任何一方之亲属采取何等措施,亦不得有任何怨言。

上述诸条誓约,均系在见证人和田瑞面前各自的誓言,誓约之履行亦系和田瑞从中之协助督促。

本誓约书制成三份;誓约者各持一份,另一份存于见证人手中。

誓约人　孙文(章)

同　上　宋庆琳

见证人　和田瑞(章)

千九百十五年十月二十六日。①

这种契约婚姻在当时还是极为个别的现象,但它却是中国婚姻史上婚姻缔结方式走向文明的开端。

4. 婚姻礼仪的变化

"鉴于盲婚之痛苦,礼文之繁缛,金钱之虚耗,从而改良之"。② 清末民初,"新式婚礼,较旧为简"。③ 旧婚礼如坐花轿、拜天地、闹洞房、回门等传统的迷信的婚姻礼俗开始部分改革,而趋于文明结婚。

如北京当时的新式婚礼,有记载:"结婚之前,男女交换戒指,即为订婚证物(亦有于结婚日交换者)。娶时,多在公园会馆饭庄等处。门首悬旗结彩。富者更有花坊,庭设礼案。新郎新妇与主婚证婚介绍各人及音乐部来宾,均有一定席次。迎娶不用喜轿仪仗,而改以花车(马车结彩)。间有辅以军乐者。

---

① 李锡经、马秀根译:《孙中山、宋庆龄婚姻誓约书》,《文物天地》1981 年第 2 期。

② 《平乐县志》,载《中国地方志民俗资料汇编》中南卷(下),书目文献出版社 1991 年版,第 1004 页。

③ 《第二篇·礼俗·新式婚礼》,载《实用北京指南》,商务印书馆 1926 年版,第 3 页。

其仪式,则有读颂词证婚,用印,夫妇交拜,致谢主婚证婚介绍人来宾及谒见亲族,所行之礼,惟于尊长叩首或三鞠躬,余均一鞠躬,间亦有用拜跪礼者。更有以旧式改良者,乃将旧礼之过繁及无甚关系者悉删之。如迎娶仅用喜轿一乘,鼓手若干名,不用一切仪仗是也。"①

再如杭州婚姻仪式礼文上的变更:"易拜跪而为鞠躬(惟对翁姑、岳父母仍行跪拜);易家庭而赁旅馆;易小礼而用证书;易媒妁而称介绍;易凤冠而披兜纱;易花轿而坐汽车;易行人而用军乐;易挽拌而为傧相;易鼓吹而弹钢琴;易聘礼而换饰物(戒指);易喜果而为纸花;易闹房而为演说。"②此时其他各地文明结婚的仪式记载颇多,大同小异,其情形大致如下:"一、司礼人入席。二、奏乐。三、男女宾入席。四、男女主婚人入席,面外立。五、证婚人、介绍人入席,左右对立。六、新人入席,面内立。七、奏乐。八、证婚人读证书。九、证婚人用印。十、介绍人用印。十一、新郎新妇用印。十二、证婚人为新郎新妇交换饰物。十三、新郎新妇对立,行三鞠躬。十四、新人致谢证婚人、介绍人,行三鞠躬礼。十五、奏乐。十六、新人向男女族尊长行三鞠躬礼。十七、新人向男女宾致谢,行一鞠躬礼。十八、男女宾致贺,行一鞠躬礼。十九、新人退。二十、奏乐。二十一、男女宾退。二十二、司仪员退。礼毕。"③这种文明结婚,清末民初"倡于都会商埠,内地亦渐行之"④。有些青年男女以此为荣,"无媒婚嫁始文明,奠雁牵羊礼早更。最爱万人齐着眼,看侬亲手挽郎行。"⑤新式婚姻礼仪受到人们的称羡,"梳一东洋头,披件西式衣,穿双西式履,凡凤冠霞帔锦衣绣裙红鞋绿袜,一概不用,便利一;马车一到,昂然登舆,香花簇拥,四无障碍,无须伪啼假哭,扶持背负,便利二;宣读婚约,互换约指,才一鞠躬,即携手同归,无嫔相催请,跪拜起立之烦,便利三。"⑥的确,文明婚礼比之繁文缛节的

① 《第二篇·礼俗·新式婚礼》,载《实用北京指南》,商务印书馆1926年版,第3页。
② 钟毓龙:《说杭州》第11章"说风俗",转引自周峰主编:《民国时期杭州》,浙江人民出版社1992年版,第634—635页。
③ 《义县志》,载《中国地方志民俗资料汇编》东北卷,书目文献出版社1989年版,第196页。
④ 徐珂编撰:《清稗类钞》第5册,中华书局1984年版,第1987页。
⑤ 息影庐:《自由谈·新女界杂咏》,《申报》1912年5月1日。
⑥ 是龙:《自由女之新婚谈》,《申报》1912年9月19日。

旧婚礼要文明方便进步得多。安徽"改良风俗会条约"规定:"女子新嫁拜跪为劳,除庙见及拜见翁姑外,所有夫家亲族戚友相见时,只以鞠躬为礼,并禁止闹房恶习","女族探三朝者,人到不必礼,到男家亦不必答礼"。① 另外,有些信奉西教之家,结婚时往往借教堂为礼场。请牧师或神父为婚,其礼节亦至简单,"先由主婚及来宾新郎新妇唱赞美诗。主婚者问两方面之愿否,而后宣读证书,祷告上帝。次新郎新妇行谢上帝礼,并宣读志愿书,读时必须握手。主婚者复为新郎新妇交换饰物,并各唱赞美诗,礼毕,然后退。"②如塘沽有一对青年男女结婚,先到教堂经牧师点礼,男女学生唱诗,场面隆重热闹。礼毕新婚夫妇乘马在牧师夫妇和朋友们的陪送下回到新家。这在当地"颇称奇异",认为"较之旧有之婚礼文明多矣"。③ 暂且不论这种婚礼在中国是否切用,但它足以说明有人已经开始用自己的实际行动来改变中国的传统婚姻礼俗了。

5. 婚礼服饰上的变化

清末民初在婚礼服饰上出现西化现象,有些青年执意追求穿戴西式衣帽。《妇女时报》第二号登一照片《刘君吉生与陈女史定贞本年四月二十三日新式结婚时之摄影》,第七号又登《赵月潭君与张爱墨女士文明结婚摄影》,第二号同时登一"保存国粹"的照片《中国旧式结婚》,与其对照。从这里可以看出婚礼服饰的变化。中国旧式结婚的照片上,男女各自站立,男女体间留有空隙,男穿对襟长袍,脚蹬元宝鞋,头戴礼帽;女穿绣缎长袍,长纱蒙面,头戴凤冠。新式结婚的照片上,男女挽手臂,男穿西式大衣,无帽梳分头,穿皮鞋;女穿新式婚礼服,白纱披头。④ 这里反映了当时在婚礼服饰上也有了新变化。

6. 婚俗删繁就简以求节俭

清末民初,婚礼讲求删繁就简,既是为了简单易行,也是为了戒奢崇俭,开明家庭已不看重聘金和妆奁,"婚礼务求节俭,以挽回奢侈习俗,而免经济生

<hr>

① 《改良风俗会条约·(甲)婚嫁崇俭》,载安徽自治研究所编《自治要言》,第14页。
② 汪杰梁女士:《上海婚嫁之礼节·新式婚嫁之礼节》,《中华妇女界》第1卷第4期。
③ 《文明婚礼》,《大公报》1907年11月3日。
④ 《妇女时报》第2号(宣统三年闰月朔日发行)、第7号,(1912年7月初十发行)插图。

活之障碍。"①有的地方,"订婚之礼简于旧俗,结婚之所不必定于男女之家,凡公地皆可焉"。② 民初有些地区重新制定婚礼改良规则,力求简便和节俭。如云南大理县的"婚礼改良风俗规则"中规定,"仅请媒人往拜,不用财礼""听男家量力行之,女家不得争执""女家制备嫁妆,多寡自便,不得要求男家铺妆。如女家不愿接聘金,请男家办理者,只听男家之便,不得争执""女家送亲,不得苛派男家雇轿,备牌伞等事,如女家愿用,只得自备""婚嫁贺礼,银钱、茶糖,丰约从便,惟色银、首饰、贺对概行禁绝"。③ 安徽"改良风俗会条约"规定:"婚姻论财夷虏之道,往往男家较量妆奁,女家争论聘礼,自后应以俭约为主""娶亲者宜开茶会,娱宾。不特,举动文明,抑且节财省事""娶亲者除备亲迎花轿提笼外,其余仪仗品物不必多具""娶亲者不必请陪郎""娶亲者可以随时往来岳家,不必备礼物,岳家亦不必具酒食请陪客""婚嫁各家宜声明不收礼物,只收祝词,如亲友戚族厚情过爱,不妨择送适宜之品,从前帐联牲醴串炮针黹各种无用之物概行免除"。④ 这些规划反映了人们对婚礼求简去奢从朴的愿望。有些人已经力行"一切嫁妆愈切用愈好";娶亲时不择日期;娶过门时也不用执事;有些人订亲前就明文要求"聘娶仪节悉照文明通例,尽除中国旧有之陋俗。"⑤有些地区如南京,"民国以来,礼从简约"。⑥ 奉天"搢绅之族,损益繁缛,酌剂中西仪节,谓之文明结婚"⑦;四川泸县,"实行自由结婚者,其仪节简而易行,用费亦少,谓之文明婚礼,不必举行于家,而在公共场所矣";⑧江苏武进民国以来,为俭节方便,"往往有借旅馆及青年社行结婚礼者"⑨,以上可均称为"嫁娶从俭之好现象也"。

① 徐珂编撰:《清稗类钞》第5册,中华书局1984年版,第1987页。
② 《江津县志》卷十一《风俗》,载《中国地方志集成》第45册,巴蜀书社1992年版,第789页。
③ 《大理县志稿》,载《中国地方志民俗资料汇编》西南卷(下册),书目文献出版社1991年版,第855页。
④ 《改良风俗会条约·(甲)婚嫁崇俭》,载安徽自治研究所编:《自治要言》,第14页。
⑤ 《求偶》,《大公报》1902年6月26日。
⑥ 胡朴安编:《中华全国风俗志》下编,中州古籍出版社1990年版,第136页。
⑦ 王树楠等撰:《奉天通志》卷九十八《礼俗二·婚嫁·新礼》,东北文史丛书编辑委员会1983年版,第2259页。
⑧ 高觐光等纂:《泸县志》卷三《礼俗志·风俗·婚姻》。
⑨ 胡朴安编:《中华全国风俗志》下编,中州古籍出版社1990年版,第177页。

7. 婚姻媒介方式的增新

随着婚姻自由呼声的高涨,这时的媒介方式有所增新,出现了"通信订婚法"。首创者为上海青年王健善,他在《女子世界》杂志的第二年第二期的扉页上刊登一封《敬告女同志》的公开信,主张"由男女互通信,先各抒衷曲,质疑问难,徐议订婚"并宣告"创法请自我始,敢告女同志,如欲与余通信,可照下开住址邮寄,信到誓不示他人,并望亦示地址。"①这时期上海的新式婚嫁礼俗中,的确出现了一些"通信订约"②的青年男女,这无疑有利于婚姻自主风气的形成。清末民初是不缠足运动的重要阶段,不缠足会遍及各地。有些不缠足会又是天足女子的婚姻介绍所,其中设主婚人来管理天足女子的婚姻问题。《竞业旬报》在介绍天足会的办法时说:"天足会内的会友,互通婚姻,使彼此毫无嫌怨,人皆乐从。"③不缠足会在天足女子的婚姻介绍问题上,做了大量有益的工作。

(五)婚俗变革的不平衡性

通过上文的阐述,我们看到清末民初的婚姻习俗的确发生了明显的变化。这种从婚姻内容到婚礼形式对封建婚俗的否定是传统社会难以想见的。然而我们要清醒地认识到这种变化仅仅是个开端,其历史局限性是明显的,当时,"旧式婚姻居十之七八,新式者不过十之二三"。④ 婚俗变化的不平衡性尤为显著。首先是地域上的不平衡,城市强于农村,大城市如上海、广州强于内地省会城市,东南沿海又强于内陆,对于文明结婚,"城市内结婚多仿行之;乡间仍不多觌也。"⑤"新式结婚,城市间有之,乡间尚未见也。"⑥显然这同自然经

---

① 《女子世界》第 2 年第 2 期。

② 汪杰梁:《上海婚嫁之礼节・新式婚嫁之礼节》,《中华妇女界》第 1 卷第 4 期。

③ 君剑:《拒烟会与天足会》,《竞业旬报》第 10 期。

④ 《民国杭州市新志稿・俗尚》,转引自周峰主编:《民国时期杭州》,浙江人民出版社 1992 年版,第 634 页。

⑤ 《张北县志》,载《中国地方志民俗资料汇编》华北卷,书目文献出版社 1989 年版,第 148 页。

⑥ 陈宝生等撰:《满城县志略》卷八《风土・礼俗》,1941 年版,第 5 页。

济解体的速度,受西方文明影响以及人们受教育和文明的程度关系甚大。其次是作为不同阶层的人的不平衡。"士为四民之首",这一阶层是社会变革中最积极最活跃的因素,也是社会其他阶层行为方式的榜样。清末民初婚姻生活的改变是由先进知识分子率先行动的,其他阶层尤其是农民阶层行动则相当迟缓,甚或处于静止状态。各阶层内部亦不尽相同,知识阶层中也有思想顽固、观念守旧者。有些知识分子的思想深处也反映着双重层面。如章太炎1913年曾提出三项征婚条件:"一、须文理通顺,能作短篇;二、须大家闺秀;三、须有服从性质,不染习气。"①章太炎征婚时已是民国成立以后,他的征婚条件显然与当时自由平等的时代气氛不太相称。反映了他思想深处对封建文化是有感情瓜葛的。胡适双重的思想性格在他的婚姻观和婚姻生活上也得到了反映。胡适在《竞业旬报》第25期发表《婚姻篇》一文,对传统婚姻陋俗进行了批判。"中国男女的终身,一误于父母之初心;二误于媒婚;三误于算命先生;四误于土偶木头。随随便便,便把中国四万万人,合成了许许多多的怨偶。"②但他对由母亲做主、与江冬秀定亲这桩他本人并不满意的包办婚姻却采取了"容忍迁就"的态度。他是为了尽孝,是为了不伤母亲的心,最终与江冬秀成婚。胡适曾在信中说:"吾之就此婚事,全为吾母起见,故从不曾挑剔为难(若不如此,吾决不就此婚,此事但可为足下道,不足为外人言)。今既婚矣,吾力求迁就,以博吾母欢心。吾之所以竭力表示闺房之爱者,亦正欲令吾母喜欢耳。"③可见胡适的婚姻主张与他的婚姻生活并非一致。觉悟了的知识分子尚且如此,受封建文化束缚极深的其他阶层便可想而知了。第三,新旧掺和的不平衡。中西婚俗的掺杂也反映了婚俗变化的局限和不彻底。"浦东人之婚礼,泰半沿用旧俗"④,穿了西装去行叩首礼的有之,穿了凤冠霞帔、袍褂补服去行鞠躬的亦有之。江苏宜兴"民国以来,政体虽改,而新郎之戴顶履靴者仍属有之。然亦有喜学时髦,著大礼服,戴大礼帽,以示特别开通者。最可笑者,新郎高冠峨峨,履声橐橐,在前面视之,固俨然一新人物也,讵知背后豚

---

① 汪太冲编:《章太炎外纪》,文史出版社1924年版,第50页。
② 胡适:《婚姻篇》(续),《竞业旬报》第25期。
③ 参见沈卫威:《胡适婚姻略论》,《民国档案》1991年第1期。
④ 胡朴安编:《中华全国风俗志》下编,中州古籍出版社1990年版,第209页。

尾犹存,红丝辫线,坠落及地(乡俗新郎辫线多以红丝为之)。又有所谓陪宾者,新郎之护卫也,多亲友任之,通常四人。此四人中,有西装者,有便服者,有仍服清朝时礼服者,形形色色,无奇不有。及新郎奠雁(新郎至女家朝婚贴行四跪四叩首礼,曰奠雁)仍行跪拜礼。其跪拜时,先脱礼帽,交代陪宾后,再听赞礼者之口令而跪拜焉。此种非驴非马之礼制,殊可笑也。"①此外,传统婚俗还普遍存在,浙江萧山"婚姻尚媒妁,一切皆父母主之,毫不容子女置喙。设出一言,则戚党族间,传为怪事。至如自由结婚,自由恋爱,更非梦想所能及。"②兰溪也是"婚嫁全凭媒妁之言,文明结婚实属罕闻"③。北京很多崇尚旧俗的家长也依旧恭请"星命家"测男女双方的"八字",取"龙凤帖"合婚,保持着传统的婚俗。这种婚俗特征恰与清末民初那个新旧交替的时代相吻合。

总之,当时中国"举行文明结婚礼者,尚不多见"。④ 尽管如此,清末民初婚姻陋俗的变革还是显而易见的。它是中国近代婚姻习俗发生变革的开端。自由结婚、文明婚礼等诸多进步文明的婚姻习尚是从这一时期开始的,正是有了这样一个基础,才会出现五四时期婚姻习俗变革的新时期。

---

① 胡朴安编:《中华全国风俗志》下编,中州古籍出版社 1990 年版,第 181—182 页。
② 胡朴安编:《中华全国风俗志》下编,中州古籍出版社 1990 年版,第 248 页。
③ 胡朴安编:《中华全国风俗志》下编,中州古籍出版社 1990 年版,第 259 页。
④ 血儿:《文明结婚》,《民立报》1912 年 3 月 15 日。

五、五四时期婚姻文化的变革

（一）婚姻变革的新时期

五四时期，伴随着新文化运动的开展，在某些知识分子怀疑、批判和否定传统文学、文字、艺术、思想、伦理、国民性格、社会习俗这样一种文化气氛中，婚姻问题也作为关系着个人生活幸福与自由的大事，又一次引起人们的普遍关注。"'婚姻问题'几乎成了今日社会上一个中心问题了。许多有志的青年男女，有的为此牺牲了性命，有的因此苦恼了终生。一般学者也都很注意这个问题，作学理的研究，就事实上讨论，以求正当解决的方法。于此更可知这个问题在社会上的影响与重要了。"①五四时期婚姻文化的变革，是由几方面的因素促成的。首先，这是近代以来婚俗文化变革的自然深入和延续。前文已经谈及，中国步入近代，尤其是戊戌维新和辛亥革命时期，社会先觉者一直把批判和改造婚姻陋俗文化视为一项重要的社会变革内容而全力倡导，并促使婚姻陋俗的渐次变化。由于它的潜移默化，使一部分青年男女感受到变革后的自由婚姻给人们带来的精神欢愉和人生幸福。自由婚姻替代封建婚姻已经成为不可逆转的历史大趋势。从宏观历史视角看，每一时期婚俗变革的速度及广度较之以前时代要更快更广。五四时期婚俗变革是近代婚俗变革总体过程中的一个阶段，是一个自然延伸和发展的阶段。其次，新文化运动的催化剂作用，使五四时期成为婚俗变革的一个自觉阶段。新文化运动启迪人们心灵的方式是多样化的。其一为报纸杂志上的舆论宣传。这一时期有多少人，在

---

① 冰村：《两个女子的婚姻问题》，《共进》第 23 期。

多少刊物上,发表了多少有关婚姻方面的文章,因数目之多,的确难以估计。只要翻阅一下《五四时期期刊介绍》一书,即可领略其一斑。上海中华书局1917年3月出版的《婚姻训》一书是其前期的重要作品集,1981年三联书店出版的《五四时期妇女问题文选》中也收集了若干重要文章,1987年中国妇女出版社出版的《中国妇女运动文献汇编》和1991年中国妇女出版社出版的《中国近代妇女运动历史资料》亦收集一部分重要文章。但它们却很难反映当时人们发表文章阐发各自婚姻观的全貌。当时有些报刊对婚姻问题还进行了针对性讨论。如1920年《妇女杂志》开展了"婚姻自由是什么"的讨论;上海《民国日报》副刊《妇女评论》第57期专门设置了"自由离婚号"来具体地探讨有关婚姻问题。由于白话文运动的兴起,人们用白话著文,通俗易懂,加之求学者增多,且女子教育又有发展,女子读书人较之清末民初有所增加,这些条件的形成,一方面有利于人们思想的开悟而去接受新观念;一方面又有利于新思想的传播。其二为艺术形式的感化作用。这时期与理论探索相配合,一批宣传自由婚姻的戏剧风行一时。一些进步剧院上演了挪威作家易卜生的话剧《玩偶之家》(又名《娜拉》)和中国古典剧目《孔雀东南飞》以及《不如归》《幽兰女士》《童女自由》等。艺术形式的影响,促使人们广泛深入地探讨有关"恋爱""婚姻""家庭"问题。胡适新编话剧《终身大事》①的中译本也开始在新青年中广泛流传。剧中田亚梅女士成为一些进步青年的偶像,并力求在现实生活中效法和模仿她。其三为社团组织的积极倡导。五四时期成立的诸多进步青年的社团组织,其中就有不少是积极倡导变革封建婚姻陋俗的团体。1919年末河南成立的青年学会,其主要活动之一是创办《青年》半月刊。"从《青年》的内容可以看出,青年学会的会员对旧社会充满了仇恨,他们反对封建宗法制度,反对社会上一切不自由、不平等的现象,要求个性解放、男女平等、婚姻自由。"②五四时期社会上还组织了各种讨论婚姻妇女问题的研究会,如"家庭改革研究社""家庭问题研究会""婚姻辩论会"等。四川高师、附中、觉群女学的青年组织了有男女学生参加的"一个人生活学会",出版刊物《直

---

① 《终身大事(游戏的喜剧)》,载《胡适文存》一集卷四,黄山书社1996年版,第596—605页。

② 《五四时期的社团》(三),生活·读书·新知三联书店1979年版,第100页。

觉》,交往中几对会员自由结婚,虽有遭家长反对并被逐出家门也绝不屈服。①各地青年团体通过出版刊物、开展读书和演讲活动等一系列方式推动了婚姻陋俗的改造。最后,进步知识分子和先进青年的表率示范作用对社会产生深刻影响。"向蔡同盟"和"五四夫妻"②之类的新型婚姻关系逐渐增多,使更多的青年解放了思想,成为旧婚俗的叛逆者。五四时期形成的近代中国婚姻变革运动史上的这次高潮,其声势和影响已远远超过了戊戌、辛亥和民初时期,并显示出它本身极具时代特征的个性。

(二)五四婚姻观的特征

对五四时期婚姻观念的变革做一番系统的探讨,可以把握其三个较为明显的特征。

1. 婚姻观念变革的广泛与深刻性

五四时期提出的反封建婚姻观及对婚姻陋俗的批判,在内容上较之戊戌、辛亥和民初,显然广泛而又全面得多。在倡导婚姻自由上,人们提出"独身、结婚、离婚、夫死再嫁,或不嫁,可以绝对自由"。③ 具体说来,婚姻自由包括:(1)自由恋爱。主张结婚要以恋爱为基础,而把两者统一起来,因为爱情与婚姻之间,如"光色之与绘画,节奏之与音乐"④,必须同时存在,失去一方,双方自然消亡。提倡"多建公共游戏所、音乐厅,或是私人请茶、请园游、弹棋击剑、打球、跳舞、唱歌、论文,都应当尽力提倡。……给他们多造机会,多所取材,也是很有益的方法。"⑤(2)自由结婚。在婚姻上要"完全凭着男女两人自

---

① 转引自吕美颐、郑永福:《中国妇女运动(1840—1921)》,河南人民出版社1990年版,第331—332页。
② "向蔡同盟"指向警予与蔡和森经自由恋爱而缔结的婚姻关系;"五四夫妻"指上海几对青年男女在学生运动中自由结为夫妻。
③ 沈兼士:《儿童公育》,《新青年》第6卷第6号。
④ 《自由离婚底考察》,载《陈望道文集》第一卷,上海人民出版社1979年版,第157页。
⑤ 林长民先生讲:《恋爱与婚姻》,《平民教育》第46号。

由的意志,互相结合"①,反对他人从中干涉,废弃"父母之命,媒妁之言"的陋俗。(3)自由离婚。"在现社会内,自由结婚与自由离婚一样的很重要"②,"既然要自由结婚,就该要求自由离婚！不然,岂不是未结婚时要自由,结婚了便不要自由了吗？这样,还可以说是一个爱自由者吗?"③"男女结合,纯出于自然的恋爱,如果没有恋爱,当然就可以分开。换句话说,如果夫妇间没有爱情,当然是可离婚的。照此看来,离婚不独是应该做的事;并且在某些时候,还是非做不可的。因为我们与其希望既无恋爱的夫妇而强之结合,不如使他们索性解放,或是持独身主义,或是再婚,都一任他们的自然。这种人性的自然,决不可遏抑;如果遏抑,就会发生莫大的流弊,罪恶,离婚不独是一种自然的趋势,并且是破坏恶家庭的第一声。我不独不承认离婚是恶弊,并且满意他是家庭进化的一个过程。……夫妇间没有爱情,就可离婚;不必要什么别的条件。"④要"救济中国现行'吃人的婚制'下无爱情的夫妇","'离婚'就是挽回你们性命,幸福的神"。⑤(4)寡妇再嫁自由。认为寡妇再嫁问题,完全是"一个个人问题"⑥,要按本人的意愿去办。寡妇"既经要想再嫁了,就应该一往直前,做个改革社会的先导"⑦,不要管他人的讥笑和禁阻,万不能"为了褒奖条例,为了贞节牌坊"⑧,而断了再嫁的念头。(5)同姓结婚自由。这时有人开始重新研究中国社会"同姓不婚"的习俗,从生理、历史、法例诸方面进行探讨,主张抛弃"同姓不婚"的观念,只要没有血统关系,完全可以"同姓结婚"。

五四时期,人们除了提出上面几项婚姻自由的主张外,还探讨了"将来的婚姻""婚仪问题""独身问题""废婚问题""征婚问题""订婚问题""试验婚姻"等。与戊戌及清末民初时代相比,反映的内容广泛而又深刻。这在对封建婚姻陋俗的批判上也有所体现。如果说,戊戌时期的批判所指只是集中在传统

---

①　汉胄:《对于一个男女结合宣布式的谈话》,《觉悟》1921 年 6 月 7 日。

②　《〈妇女评论〉创刊宣言》,载《陈望道文集》第一卷,上海人民出版社 1979 年版,第73 页。

③　《我想》,载《陈望道文集》第一卷,上海人民出版社 1979 年版,第 28 页。

④　易家钺编译:《家庭问题》,商务印书馆 1920 年版,第 109—110 页。

⑤　崔溥:《救济无爱情的夫妇唯一的方法:"离婚"》,《共进》第 26 号。

⑥　《贞操问题》,载《胡适文存》一集卷四,黄山书社 1996 年版,第 484 页。

⑦　陆秋心:《婚姻问题的三个时期》,《新妇女》第 2 卷第 2 号。

⑧　陆秋心:《婚姻问题的三个时期》,《新妇女》第 2 卷第 2 号。

婚姻陋俗的特征上，而清末民初又表现为对传统婚姻陋俗特征的系统批判上，那么到了五四时期，除对传统婚姻陋俗特征进行批判外，还对某些既存的丑陋婚俗事象及新生的但又难以令人接受的性爱观进行了批判，其中主要包括：租妻、同性恋、条件婚姻、多妻式恋爱、公妻等。认为"租妻"是"婚姻中一件不正当的"①，和极不道德的婚姻方式；"同性恋"不是"性爱的自然发达，是一种变态心理，是精神的病的现象"②；"条件婚姻"抹杀了"爱"的真正价值，与自由婚姻格格不入，是男女双方那种"暂时欺骗的婚姻"③；"多妻式恋爱""从恋爱的出发点上说不能成立"④，是一夫多妻制的变种；"公妻"是"剥夺劳动者的一个方法，这不是社会主义，恰恰是社会主义的反面"⑤。五四时期提出了形式繁多的婚姻主张，其中有对理想婚姻的憧憬和追求；也有变革现实婚姻的要求；更有对以往婚姻陋俗的批判，体现这一时期人们对婚姻问题认识的全面和系统。我们还应看到，五四时期对婚姻问题的探讨和认识也比以往更为深刻，已非仅仅提出一种口号，阐发一些主张而已，而是对其进行自觉的理论探究，既把婚姻问题与人的个性解放联系起来，又对某些婚姻概念尽量作出合乎逻辑的理论阐述，表现出时人科学和理性的婚姻态度。这对开启人们的觉悟，使之理解婚姻本质，无疑都将产生非常积极的影响。这种深刻性突出表现在如下诸方面。首先，把婚姻问题同五四新文化运动的深刻主题——"人的解放"联系起来，何谓"人的解放？""解放云者，脱离夫奴隶之羁绊，以完其自主自由之人格之谓也"⑥，即脱离"附属品之地位，以恢复独立自主之人格。"⑦故要大张旗鼓地鼓吹个性解放，人格独立，个性主义，个人自由，为我主义等。五四时期这种大力张扬个人自由、自主、独立精神的文化思潮首先就是对中国非人社会的否定。当时易卜生主义之所以在中国思想文化界引起广泛影响，就因为易卜生张扬的自我个性主义恰好适合了中国人当时的情绪。易卜生说，"你

① 晓：《"租妻"底风俗》，《觉悟》1922年1月8日。
② 李宗武：《性教育上的一个重大问题——同性爱之讨论》，《觉悟》1922年5月12日。
③ 施逸霖：《条件婚姻》，上海《民国日报》副刊《妇女周报》第42期。
④ 长青：《〈多妻式恋爱〉的解答》，《妇女周报》第52期。
⑤ 力子：《社会主义与〈公妻〉》，《觉悟》1921年10月21日。
⑥ 陈独秀：《敬告青年》，《新青年》第1卷第1号。
⑦ 《一九一六年》，载《独秀文存》卷一，安徽人民出版社1987年版，第35页。

要想有益于社会,最妙的法子莫如把你自己这块材料铸造成器"①,从而"多备下一个再造新社会的分子"②。所以五四时期提倡的个人自由独立的精神对社会和个体都有非常重要的意义。这一时期个性独立与自由婚姻紧紧联系起来,一方面独立自主的精神要求人们自己决定个人的婚姻大事,掌握自己的婚姻大权;另一方面还要通过自主的婚姻来养成人们"自由、真理之精神"③的人格。正是出于这种深刻的认识,就有人从独立人格的角度来鼓吹婚姻自由,认为"高尚的自由恋爱,⋯⋯只是根据于'尊重人格'一个观念",而离婚案之多"未必不由于个人人格的尊贵。"④其次,积极探讨某些婚姻概念的深刻意义,对"恋爱""婚姻自由"等含义作出精细的界定。五四时期思想文化界普遍认为,没有恋爱的结婚就如以水投入炭中,是绝对不相容的,它甚至与长期的卖淫相似,因此无恋爱者即不能结婚。恋爱与食欲同,是人类最根本的需要之一,"是人生的花,是精神的高尚产品"⑤。"自由恋爱"此与"爱情"一词同义。即指两性间自由发生的专一和真挚的情感,是经过精神交往等高尚欲望所净化的美好情感。青年毛泽东说,"所谓恋爱,不仅只有生理的肉欲满足,尚有精神的及社交的高尚欲望满足。"⑥这里强调了"恋爱"本身的自然属性和社会属性。"肉欲"固然是产生爱情的生理基础,但它又附属于爱情,并为人的高尚情感所净化,故"夫妇关系,完全是要以恋爱为中心,余事种种都系附属。"⑦否则,"婚姻一事除开烧茶、煮饭等奴隶工作以外,便只有那下等的肉欲生活。"⑧可见经过恋爱的夫妻之间是一种意志、志趣、道德的结合,它可以产

---

① 《易卜生主义》,载《胡适文存》一集卷四,黄山书社 1996 年版,第 456 页。
② 《易卜生主义》,载《胡适文存》一集卷四,黄山书社 1996 年版,第 456 页。
③ 袁振英:《易卜生传》,《新青年》第 4 卷第 6 号;《易卜生主义》,载《胡适文存》一集卷四,黄山书社 1996 年版,第 463 页。
④ 《胡适答蓝志先书》,《新青年》第 6 卷第 4 号。
⑤ 《恋爱的意义与价值》,载中国民主促进会中央宣传部编:《周建人文选》,中国文史出版社 1988 年版,第 158 页。
⑥ 《恋爱问题——少年人与老年人》,载《毛泽东早期文稿》,湖南出版社 1990 年版,第436 页。
⑦ 《恋爱问题——少年人与老年人》,载《毛泽东早期文稿》,湖南出版社 1990 年版,第436 页。
⑧ 《恋爱问题——少年人与老年人》,载《毛泽东早期文稿》,湖南出版社 1990 年版,第436 页。

生一种高尚的情感冲动,而绝非肉体占据的冲动。而"没有恋爱的夫妇,虽然白头偕老,神的最后的审判,仍逃不出一种强奸生活和卖淫生活"。① 胡适也曾对恋爱及夫妻关系做过精辟论述,"夫妇之间的正当关系应该以异性的恋爱为主要元素,异性的恋爱专注在一个目的,情愿自己制裁性欲的自由,情愿永久和他所专注的目的共同生活,这便是正当的夫妇关系。人格的爱不是别的,就是这种正当的异性恋爱加上一种自觉心。""夫妇的关系所以和别的关系(如兄弟姊妹朋友)不同,正为有这一点异性的恋爱在的。"②周建人也说:"人类两性间的恋爱,是包括一个友情在里面,再加上异性的爱,于是变得更密切了,所以女子并不是'以色事人'、纵使色衰了,爱情仍然可以存在的"。他还说:"贞操这一种性质,本来存在恋爱里,也可以说是真诚的恋爱所本有的。如果两人真有深挚的爱,两人应当诚实专一,这是无可疑义的。"③可见恋爱在夫妻婚姻生活中的特殊位置。这些论述与马克思主义经典的论述有本质上的相同之处。恩格斯认为爱情是指两性间的特殊感情关系,即性爱。但是,现代的性爱,同古代人的单纯的性要求,同厄洛斯[情欲],是根本不同的。第一,性爱是以所爱者的对应的爱为前提的;从这方面说,妇女处于同男子平等的地位,而在古代的厄洛斯时代,决不是一向都征求妇女同意的。第二,性爱常常达到这样强烈和持久的程度,如果不能结合而彼此分离,对双方来说即使不是一个最大的不幸,也是一个大不幸;为了能彼此结合,双方甘冒很大的危险,直至拿生命孤注一掷,而这种事情在古代充其量只是在通奸的场合才会发生。最后,对于性关系的评价,产生了一种新的道德标准,人们不仅要问:它是婚姻的还是私通的,而且要问:是不是由于爱和对应的爱而发生的?④ 弄通了"恋爱"的真意义,也就可以进一步探讨"婚姻自由"的内涵了。正如五四时期有人指出的那样,"自由恋爱的结合,才算真实、正确、含有意义的婚姻——才算婚姻自由。"⑤胡适也说过,"自由结婚的根本观念就是要夫妇相敬相爱,先

① YD 先生译:《近代的恋爱观》,《妇女杂志》第 2 期。
② 《胡适答蓝志先书》,《新青年》第 6 卷第 4 号。
③ 《恋爱的意义与价值》,载中国民主促进会中央宣传部编:《周建人文选》,中国文史出版社 1988 年版,第 157 页。
④ 恩格斯:《家庭、私有制和国家的起源》,人民出版社 2018 年版,第 83 页。
⑤ 炳文:《婚姻自由》,《妇女杂志》第 6 卷第 2 号。

有精神上的契合,然后可以有形体上的结婚。"①总而言之,所谓"婚姻自由"即"已成年子女,对于婚姻,有完全自由抉择权。但是既经择定之后,不得同时再有所选择,这是维持一夫一妻制的要着。斯时选择权虽然丧失。同时却发生了完全自由脱离权,既经脱离之后,又完全取得自由抉择权了。"②婚姻自由是严肃专注的,是以情爱为核心为转移的。我们不难察识这字里行间的深刻含义。

2. 婚姻观念变革的冲突性

婚姻观念变革的冲突性是指这一时期不同婚姻观之间的思想交锋与论争。表现在对某种婚姻程序和形式的不同态度,也表现在对某些婚姻观及婚姻习俗的争论上。前者如对"订婚""征婚"等形式的不同态度,后者如对"自由恋爱""自由结婚""早婚"等内容的思想冲突。关于订婚,有人指出:"订婚"习惯是旧婚制和买卖婚制的产物,是订婚双方"不相信任""互相蔑视人格的表现",也是相互"欺诈行为的保障"。③"我们底结婚既以恋爱为前提,有了恋爱就结婚,没有恋爱就离婚。所以要免去专制的,卖买的婚姻而达到自由婚姻的途径。第一就要废除'订婚'"。④ 有人却反对废除"订婚",认为一对恋者"在恋爱既深之后,当然他们要有结婚的预备。在这互相允婚的一时,就可以称彼为'订婚'"⑤。订婚可对双方增加责任感,坚固爱情,设计未来生活,"有极大之意义与价值"⑥。所以"大可利用这订婚,使爱情扩展的。"⑦其实上述两种主张的不同,仅仅在于是否保存"订婚"的这一婚姻程序,就本质而言,他们不但并非对立,且有深刻的共性,即订婚与否要为"爱情"服务。他们都是从是否有益于恋爱而对"订婚"进行取舍选择的。说到底,是否要有一个"订婚"程序并不重要,一切以爱情为转移,即反对废除"订婚"者所言,订婚

---

① 《美国的妇女》,载《胡适文存》一集卷四,黄山书社 1996 年版,第 476—477 页。
② 炳文:《婚姻自由》,《妇女杂志》第 6 卷第 2 号。
③ 峙山:《一对实行废除"订婚"的青年》,《觉悟》1922 年 9 月 7 日。
④ 企留:《废止〈订婚〉的提议》,《觉悟》1922 年 9 月 3 日。
⑤ STP:《〈订婚〉的解释》,《觉悟》1922 年 9 月 7 日。
⑥ CCT:《废止订婚的误解》,《觉悟》1922 年 9 月 14 日。
⑦ CCT:《废止订婚的误解》,《觉悟》1922 年 9 月 14 日。

后因爱情破裂,婚约即丝毫无效。① 关于征婚。五四时期,受自由婚姻的影响,很多青年反对父母包办婚姻,愿意按照自己的情思寻求伴侣,这时有些青年男女往往采用"征婚"的形式来结交"恋人",以达缔结美满婚姻之目的。然而有些主张婚姻自由者却坚决反对"征婚"之举,认为征婚带来的弊害至少有三,其一是容易与事实相左,"试看男女征婚的广告,都是说得堂堂皇皇的!身材俊秀!学业优良!道德高尚!"②但与事实相距较大者甚多;其二是容易产生盲目性,导致"因袭而结婚,贪财而结婚,好色而结婚,受一时之冲动而结婚"③;其三是容易导致终身悲剧,这种"征婚"式的没有恋爱的婚姻,要想"创造生命,完成人格,使一生之生存,有莫大之乐趣"④,实在困难太大。声称"既然男女的社交,一天一天的繁复;那么,男女恋爱的机会很多,又何必做盲目的征婚举动呢?"⑤反征婚者以极为浪漫的思考方式来寻求自由婚姻的真谛,愿天下青年男女都能美满幸福,愿望极好,其主张亦有相当合理性。然而在偌大个中国,在复杂的人际环境中,这美好愿望能体现在多少人的身上呢? 实际上很多青年男女还很难通过社交场合结识异性,从而完成恋爱和结婚。那么利用其他形式包括征婚举动来缔结婚姻或许有它的实际意义,以弥补因社交的局限而造成的某种缺憾或不足。通过征婚彼此相识,或许能够产生男女双方的真正爱情,以达终身相爱之目的。从这个意义讲,不加分析地笼统地反对征婚并非就是十分理性的。关于"订婚""征婚"的争论从能否有利恋爱和婚姻自由的角度而引发,属于认识视角和感情判断的不同,并非婚姻观念的直接对立。而对"自由恋爱""自由结婚""早婚"的不同态度则体现了两种新旧婚姻观的直接冲突。关于自由恋爱。有人站在"男女授受不亲"的封建卫道士的立场上,竭力反对自由恋爱,视其为洪水猛兽而深恶痛绝。认为自由恋爱是满足兽欲冲动的手段,是奸淫,"是乱交",是"变相的强奸"⑥,是极危险的。而主张自由恋爱者却不以为意,认为把对方只当作一种泄欲的器具或生殖的器

---

① 寄虚:《关于"订婚"的一个重要条件》,《觉悟》1922 年 9 月 14 日。
② 卞焕章:《征婚与自由恋爱》,上海《时事新报》副刊《现代妇女》第 29 期。
③ 卞焕章:《征婚与自由恋爱》,上海《时事新报》副刊《现代妇女》第 29 期。
④ 卞焕章:《征婚与自由恋爱》,上海《时事新报》副刊《现代妇女》第 29 期。
⑤ 卞焕章:《征婚与自由恋爱》,上海《时事新报》副刊《现代妇女》第 29 期。
⑥ 刘巧凤:《我的婚制解放谈——自由恋爱》,《解放画报》第 6 期。

具的便是奸淫,故被常人视为正当行为的纳妾、宿娼以及专为继嗣的婚姻均为奸淫。而自由恋爱者则不同,其尊重对方的人格而不认作泄欲的器具,并总会趋向到一个伴侣而不愿"乱交",对此陈望道先生有过一段精辟透彻的论述,"恋爱是道德感底融合,所以必须有伟大的人格者才有伟大的恋爱。不然,定只是轧姘头底别名。恋爱之神最厌恶的,便是这等肉臭的俗人俗事。新思想家所危心的,也便是这等肉臭的冒牌假装。"①可见自由恋爱的伟大意义就在于它远离了"俗人俗事"的肉臭,而趋于伟大人格的道德和情感的融合。关于自由结婚。五四时期一些食古不化的道学先生对自由结婚哀叹不已。"道德沦亡,世情日下,女子不讲贞操,诚堪浩叹!"②与当时进步知识分子自由结婚的主张形成尖锐的冲突。五四进步知识分子为自由结婚而主张"非男女有公然交际不可,而男女交际以男女同校为最好入手办法。"③因为"平日不许男女间有公然的交际,婚姻自由是不会成功的"④,"禁男女交际而倡自由结婚,在理为不通,于事实为不可行。"⑤而要解此之忧,"男女同校就是最好的入手办法。"⑥。然而守旧势力于中国数千年"礼教大防"骤然决破之际,唯恐有"洪水泛滥""天塌地陷"之患,叫嚷"女子上学校,是没有好处的,好女子到了学堂里,也十个有九个必得学坏。我们可不要再送女儿上学了。"⑦并怂恿家长,立令上学的女子退学,圈在家里,以防其受婚姻自由结婚观念的"蛊惑",误入自由婚姻的"迷途"。主张自由恋爱、自由结婚和反对自由恋爱、自由结婚恰好反映了两种完全对立的婚姻观。一种依然固守在"存天理、灭人欲"的封建道德框架内而不能自拔,另一种则已开始追求自由、平等、独立、幸福的新人生。关于早婚。继清末民初,五四时期仍然把早婚陋俗作为重点批判的对象,认为早婚有损身体发育、有损学业发展、有碍爱情巩固、有碍道德进化、有害个人生计,故主张晚婚、迟婚。与此相反,有人继续鼓吹早婚,认为青年男女不早些结

① 《我底恋爱观》,载《陈望道文集》第一卷,上海人民出版社 1979 年版,第 66 页。
② 冰村:《两个女子的婚姻问题》,《共进》第 23 期。
③ 徐彦之:《男女交际问题杂感》,《晨报》1919 年 5 月 4 日。
④ 徐彦之:《男女交际问题杂感》,《晨报》1919 年 5 月 4 日。
⑤ 徐彦之:《男女交际问题杂感》,《晨报》1919 年 5 月 4 日。
⑥ 徐彦之:《男女交际问题杂感》,《晨报》1919 年 5 月 4 日。
⑦ 何血痕:《礼教下的新鬼》,《觉悟》1922 年 9 月 10 日。

婚利少弊多:首先,"未婚的青年,往往发生不正当的夫妇关系,即使不发生不正当的夫妇关系,而同性爱亦所难免。……早婚只要能稍知节制,不会有妨身体的健康;而迟婚实有种种恶弊,出人意料之外!"①其次,已婚青年易改懒惰之性,这是"爱情的感动"和"妻的忠告"②的力量使然。以致认为迟婚"实在与中国,与世界,与文化,与自身具有莫大的害处;——这害处,能灭世界,比洪水猛兽还更烈呢"。③ 在早婚与迟婚的论争中,不管主张早婚者的理由如何堂皇,事实上,当时早婚给社会带来的危害是显而易见的,尽管主张早婚者也提出了若干理由,但因其不具典型性和普遍性,故鲜有说服力,是与时代进步的文化潮流相悖的。

3. 婚姻观念变革的偏激性

由于五四时期活跃的文化环境和人们对婚姻问题执着而又热烈的探讨,由于中国人受封建婚姻家庭摧残的感受和体验最深、最直接、最强烈,所以易产生一种极端的否定意识和与现存彻底决裂的偏激情绪。这在五四时期婚姻观念变革中得到了反映,其中,"独身主义"和"废除婚制"的偏激主张最为突出和典型。持"独身主义"者包括几种不同类型。其一,消极被动者。是为逃避不如意的现实婚姻,又没有理想的婚配伴侣无奈而去独身的。对他们来说,独身是一种"必不得已的事"④。"与其不能使自己得到什么好的机遇,倒不如终生从事职业,反可在经济上行动上得着自由了"⑤。其实此类人不属于严格意义上的"独身主义"者,如遇有称心的伴侣,仍要结婚的。他们是为了苦苦追求理想婚姻而独身,对他们应抱以同情而不能任意去非难、斥责、讥笑、挖苦。其二,成就事业者。他们希望在事业上有所成就,不愿为家庭所累,"过个人的生涯,专力在学问上研究和服务社会,发挥固有的志向"⑥。如天津"觉悟社"成员张若名就主张说:"要是真正打算提倡'女子解放',必定要有一部

---

① 纪裕迪:《对于青年早婚的意见》,上海《时事新报》副刊《学灯》1923 年 6 月 15 日。
② 纪裕迪:《对于青年早婚的意见》,上海《时事新报》副刊《学灯》1923 年 6 月 15 日。
③ 马景行:《我之反对迟婚的理由》,《青年进步》第 32 期。
④ 张松云:《婚姻与独身》,《觉悟》1922 年 11 月 5 日。
⑤ 陈东原:《中国妇女生活史》,商务印书馆 1928 年版,第 404 页。
⑥ 张松云:《婚姻与独身》,《觉悟》1922 年 11 月 5 日。

分人拿这种事做成终身事业，一心一意地去为大多数女子求解放……按现在的中国情形说，要打算做'女子解放'急先锋的人，最合适的还是抱独身主义的。"①这类人是抱"与其留下肉体的子女，毋宁留下事业的功绩"②的人生态度的，他们是那些有知识、有职业、经济上可以自立、精神上有所寄托、事业上有所追求的人。这些极为个别者在特定的历史环境下作出自己特殊的人生选择似乎是无可厚非的。其三，走极端者。这类人的主张带有一种情绪化色彩，认定抱独身主义是最符合人伦道德的。他们认为人本身的性欲、性交、结婚都是不道德的，是极肮脏污秽的，是令人厌恶的。由于这种偏激的态度便使他们作出极端的选择，即全然排斥人的自然本能，其最佳方式便是独身了。当时有人直接斥责这种"独身"罪等于"卖淫"，认为"独身和卖淫，一样是糟蹋性欲的东西，谁独身或则要奉独身主义，无异是谁卖淫，或则要奉卖淫为主义一样"③。就如"吃饭'强迫吃到饱之又饱'是不应该的，难道'强迫一点也不许吃'便应该了吗？"④故"独身"即"卖淫"。我们当理解这种批判的深意：持这种"独身主义"是一种极端的偏激情绪，它当属最反常态、最背人伦道德的，故应唾而弃之。鲁迅曾对"独身主义"做过辛辣的讽刺，他说过独身生活者"无论男女，精神上常不免发生变化，有着执拗猜疑阴险的性质者居多"。独身者"生活既不合自然，心状也就大变，觉得世事都无味，人物都可憎，看见有些天真欢乐的人，便生恨恶。尤其是因为压抑性欲之故，所以于别人的性底事件就敏感，多疑；欣羡，因而妒嫉。其实这也是势所必至的事：为社会所逼迫，表面上固不能不装作纯洁，但内心却终于逃不掉本能之力的牵掣，不自主地蠢动着缺憾之感的。"⑤五四时期，还有一些激进分子把任何婚姻制度均视为束缚人类自由的锁链，主张要寻真正的人类之爱和"自由结合"，必当废除婚制。1920 年上海《民国日报》副刊《觉悟》曾开展"关于废除婚制"的讨论，一些人从绝对自由的立场出发，主张废除婚制，认为"'自由的人格'底意义，就是主

---

① 三六：《"急先锋"的女子》，天津《觉悟》第 1 期。

② 李宗武：《独身问题之研究》，梅生编：《中国妇女问题讨论集》第五册，载《民国丛书》第一编·18·社会科学总论类，上海书店 1989 年版，第 69 页。

③ 君静：《独身——卖淫》，《妇女周报》第 43 期。

④ 君静：《独身——卖淫》，《妇女周报》第 43 期。

⑤ 《寡妇主义》，载《鲁迅全集》第 1 卷，人民文学出版社 1981 年版，第 264—265 页。

张个人绝对自由,不受一切政治、威权、宗教、形式……的束缚;除出自然律以外,不受一点限制。我们理想的社会,就是使社会各组成员,都适合于'自由的人格'底社会。婚姻制度是不适合于'自由的人格'的,所以我要反对它"。这段话还有类似相同的表述:"我们一个人自己是要有一个'自由的人格'不应当属于谁某所有的。我底爱情……为人家所专利,就是表示我没有'自由的人格';人家底爱情……为我所专利,就是侮弄人家底'自由的人格'。总之,我专利人,人专利我,都是很不应该的,于'自由的人格'有损的。自由结婚,是一种彼此相互专利的结婚,是不合于'自由的人格'的,所以我们要反对它。"①并认为"婚礼是虚伪的表现",婚证原是不相信自己人格的"可笑"之物,都应废除掉。这些人把自由婚姻与专制婚姻视为相同之物,认为其差别不过是五十步笑百步。他们确信,"废止婚制为了两性自由结合,不受形式的限制,才能发生真爱情"②。显然这同维新时期康有为的破家界、形界、男女之界、除去夫妇名称及辛亥革命时期无政府主义者的"不婚"主义思潮如出一辙。其实,"废除婚制"作为一种对未来两性关系的探究,它是具有理论深意的,可是五四时期主张废婚者却显得急躁冒进,为急于求成,竟把"废婚"视为"今日底要图"。③ 这除了因对专制婚姻的厌恶而产生一种情绪上的冲动之外,还有另一种幼稚的幻想,即认为"中国一般青年受腐败家庭底毒害已很够了,对于家庭之信仰、较西方各国薄弱得多,正好在此时期,把此强权家庭根本推翻"④。"爽爽快快地下个决心"⑤,与旧婚制、旧家庭彻底决裂。"废除婚制"这种偏激主张的失误在于主张者对"人"的认识上的错误,作为具有社会性的人被他们视为仅仅是毫无理性的情感动物。正如所说:"我们人类是没有理性,只有冲动,感情上的冲动,尤其剧烈,尤其没有持续性。若是说婚姻是一成不变的,那么,男女间凭着无理性的冲动,彼此间的感情坏了,仍旧要依着一成不变的真理,过那种无聊的岁月,那男女间精神上的痛苦,何等利害。"⑥

---

① 存统:《废除婚制问题》,《觉悟》1920 年 5 月 25 日。
② 李绰:《婚姻何以当废》,《觉悟》1920 年 5 月 22 日。
③ 李绰:《告主张〈小家庭〉反对〈废婚制〉者》,《觉悟》1920 年 7 月 10 日。
④ 李绰:《告主张〈小家庭〉反对〈废婚制〉者》,《觉悟》1920 年 7 月 10 日。
⑤ 李绰:《废除婚制问题的辩论》,《觉悟》1920 年 5 月 22 日。
⑥ 可九:《废除婚制问题的辩论》,《觉悟》1920 年 5 月 22 日。

这种"没有理性","只有冲动"的人已经成了"禽兽",那么用婚姻制度来束缚"禽兽"的冲动,自然就是不合情理了,故应废婚制,给这种感情上"没有持续性"的"人们"以最大的自由。这样一解释,一切似乎就都顺理成章了。然而错误的根源就在于对"人"判断上的失误。恰恰相反,人是有理性、有情感的。人的理性与情感可以为婚姻增色,婚姻又可以增进和加深人们的情感。如果在五四时期,就废除婚制,今天甲向乙冲动,明天乙又向丙冲动,那就"完全成了乱交的状态,使兽性的冲动逐渐增加"①。若此,兽欲横流的社会不将给人类带来灭顶之灾吗?轻率而又偏激的废婚主张,在当时的确是不可取的。正如时人所批判的,"因倡自由恋爱而废婚姻制度,是以已然认做当然,这是莫大的谬误。而且有易于流入公妻制度,昌明卖淫的倾向。"②此外,五四时期有人提出的"不离婚而恋爱""多妻式恋爱""拒绝结婚"等主张,虽然目的也是为了与传统婚姻陋俗相抗争,但需要指出的是,运用这些不恰当的方式抵抗传统不会引导婚姻习俗向着文明健康的方向发展,故应舍弃之。

(三)婚俗变革的高潮

五四时期,由于婚姻观念的变革,婚俗的变化较之清末民初也有进一步的发展,青年男女不满于封建包办婚姻及其陋俗形式,一改以往逆来顺受的态度而主动自觉地去"抗婚、逃婚,以实际的行动反抗旧礼教,争得妇女婚姻自由"③。从而形成了近代中国婚姻变迁史上的一次高潮,它具体体现于如下几个方面:

1. 废除封建婚俗形式与解约

有些觉悟了的青年男女不满意传统的封建婚俗形式和包办婚姻,要求免除旧形式,解除旧婚约。《民国日报》副刊《觉悟》1922 年 9 月 7 日刊载一篇题为《一对实行废除"订婚"的青年》的文章,文中全文转载了一位青年决意废除

---

① 葆华:《废除婚姻问题的讨论(二)》,《觉悟》1920 年 5 月 11 日。
② 炳文:《婚姻自由》,《妇女杂志》第 6 卷第 2 号。
③ 王一知:《五四时代的一个女中》,《熔炉》1959 年第 5 期。

"订婚"习俗而寄给父亲的信。信中说,"'订婚'是旧式婚姻欺诈行为的保障。——也就是商品化婚姻的必需契约。""我和施君是由友谊进而为爱情的结合,一切全有爱情做担保,……何需乎这种保护欺诈行为的'婚约'呢?如果我们爱情破裂,'婚约'是丝毫无效的。"他向父亲建议免除"订婚"之类的麻烦,并希望父亲容许他们的建议。从这位青年的信中可以看到,他们虽然要求免除的是一种传统的婚俗形式,但反映的是他们对"无爱"婚姻的唾弃和对自由婚姻的向往。其实这也是相当一部分五四青年对婚姻认识深化的体现。后来这位青年的父亲尊重儿子的意见,准许他们免除"订婚"的俗例。当时有很多青年都把"订婚"看作是虚伪的形式,与自由婚姻相悖,并力求打破它。① 此外,有些青年对其他封建婚俗形式也深感不满,"认俗例结婚,前后手续,形同买卖,蔑视人格,非革除不可",决意自己的婚姻不"经过什么形同买卖的手续",尽管革除"一切陋俗"②。有人决定打破常规,选择空闲的星期日结婚,希望嘉宾"赐下训词,或寄些嘉言,用资警勉"③,"对于什么礼物,恕不收受,亦不设筵"④。这时报刊上还出现一些"解约"的报道,如"有位吴女士,是吴彦复先生的女儿,吴武壮公的孙女,订给合肥李相国做侄孙媳妇,吴女士自己不情愿,写信给伊公,要求废婚约。恰巧这信被李府的人看见,觉得媳妇既不愿意,勉强娶过门也不是福气,两家商议商议,就实废约。"⑤当时有些进步青年主张解除父母包办的婚约,"巳〈已〉有婚约的,解除婚约(我反对人道主义)。没有婚约的,实行不要婚约。"⑥当时有些家长的观念已发生了转变,不再固守传统的婚姻俗制,开始趋向文明进步的自由婚姻。有些青年甚至对家长的明智之举尤为称颂,"我们双方面的家长,对于我们的婚姻,始终没有勉强干涉,这是我们应当声明的,并且在现今旧道德未打破的时代,尤其应当感激的。"⑦可见当时一部分青年已经"冲破了封建道德的束缚,

---

① 峙山:《一对实行废除"订婚"的青年》,《觉悟》1922 年 9 月 7 日。
② 蒯希圣、莫一飞:《一个结婚的通告》,《觉悟》1922 年 11 月 20 日。
③ 蒯希圣、莫一飞:《一个结婚的通告》,《觉悟》1922 年 11 月 20 日。
④ 蒯希圣、莫一飞:《一个结婚的通告》,《觉悟》1922 年 11 月 20 日。
⑤ 希平:《离婚并不丢"面子"》,《觉悟》1921 年 1 月 19 日。
⑥ 《致罗学瓒信》,载《毛泽东早期文稿》,湖南出版社 1990 年版,第 567 页。
⑦ 蒯希圣、莫一飞:《一个结婚的通告》,《觉悟》1922 年 11 月 20 日。

解除了家庭包办婚约,实现了婚姻自主"①。

2. 离家出走与以智抗争

五四时期一些不满包办婚姻的青年往往采取一些有效的斗争方式,或离家出走,或以智抗争,以脱离封建婚姻的羁绊。长沙自治女校学生李欣淑不满父母把她许配给彭某,于 1920 年 2 月毅然离家出走,并登报声明,"我于今决计尊重我个人的人格,积极地和环境奋斗,向光明的人的大路前进。"②然后就"到北京实行的工读去了。"③李欣淑的行动虽然遭到顽固势力的诅咒,但受到了进步人士的赞誉,认为她的勇敢精神将对婚俗的变革产生更"重要"、更"远大"、更"切实"的影响。④ 五四时期具有进步意识的青年男女在反抗封建包办婚姻上不仅勇敢坚定,且有机敏的智慧。天津觉悟社的郭隆真不满从小父母为之包办的婚姻,立志决不迁就。1917 年夏,在男家多次威胁成亲的情况下,她却沉着应付。迎亲之日,她穿上学生装,一路坐"亮轿"(卷起轿帘),等到男家门口,不用人扶,自己大大方方地下了轿走进屋,并向来宾发表演讲,痛斥包办婚姻的罪恶、大力宣传婚姻自由。然后理直气壮离开男家,重返天津女师上学。此事犹如一枚炸弹,在社会上引起了强烈的震撼。郭隆真女士有智有勇,以智抗争,以崭新的姿态反抗旧婚姻,获得了主宰自己命运的权利。

3. 自由结婚与自由离婚

五四时期由于很多青年解放了思想,更新了观念,大胆追求自由婚姻的人逐渐增多,前文提到的"向蔡同盟"和"五四夫妻"最为典型。早期妇女活动家向警予曾用"以身许国,终身不婚"的态度婉转而又坚决拒绝了湘西军阀周则范的求婚⑤,而去追求真正的爱情生活。在留法勤工俭学过程中,向警予和蔡和森敢于冲破封建包办婚姻的牢笼,两人在自由恋爱的基础上自由结婚。

---

① 隋灵璧等:《五四时期济南女师学生运动片断》,载中国社会科学院近代史研究所编:《五四运动回忆录》(下),中国社会科学出版社 1979 年版,第 690 页。
② 香苏:《李欣淑女士出走后所发生的影响》,长沙《大公报》1920 年 2 月 28 日。
③ 热:《长沙第一个积极奋斗的——李欣淑女士》,长沙《大公报》1920 年 2 月 17 日。
④ 香苏:《李欣淑女士出走后所发生的影响》,长沙《大公报》1920 年 2 月 28 日。
⑤ 戴绪恭:《向警予传》,人民出版社 1981 年版,第 36 页。

"婚后,他们给国内亲人寄的一张结婚照片上,两人肩并肩地坐着,共同捧着一本打开的《资本论》,表明他们的结合,是建立在马克思主义的共同信仰的基础之上的。"①他们的结合得到了毛泽东等进步青年的高度称赞。"我听得'向蔡同盟'的事,为之一喜,向蔡巳〈已〉经打破了'怕'"②,冲破了旧的婚姻制度,应成为大家的榜样,在婚姻问题上,要奉"向蔡做首领"③。"如果说只有以爱情为基础的婚姻才是合乎道德的,那么也只有继续保持爱情的婚姻才合乎道德"④,因为以爱情为基础的婚姻关系,可以保证夫妻间真正自由的结合,即享受结婚自由,同时也保证离婚自由。五四时期出现了中国近代史上少见的离婚高潮。"近来离婚的事件骤然增多,这本来也没有什么奇异,因为近年离婚自由之说起后,从前不满意的婚姻,被习惯束缚着的,现在都起来要求解脱了。"⑤离婚者主要以不满旧式"父母之命、媒妁之言"的包办婚姻而追求婚姻自由者为多,其中既包括男子,也包括觉悟的女性。这时期"离婚的增加,就是向着新社会那条路上快跑"⑥,这条新社会的路就是打破封建婚姻,迈向自主婚姻的那条路。这时期的离婚现象在回国留学生中尤为突出,"近来的留学生,吸了一点文明空气,回国后第一件事便是离婚。"⑦这些留学生在国外受到欧风美雨的洗礼和异域文化的濡染和熏陶,价值观念变化较大,对包办的婚姻难以接受,尤其对文化不高或没有文化,显得土里土气的"小脚夫人"失去兴趣,"男子游学外国,以得偶于彼国略受中等以下教育之女子为荣幸,而耻其故妇之未入学校,则弃之。"⑧"受西洋风气的鼓荡,青年们自然感觉对于自己的旧式婚姻不满,于是这种旧式婚姻的离婚问题,遂层见叠出。"⑨所以

①　戴绪恭:《向警予传》,人民出版社 1981 年版,第 51 页。
②　《致罗学瓒信》,载《毛泽东早期文稿》,湖南出版社 1990 年版,第 567 页。
③　《致罗学瓒信》,载《毛泽东早期文稿》,湖南出版社 1990 年版,第 567 页。
④　恩格斯:《家庭、私有制和国家的起源》,人民出版社 2018 年版,第 89 页。
⑤　《离婚与恋爱》,载中国民主促进会中央宣传部编:《周建人文选》,中国文史出版社 1988 年版,第 180 页。
⑥　易家钺编译:《家庭问题》,商务印书馆 1920 年版,第 110 页。
⑦　《美国的妇女》,载《胡适文存》一集卷四,黄山书社 1996 年版,第 476 页。
⑧　《读寿夫人事略有感》,载高平叔编:《蔡元培全集》第三卷,中华书局 1984 年版,第 68 页。
⑨　孙本文:《现代社会中国问题》第 1 册,商务印书馆 1947 年版,第 129 页。

纷纷离婚,以解脱自身心灵的悒郁和苦闷。在当时留学生中不但风行离婚,而且"大家鼓励离婚"①,可见留学生中离婚状况之一斑。由于多种原因所致,个人性爱的持久性在不同的人当中情况是不同的,所以"如果感情确实已经消失或者已经被新的热烈的爱情所排挤,那就会使离婚无论对于双方或对于社会都成为幸事。"②才能使人们真正享受两性自由结合的幸福!在留学生的影响下,国内青年学生受其鼓荡,也有人为摆脱无爱情的痛苦婚姻而宣布离婚,并公开于报端,如一封公开信称:

> 我们二人,是一对可怜的夫妻。想起当初的时候,都因为盲从父母的命令,误听媒妁的言语,勉强于六月二十六日成婚,使我们现在的生活,非常地痛苦;况且双方的意志性情,全都不合,倘然长此下去,我们以后总要在苦海里讨生活了。所以我们双方都已觉悟将来的苦痛。情愿宣布离婚。
>
> 商伯益
> 同启
> 黄素玉③

山西省自 1921 年至 1925 年有离婚案件数的详细统计,1921 年为 2129 件,1922 年为 1367 件,1923 年为 959 件,1924 年为 1073 件,1925 年为 995 件。山西省第七次社会统计,1929 年 1 月出版。④ 山西省的离婚数字"以民国十年为最多,计有 2129 件,次为十一年,计有 1367 件。最少为十二年,亦有959 件,平均计算,每年约有 1500 余件。以该省人口一千一百余万计,约每人口一万中有离婚案件一件,至二件。……山西省的统计,亦只限于城市。……可见此种统计,似不能代表农村"。⑤ 五四时期的离婚风潮持续了

---

① 杨步伟:《一个女人的自传》,岳麓书社 1987 年版,第 261 页。
② 恩格斯:《家庭、私有制和国家的起源》,人民出版社 2018 年版,第 89 页。
③ 《一封宣布离婚的信》,《觉悟》1922 年 10 月 9 日。
④ 转引自孙本文:《现代中国社会问题》第 1 册,商务印书馆 1947 年版,第 130 页。
⑤ 山西省第七次社会统计,1929 年 1 月,转引自孙本文:《现代中国社会问题》第 1 册,商务印书馆 1947 年版,第 130 页。

10 年左右的时间,至 20 年代末才趋于沉默,这大概是因为"凡可以离婚的人,多已离婚。虽不满意而未离婚者渐渐亦不复注意。……凡年事较幼的青年,婚姻的缔结,渐趋于自由,故凡从前旧式婚姻的离婚事件,已不如往年之盛。"①

（四）婚姻变革的局限

五四时期,婚姻习俗的确发生了明显的变化,不少人已经认同没有爱情的婚姻是不道德的。然而在这个婚俗变革过程中,"纯粹恋爱的结合,总还只是少数人敢去尝试。男女双方即使互相了解,有了结婚的程度,他们总还得要求家庭的同意,另外转托人来做媒,行那请庚定亲的各种手续,至于那纯粹由家庭解决的,更不用说了。"②五四运动以后,在农村,"提倡男女平等,婚姻自主,封建婚姻制度受到一些冲击,但很不彻底,男女双方虽也见见面,说上几句话,而实际上仍是父母包办。男尊女卑的现象,重婚纳妾和童养媳等婚姻陋俗依然存在。"③直至二三十年代,"有些青年学生争取自由恋爱,婚姻自由,仍受家庭阻挠,成功的甚少,以致抗婚、逃婚、私奔、自杀等婚姻悲剧时有发生。抗日战争以后,社会风气日渐开化,封建婚姻制度虽未根本变革,但婚姻陋俗有所收敛,婚姻悲剧有所减少"④。婚俗变革是观念及行为变革的双重结合,而观念及行为的切实变革需要一个渐次发展的漫长过程。五四时期只是这个过程中的一个高潮,而非这个过程的终结。事实上,五四时期婚俗变革的历史局限及其变革途中出现的新问题还是显而易见的:

1. 封建传统的顽固性

社会的舆论、家长的思想觉悟、青年男女的行为方式还大量固守在封建传统上。当时在社会舆论上,封建传统观念还控制着相当的领域,比如把正当的

---

① 孙本文:《现代中国社会问题》第 1 册,商务印书馆 1947 年版,第 129 页。
② 陈东原:《中国妇女生活史》,商务印书馆 1928 年版,第 400 页。
③ 许昌县志编纂委员会编:《许昌县志》,南开大学出版社 1993 年版,第 779 页。
④ 许昌县志编纂委员会编:《许昌县志》,南开大学出版社 1993 年版,第 779 页。

离婚现象视为"颓风",视法院中离婚案件的增多为"世风日下"①。这个时期有很多女子为婚姻问题而自杀,这一方面表现某些女性坚决与封建传统婚姻抗争到底的意志和宁死不嫁的决心,同时也表明社会舆论的压力。是这个社会使她们无路可走,逼她们踏上绝路,使她们在这个"天经地义"的恶社会中,决心"走'自杀'的路,不受这种无边的痛苦!"②固然,自杀可能是一种软弱,但人们在进行人生选择时,是力图免除苦痛的。当人们选择"自杀"的"生途"时,说明在她们眼里,"死"要比"活"更自由、更值得。这是对恶社会悲怆的控诉! 如时人哀叹,"婚姻自由! 你到底什么时候可以光耀于大地呢"?③ "恶家庭,旧婚姻,真是杀青年人的刀斧;阻碍社会进化的恶魔!"④所以 1919 年 11月 14 日,为反抗包办婚姻而于长沙发生的"赵五贞自杀事件"之后,青年毛泽东就指出,赵五贞死的"故"就在社会,"这社会便是一种极危险的东西。他可以使赵女士死,他又可以使钱女士、孙女士、李女士死;他可以使'女'死,他又可以使'男'死。"所以我们"就不能不高呼'社会万恶'!"⑤这社会"万恶",就"恶"在其专制制度及其传统观念形态上。正是由于社会观念及其舆论的作用,来自家长的压力也就极大。鲁迅曾引用过一位青年人的诗作,诗中控诉了父母包办婚姻给当事人带来的苦恼和不幸,"我是一个可怜的中国人。……我年十九,父母给我讨老婆,……可是这婚姻,是全凭别人主张、别人撮合,把他们一日戏言,当我们百年的盟约。仿佛两个牲口,听着主人的命令:'咄,你们好好地住在一块儿罢!'"⑥鲁迅认为"这是血的蒸气",是"醒过来的人的真声音"⑦。而没有觉悟的家长却把自己的骨肉视牲口一样地对待。也有的家长,由于封建礼教的束缚,仅仅为了自己的面子而不惜牺牲子女的终身幸福。一名叫方斌的青年曾给恽代英写信,决意要解除他在六岁时定下的婚约,他

① 《中国旧家庭制度的变动》,载中国民主促进会中央宣传部编:《周建人文选》,中国文史出版社 1988 年版,第 148 页。

② 刘开渠:《自杀与离婚》,《觉悟》1921 年 2 月 26 日。

③ 唐树超:《一个为婚姻而死的女子》,《觉悟》1922 年 6 月 8 日。

④ 赵华三:《专制婚姻逼青年自杀》,《觉悟》1922 年 10 月 15 日。

⑤ 《社会万恶与赵女士》,载《毛泽东早期文稿》,湖南出版社 1990 年版,第 424、425 页。

⑥ 鲁迅:《随感录四十》,《新青年》第 6 卷第 1 号。

⑦ 鲁迅:《随感录四十》,《新青年》第 6 卷第 1 号。

"每写信回家,反复说明我有解约的必要",但他的父母"终不允许"①。湖南有一青年叫痴凉君,他想摆脱掉自己的旧式婚姻,但他的父母却成一大的障碍,他说:"有一次回家去,我起初不愿意与她同床,但是我的双亲苦苦向我号泣,只说是他俩老的不幸,叫我应留他俩在社会上多看一下美好的世界,我没有法,只得勉强与她同床"②。《觉悟》1921 年 1 月 13 日有一篇《旧式婚制下面的惨事》的报道,文中提及汪女士受尽丈夫的凌辱和虐待,已经到了无法继续求生的地步。汪女士回家哭告于自己的父亲,且要离婚,但汪父是个满脑袋封建礼教的老顽固,为了自己的面子,不但不同意女儿离婚,并希望女儿要百依百顺,用心服侍丈夫。女儿回家后,虽按父亲的要求做了,但也未能免遭丈夫的毒手。当时很多父母之辈很少有否定和破除封建礼教的自觉心理,让他们来一个彻底的观念更新实属不易。就青年男女本身的情况看,很多青年在传统道德伦理、风化礼俗面前,视自由婚姻为畏途,面对专制婚俗,"不敢有丝毫的反抗,以为吾命如是,只好待毙而已。"③有些男女青年,特别是没有受过教育的青年女性还处于极为愚蒙的状态中,他们没有自由思想和进步意识,不懂得什么是真正的爱情生活。有些女子身受丈夫的欺侮和凌虐,受着非人的待遇,过着奴隶般的生活。可是在丈夫肉欲冲动的时候,妻子便以为这是丈夫对自己的一片爱心,她随即得到了心理满足。这些愚蒙女性从来没有高尚精神生活的体验和认同,她们少有追求自由婚姻的冲动,毫无办法,她们只能成为旧婚姻下的牺牲品。即便是知识女性,不敢越雷池的软弱者不在少数。胡适的剧本《终身大事》中的女主角田亚梅女士是敢于冲破封建礼教,敢于悖逆父母意愿而大胆追求婚姻自由的新女性。胡适在剧本后"跋"中曾说:"这出剧本是因为几个女学生要排演,我才把他译成中文的。后来因为这剧里的田女士跟人跑了,这几位女学生竟没有人敢扮演田女士,况且女学堂似乎不便演这种不很道德的戏!"④短短几句,反映了当时深刻而又真实的社会现状。有些女学生连去扮演一个追求婚姻自由的新女性的角色都不肯示范,让她们在

---

① 张羽等编著:《恽代英来鸿去燕录》,北京出版社 1981 年版,第 208、268 页。
② 张羽等编著:《恽代英来鸿去燕录》,北京出版社 1981 年版,第 268 页。
③ 崔溥:《救济无爱情的夫妇惟一的方法:"离婚"》,《共进》第 26 号。
④ 《终身大事·跋》,载《胡适文存》一集卷四,黄山书社 1996 年版,第 605 页。

现实生活中去带头移风易俗,岂不"强人所难"吗? 社会岂能容忍她这"不很道德"的行为呢,这就是时代的局限。

2. 变革的曲折和复杂性

在婚俗变革中,仍旧发生了一些重蹈戕害女性覆辙的问题。这反映了婚俗变革过程的曲折与复杂。在"自由婚姻"的口号下,有人由于误解了"自由"的真谛,或心怀叵测,一些"浮荡少年"和一些道学先生一样,视"妇女解放""自由恋爱"为"公妻",为"性解放"。于是有些放荡男性"在路上看见女少年,就满口'妇女解放'、'自由恋爱';接着就是些侮辱女子的蛮话。甚或马上加以侮辱女子的举动或状态。顶狡猾的,还用些上海拆白党的办法,在人丛中,装作很交好的两个人一时反目的样子去玩弄,使女少年找不到摆脱侮辱的机会。还有从各处探得女少年名姓,胡乱写情信,信中全作很有情交的话,往往引起女少年学校斥退、家庭禁锢的阴惨。"①这种鱼目混珠的浮荡举动玷污了"婚姻自由"的圣洁,又给女性的心灵涂上了一层阴影,造成新的怆痛!在"自由恋爱"的口号下,也出现了一些匆匆相识,草率结婚而酿成恶果的。"在公园里,戏院里,会场上或其他地方,男女偶相接近,便致相爱,不久之后,就结为婚姻,——此类事实各地都有。大都会更多,他们自己,未尝不自以为是恋爱。但他们能于很短的时间内,努力达到其结婚目的,对方之是否适于为配偶,当然没有考察的余地",这种"完全为两性的情热所驱使"而急于"寻觅他情热的喷火口"②式的草率婚姻不知给多少婚后女子带来了多大的人生烦恼与痛苦! 在离婚问题上也出现了类似伤害女性的问题。离婚并非一件喜事,它对当事人及亲朋好友都将产生一种"很深的苦感",是一种"大不幸的事"③,是"收拾敬衰爱亡的残局一种不得已的方法"④。"自由离婚"实际包括"两愿离婚""女子单愿离婚""男子单愿离婚"三个方面。其中"两愿离婚"(即夫妇双方都同意离婚)和"女子单愿离婚"(即女子一方要求离婚)还不会

---

① 佛突:《妇女解放和浮荡少年》,《觉悟》1920 年 8 月 17 日。
② 陈东原:《中国妇女生活史》,商务印书馆 1928 年版,第 403 页。
③ 《〈自由离婚号〉引言》,载《陈望道文集》第一卷,上海人民出版社 1979 年版,第 154 页。
④ 《〈自由离婚号〉引言》,载《陈望道文集》第一卷,上海人民出版社 1979 年版,第 154 页。

引发更为棘手的问题,应竭力促成之。"男子单愿离婚"(即男子一方要求离婚),按理亦当全力支持,但这又与前两者不同。在"男权色彩"浓重的中国社会,由于女子不能经济自立,由于社会视离婚女性为被"出妻"而遭唾骂和鄙弃,由于社会厌恶女子再嫁,所以,"男子单愿离婚"很可能会产生严重的后果,再把一些女子推向"新鬼"和牺牲品的"死亡"境地,有的"胸襟褊狭而又不自振作的女子有时也竟在哭泣叹息里走入黑影去。"①旨在"妇女解放"的"自由离婚"反倒成为扼杀和摧残妇女的新工具。"男子单愿离婚"也易让一些"喜新厌旧"者达到"弃旧怜新"的目的。胡适所以认为一些留学生的离婚是"该骂的",就是因为这些"吸了一点文明空气",就自觉已经不寻常并高人一等了的留学生们的离婚举动是一种"不近人情的离婚"②。第一次世界大战结束,"离婚增加的趋势在欧战后骤盛"。中国某些留学生受这种称之为"离婚流行病"③的影响,亦热衷于离婚。甚者,以助人离婚为一种消遣方式,"几个人无事干帮这个离婚,帮那个离婚"④,构成一种极显空虚而自觉时髦的过渡时期之怪现状。面对一些女子在"自由结婚"下面成为"新鬼"的悲惨现实,有人特意强调,我们主张自由离婚,但绝"不主张自由遗弃"。⑤"青年们啊,你们必须认明离婚和遗弃的分别!"⑥其实这种分别就在于离婚后的女子是否能生存下去而不"使伊陷于悲惨的境地"⑦。在舆论上对男子单愿离婚要进行约束,希望男子在单愿离婚问题上要有克制和忍耐力,尤其要有同情心,甚至当有"牺牲自己的利益"⑧的精神。因为中国传统社会对女子最为不公,"被遗弃的妻子总是处在一种无限悲惨的境地。"⑨那么在男女利益发生冲突时,在女子容易被逼上绝路时,社会与男子应去作有利于女子的选择。"若是我们在想和自己底妻离异的时间,稍微地平平气,默想一想伊被离异后生活的惨

① 《〈自由离婚号〉引言》,载《陈望道文集》第一卷,上海人民出版社1979年版,第158页。
② 《美国的妇女》,载《胡适文存》一集卷四,黄山书社1996年版,第476页。
③ 金仲华:《家庭的将来》,《东方杂志》第29卷第7号。
④ 杨步伟:《一个女人的自传》,岳麓书社1987年版,第251页。
⑤ 力子:《〈自由离婚〉下面的新鬼》,《觉悟》1922年8月17日。
⑥ 力子:《离婚有两全的法子吗》,《觉悟》1922年10月5日。
⑦ 刘心如:《单愿的离婚问题》,《妇女评论》第57期。
⑧ 刘心如:《单愿的离婚问题》,《妇女评论》第57期。
⑨ 林语堂:《中国人》,浙江人民出版社1988年版,第139页。

状,立刻就觉得有一个人在哀恳我们救济伊,我们还忍心置若罔闻吗? 更加压迫于伊,那自然不会有了!"①在中国这个不平等的"男权社会"里,更应保护和同情的是女子。然而这种选择并不益于男子,它不免增加了失去爱情的男子不能自由离婚而造成的痛苦,所以我们并不应把它视为一条真正解决问题的最佳途径。在五四时期,这当是应被提倡的虽非两全其美但又是不得已的办法。的确如此,时人周建人亦说:"如果关系或感情未绝的妻的男子是不该和第三者发生恋爱的;但事实告诉我们,恋爱是一种热情,不能用冷静的头脑的判断去推进它或抑止它的,因此会得有人明知和第三者发生恋爱会招致不幸,然而仍不能用理智的判断去制止的,所以这种三角关系是常有的而不是不得已的事情。处理这种事情,是性的困难、问题中之一个。有许多一夫一妇主张者是这样说,如果发生这种关系时,只有和前妻离婚的一法最为正当。殊不知这样办,一夫一妇主义的教条是不违背了,但在妇女经济不能独立的时代,只为了男子另有了恋人而必须使前妻离开他家也不是妥当的办法。……在结婚前的青年找求恋人是正当的,夫妇性情不相投而离婚也是正当的,但已婚的人,两造并无怎样不和,只因想'换妻'而热烈地去另求恋爱为不正当,但无意地蹈入三角关系时,却为另一问题。这在目前的制度下是一件纠纷的事情,殊没有完全的解决方法,用了把前妻离异的方法作解决也不是十分适合的方法——除非前妻自愿和男方离开的时候。"②而要真正解决"自由离婚"问题,还需要利用一段时间去改造社会,在宏观改造社会的基础上,还要解决两个具体问题。其一为"运动经济独立"。"如果使妇女各人都有工作可做,经济独立起来,必有多数妇女会得起来要求离婚自由的,如今日上海少数妇女主动地向法院请求离婚那样;到那时候必定会知道离婚应当绝对自由,而且男女可以绝对平等了。"③其二为"阐明两性道德",即否定封建的伦理道德价值观,破坏束缚男女婚姻自由的制度、法律和习惯。使人们明晓"离婚"与"出

① 刘心如:《单愿的离婚问题》,《妇女评论》第57期。
② 《离婚和恋爱》,载中国民主促进会中央宣传部编:《周建人文选》,中国文史出版社1988年版,第181页。
③ 《离婚问题的两方面》,载中国民主促进会中央宣传部编:《周建人文选》,中国文史出版社1988年版,第200页。

妻"不同,"出妻是男子欺侮女子的人格,必定女子的道德上旧社会视为发生污点",而"离婚"却恰恰相反,它是"平等的,不能侮灭别人人格的"①。故不能歧视离婚的女子,视其为"淫妇""荡妇"。还要摒弃"从一而终"的旧观念,允准女子有再嫁、重新追求幸福婚姻的自由。待"两性道德"观发生变化、女子有了经济独立,"离婚"才能真正成为自由;而不到"女子再嫁不被社会鄙笑的时候",不到"女子不赖男子生活的时候"②,"离婚"就无法实现真正的自由,即"在旧社会制度没有根本推翻以前,婚姻问题是不能解决的"③。此外,有些男子似乎很有"仁慈"之心,对他们自己并不喜欢的妻子不忍遗弃,但同时又鼓吹和践行"不离婚而恋爱",造成一种事实上的一夫多妻制。这种既不离婚又另有所爱的婚姻习尚是变革过程中的怪现象,亦不足取。

　　五四时期婚姻文化的变革是在新文化运动中进行的,它构成新文化运动中文化变革的重要内容之一。虽然它的变化极其曲折和复杂,但它是中国人反叛封建生活方式、向往近代文明生活方式的一种尝试。它的可贵精神就在于敢于否定,敢于追求,敢于抛弃,敢于创造。

---

①　C.K.:《离婚运动》,《共进》第 26 号。
②　夏丏尊:《男子对于女子的自由离婚》,《妇女评论》第 57 期。
③　张羽等编著:《恽代英来鸿去燕录》,北京出版社 1981 年版,第 231 页。

家 庭 卷

家庭作为社会细胞组织是人赖以生存的最基本的单位,自私有制产生、人类家庭诞生以来,人一刻也没有离开过家庭这个生活环境。家庭类型不一,人口数量不等,尽管如此,家庭必须给家庭成员提供诸多生活便利,其中除基本的物质生活条件外,还需给予家庭成员一种能够使其慰藉并感到欢娱、轻松、平和的精神寄托及谋求家庭成员发展进化的必要条件。这就要求家庭成员间应有相互的义务和责任,而养成一种奉献精神是极为重要的。家庭成员间要相亲相爱,这爱是在平等基础上产生的,任何等级的、权威的、尊卑的束缚只能导致家庭成员间表面的"敬",却决然产生不了心底的爱。缺乏爱的家庭生活只能给人以精神的空茫、无聊、厌倦和苦涩,难以获取心灵的愉悦、充实和满足。人们愿意在轻松惬意的家庭气氛中生活,而去苦求乐、去繁求简是人们心曲之趋向,一切烦琐的形式、过分的礼仪、多余的说教彻底破坏了宜人的家庭氛围。家庭还要为社会负责,任何只遵循传统的说教而不顾社会利益的行为模式必须予以摒弃。中国传统家族文化是在自然经济的基础上产生的,它以宗法伦理观念为核心内容。当中国步入近代以后,自给自足的自然经济遭到了破坏,加之西方近代文明意识的渗透,它反衬出中国传统家族文化的落后与野蛮。中国传统家庭内部到底存在哪些弊端,这些弊端要进行怎样的改造,近代中国家庭陋俗文化的变革给我们留下诸多启迪。

一、传统家族文化的特征

（一）家族、宗族与家庭

国内外学者曾给家族下过数百种定义，但家族是一个形式多样、类别繁多的社会团体，学者们又往往从不同的视角研究它，所以至今给家族界定一个能被人们普遍接受的科学概念仍是一个难题。美国人类学家默多克在1971年曾给家族下过定义，他认为："家族是一个社会团体，其内包括两个或多个彼此结婚之不同性别的成人，并且包括已婚双亲之亲生的或收养的一个或多个孩子。"①有的学者苦于难以获得普遍性的家族定义，但为了科研工作的进行，认为可给家族界定多层次的操作性定义，低层次的定义是："家族为一群有亲属关系的人所组成的经济独立且同住于一空间的单位，他们有继嗣和传承的义务和权利。"高层次的定义，如谢继昌认为："一个父和（或）母尚存之大家族，原为一个家户，后来其内之'双亲家族'分散出去各自形成独立家户，这些分散家户和本家家户合起来，就是一个'家户群家族'。"徐扬杰认为，"宗族是以家庭为基础的，是指同一个男性祖先的子孙，虽然已经分居，异财，各爨，成了许多个体家庭，但是还世代相聚在一起（比如共住一个村落之中），按照一定的规范，以血缘关系为纽带，结合成为一种特殊的社会组织形式。"②显然上述定义都在力图揭示家族的本质特征，具有诸多合理性。

① 赵清主编：《社会问题的历史考察》，成都出版社1992年版，第37页。
② 徐扬杰：《中国家族制度史》，人民出版社1992年版，第4页。

笔者以为,家族与宗族、家庭相同,是由有血缘关系的人组成的社会团体。三者间只有范围大小的区分,家族小于宗族而大于家庭。家族是指九族之内的血缘团体,上至高祖父母,下至玄孙及玄孙妇,右至族兄弟及兄弟妻,左至族姊妹。宗族是超出九族之外的血缘团体,家庭则特指小于家族的"主干家庭"和"核心家庭"。"主干家庭"指以夫妻及其未婚子女为基本单位,有父母者则与之同居,有祖父母者亦然,并可往上推至有曾祖父者,此即留其直系。至于已婚的兄弟叔伯等,则另行分居,此即去其旁系。此种家庭组织可称"直系亲属同居制"。因其有家族的根干,而无家族的枝叶,故称"主干家庭"。"核心家庭"指夫妻及未婚子女组成的家庭。本书是从家族文化的视角探索问题,因此本书的"家族"概念具有相对的模糊性,也代表着宗族和家庭的意义。

家族文化是相对于家族制度而言的,家族制度是指家族外现的能被感知的具体事项,它处于一种相对的静止状态,如族谱、族田、族长、族规、祠堂等。家族文化包含着家族制度;同时它还旨在反映家族制度发展变化的机制和家族制度本身的功效;它是家族制度的深层状态;是家族制度事项之间的有机联系以及家族制度事项中不易被感知的内在本质。

探讨传统家族文化,首先要研究传统家族文化的特征。中国传统家族文化的特征包含表象特征与本质特征两大类别,下面分别阐述之。

(二)家族文化的表象特征

1.结构特征

家族结构也称之为家族类型。以亲缘关系为标准,传统家族结构可分为核心家庭、主干家庭、联合家庭、家族家庭等。核心家庭和主干家庭前文已有阐释,此不赘述。联合家庭是指父母同两个以及两个以上已婚儿子再加上未婚子女及孙子女组成的家庭。这是在主干家庭的构成之外,又加上一对或一对以上的第二代夫妇。家族家庭是指在结构上比联合家庭要复杂,人员要多,并累代同居,几世共爨,作十字形上下左右延伸的家庭,如:唐代的江州陈崇家,十三世同居,长幼凡 700 余口。① 家族家庭成员间除亲兄弟关系之外,有堂兄弟、再从兄弟、族兄弟关系,甚至连同姨父、舅母、表兄、表妹等一同生活,是血缘关系把它的成员聚合起来,构成家族家庭。除上述家庭类型外,还有不完整的残缺家庭及鳏寡孤独的独身家庭,它们只属于家庭结构中的附属类。主干家庭附带核心家庭和联合家庭是我国传统家庭结构的主流家庭和实际家庭,而家族家庭则是我国传统家庭结构的典型家庭和理想家庭。很多学者研究表明,从战国时代至清末,核心家庭和主干家庭为我国家庭的主要类型,其间变化并非太大。而五口或八口之家是传统家庭的主要规模。《前汉书·食货志》说:"农夫五口家"。清嘉道时期学者李兆洛论民食说:"家不过八口,人食日一升,岁所食三十石。"②然而,在家庭伦理上,中国"家庭缔结之终极目标应该是父母子女之永恒联属,使人生绵延不绝。短生命融于长生命,家族传袭,几乎是中国人的宗教安慰。"③这就使中国人"以分居为不孝不悌,以五代同堂为美德"。④ 把家族家庭视为家庭类型的理想模式。清赵翼在《陔馀丛考》记述累世同居之风时说:"此风盖起于汉末"⑤,事实上这种被称作"义门"的理想家庭除了皇族和豪门大户外,在民众中不过寥若晨星而已。从史籍记载看,"南史十三人,北史十二人,唐书三十八人,五代二人,宋史五十人,元史五人,明史二十六人"⑥,出现这样的状况,其原因除了寿命太短,无法活到多代同居的年龄和因贫穷缺乏维持大家族的财富,而本能地具有一种脱离大家族的离心倾向之外,家族内部关系复杂、矛盾突出也是其重要缘由。美国社会学家沙波特认为,家庭人际关系数量可用公式(N^2-N)/2 来计算(其中 N 为家庭人数)。据此,家中若 2 人,只 1 种关系;3 人有 3 种关系;5 人有 10 种关系;10 人就有 45 种关系;100 人竟达 4950 种关系。加之家庭成员之间心理、生理、文化、感情、地位的不同,其矛盾冲突是可想而知的。即便是那些被诏旌的家族家庭也有难言之苦。乾隆皇帝当年下江南,听说海盐有一个姓陈的人家,

① 孙本文:《现代中国社会问题》第 1 册,商务印书馆 1947 年版,第 66 页。
② 李兆洛:《风台县志论食货》,载《皇朝经世文编》卷三十六。
③ 钱穆:《中国文化史导论(修订本)》,商务印书馆 1994 年版,第 53 页。
④ 王政:《宗法影响下的中国家庭》,《民族杂志》第 2 卷第 6 期。
⑤ (清)赵翼:《陔馀丛考》卷三十九《累世同居》,商务印书馆 1957 年版,第 853 页。
⑥ (清)赵翼:《陔馀丛考》卷三十九《累世同居》,商务印书馆 1957 年版,第 853 页。

已经十代不曾分家，家口数百人，皇帝亲自登门，亲笔题了"百忍堂"①，然而"百忍堂"下隐藏着什么还不清楚吗！"一忍"不行，"十忍"不行，"九十九忍"也不行，每个家庭成员必须练就"百忍"的功夫。所以这种理想的家族虽是人人称羡，并被传为美谈的典型家庭，但现实生活中缺乏普遍形成这种家庭的条件。而占主流地位的仍是"五口"或"八口"之家的主干家庭和核心家庭。

2. 族权特征

家庭、家族和宗族的权力系统由家长、房长和族长构成。所谓族权可视为家长、房长和族长在家庭、家族和宗族中的特有权力。族长（又称族正、宗长、宗正、宗盟、会首、首事、理事）是宗族权力系统的集中代表，是全宗族的行政首领，总管全族事务。"凡族中事，皆听其一言为进止，无敢违。"②族长的权力一般体现在：(1)主持祭祖。通过祭祖既可加强宗族凝聚力，又可不断强化族长权力代表的形象。(2)修编族谱。族谱作为家族史成为族人的一条根，维系着全族人的亲睦之情。族谱通过记载宗族的源流世系，记述族内的显宦名儒和孝子顺孙，既可以防止"异姓乱宗"，又可以激发族人效法先人，光宗耀祖。族长主持续修族谱便成为一项重要任务，"三世不修谱，为不孝"③，这就进一步增强了族长续修族谱的责任感。(3)执行家法。族长对违犯家规的族人合族公议后，有秉公处断之大权，诸如"重者鞭扑、轻使长跪广庭惩辱之"④，令其"跪祠堂门首""逐门叩首"⑤，甚至有活埋、沉潭、"立刻处死"等⑥。此外，族长还有宣讲族规、教育族人、调解族内纠纷、对外交涉等多种权力，从而控制着整个宗族的生活内容。房长是家族权力系统的集中代表，有着跟族长相似的权力。族长和房长一般由族人选出，或上届首领推荐，多为最高辈分的长者，"族长必须品端心正，性情和平，乃可服人，亦可拿事"⑦。在传统家庭

---

① 區翁璜：《家族制度底讨论》，《平民》第 60 号。
② 徐珂编撰：《清稗类钞》第 5 册，中华书局 1984 年版，第 2116 页。
③ 《中湘甘氏族谱》卷十八《柯堂记》，续修谱叙（道光本）。
④ 田兴奎修，吴恭享纂：《慈利县志》卷十一《祠祀·家庙表》。
⑤ 李汝祺等修：《李氏族谱》。
⑥ 李汝祺等修：《李氏族谱》。
⑦ 李汝祺等修：《李氏族谱》。

里,父亲是权力的代表,家人有严君焉,父母之谓也,盖父母视家人,"势分本为独尊,事权得以专制,使挈其纲领,内外肃然,谁敢不从令?"①父家长掌握全家的经济大权,是土地、房屋、牲畜、妻子、儿女、奴隶和一切家庭财产的所有者,他可以任意支配妻子、儿女和家内奴隶,"子之于父,弟之于兄,犹卒伍之于将帅,胥吏之于官曹,奴婢之于雇主,不可相视为朋辈,事事欲论曲直。"②父亲对家人甚至有送惩权及生杀之权。如俗语所言,"君要臣死,不得不死,父要子亡,不得不亡"。古籍中亦载:"父而赐子死,尚安复请!"③"尊长不命进,不敢进;不命退,不敢退。"④"君者国之隆也;父者家之隆也。"⑤可见传统家庭内父权的威力。

3. 经济特征

　　传统家族的经济特征突出表现在有族产来维系家族的生存。族产主要指族田。族田是家族的经济命脉,是家族各项活动的经济后盾。没有族田也就没有家族的凝聚、延续和存在。族田主要是通过族人捐助的方式获得的。"家富提携宗族,置义塾与公田。"⑥族人一旦把本人的田产捐与家族即成为全族公有,捐者及其家属不能据此要求特权。"至所捐田亩,一体归掌庄人经管,捐田之子孙,不得借此干预庄务。"⑦族田为全族人的利益服务,根据不同用途分为祭田、义田、学田等。祭田用于修祠及祭祀活动;义田用于赡养族内老弱病残、鳏寡孤独者,也用于赈济灾荒及兴办公益事业;学田用于办学,也用于资助和奖励参加科举者。即族田用于"祭祀""周济族人之寒苦""资助贫苦族人求学"等⑧。族田一般有一个逐渐积累的过程,初时几亩、十几亩,后逐次增大,有的可达几百亩、上千亩,甚至上万亩。家族组织发达的广东番禺族田

---

① (明)庞尚鹏:《岭南遗书》,粤雅堂校刊。
② (宋)袁采撰:《袁氏世范》卷一《睦亲》,乾隆甲寅长至重镌。
③ (汉)司马迁撰:《史记》卷八十七《李斯列传第二十七》,中华书局 1982 年版,第 2551 页。
④ 《家庭谈话》,光绪三十三年冬学部图书局印行。
⑤ 《百子全书》(一),浙江人民出版社 1984 年版。
⑥ 钱文选恭辑:《钱氏家乘》卷六《家训·钱氏家训·家庭》,上海书店出版社 1996 年版,第 142 页。
⑦ 《陆氏蓟门支谱》卷十三。
⑧ 王政:《宗法影响下的中国家庭》,《民族杂志》第 2 卷第 6 期。

竟达"全部耕地底一半"①。而广东省的义田和祭田曾占全省耕地的三分之一。② 作为家族财源和经济手段的族产除族田外还包括冢地、山林、池塘、水源、房产等,从而使家族成为牢固的经济实体而具有持久的生命力。

4. 教育特征

传统家族的功能是多方面的,诸如生产功能、生育功能、生活功能、保护功能、养老扶幼功能、宗教功能、政治功能、娱乐功能、休息功能等。还有一个重要功能就是教育功能。中国传统家族的教育功能别具一格,成为传统家族文化的一大特征。家族教育方式是多方面的,有的族长经常在祭祖之后在祠堂向族人宣讲家训族规,或讲解圣谕,以达到教育和规范族人的目的。然而家族教育的主要方式是办学,通过"兴启蒙之义塾"③来教育族人的子弟,所以有经济条件的家族多置学产,兴办教育。义学中的授课内容无非是《三字经》,"四书""五经"等儒学经典,以及名目繁多的"家训""家诫""家范"等。影响较大的家训家范有《颜氏家训》《家范》《袁氏世范》《朱子家训》等。此外,族谱中也往往包括家训、祖训、家范等内容。魏晋南北朝时期颜之推的《颜氏家训》产生最早,"古今家训,以此为祖"④,其影响也最大。家族教育也兼及算术、故事、人生道理等,以此达到职业和道德教育的目的。职业教育主要为了选择未来的职业,一般家庭奢望不高,根据实际进行选择,士农工商皆可,绝不惟士是趋,但也有不少人期望儿子从事仕宦职业,这在官僚家庭尤为突出。如光绪时都察院笔帖式炳半聋想让儿子做官,严格教育,儿子15岁就读了"十三经"、《国语》、《国策》、《史记》等,最后因劳累吐血身亡。⑤ 可见传统家庭对职业教育的重视程度。家族尤为重视修身律己、为人处世的道德伦理教育。许多宗族"每冬至大祭,必申警其族众,而惩其不率教者。族责之于房,房责之于家

---

① 陈翰笙编:《广东农村生产关系与生产力》,上海中山文化教育馆1934年版,第15页。
② [日]仁井田升:《中国身份法史》,日本座右宝刊行1943年版,第202页。
③ 钱文选恭辑:《钱氏家乘》卷六《家训·钱氏家训·社会》,上海书店出版社1996年版,第142页。
④ 王三聘辑:《古今事物考》,上海书店1987年版,第34页。
⑤ 徐珂编撰:《清稗类钞》第2册,中华书局1984年版,第579页。

长,使其族之子弟,悉就教化,守规律。"①其实家族道德教育的实质,"不徒诵读诗书,大要使之识尊卑上下孝悌忠信礼义廉耻而已。"②所以道德教育要"以忠孝传家"③,使族人俯首帖耳地忠于家族和国家,以致认为:"誓匡王室""则世代可受光荣"④。这种道德教育无疑有助于家族以至国家的专制统治。

5. 宗法特征

宗法特征指家族宗法观念上的突出特征。儒家为维护和延续宗法制度,建立了一套系统而又规范的宗法思想体系,从而形成儒学的一大特色。在家族的族谱中也反映了大量的与儒家宗法思想相吻合的宗法观念。正是由于儒学和族谱的广泛而深刻的影响,家族成员中的宗法意识渐次形成,进而根深蒂固,并成为文化遗传的基因而潜藏于家族成员的灵魂深处。宗法观念的内容极为广泛,其重点为"祖先崇拜""忠""孝"的观念等。

"祖先崇拜"的观念。中国的祖先崇拜十分发达,商代就有对祖先"事死如事生,事亡如事存"的祭祀活动。后来儒家经典把民间的祖宗崇拜理论化,阐释为"万物本乎天,人本乎祖"⑤来强化祖先崇拜的意识。其实产生祖先崇拜的原因是多方面的,上古时与生殖器崇拜相关联。后来家的观念形成,因重视家,而发展为祖先崇拜,把祖先视为血源之本,"祖宗,人之本也""子孙后代莫轻弃吾祖先"⑥,尊祖敬宗,"报本返始"⑦,祖先崇拜是为了"报本";人们还普遍认为,祖宗在"阴界"能保佑"阳界"的后世子孙,子孙须得祖宗的庇荫,才得昌盛,才得安享荣华富贵。"人所以传家守业,世泽绵长者,无不由祖宗积

① 傅熊湘:《醴陵乡土志》。
② 益阳:《熊氏续修族谱》卷首。
③ 张元果修:《南皮张氏东门家谱》,道光丁酉春日辑,己亥日刊,永恩堂藏版。
④ 钱文选恭辑:《钱氏家乘》卷六《家训·武肃王八训》,上海书店出版社1996年版,第140页。
⑤ (清)阮元校刻:《十三经注疏》卷二十六《礼记正义·郊特牲》,中华书局1980年版,第1453页。
⑥ 钱文选恭辑:《钱氏家乘》卷六《家训·武肃王八训》,上海书店出版社1996年版,第140页。
⑦ 周作人:《谈虎集》上卷,北新书局1928年版,第2页。

累所致,故为子孙者,不可一日忘祖。"①崇拜祖先是为祈求授福,以免降祸,体现出一定的功利性。崇拜祖先的中心内容就是祭祀,"礼有五经,莫重于祭"②,"祖宗虽远,祭祀宜诚"③,以此慎终追远,感恩报德。

"忠"的观念。"君君臣臣""尊尊亲亲""尊君敬上""君礼臣忠"都含有"忠"的内容,对国对君对官对民都负责任心谓广义的"忠",平时我们理解的"忠"是狭义的,特指忠于君主。在传统家族文化中忠君的信念很强烈,"君恩重于亲恩,谚云'宁可终身无父,不可一日无君'。"④"忠"的观念在历史上前后有所变化,先秦时期讲求"君事臣以礼,臣事君以忠""为人君则怀,为人臣则忠",可见当时群臣虽有上下不同,但伦理关系是对等的。汉代以后,尤其宋代理学的提倡,君臣关系才发生根本转变,"忠"成为片面的伦理说教,"君虽不君,臣不可以不臣",并把这种观念渗透到家族文化中,祠堂作为传播忠君思想的重要阵地,成为强化忠君观念的一种工具。

"孝"的观念。"父父子子""父慈子孝""孝敬父母""尊老敬宗"都含有"孝"的观念。有人视"孝"为中国文化最突出的特色,视"孝"为"立身之本"⑤。也有人把"孝"视为"中国家族的传统美德",是"建国的最大精神力量"⑥,"由孝思而奠定宗法,以行封建,此亦为儒家修、齐、治、平之一贯大道。"⑦"孝"也有广义和狭义的区别,广义的"孝"是指行为合乎规范,"居处不庄,非孝也;事君不忠,非孝也;莅官不敬,非孝也;朋友不信,非孝也;战阵无勇,非孝也。"⑧可见一切不合规范的行为都可以归为不孝。狭义的"孝"特指奉养父母,其含义大致分为三层:"第一层,即最基本的一层,是延续父母与祖

---

① 《长沙谢氏续修族谱》卷一,1933 年。
② (清)阮元校刻:《十三经注疏》卷四十九《礼记正义·祭统第二十五》,中华书局 1980 年版,第 1602 页。
③ 钱文选恭辑:《钱氏家乘》卷六《家训·钱氏家训·家庭》,上海书店出版社 1996 年版,第 142 页。
④ 陈周棠校补:《洪氏宗谱》,浙江人民出版社 1982 年版,第 20 页。
⑤ (清)祝懋湛:《锡山祝氏宗谱》卷四《宗皋公遗训》。
⑥ 沙莲香主编:《中国民族性》(一),中国人民大学出版社 1989 年版,第 220 页。
⑦ 沙莲香主编:《中国民族性》(一),中国人民大学出版社 1989 年版,第 219 页。
⑧ (清)阮元校刻:《十三经注疏》卷四十八《礼记正义·祭义》,中华书局 1980 年版,第 1598 页。

先的生物性生命……第二层含义是延续父母与祖先的高级生命……第三层的孝是作子女者能实现父母或祖先在一生中所不能实现的某些特殊愿望，或补足他们某些重大而特殊的遗憾。"①孝的观念在家族文化中处于非常重要的地位，是最具特色的文化内容。在传统文化中，"孝"与"忠"往往紧紧地结合在一起，形成相互包容的关系，如"以孝事君则忠"②，"忠臣以事其君，孝子以事其亲，其本一也。"③"事君不忠、非孝也。"④从中我们可以领悟到孝的观念如此发达的真谛。"忠孝"观念是中国家训中的重要内容："子孙若不忠不孝不仁不义，便是破家灭门。千叮万嘱，慎勿违训。"⑤除上述外，宗法观念还讲求尊卑有别、贵贱以位、夫尊妻卑、重男轻女、兄友弟恭、长幼有序、妇道、贞节、仁义、恭敬、宽恕、顺从、克己以及"莫欺孤幼，莫损平民，莫信谗人，莫听妇言"⑥等不一而足，从而构成传统家族宗法观念的完整思想体系。

以上从五个方面论述了传统家族文化的表象特征，这些特征之间并非彼此割裂，相互孤立。它们是一个有机的整体，互相制约、互相影响、互为条件、互为依存。如没有家族教育就难以确立宗法思想，没有族田经济就很难兴办家族教育；没有族长的统一指挥就不能有家族内部的协调一致；而教育、经济和宗法观念又直接影响着家族结构。这种相互牵制的内聚力正是传统家族具有顽强的生命力的内在根据。

（三）家族文化的本质特征

传统家族文化特征的另一类别为本质特征，本质特征有优质与劣质两方

---

① 沙莲香主编：《中国民族性》（一），中国人民大学出版社 1989 年版，第 239 页。

② （清）阮元校刻：《十三经注疏》卷二《孝经注疏·士章第五》，中华书局 1980 年版，第 2548 页。

③ （清）阮元校刻：《十三经注疏》卷四十九《礼记正义·祭统第二十五》，中华书局 1980 年版，第 1602 页。

④ （清）阮元校刻：《十三经注疏》卷四十八《礼记正义·祭义》，中华书局 1980 年版，第 1598 页。

⑤ 钱文选恭辑：《钱氏家乘》卷六《家训·武肃王八训》，上海书店出版社 1996 年版，第 140 页。

⑥ 钱文选恭辑：《钱氏家乘》卷六《家训·武肃王八训》，上海书店出版社 1996 年版，第 140 页。

面内容,但这两者间是相对的,不能截然分开。劣质中有得的因素,优质中又有失的因素,所以下文在谈优劣质特征的时候,主要是针对问题的一个侧面而言,不视它们为绝对。

1. 优质特征的表现

（1）端正风气。家族由于注重伦理和家风教育,有助于端正家庭家族和社会风气。家族往往要求族内成员执法如山,守身如玉,爱民如子,去蠹如仇。勿为奸为盗和赌博争讼。如交河李氏族谱就有家训十五条,云:"不许酗酒骂街;叔嫂不许戏言;不许充当衙役,犯者公举;不许仗族大欺压邻里;不许与外姓人论本族人是非;不许助至亲厚友与本族人兴讼;凡族人有婚丧大事、合族公办,不许推诿;不许招赌窝娼,既非良民正业,尤恐其引诱子弟,为祸不浅;子弟不许入茶馆酒市;族人有鳏寡孤独贫乏身死暴露不能买棺葬埋者,合族公办具棺葬埋,以全一脉之情;不许交接浪荡子弟;不许学剃头修脚;不许与家奴为婚;不许做戏子当吹手;不许放纵牛驴骡马等类,践踏田苗致妨农业。"①这些家训戒条意在整肃家风,同时也有益于整个社会风气。

（2）互助精神。孟子曾对家族内部的互助精神给予高度的概括:"出入相友,守望相助,疾病相扶持。"②中国家族的互助精神,一方面体现在协力互助进行生产上,也体现在对贫穷孤幼鳏寡孤独废疾者的救济上,正如《礼记》所说:"矜寡孤独废疾者,皆有所养。"③这种互助精神在"端正风气"的家训中也已体现。另外,更为重要的是,这种互助精神在"亲族"的基础上,可升华至"合国"的高度,正如所云:"先亲其九族,以结一姓之人心,再进而以结一国之人心。夫九族既亲,同姓乃睦,然后此族与彼族又复相善相系,推而以至全国合为一气。""合一族为一家,无诈虞,无倾轧,无树力,无自私,九族以亲,休戚与共,本其骨肉相关之,诚一反人世涣散之习,其家风家教岂不尽善乎哉!"一

---

① 李汝祺等修:《李氏族谱》。
② （清）阮元校刻:《十三经注疏》卷五《孟子注疏·滕文公章句上》,中华书局1980年版,第2703页。
③ （清）阮元校刻:《十三经注疏》卷二十一《礼记正义·礼运第九》,中华书局1980年版,第1414页。

国之中各姓各族皆如此,继而"连合全国,绝无歧视,自能万众一心,如响斯应何忧于异族之暴侵,何忧于国土之不保也"。①

（3）敬老养老。"中国人总是讲要尊敬老年人。"②"凡卑幼见尊长,坐必起,自呼必以名,不许尔我称答,兼杂俚语。居常偶遇,必垂手俟立道旁,不得疾行先长,苟有出言不逊,举动乖违,或以傲慢加诸父兄宗族者,会众共责。"③为孝敬老人,有些晚辈子孙甚至不惜放弃自己诸多利益,甚至包括尊严和地位等,老人在传统家族内除了可以得到生活上的照顾,还可以得到精神和感情上的慰藉,那种在养老机构生活"和祖父母、子孙一起生活,分享真正人生乐趣的'三代同堂'比较起来,无论在心理上还是精神上毕竟是无法替代的。"④

（4）和睦相处。"家和万事兴"是传统家族文化的一个重要观念。中国家族文化不但讲求内心和谐,身心协调,尤主张"兄弟相同,上下和睦"⑤"万事和为贵",重视和睦相处。"家门和顺,虽饔飧不继,亦有余欢。"⑥家族内部的和睦相处不但带来精神生活的快乐,还能使家人之间精诚团结,给经济生活带来效益,所以民间广泛流传着"父子同心,黄土变金"。"三兄四弟一条心,门前土地变黄金"的俗谚。

2. 劣质特征的表现

（1）依赖懒惰。传统家族结构及其内在机制最易养成人的依赖性和惰性,而吞噬个人的自主性和独立性。传统家族讲求同居共财,平均分配和消费,不得自藏私财,"一钱尺帛,不人私房"⑦"门内斗粟,尺帛无所私"⑧。多劳

---

① 李汝祺等修:《李氏族谱》。

② 沙莲香主编:《中国民族性》（一）,中国人民大学出版社1989年版,第258页。

③ 《孟氏宗谱》卷一《家规》,胜善堂珍藏,民国岁次甲子重辑。

④ ［英］阿·汤因比、［日］池田大作:《展望二十一世纪——汤因比与池田大作对话录》,荀春生等译,国际文化出版公司1985年版,第106页。

⑤ 钱文选恭辑:《钱氏家乘》卷六《家训·武肃王八训》,上海书店出版社1996年版,第140页。

⑥ 朱柏庐:《治家格言》。

⑦ （北齐）魏收撰:《魏书》卷五十七《列传第四十五·崔挺》,中华书局1974年版,第1271页。

⑧ （宋）欧阳修、宋祁撰:《新唐书》卷一百九十五《列传第一百二十·孝友》,中华书局1975年版,第5579页。

少劳所获相等,难以调动主动性;父家长大权在握,包办一切,养成唯父是赖的习性;愚蠢低能的家族成员可安坐而食,享乐人生;扶助贫弱,反使一些人专事依赖,不求进取,惰性十足。

(2)封闭守旧。传统家族自给自足的自然经济的独立性易造成家族生活的封闭墨守,使家族成员尤重亲情,恪守"父母在不远游"的古训,讲求"不失祖宗旧业",以"三年不改于父之道""终身慕父母"为孝道,养成一种尊古卑今、好古恶今、"荣古而虐今,贱近而贵远"的封闭守旧心态,鲁迅对此深恶痛绝:"中国人何以于旧状况那么心平气和,于较新的机运就这么疾首蹙额;于已成之局那么委曲求全,于初兴之事就这么求全责备?"①封闭守旧正是一些人缺乏冒险精神、缺乏闯天下勇气的根由所在。

(3)专制野蛮。父权在家庭内导致专制,父家长在家庭中的专制地位是不可动摇的,任何其他家庭成员在专制的父家长面前只能是卑躬屈膝、俯首帖耳、唯命是听。这种家庭专制甚至达到了野蛮的程度,以致视家人为非人,在惩罚族人的方式中暴露得最为彻底。从捆绑、打板子、罚跪到活埋、沉潭、打死,在家族内部屡见不鲜。如此伤天害理的罪恶行为却被一般人视为家长履行维护道德风化的责任,而给予肯定和支持。

(4)亲疏有别。中国传统家族内部的亲属关系的一个突出特点就是亲属名称的细繁,从"九族亲属图"中可略见一斑。这里实质反映的是一种亲疏关系,这种亲疏关系"如一轮轮波纹状,以自己为中心向外推,愈推愈远,关系也愈薄的人际网络"②。这种亲疏关系往往导致家族内部小家庭间的矛盾及这房与那房的矛盾,也就随之出现了"夺嫡争继、兄弟阋墙、妇姑勃豀、怨毒盈溢"的现象。

(5)狭隘自私。传统家族文化由于注重家族利益高于一切,所以一切行为,无论是求财求势求士求官,无一不是为了家族,为了光耀门庭、荫子封妻。以致出现"明知公益之事,因有家而不肯为;明知害人之事,因有家而不得不为"③的狭隘自私现象。为了狭隘的小家族,认为"父为子隐"和"子为父隐"

---

① 《这个与那个》,载《鲁迅全集》第 3 卷,人民文学出版社 1981 年版,第 143 页。
② 沙莲香主编:《中国民族性》(一),中国人民大学出版社 1989 年版,第 268 页。
③ 鞠普:《毁家谭》,《新世纪》1908 年第 49 期。

是合理合法的,因而家族包庇族人犯罪行为屡见不鲜,而不顾损害全局和他人利益。这种狭隘自私的心态进一步膨胀,则表现为无国家思想、信奉"不在其位,不谋其政"的信条,把"莫谈国事"作为座右铭。

(6)等级严格。传统家族成员关系的一个重要特点是讲求和注重尊卑、上下、嫡庶等。这实质是家族成员之间的等级界限。正名分,判嫡庶,不过是为了确定不同族人在家族中的地位和权利,从而按其等级地位来规范自己的所作所为。正如族谱所载那样,"尊卑次序谨严"①"定尊卑,名不可同,字不可复,此定理也"②。尊卑长幼各有定分,那么凡为卑幼者,见长上无论亲疏,皆当致敬。坐则起,行则随,出而归则揖。

(7)无独立和自由。传统家族文化强调个人修身律己,自我规束,形成权威和尊长的心态,使个人毫无独立、自由、思考、创造、批判直至造反的精神。传统家族是制造"顺从动物"的工厂,是"着重个人的顺从"③的深渊。"服从长上,是一定不移的天职"④,家族成员只能是通过牺牲个人去恪守祖传的家规和家法,去做"子弟受长上苛责,不论是非,但当俯首默受,毋亟自辩理"的家族孝子。总之,家族成员应当自觉做到的就是"第一要不自由"⑤。

分析完传统家族文化的表象特征和本质特征后,笔者还要特别指出的是,传统家族文化的劣质特征是与封建专制政治相适应的。中国社会步入近代以后,尤其是到了清末民初,人们在要求改造社会政治制度的同时,也要求传统家族文化来一个大变革,但是家族文化与其他文化形态一样,有极强的惰性特征,即便它身上已有着相当腐烂不堪的内容,也不愿轻易地退出历史舞台。这就要求人们在认识这一特征后,进而主动自觉下大力气去改造它。清末民初迎来了进步知识分子的这种认识和改造。

---

① 钱文选恭辑:《钱氏家乘》卷六《家训·钱氏家训·家庭》,上海书店出版社 1996 年版,第 142 页。

② 李汝祺等修:《李氏族谱》。

③ 沙莲香主编:《中国民族性》(一),中国人民大学出版社 1989 年版,第 216 页。

④ 《家庭谈话》,光绪三十三年冬学部图书局印行。

⑤ 《通艺录》。

二、清末"家庭革命"论

（一）"家庭革命"的口号

中国传统家庭在封闭、固守的社会里，可以依凭惯性来支撑着自己的身躯。一旦其外部条件发生变化，一旦其内部矛盾渐次显现，它的惯性就遭到遏制，传统家庭就将出现危机。清末，在外国殖民者"扬大旗、擂大鼓、呐大喊，顺风扬帆，满载民族帝国主义、乘潮流以入中国，张目皇皇大搜大索"①的时候，先进的中国人深知中华民族"咽喉已经被人扼住，精血已经被人吸完，亡国之祸已在眼前"②。他们继续探求救国出路，在投身政治革命的同时，喊出了"家庭革命"的口号。

什么是家庭革命。"家庭立宪者"在 1904 年《江苏》第 7 期上发表的《家庭革命说》一文作了精辟的阐述："家庭革命者何也？脱家族之羁轭而为政治上之活动是也，割家族之恋爱而求政治上快乐是也，抉家族之封蔀而开政治上之智识是也，破家族之圈限而为政治上之牺牲是也，去家族之奴隶而立政治上之法人是也，铲家族之恶果而收政治上之荣誉是也。"就是说，所谓家庭革命就是摆脱家庭的束缚、依恋、禁锢、限制和奴役，从而走上政治革命的道路，获得作为人的自由、幸福、才智和权利。这里可以看出家庭革命与政治革命的紧密联系，清末思想界把两者视为不可分割的一个整体，认为家庭革命的目的就是为政治革命服务的。也正是为了完成真正的政治革命才提出了家庭革命的

---

① 家庭立宪者：《家庭革命说》，《江苏》第 7 期。
② 君衍：《法古》，《童子世界》第 31 期。

主张；只有通过家庭革命，人们才能从封建家庭中走出来去投身于激烈的政治革命中，"拔出吾数千万青年于家族之阱，而登之于政治之台也。"①并把是否实行家庭革命视为是否革命的一个标志，"若已知祖宗革命之正当而不肯实行者，是甘心服从专制，反对公道，吾亦敢断其非新世纪之革命党。"②显然，清末家庭革命的主张更着眼于政治的变革，虽然在批判家族制度时也涉及了对传统文化的批判，但是它明显缺乏文化革命的动机，这同民初至五四时期家庭革命侧重于文化变革的特征有着明显的不同。

　　清末思想界在强调家庭革命的同时反复鼓吹"欲革政治之命者，必先革家族之命""革命！革命！家庭先革命！""摆脱桎梏，掉游康庄，其必自家庭之革命始矣"，有的论者认为这是辛亥革命的舆论家们在理论上和认识上的错误，他们倒因为果，完全颠倒了政治革命与家庭革命的先后次序，是不符合历史唯物主义的观点的。笔者以为，清末思想家们在倡导"家庭先革命"时，大概不是有意强调"家庭革命"和"政治革命"的先后次序的。上文谈到，这些先进中国人主张家庭革命的目的就是为政治革命服务。为了更好地完成政治革命的任务就必须进行家庭革命，从这个意义说，家庭革命是非常重要的。上述"家庭先革命"的呐喊，不过是为了强调家庭革命的重要，而用一些极富鼓动的言辞和情感充沛的句式以达到富有感染力的效果。其用意绝不是表白自己对两个革命秩序的看法。正如在文章开头作者就高喊"革命！革命！家庭先革命！"的同一篇文章里，作者所表述的那样，"论国革命之先后，并无秩序之可言"③。事实上，包括一些舆论家在内的很多革命者在主张家庭革命的同时，已经开始了政治革命的斗争，有的瞒着父母走向革命，有的告别妻小身赴国难，有的变卖财产捐输革命，他们在参与政治革命的同时也用自己的实际行动促进了家庭革命的展开。他们对两个革命的理解并不像想象的那么简单，他们对此有着深刻的认识，"革命者何也？以政治上之不自由而引出国民种种之不自由，是故自由死而致国权死，国权死而致国民死，而欲不死我国民，则

---

① 家庭立宪者：《家庭革命说》，《江苏》第 7 期。
② 真：《祖宗革命》，《新世纪》1907 年第 2—3 期，载张枬、王忍之编：《辛亥革命前十年间时论选集》第二卷下册，生活·读书·新知三联书店 1963 年版，第 981 页。
③ 丁初我：《女子家庭革命说》，《女子世界》第 4 期。

唯有采恶感毒血以为之药石,此毒血实产美妙之花,文明之果也。然此花与果乃经第一重之家族主义摧挫殀阏而不发达,则中国其何由发达,是故家族不可以不革命。"①对两个革命的紧密关系有如此深刻的认识,是当时革命者思想深邃的一个表现。

(二)对家族制度的批判

为了更有效地进行家庭革命,清末思想界做了大量的舆论宣传和鼓动,并集中力量对传统家庭弊害进行了深刻的揭露和批判。他们采取整体和局部两者结合的方式进行批判,这就让人更容易认识旧家庭制度弊端的本质和进行家庭革命的必要。他们认为,中国社会组织"以家族为单位,不以个人为单位"②,所造成的危害很大,认为中国两千多年来,家庭制度太发达,规训太繁密,父子、兄弟、夫妇之间的情感太笃执,家法族制、丧礼祀典之说太发达,以致使中国人"家之外无事业,家之外无思虑,家之外无交际,家之外无社会,家之外无日月,家之外无天地"③。正因为如此,人们一切言行无一不是为了家族利益。读书、入学、登科、升官发财、经商、求田问舍、健讼私斗、赌博窃盗,"则皆由家族主义之脚根点而来也"④。然而 20 世纪已经是"人类进化、脑关改良,科学以兴、公理乃著"⑤的时代,中国人却依然滞留于"家庭遗毒至深,人类蒙害甚切"⑥的深渊,岂不悲哉惨哉! 所以要赢得"美妙之花",要获得"文明之果"的新社会和新人生,家族就不可以不革命,清末思想界在对家族制度进行总体批判的同时,也从比较具体的方面进一步批判和揭露了家族制度造成的恶果。

---

① 家庭立宪者:《家庭革命说》,《江苏》第 7 期。

② 梁启超:《中国人之缺点》,《新民丛报》1904 年,载张枬、王忍之编:《辛亥革命前十年间时论选集》第一卷下册,生活・读书・新知三联书店 1960 年版,第 788 页。

③ 家庭立宪者:《家庭革命说》,《江苏》第 7 期。

④ 家庭立宪者:《家庭革命说》,《江苏》第 7 期。

⑤ 真:《祖宗革命》,《新世》1907 年第 2—3 期,载张枬、王忍之编:《辛亥革命前十年间时论选集》第二卷下册,生活・读书・新知三联书店 1963 年版,第 978 页。

⑥ 真:《祖宗革命》,《新世》1907 年第 2—3 期,载张枬、王忍之编:《辛亥革命前十年间时论选集》第二卷下册,生活・读书・新知三联书店 1963 年版,第 978 页。

1.家族制度造成中国人无国家意识

中国由于家族思想发达,反倒缺乏国家思想,在家族和国家的利益发生冲突时,一般都站在本家族利益上而与国家利益相对抗。同时由于无国家意识,所以在外国侵略者面前,犹如一盘散沙,毫无抵抗力。中国历史上各朝政府都允许家庭成员顾其家庭利益,法律上有父子互隐的条文,为了家庭利益而不顾国法,家庭利益被置于首位,养成了重视家族而缺乏国家思想的意识和心态。历史上,因为家族利益而与异姓宗族发生矛盾和械斗的事情屡见不鲜,甚至甘愿为此献身,"未斗之前,各族先议定数人抵命,抵者之妻子给公产以赡之"①。这种"以一族一家为本位"②的宗法社会受到清末先进知识分子的鞭挞,认为这种"舍家族制度外无他物"③的中国人只有"族民资格而无市民资格"④,缺乏摆脱传统社会而步入近代社会的公民意识。导致无公民意识的"家庭主义"正是"我国民无国家思想之一大原因也"⑤。而无国家思想又是摆脱民族危机的一大阻力,所以树立国家思想尤为重要,"此界不破,则欲成一巩固之帝国,盖亦难矣!"⑥正如后来孙中山所指出的那样,"中国人最崇拜的是家族主义和宗族主义,所以中国只有家族主义和宗族主义,没有国族主义。外国旁观的人说中国人是一片散沙,这个原因是在什么地方呢?就是因为一般人民只有家族主义和宗族主义,没有国族主义"。"中国人对于家族和宗族的团结力非常强大,往往因为保护宗族起见,宁肯牺牲自家性命"⑦。孙中山入木三分的分析与清末思想家们的阐述如出一辙,相互映衬,把中国人只有"家族

---

① (清)赵翼、(清)姚元之撰:《詹曝杂记 竹叶亭杂记》卷四《闽俗好勇》,中华书局 1982 年版,第 78 页。

② 太炎:《"社会通诠"商兑》,《民报》第 12 期。

③ 梁启超:《中国人之缺点》,《新民丛报》1904 年,载张枬、王忍之编:《辛亥革命前十年间时论选集》第一卷下册,生活・读书・新知三联书店 1960 年版,第 788 页。

④ 梁启超:《中国人之缺点》,《新民丛报》1904 年,载张枬、王忍之编:《辛亥革命前十年间时论选集》第一卷下册,生活・读书・新知三联书店 1960 年版,第 788 页。

⑤ 家庭立宪者:《家庭革命说》,《江苏》第 7 期。

⑥ 梁启超:《中国人之缺点》,《新民丛报》1904 年,载张枬、王忍之编:《辛亥革命前十年间时论选集》第一卷下册,生活・读书・新知三联书店 1960 年版,第 789 页。

⑦ 《三民主义・民族主义》,载《孙中山全集》第九卷,中华书局 1986 年版,第 185 页。

主义"而没有"国族主义"的心态特征做了本质的勾画。尤其重要的是,中国传统的家族与国家在结构及其功能上有着一种同构的关系,历代统治阶级都把封建家族视为维护专制统治的基础,家族成为封建专制统治的工具。然而家族在为专制国家统治服务的同时,其内在的功效发生了裂变,又成为维护国家利益的对抗力量,这也正是清末思想界为国家和民族生死存亡的利益着想,而批判无国家意识的家族主义并提倡家庭革命的重要原因。正如《家庭革命说》一文所说:"夫古昔圣贤帝王之设教以提倡家族,原以为是国家之雏形,而岂料其为国家之坚敌也。国亡而家何在,家有令子而国无公民,吾为此惧。"

2. 家族制度造成了中国人的愚钝、麻木、畏服、顺从和无自由

近代革命者认为,中国人在宗法观念的束缚下,思想偏隘、精神愚钝、灵魂麻木,缺乏应有的正义感和辨别是非的能力。中国人往往以创见为怪,习见为安;违众为怪,从众为安。它似乎成为一种法则渗透在中国人的骨髓里。谁安分守己、循规蹈矩,谁就不会被诋毁,人被扭曲为僵化、愚昧、麻木的人。谁若标新立异、离经叛道,"出言惊座,具振兴国权,恢复人道之思想,不曰此子赤我族,即操大杖以随其后"[1],即遭群杀的结局。久而久之,中国人皆成"无脑、无血、无灵魂之辈"。[2] 中国人在家族主义的影响下,养成了畏服、顺从和无自由的奴性心理,人们成了家庭宗族的孝子顺孙和国家机器的顺民。家庭成员在家庭内和社会上的一切活动,诸如择婚、择职、持家等无不要以家长的意志为意志,稍有越轨,便要遭受家法的制裁。家庭伦理扼杀了人们的自主性,而"链其奴隶禽兽畏服之性质"[3]。这种国民的"奴性"弱点,在清末受到先进知识分子较为集中的批判。"奴隶云者,受佣于主人,而遂委身于主人,以听其指挥。以任其驱遣申饬之,而顺受鞭挞之。而亦顺受俯首帖耳,天然有一种服从性质之谓也。"[4]清末有人指出,中国人奴性最强,尤其是官场,那些居高官、

---

① 家庭立宪者:《家庭革命说》,《江苏》第7期。
② 家庭立宪者:《家庭革命说》,《江苏》第7期。
③ 真:《三纲革命》,《新世纪》第11期。
④ 《中国人奴隶性之平谈》,《大公报》1903年7月20日。

食厚禄、盘踞要津的,全是秉受奴性最深的人。一般人又特别善于效仿有权势者,有权势者如此,通国之人也就以学作奴隶为大事。这就在中国社会呈现出一副民怕官、小官怕大官、大官怕皇帝的奴才相。奴性表现于两方面,即对下"以奴隶待之",对上"又自居为奴隶"①,少有不受种种耻辱而为奴隶的,也少有侮辱他人而以他人为奴隶的。清末的一幅漫画,可以形象地表现奴性之丑态。这幅漫画画了一个梯子有无数层级,每一层有一个人,层级无数,人也无数;每个人都向上一层的人磕头行礼,各自都用脚踹下一层的;人人都磕头行礼,人人都受人的脚踹,人人也都用脚踹人。这幅漫画是对国民"奴性"的图解,是对家族主义造成的等级观念、畏服、顺从性格的深刻揭露,"此实专制安而自由危,专制利而自由害之明证也。"②这正如鲁迅所批判的那样:"遇见比他更凶的凶兽时便现羊样,遇见比他更弱的羊时便现凶兽样。"③"有权时无所不为,失势时即奴性十足……做主子时以一切别人为奴才,则有了主子,一定以奴才自命,这是天经地义,无可动摇的。"④

（三）"家庭革命"的重要内容

清末思想界从整体和具体两方面对家族制度进行了深刻的批判,揭露家族制度固有弊端及其造成的危害,与此同时,对如何进行家庭革命提出了明确的主张。其内容主要是"祖宗革命"和"纲纪革命"。

1."祖宗革命"

清末思想界在指出"家庭中之最愚谬者,更莫甚于崇拜祖宗"之后,提出了祖宗革命的主张。中国人因不识先人为何物,不知先人死后为何物,所以凡一切无可考证之谬想,皆归于祖宗之神灵。认为祖宗可以"保佑子孙,永传血

---

① 《说中国风俗之坏》,《大公报》1903 年 8 月 15 日。
② 梁启超:《中国人之缺点》,《新民丛报》1904 年,载张枬、王忍之编:《辛亥革命前十年间时论选集》第一卷下册,生活·读书·新知三联书店 1960 年版,第 789 页。
③ 《忽然想到(七)》,载《鲁迅全集》第 3 卷,人民文学出版社 1981 年版,第 60 页。
④ 《谚语》,载《鲁迅全集》第 4 卷,人民文学出版社 1981 年版,第 542 页。

统"，由于"子孙感其恩德，族人畏其神灵，于是祭祀之，祷祝之，奉纸币纸帛，事死若生。故祖宗乃纯然一宗教上之迷信。"①清末思想界认为祖宗崇拜的本质原因在于：（1）祖宗神灵是凭空创造的，是因不知生物学造成的。指出"吾最近之祖宗为人，吾之远祖宗为猿，或为他种生物，故吾之祖宗非他，即已亡之生物耳。"②（2）迷信祖宗导致迷信命运，"此种之迷信通行，则贫者安之，富者固之，是以历代帝王相继，民无异词，贫富悬绝，民无怨语……以之为不平等不公道之事之护法也。"③（3）崇拜祖宗，"令其愚弱，乃易制服"，"以缚束其子孙，压制其子孙者也"。④（4）"敏者"与"狡者"崇拜祖宗则以"孝"沽名，作为进身之阶，"总之利用祖宗，即内以为羁制之具，外以为沽名之资"。⑤以上分析，无疑对开通民智，大有裨益。

迷信祖宗造成的恶果也是显而易见的，清末先进知识分子对此总结为四大罪恶：（1）"反背真理，颠倒是非。"（2）"肆行迷信之专制，侵犯子孙自有之人权。"（3）"耗民力民财于无用之地。"（4）"攘夺生民养命之源。"⑥可见清末先进知识分子对迷信祖宗造成的恶果也有切肤之痛，他们深信，"今支那之青年，凡以科学公理为务者，想必赞助吾祖宗革命之意，且必实行之"⑦，清末先进知识分子详细探究了实行之法，把它归纳为：（1）注重宣传，"于书报演说中发阐此种新理"；（2）以公理抗拒含有祖宗迷信性质的祭丧葬等礼仪；（3）平坟墓、以神牌，或将墓牌神位，送入博物馆；（4）身体力行"当嘱其子孙，于其死

① 真：《祖宗革命》，《新世纪》1907年第2—3期，载张枬、王忍之编：《辛亥革命前十年间时论选集》第二卷下册，生活·读书·新知三联书店1963年版，第979页。
② 真：《祖宗革命》，《新世纪》1907年第2—3期，载张枬、王忍之编：《辛亥革命前十年间时论选集》第二卷下册，生活·读书·新知三联书店1963年版，第979页。
③ 真：《祖宗革命》，《新世纪》1907年第2—3期，载张枬、王忍之编：《辛亥革命前十年间时论选集》第二卷下册，生活·读书·新知三联书店1963年版，第980页。
④ 真：《祖宗革命》，《新世纪》1907年第2—3期，载张枬、王忍之编：《辛亥革命前十年间时论选集》第二卷下册，生活·读书·新知三联书店1963年版，第980页。
⑤ 真：《祖宗革命》，《新世纪》1907年第2—3期，载张枬、王忍之编：《辛亥革命前十年间时论选集》第二卷下册，生活·读书·新知三联书店1963年版，第981页。
⑥ 真：《祖宗革命》，《新世纪》1907年第2—3期，载张枬、王忍之编：《辛亥革命前十年间时论选集》第二卷下册，生活·读书·新知三联书店1963年版，第982页。
⑦ 真：《祖宗革命》，《新世纪》1907年第2—3期，载张枬、王忍之编：《辛亥革命前十年间时论选集》第二卷下册，生活·读书·新知三联书店1963年版，第982—983页。

后,勿以昔日待祖宗之法相待。"①祖宗革命说到底是革宗法观念的命,而宗法观念是维护封建家族制度的思想基础,不冲破这观念上的阻碍,也就不可能真正实行家族革命。所以家族革命从某些意义上说就是观念革命、思想革命、文化革命。

2.“纲纪革命”

纲常伦纪阻碍人道之进化,败坏人类之幸福,"故助人道之进化,求人类之幸福,必破纲常伦纪之说"。② 清末思想界把"破纲常伦纪之说"视为"圣贤革命"和"家庭革命"。反之,要进行家庭革命必进行"纲纪革命"。所谓纲纪革命就是在家庭革命中,破父界之说,破夫界之说,破母界之说,破兄界之说,从而建立家庭成员之间平等的新型家庭关系。

纲纪革命的首要任务是破父界之说,在纲常伦纪的规范和束缚下,家庭内部父尊而子卑,父亲有"杀子而无辜,殴詈其子,而子不敢复"的特权,以至达到"侵侮其子,无所不至"③的程度。清末先进知识分子把"恃强欺弱"的父亲视为"暴父"。④ 在暴父的威权下,其子既受皮肤之害,又被紧箍智慧,最终"变为奴隶禽部兽矣"⑤。他们极为反对父亲的强权,主张破父界之说,提倡父子平等。父子之间有相对的义务和权利,绝没有欺弱凌下之理。清末先进知识分子指出:"就科学言之,父之生子,唯一生理之问题,一先生,一后生而已,故有长幼之遗传,而无尊卑之义理,就社会言之,人各自由,非他人之属物。就伦理言之,若生之者,得杀被生者,则被生者亦得杀生之者,既子不得杀父,故父亦不得杀子。"⑥这种对父子之间没有尊卑、人格平等的新型关系的揭示,不仅有力批判了"父为子纲"的封建伦理观,而且有利于促进新型父子关系的形成。

---

① 真:《祖宗革命》,《新世纪》1907 年第 2—3 期,载张枬、王忍之编:《辛亥革命前十年间时论选集》第二卷下册,生活・读书・新知三联书店 1963 年版,第 983 页。
② 真:《三纲革命》,《新世纪》第 11 期。
③ 真:《三纲革命》,《新世纪》第 11 期。
④ 真:《三纲革命》,《新世纪》第 11 期。
⑤ 真:《三纲革命》,《新世纪》第 11 期。
⑥ 真:《三纲革命》,《新世纪》第 11 期。

此外,对不平等的夫妻关系、母子关系、兄弟关系、翁姑媳妇关系也进行了批判。指出要变"夫尊而妻卑"为"夫妇平等",①破那种"柔脆其体魄""颓靡其精神"②的母对子的荼毒之情;摒除因夺产折屋而"同室操戈,忿争不息"③的兄弟阋墙;要改变翁姑对媳妇的"勃谿悍跋之威权","拔千万女同胞于家族之火坑,而登之莲花之舞台也。"④清末思想界主张从"祖宗革命""纲纪革命"两大方面来进行家庭革命,既把生人从死人的余威中解放出来,又令活人间建立一种新型的平等关系。这就充分显示出清末先进知识分子对摆脱传统宗族束缚、求得人身自由的家庭革命的理性认识程度是相当深刻的,为家庭制度的变革奠定了思想基础。

为使家庭革命得以真正实行,清末思想界还注重从思想观念上对国民加以引导,以获开启民智之功。他们具体做了如下工作:其一,不可永守古法。他们首先阐述了变异之理论,否定"天不变,道亦不变"的观念,认为"时势变迁,刻刻不同"⑤,去年的事,今年不一定合行;前月的事,下月不一定合行;不合行的事要立刻改变,岂有千年不变之恒理。同时又陈述了今人应该注重"我"的思想观点,指出"古人是古人,我是我",不能因有了古代圣贤就丢了自我,要树立"古人在古时候,人称他圣贤;我在现在时候,必定要使现今的人,也称我圣贤"⑥的观念,并望吾同胞"做现在革命的'圣贤',不要做那忠君法古的'圣贤'。"⑦基于此,就要求中国人身体力行,以身示范,所以清末思想界呼吁国人"欲革家命,还请先革一身之命"⑧,以鼓动国民视家庭革命为己任,投入到家庭革命的实践中去。否则的话,无论如何家庭革命只能停留在口头上,"革一身之命"的重要意义就在于此,即"有个人之自治,而后有团体之建设;有不依赖之能力,而后有真破坏之实行。"⑨只要每个人都能从自身做起,

① 真:《三纲革命》,《新世纪》第 11 期。
② 家庭立宪者:《家庭革命说》,《江苏》第 7 期。
③ 家庭立宪者:《家庭革命说》,《江苏》第 7 期。
④ 丁初我:《女子家庭革命说》,《女子世界》第 4 期。
⑤ 君衍:《法古》,《童子世界》第 31 期。
⑥ 君衍:《法古》,《童子世界》第 31 期。
⑦ 君衍:《法古》,《童子世界》第 31 期。
⑧ 丁初我:《女子家庭革命说》,《女子世界》第 4 期。
⑨ 丁初我:《女子家庭革命说》,《女子世界》第 4 期。

去做当今的"圣贤",家庭革命的任务就会完成,国人也才能最终从古法中解放出来,"摆脱桎梏,掉游康庄",获得精神上的自由和再生。其二,不可不学欧美。清末思想界很注意学习欧美文化,他们在大力宣传天赋人权、男女平等、自由、平等、博爱的学说的同时,通过译书、办报、留学等形式把西方的先进文化形态传介给中国人,赞美西方文化,学习西方文化成为这一时期变革的重要内容。在清末思想界主张家庭革命的过程中,也有意褒扬西方的家庭制度,鼓动中国人以西方家族文化为范例,从而更好地改造中国传统的家族制度。如在谈及家庭成员的关系及政治文化素质时,有人指出:"欧西人之于家族也,未尝无爱情,未尝不有团结,未尝存一破坏之思想;然而入其室而其气和,籀其宫而其容盎,窥其经济法律之权限而井然划然也,学年而入学,稍长而游历,虽妇孺童仆皆有政治之常识也。"①再看其夫妻关系,"入其室而和气迎人,登其堂而交际有节,觇其道路而同车携手乐意融融,欧美自由之空气,直弥漫于夫妇之生涯。"②而这些正是我们应效法并通过家庭革命要获得的。"西方之所以先我一步,是他们革命的步伐先我一步。欧洲十八九世纪,为君权革命世界;二十世纪,为女权革命世界。今中国犹君权时代也,民权之不复,而遑言女权!"③西方为争得个人自由平等的权利,甚至抛颅洒血在所不辞,"大好巴黎百万之头颅,不恤快掷以争一日之权利;南北花旗无量之自由热血,只偿奴隶一问题。"④西方人"牺牲现在之生命,希望求同胞未来之幸福"的精神正是清末中国人所要具备的精神素养和品质。显而易见,对西方家庭文化的赞美,正是要开启中国人的觉悟和提高对传统家族文化弊害的认知能力。

（四）清末"毁家"说

　　清末思想界对传统家族文化进行了批判并提出了家庭革命的具体内容,但作为实体的家庭本身的形式如何改造,却很少有人论及。对家庭形式进行

---

① 　家庭立宪者:《家庭革命说》,《江苏》第7期。
② 　丁初我:《女子家庭革命说》,《女子世界》第4期。
③ 　丁初我:《女子家庭革命说》,《女子世界》第4期。
④ 　丁初我:《女子家庭革命说》,《女子世界》第4期。

改造在当时的确是件令人困扰的难题。但在此时却有极少知识分子(主要是那些无政府主义者)公然提出了"毁家"的主张,不管其理论根据如何,就其"冒天下之大不韪"的提法,就已震惊四座,不能令人等闲视之了。

他们认为:"盖家也者,为万恶之首。"①自有家而后人各自私,然后有夫权、父权、君权,这些强权均由万恶之源的"家"造成的。所以要治万恶之本,要人人得自由和平等,要人人摆脱苦难,要人人施博爱之情,故家不可不毁。而"毁家"的可行方式,就是"不婚","人人所能行者,则不婚是也"②,他们设想在废婚"毁家"之后,家庭原来的功能可由新的机构所替代,如关于男女之情欲,则"多设会场旅馆,为男女相聚之所,相爱则合,相恶则离,俾各遂其情,则必无乐于结婚者矣"③;关于女子无自立之术,则"大倡男女同校,男女同业之义,俾女子均能自立,必无有欲依赖男子以受其压制者矣"④;关于生养病老则"广设协助公会,多兴慈善事业(如同志会、同业会、协助会、联合会及产妇院、养病院、娱老院、育婴院、幼稚园等等公共事业)……使老有所养,壮有所用,幼有所长"⑤。"毁家"之后,人人可以去"有家之苦",而得"无家之乐"。他们还有意把"毁家"同当时思想界的"博爱"思想联系在一起,"大哉博爱之道乎,其道行于社会则社会团结,行于种族则同族统一,行于国家则国力坚凝,行于世界则世界治平"⑥。"我爱同族之人,同族者亦必爱我"⑦。"博爱乎,博爱乎,黄河之流欤,长江之流欤,粤江之流欤,滔滔数千里,胡不化为爱河之潮,以灌溉我国人之爱根也!"⑧然而,在他们看来,这种钟情于社会的博爱思想,"皆家毁而后能行者也"⑨。只有这时,才"有男女之聚会,而无家庭之成立,有父子之遗传,而无父子之名义",只有这时,才"家庭灭纲纪无,此自由平等

---

① 汉一:《毁家论》,《天义报》第4期。
② 鞠普:《毁家谭》,《新世纪》第49期。
③ 鞠普:《毁家谭》,《新世纪》第49期。
④ 鞠普:《毁家谭》,《新世纪》第49期。
⑤ 鞠普:《毁家谭》,《新世纪》第49期。
⑥ 侯声:《博爱主义》,《南报》第3期。
⑦ 侯声:《博爱主义》,《南报》第3期。
⑧ 侯声:《博爱主义》,《南报》第3期。
⑨ 鞠普:《毁家谭》,《新世纪》第49期。

博爱之实行,人道幸福之进化也"。①

　　"毁家"说给人们留下了极为深刻的印象,然而我们知道,家庭作为社会历史发展过程中的一种社会现象,当然有其发生、发展、消亡的过程。但这一过程绝不是以任何人的意志随意摆布而变幻的,家庭作为一个经济实体,想超出社会生产力的发展现实任意变革它,那是一种幼稚的妄想。家庭制度的变化是社会经济变化的体现,它既不能超前,也不能拖后,从这点看来,清末"毁家"论显然失之偏颇。

---

① 真:《三纲革命》,《新世纪》第 11 期。

三、民初至五四时期的"家庭改制"观

（一）"家庭改制"与国家进步

民国成立后,知识界继承清末"家庭革命"的思想,继续主张改革传统的家族制度。尤其是到了五四时期,在"破坏孔教,破坏礼法,破坏国粹,破坏贞节,破坏旧伦理（忠孝节）,破坏旧艺术（中国戏）,破坏旧宗教（鬼神）,破坏旧文学,破坏旧政治（特权人治）"①成为时代潮流,在人们"想把中国的旧东西,哲学、文学、美术,以及一切社会组织,都重新改造,以适应现在的世界"②这样一种文化气氛中,一些进步知识分子又开始对中国传统家庭制度进行再批判。这次批判来得比清末更为猛烈和深刻,提出了各种改变旧家庭制度的主张。我们把民初至五四时期作为一个阶段,来探讨这一时期的"家庭改制"学说。

清王朝垮台,民国成立,但是中国专制主义并没有得到根本的改造,人们仍旧在探求改造中国社会的出路。一些知识分子从分析具体问题入手,把改造中国社会与改造家庭制度联系起来,认为家庭"其制之良否,影响于社会甚大且巨"。③"家庭不良,社会国家斯不良耳。"④而"我国家庭制度之不良,一般人民已多觉其弊害"⑤。它已"阻碍国家之进步",所以中国"家族制度不改变,即国家主义不发达",而为"国家之进步,实当宁从割爱,而勿使为政治上

---

① 陈独秀:《本志罪案之答辩书》,《新青年》第6卷第1号。
② 《与印度泰戈尔谈话（东西文明之比较观）》,载冯友兰:《三松堂学术文集》,北京大学出版社1984年版,第11—12页。
③ 夏道漳:《中国家庭制度改革谈》,《新青年》第6卷第4号。
④ 李平:《新青年之家庭》,《新青年》第2卷第2号。
⑤ 夏道漳:《中国家庭制度改革谈》,《新青年》第6卷第4号。

之阻力也"。① 甚至有人把改造家庭制度看成是改造中国社会的"最便捷的路径"②。这话虽然并非全面正确,但我们不能忽视其中的合理成分。事实上中国家庭制度与中国专制主义制度之间有一种难以解脱的联系。从某种意义上说,不改造家庭制度就不易从根本上破坏专制主义制度,此说不无道理。民初至五四时期的一些知识分子正是从这一角度立论,把改造家族制度视为一项重要的社会革命内容。1917 年 2 月 1 日发行的《新青年》第二卷第六号上发表了吴虞的《家族制度为专制主义之根据论》一文,是这一时期透彻分析家族制度与专制主义两者关系的代表作。作者在文章中抓住了维护家族制度的伦理纲常的核心"孝道",逐次展开分析与批判,最终揭示了家族制度是如何成为封建专制主义的根据的,这篇文章加深了人们对改造家族制度必要性的认识。

吴虞认为"孝"是中国传统社会宗法观念中最基本、最核心的概念,由它派生的其他宗法观构成中国家族制度和中国封建专制制度的思想基础。"夫孝德之本也,教之所由生也。"不讲"孝",就不成"教",要讲"教",先讲"孝","言教从孝而生,其教之最要者曰孝","孝为百行之本。故其立教莫不以孝为起点,所以教字从孝"。以"教"字中含"孝"来看,中国传统的"教"正是以"孝"为起点和核心的。"孝"作为"德之本"和"百行之本"反映了"孝"在伦理纲常中的重要地位。"凡人未仕在家,则以事亲为孝;出仕在朝,则以事君为孝",这是"孝"的最基本的两层含义。然而"孝"被人为地利用,便产生了一种"膨胀"的扩展性功能,从而渗透到人的行为规范中的诸多领域。"居处不庄非孝也;事君不忠,非孝也;莅官不敬,非孝也;朋友无信,非孝也;战阵无勇,非孝也。"盖孝之范围,无所不包,作为"无所不包"的"孝",对于每个人来讲,能有不可抵御的诱惑力。使其按"孝"行的规范约束自己,原因在于行"孝"的功利性,即行孝"始于事亲,中于事君,终于立身"。而所谓"立身",即"扬名荣亲","保其禄位"。"由事父推之事君事长,皆能忠顺,则既可扬名,又可保持禄位。居家能孝,则可由无禄位而为官","孝"与俸禄官位结合起来,不但使

① 吴贯因:《改良家族制度论》,《大中华杂志》第 1 卷第 3 期。
② 仰尧:《家庭俱乐部的商榷》,《新妇女》第 1 卷第 5 号。

其自身具有长久的生命力,而且在中国人的思想行为上,不自觉地产生了一种"拜孝教"。"孝"的功利性显然是外力强加于它的,显然是专制者赋予它的。专制统治者对"孝"如此追加官宦利禄,皆因"孝敬忠顺之事,皆利于尊贵长上"而已。以"孝"建立起来的家族制度为什么被视为专制政治统治的基础,其中的道理似可窥得一二。"家族制度与专制政治遂胶固而不可分析而君主专制所以利用家族制度之故",就在于"孝弟也者,为人之本,其为人也孝弟,而好犯上者鲜,不好犯上,而好作乱之者未之有,其于消弭犯上作乱之方法,惟持孝悌以收其成功,而儒家以孝悌二字为两千年来专制政治家族制度联结之根干,贯彻始终而不可动摇,使宗法社会牵掣军国社会,不克完全发达,其流毒诚不减于洪水猛兽矣",家族制度为何是专制主义之根据,在这里做了最为清晰的诠释。吴虞的论述也是欲推翻专制政治为什么要进行家庭革命明证,即"孝之义不立,则忠之说无所附;家庭之专制既解,君主之压力亦散,如造穹隆然,去其主石,则主体堕地",推翻以"孝道"培植起来的家族制度,盘根错节,根深蒂固的专制统治也就失去了根基,即刻崩溃坍塌。吴虞在文章开篇提出的"吾国终颠顿于宗法社会之中而不能前进,推原其故,实家族制度为之梗也"的立论,得到了论证。

政治革命,迎来了民国的建立,但却未从根本上推翻专制统治。这就使吴虞式的一批知识分子再度主张:要通过改造家族制度来最终达到推翻专制主义的目的。显然这具备了文化革命的深刻意义。虽然文化革命必须配合政治革命和社会革命才能最终达到目的,但缺乏文化革命也不可能最终从根本上解决专制政治统治,文化革命是改造人本身的,是人的思想和灵魂的革命,其任务更加艰巨,其道路更加漫长,其意义也就更加深远。

(二)"家庭改制"的主张

五四时期,"北平、上海等地,有了'家庭研究社'的组织,它企图以科学的方法,讨论关于家庭的各项问题,以谋具体改造。"①但是如何进行家庭改造,

---

① 陈素:《五四与妇女运动》,《群众》第7卷第8期。

因个人的着眼点不同,其立论又千差万别,对这一时期的"家庭改制"观进行一番考察,大致可以归纳为如下几种主要观点。

1. 改变传统家庭的生活方式

这是指通过教育子女、侍奉父母、家庭娱乐、家庭间的交际,来改良旧生活方式,主张实行社交公开,建立家庭成员间的平等关系和自立人格,发展互助精神,讲求勤俭节约,革除不良嗜好等。其具体主张,诸如教育子女,"子女必受同等之教育"[1]"多备有价值的童话杂志和新闻报纸,使子女时常观看""多备有意思的玩具,并且多教以游戏法,因为适当底游戏足以发展儿童底天性"[2]"家庭必陈设清洁,父母必以身作则,以为家庭教育之基础""常率子女旅行他乡或异国,以广见闻而增阅历""家中须备运动场,藏书室,屋内游戏具,四壁悬英雄名人像,科学挂图,以谋智力之发展""家宅择离市场近学校之地为宜"。[3] 如侍奉父母,"青年夫妇对于两性底父母都当负同等底孝养恭敬,但是父母对于已婚的子女不当有过分底要求,更不当干涉他们底家政,只可自居顾问底职任"。[4] 如家庭娱乐与交际,"每天下午或晚饭后大家聚集一堂,或读新闻或说笑话或游戏""每一月内,亲朋大聚会一次,谈笑乐欢,互相联络感情"。[5] 如家庭成员的平等关系,"亲子之关系,专为义务的而非权利的,亲不得视其子如货物,责以报酬"[6]"父母都当居朋友底地位,去发展他们底正当爱心""每天给用人正当休息的时候,不但是公待平民,并可养成子女没有富贵不爱平民底德性"。[7] 如建立自立人格,"家庭之出纳庶务,均由主妇主张之,男子无干涉之权""子女月给另用,不复理其琐事,养成其独立自主之习惯""子女须具自立之人格。勿妄想父母之遗产"。[8] 如互助精神,"亲族尤必互

---

① 李平:《新青年之家庭》,《新青年》第2卷第2号。
② 谢维鹏女士:《家庭底良制》,《妇女评论》第46期。
③ 李平:《新青年之家庭》,《新青年》第2卷第2号。
④ 谢维鹏女士:《家庭底良制》,《妇女评论》第46期。
⑤ 谢维鹏女士:《家庭底良制》,《妇女评论》第46期。
⑥ 李平:《新青年之家庭》,《新青年》第2卷第2号。
⑦ 谢维鹏女士:《家庭底良制》,《妇女评论》第46期。
⑧ 李平:《新青年之家庭》,《新青年》第2卷第2号。

相辅助、拯救其急,匡济其危",亲族"不能不互结团体,共趋于安乐之域""吾人对于家族,乃同根之木,同源之水,可勿爱乎"。① 如勤俭节约,主张家务要"主人躬自为之""主妇宜助理杂役,勿多雇佣仆"②,反对"儿女之浪费",讲求"婚丧更须量力",反对"重虚文而不求实际"的"虚假行为"③。如革除不良嗜好,"衣食住三者,应用科学的方法,务求合于卫生及经济之原理,且养成子女良好之习惯""力戒吸烟、饮酒、狎邪、赌博,及其他嗜好,以造成健康和乐之家庭"。④

2. 建立小家庭制

这主要指改变中国传统"十代同居""五世同堂"的家庭制度,而主张分居的小家庭制。持这种观点者以为只有实行小家庭的分居制才能健全家庭成员的精神生活,去掉家庭成员的依赖心。其具体主张又分"分居"和"异财"两种。中国亲族"喜事同居",视"同居为美风""故有九世同居,专以家人众多为荣者",其弊害大而言之,"为国家政治之障碍,亦为国民经济之障碍"。⑤ 小而言之,虽"同居共产,自表面言之,似不失为孝悌。不知各人有习于勤俭,有好为奢侈,有笃守旧家风范,有崇尚新派政策;有重礼仪,有尚自由,凡此者,皆争端之所由起也",亲族之间"弱者每被欺,强者必骄悍;妻强则虐妾,妾宠则辱妻;因前后异母之关系,则后妻之子,每凌其兄,因嫡庶关系,嫡兄长而庶弟幼,则庶弟亦每被欺于嫡兄;他如姑媳妯娌,人为之合,非天然者。翁有能力,姑可虐媳,子有能力,媳可欺姑;小姑恃宠,则可凌嫂,甚至父母以爱憎定子女优劣。得宠者凶恶,失宠者怨愤。循环报复,将无已时。自戕杀人,亦所常见。一言蔽之,同居之害也。"⑥大家族同居制弊害如此严重,所以主张建立"仅许一夫一妻,及未婚之子女"⑦的新式小家庭,从而脱离老一辈和大家族而独立

---

① 启明:《中国家族制度改革论》,《青年进步》第 25 册。
② 李平:《新青年之家庭》,《新青年》第 2 卷第 2 号。
③ 启明:《中国家庭制度改革论》,《青年进步》第 25 册。
④ 李平:《新青年之家庭》,《新青年》第 2 卷第 2 号。
⑤ 吴贯因:《改良家族制度论》,《大中华杂志》第 1 卷第 3 期。
⑥ 启明:《中国家族制度改革论》,《青年进步》第 25 册。
⑦ 李平:《新青年之家庭》,《新青年》第 2 卷第 2 号。

生活。在这样的小家庭中,家庭成员之间要人格平等、人权独立。中国传统家族讲求父母在,子不得有私财,"子无私财之制,成为地义天经,有敢违此经义者,则为士林所不齿"①。因同财共爨,使"一族之内不分权利,则劣者固得庇于优者余荫、常久寄食,而在优者终岁勤动,仍不得其相当报酬,则又何苦而经营事业,又何以勉励劣者,而使之保其独立自助之精神"②。所以,主张"各人均得有其私产"③,"成年者有财产独立权"④。

3. 废除婚姻,毁灭家庭

此种观点的主张者不但对自由恋爱和以恋爱为基础的婚姻不以为然,而且还彻底否定了家庭。他们认为:"爱情原与天气是差不多一样的自然现象,天气不能天天一样,爱情自然也难免有时要有转变。"⑤爱情不必专一,合则同居,不合则离弃,这被视为正常现象,他们还认为,个人本来是不受政治、权力、宗教或者其他形式等束缚的,而应是绝对的自由人。假定自古以来就是以真正恋爱为基础而结婚,即使这样,爱情的持续不仅困难,还意味着特定的人独占特定的爱和性,每个人要有一个自由人格,而不应用婚姻这种彼此互相专利的形式去附属某某所有。这样,他们走向了废除婚姻、毁灭家庭的地步,公然声称:"无家庭、废婚制,两事之传播,实为今日底要图"⑥。

4. 在改造社会的过程中改造家庭

"把家庭问题归纳在社会全体的改造方案内,欲他们联带着一齐改造"⑦,这被称为社会主义者的"家庭改制"观。持此种观点的人认为,家庭制度作为上层建筑的一部分,是由不同的经济基础所决定并为其服务的。家庭本来不是在原始社会就有的,是到特定的历史时期才产生出来的,家庭并没有永远存

---

① 吴贯因:《改良家族制度论》,《大中华杂志》第 1 卷第 4 期。
② 启明:《中国家族制度改革论》,《青年进步》第 25 册。
③ 启明:《中国家族制度改革论》,《青年进步》第 25 册。
④ 《中华民国家庭改良会哲行草章》,《北京档案》1986 年第 2 期。
⑤ 张崧年:《男女问题》,《新青年》第 6 卷第 3 号。
⑥ 李绰:《告主张"小家庭"反对"废婚制"者》,《觉悟》1920 年 7 月 10 日。
⑦ 沈雁冰:《家庭改制的研究》,《民铎》第 2 卷第 4 号。

在的必然性。但当前应提倡做到的是自由婚姻,而家庭问题的改革只有靠在改造社会——即废除私有制、打倒剥削阶级的过程中逐渐得以变革,而最终达到消灭家庭的目的。

以上是这一时期主张"家庭改制"的四个具有代表性的观点。此外各类主张还有很多,如脱离家庭、组织新村、建立家庭俱乐部、组织数十家的公共团体、夫妻分居等。但这类主张与上述观点相比,不仅论者少,而且影响也不大,故从略。

(三)"家庭改制"与西方近代文明

这一时期,"家庭改制"的呼声如此高涨,其原因除了是对清末"家庭革命"说的继承外,更重要的是这一时期进步知识分子在西方文明的影响下,进一步体味到了中国封建社会家庭制度的黑暗与残酷,更多的人终于觉醒,决意通过改造封建家庭制度去追求新的生活和新的人生。在几千年的中国封建社会中,人们在以家族为本位而无视个人现实自由和幸福的中国封建家庭的生活中,不知不觉地煎熬着个人的生命,却很少有人要改造它并要从这枷锁中挣脱出来,然而这不能怪他们,因为适应于封建社会政治经济的中国封建家庭制度还没有被打破的历史条件。戊戌、辛亥时期以后,尤其到了五四时期,一些先进的中国人开始从精神麻木中觉醒,开始正视中国的社会现实,正视中国的家庭制度,并正视中国人的人格,他们一反逆来顺受的传统性格,不再甘心过那种受奴役的非人生活,开始追求个人的自由幸福权利。他们发现了中国封建家庭制度的残酷与不合理,进而喊出了"旧家庭是厉行专制,束缚自由,为社会进步的障碍物"①的声音,并申明坚决改造它,而促使国人醒悟的直接原因是西方平等自由学说、"家庭改制"学说及西方生活习俗对中国人的直接影响。由于中国人对封建家庭制度带来的凄苦体会得最深,所以在接受上述学说并受到启迪的时候,马上意识到封建家庭制度的罪恶,也就自然把这些学说同"家庭改制"联系起来,并把它作为改造家庭制度的有力思想武器。

---

① 妙然:《新妇女与旧家庭》,《新妇女》第 1 卷第 2 号。

1. 平等自由学说产生了启蒙作用

"晚近欧化东渐、平等自由种种说教,渐渐有人提倡起来。"①近代启蒙思想家严复最早提出了"以自由为体,以民主为用"②的深刻命题,认为个人的自由不自由是导致中西方落后与先进差别的根本所在。严复指出,几千年的中国封建社会,只"知有一人,而不知有亿兆也"③。作为个人在家庭在社会中的独立实体的价值和独立人格根本得不到体现。"父为家君,君为国父",其他人根本不能算其人。严复作为中国近代史上一位资产阶级启蒙思想家,他的睿智与卓识体现在对"自由"这一命题全面、深刻、系统的阐述上,从人的价值、人的权利、义务、自由的界域、规范等诸多侧面较为准确地把握了它。严复将这种自由观介绍到中国来,在清末、民初、五四时期得到了极为广泛的传播。民初至五四时期"家庭改制"的主张者在阐述家庭变革的观念时,就是拿它作为一种理论武器的。他们用平等自由学说来唤起人们的觉醒,去批判封建专制、批判三纲伦理、批判罪恶的旧家庭制度。正像时人所说:"我们为什么要平等?因为同是人类,哪里有什么贵贱阶级。为什么要自由?因为人是灵心的动物,不是机械的东西。为什么说三纲不好?因为三纲教我们损弃自己的自由,服从他人,牺牲自己的人格,侍奉他人。旧家庭的恶果,使中国数万万人民,大半沦落为奴隶,作机械,完完全全有人格的,能有几人?"④可见,平等自由学说对于唤醒民众独立、平等、自由意识所产生的启蒙作用是绝不能忽视和低估的。

2. 西方"家庭改制"学说起了促进作用

这一时期西方"家庭改制"学说在国内知识界也广为流传。20世纪初以来,西方学者对"家庭改制"问题进行了认真的探讨与研究,并形成了三大派别,即所谓急进、保守、修正三大派。他们的学说在民初以后,先后传入中国。

---

① 邵憩南:《小家庭的代价》,《解放画报》第 7 期。
② 《原强修订稿》,载《严复集》第 1 册,中华书局 1986 年版,第 23 页。
③ 《辟韩》,载《严复集》第 1 册,中华书局 1986 年版,第 34 页。
④ 邵憩南:《小家庭的代价》,《解放画报》第 7 期。

急进派是主张改变现家庭制度的,对国人的影响较大。急进派的代表人物之一,德国的伯伯尔认为现家庭制度要无条件改组,因为"私产制度是附在现家庭制的骨里的",不废现在的家庭制度,私产制度就永不能废除。① 另一位代表人物英国的加本特认为人类最合理的生活是社会生活,一切人类都是痛痒相关的,一切人都在同一社会中生活着,互尽其服务的能力;家庭这个东西便是使人类互相隔绝,存利己之心,不知有社会,唯知有自己的毒物,所以不论现家庭制度本身有何等好处,不无弊端,只就发达利己心,减少人们痛痒相关的观念一面看来,已觉得家庭这个东西实在万万要不得,因为它使人类道德的及知识的方面,都陷于偏狭而贪婪。我们如认为凡人类不宜分界线,如认为人类生活是应以社会生活算作最合理的形式,则现在的家庭制度,就是万万要不得的。另外,主张维持旧家庭的保守派的学说,以及主张从法律、教育方面片面改变家庭生活的修正派的学说也都传入中国,并影响着中国人,这些都对中国人研究探讨家庭问题起到了借鉴和启发作用。像沈雁冰就专门写文章介绍上述学说的观点并受其启迪,旗帜鲜明地提出了自己关于"家庭改制"的主张。② 可见西方"家庭改制"学说的传入激发了人们去认识中国家庭制度的实质,并促进人们对"家庭改制"问题进行深入的研究和探讨。

3. 西方的生活习俗也对中国人产生了影响

近代以后,在开始西学东渐的过程中,也开始了西俗东渐的过程。外国人到中国带来了西方人的生活习俗,中国出国公使和留学生撰著介绍西方的文明习俗,所以整个中国近代社会,也是社会习俗发生显著变化的历史时期。这突出表现在戊戌、辛亥、民初与五四时期,而其中西方的小家庭制度,即"所谓家庭皆一夫一妇,及未成年子女也"③的家庭,尤使中国人感到稀奇、新鲜,并有人开始模仿。在亲身的体验中感到了西方文明习俗的先进,从而促进了中国家庭习俗的变化。新民学会会员罗学瓒在法国亲眼看到了西方进步的家庭

① 中华全国妇女联合会妇女运动历史研究室:《五四时期妇女问题文选》,生活·读书·新知三联书店 1981 年版,第 248 页。
② 沈雁冰:《家庭改制的研究》,《民铎》第 2 卷第 4 号。
③ 启明:《中国家族制度改革论》,《青年进步》第 25 册。

制度。1920 年从法国写信给毛泽东,真实反映了在西方文明习俗的影响下,中国青年对传统家庭制度的厌恶。他说:"前日在蒙达尼会议,一言及家庭,即有无限的悲感,家庭！家庭！真是杀尽中国［人］的牢狱！我等不能不设法赶急求解决者也。"①这些都反映了这一时期西方文明习俗对青年知识分子影响后所产生的思想感情上的变化,以及决心改造旧家庭制度的决心。

如上所述,这一时期出现的"家庭改制"的主张是多种多样的,各种主张也不尽相同,但他们的目的是一致的,都是为了让中国人从旧家庭的黑暗中挣脱出来,获得做人的资格,从而求得自由幸福的人生。在"家庭改制"的诸多主张中,他们不论从哪些不同角度思考问题,主张者或超出以往清规戒律的束缚,或超出圣人的规制,或超出封建思想的羁绊,或摆脱传统积习的惰性,从而为建立崭新的家庭制度而积极思考,大胆探索。这种极为活跃的探索气氛,不仅说明了这一时期知识分子思想上的兴奋程度,更说明这一时期不愧为一个思想大解放、文化大变革的新文化时代,只有这样的时代,文化才能发展,观念才能更新,社会才能被推向前进。

(四)"家庭改制"的理论与实践

"家庭改制"不仅是一个观念问题、理论问题、学术问题,它更是一个现实生活和社会实践问题。这样一个具有双重意义的社会问题,当我们对它进行价值判断和评估的时候,靠一时的头脑发热,靠感情的发泄和偏激的情绪是不能得出正确的结论的,也是不能指导"家庭改制"实践的。我们还需要理智的分析,从繁多各异的理论中,判别哪些具有指导现实生活实践的实际意义,从而明辨、扬弃与取舍。可以说,以经济为纽带建制的家庭作为社会历史发展过程中的一种社会现象,固然有产生、发展、消亡的过程,但其过程不是以任何人的意志随意幻想和摆布的,而是一个自然的历史过程。想超出社会生产力的发展现实去任意变革作为一种经济实体的家庭,那完全是一个幼稚的乌托邦。

① 《罗学瓒给毛泽东的信》,载中国革命博物馆、湖南省博物馆编:《新民学会资料》,人民出版社 1980 年版,第 118—119 页。

关于家庭的起源及其形式变化问题,恩格斯在《家庭、私有制和国家的起源》中做了全面细致深入的考察研究,揭示了家庭的起源和发展的物质根源,科学地说明家庭的起源和发展,归根结底是由物质生活资料的生产方式所决定和制约的。随着物质资料生产方式的发展变化,人类家庭的形式、性质、职能以及与其相适应的道德法律观念,也在相应地发生变化。家庭制度变化是社会经济变化的体现,社会经济的变化决定着家庭制度、家庭模式的变化。此外,一项重大变革方案的实施,也需要实施者们的普遍认同和接受,实施者们对新方案的认同和接受也需要一个认识过程。我们知道,在一个现实生产力、国情、社会发展还未达到一定程度,人们生存还得不到保障的国度,要废婚毁家,去做一个如"幽灵"般的"自由人",这确是一种极为偏激的理论观点,是没有可行性的脱离现实的空想。偏激的思想理论并不可怕,可怕的是我们用偏激的态度对待它、欣赏它。这种"毁家"的观点,虽然在一些知识分子中有一定吸引力,但它不可能被整个社会,尤其是不能被广大民众阶层所接受,人们也不可能按此观点以身试行。道理很简单,经济问题是一切社会问题的"症结",当人们只能靠家庭这个最基本的社会细胞去维持个人生存的时候,绝大多数人失掉家庭就意味着失去了生存条件。无论如何,人们是不愿意以失去安身之所及生存条件去换取个人的平等自由权利的。当社会形态处于生产力有一定发展而又发展不足的情况下要消灭家庭,社会无疑将会处于无序状态,社会组织的积极效应难以设想。但是这种"家庭改制"观作为一种哲学的思考,作为一种人的解放学说,它具有理论上的某些合理性。前述可见,废婚毁家观的内涵即男女关系应该是一种不夹杂其他任何杂质的纯粹爱慕关系,倡导男女关系可顺其自然地随着爱慕关系的变化而变化。马克思、恩格斯认为:"每日都在重新生产自己生命的人们开始生产另外一些人,即繁殖。这就是夫妻之间的关系,父母和子女之间的关系,也就是家庭。"①这实际表明,家庭是人类两性共同生活的组织形式,乃是广义的家庭概念,而废家观既然追求男女关系自由结合,就必然存在两性生活的组织形式,它既想抛弃家庭形式却又

---

① 马克思、恩格斯:《德意志意识形态》,载《马克思恩格斯选集》第1卷,人民出版社2012年版,第159页。

要采取男女结合的某种形式——一般家庭。当然毁家观者不把这种组织形式视为家庭的家庭已经区别于作为社会经济单位的家庭,可以确认它既然并非不要男女之情爱,就不是扼制人的身心自然属性,不是反对为人类延续的种的繁衍,更不是要恢复蒙昧时代两性之间混乱的杂交关系,而是反对男女情爱被以经济关系依附关系为纽带式的家庭迷雾所笼罩甚至禁锢,要打破男性的个人专利,取缔作为社会经济单位的家庭。正如恩格斯所说,"妇女解放……消除个体家庭作为社会的经济单位的属性"①,这种"毁家"观的动机是好的,它为未来的家庭问题提出了一种向往、方向,即摆脱原有意义上的家庭的一切束缚因素,这种向往在未来也许是一种现实。恩格斯在谈到共产主义制度对家庭产生影响时指出:"共产主义社会制度将使两性关系成为仅仅和当事人有关而社会无须干预的纯粹私人关系。共产主义社会制度之所以能实现这一点,是由于这种社会制度将废除私有制并将由社会教育儿童,从而将消灭迄今为止的婚姻的两种基础,即私有制所产生的妻子依赖丈夫、孩子依赖父母。"②"结婚的充分自由,只有在消灭了资本主义生产和它所造成的财产关系,从而把今日对选择配偶还有巨大影响的一切附加的经济考虑消除以后,才能普遍实现。到那时,除了相互的爱慕以外,就再也不会有别的动机了。"③这种"家庭改制"观也将当时的人们对家庭革命问题的探讨推向了深入。即使作为社会经济单位的个体家庭之消亡是一种必然,然而它的实践需要一个长期的过程,要以社会生产力、科学技术、物质生活提高到一定程度为依据。因为缺乏这种依据,所以在当时及以后相当一段时期内,这种主张是行不通的。社会主义的"家庭改制"观弥补了上述观点的不足,他们也主张家庭最终是要消亡的,但它的实现是在未来。社会主义的"家庭改制"观者突出着眼的是现实,而现实的任务是要先做到自由婚姻。这些社会主义者还逐渐认识到家庭的罪恶"仍在社会",所以要使家庭制度得到根本的改造必须与改造社会联系起来进行。五四以后,这些先进的知识分子成为按照马克思主义理论进行实践的

---

① 恩格斯:《家庭、私有制和国家的起源》,人民出版社 2018 年版,第 80 页。
② 恩格斯:《共产主义原理》,载《马克思恩格斯选集》第 1 卷,人民出版社 2012 年版,第 309 页。
③ 恩格斯:《家庭、私有制和国家的起源》,人民出版社 2018 年版,第 88 页。

共产党人,他们把"家庭改制"问题融入废除私有制、消灭剥削阶级的社会革命中,这才找到了改革封建家庭制度的真正途径。至于这一时期的其他"家庭改制"主张,如主张小家庭制,主张改变旧家庭的生活方式,主张建立家庭俱乐部等,无疑对旧家庭的改造是有意义的,而且当时已有人在上述方面进行了尝试,这对改变传统家庭生活的旧习俗起了积极的作用。然而这类主张就本质来讲,只是一种形式上的改良,持这类主张的人还未能从家庭的本质上去思考问题,因此也就找不到彻底解决问题的方法。这类主张只是家庭生活方式在形式上进行改革的有益尝试而已。

四、"生育节制"思潮

（一）中外传统的"节育"理论

由于人口渐繁,衣食住三者,常虞不给,所以自古国内外就有控制人口的思想主张。在国外,追溯这一思想的起源,当先述柏拉图和亚里士多德。柏拉图说:"有司宜留意节制市民之产儿,禁其漫行增殖。又男女之交合,须以两方皆强健时行之。不幸而举弱病之子女,宜皆杀之。"[1]亚里士多德说:"男子不达三十七岁,女子不达十八岁以上,不宜许其结婚;且产儿须有限制,如出于所限制以上而怀孕者,宜令其堕胎"[2]。可见他们控制人口的方法是杀婴儿和堕胎,后世堕胎杀婴儿之风盛行,与其关系甚大。近代社会,英国的教会牧师、经济学家马尔萨斯 1798 年发表了名著《人口论》,陈述了他的具有挑战性控制人口学说,对后世影响重大。他认为"一切生物的生长增加,常有跨过一切食品增加之数而上之势"[3]。"马尔萨斯把自己的整个体系建立在下面这种计算上:人口按几何级数 1+2+4+8+16+32……增加,而土地的生产力按算术级数 1+2+3+4+5+6 增加。"[4]"人口有增加于生产资料以上的恒常倾向。"[5]所以人类终将有"食物将日行不足"的忧患,世界终将免不了有人满之忧。他提出了两种控制人口增加的方法,第一是增高死亡率的方法,即是战争、瘟疫、疾

---

[1]　邵飘萍:《避妊问题之研究》,《妇女杂志》第 6 卷第 5 号。

[2]　邵飘萍:《避妊问题之研究》,《妇女杂志》第 6 卷第 5 号。

[3]　[美]桑格夫人著,佩韦译:《生育节制底过去现在和将来》,《妇女评论》第 42 期。

[4]　恩格斯:《国民经济学批判大纲》,载《马克思恩格斯文集》第 1 卷,人民出版社 2009 年版,第 82 页。

[5]　瑟庐:《产儿制限与中国》,《妇女杂志》第 8 卷第 6 号。

病、灾荒、饥馑、杀婴等天然的限制;第二是减低出生率的方法,即晚婚、独身、自制俗念等人为地抑制。马尔萨斯对人口问题的远见卓识,令人钦佩。但他解决问题的方法又是错误的,是不受人类欢迎的。"战争法"甚至被野心家、战争狂、法西斯分子所利用,进而"助长战争之恶"①。而制欲,在生理上和心理上,"对于个人或民族都有最黑暗最不幸的结果"②,"且引起社会风化之大弊(如通奸、堕胎及卖淫者、花柳病者之增加)"③,因为依着自然的趋势和人性的本能,"自制俗念"是"决不至于发达到像马尔萨斯那种过分的要求,而且当一种很有力的而且爆发的性的冲动起来时,也绝没法自制"。④ 这便是所谓"禁欲底悲哀"。于是在西方出现了新马尔萨斯主义。新马尔萨斯主义对马尔萨斯的观点加以修正,在主张相当的早婚的同时,主张限制婚嫁自然的结果,即生育节制,以达到"免产多儿","控制人口"的目的,认为这样才能"保全两性间的洁白,家庭的快乐,个人的幸福,社会的健全"⑤。

在古代中国,韩非子曾把天下纷争归于人口迅速增长所致,他说:"今人有五子不为多,子又有五子,大父未死而有二十五孙,是以人民众而货财寡,事力劳而供养薄,故民争。虽倍赏累罚而不免于乱。"⑥对此,韩非子主张杀害女婴,"且父母之于子也,产男则相贺,产女则杀之。此俱出父母之怀衽,然男子受贺,女子杀之者,虑其后便,计之长利也。"⑦中国传统社会也一直存在溺女婴和堕胎的陋俗。在近代中国,最早提出节制生育主张的是汪士铎,由后人根据汪士铎的笔记和备遗录整理编纂的他在乙卯年(1855 年)和丙辰年(1856年)的笔录而成的《汪悔翁乙丙日记》,集中反映了他的人口思想。这部著作是马尔萨斯等人的人口论著输入我国之前,我国历代思想家中最系统最全面谈论研究人口问题的著作。他认为,百姓"婚太早""不孝有三,无后为大""求子孙多""多子多福"等陈规陋习是造成生育率过高的原因,从而导致了人口

---

① 《战争与人口问题》,载《李大钊选集》,人民出版社 1959 年版,第 84 页。
② [美]桑格夫人著,佩韦译:《生育节制底过去现在和将来》,《妇女评论》第 42 期。
③ 邵飘萍:《避妊问题之研究》,《妇女杂志》第 6 卷第 5 号。
④ 德征:《生育节制》,《妇女评论》第 43 期。
⑤ 瑟庐:《产儿制限与中国》,《妇女杂志》第 8 卷第 6 号。
⑥ 《百子全书》(三)《韩非子·五蠹》,浙江人民出版社 1984 年版。
⑦ 《百子全书》(三)《韩非子·五蠹》,浙江人民出版社 1984 年版。

的过快增长。他认为"人满故贫""人多致乱"。由于人多,百姓贫穷而造反,进而导致社会的动乱。他的思想虽然掩盖了封建专制统治的罪恶,当给予批判,但"世乱之由,人多;人多则穷……久治思乱"①的思想也具有一定程度的合理性,不能不加分析地全面否定。在节制生育方面,汪士铎提出了很多值得后人借鉴的思想,具体包括:提倡晚婚,"严禁男子二十五岁以内,女子二十岁以内嫁娶。"②后又改为:"截定三十而娶,二十五而嫁,违者斩决";推行少育,不允许多胎生育,一家只允许有一子或一女,最多只许有两子,但不准有两女;力倡避孕,使妇女"吃冷药,使勿孕""妇人服冷药生一子后服之",为使药物避孕广泛推行,他主张"广施不生育之方药"和吃"断胎冷药"进行避孕,他还主张运用加倍征收赋税的手段来控制人口的增长,提出"生三子倍其赋""家有两女者,倍其赋",推广优生优育。他提出"生子而形体不端正,相貌不清楚,眉目不佳者,皆溺之",以提高人口素质。他的"少育""避孕""优生"思想实属难能可贵。然而在当时社会,统治者和平民百姓都没有汪士铎的远见和睿智,他的主张既不能被采纳,也不能被接受。汪士铎由于生活环境而产生的扭曲和压抑的心理,他的人口思想中也不乏粗暴、野蛮的主张。他说:"统筹大局,女多,故生人多,而生祸乱"③,把责任推给了妇女,所以他主张女子应早死。他说:"女子之年,十岁以内死曰夭,二十以内死曰正,过三十曰甚,过四十曰变,过五十曰殃,过六十曰魅,过七十曰妖,过八十曰怪,男子五十内曰夭,六十曰正,七十曰福,八十曰寿,九十曰祥,百年曰大庆"。对待女子,他还主张"广女尼寺,立童贞女院""清节堂",鼓励女子去做尼姑;加倍抽妇女的丁税,并"弛溺女之禁,推广溺女之法""行溺女之赏"。除此之外,他还主张,限制婚配。鳏夫、寡妇再婚,除非双方均没有子女,否则,凡"男子有子而续娶,妇人有子而再嫁,犯皆斩立决。"④并主张"非富人不可娶妻,不可生女,生即溺之"。他甚至以广泛流行瘟疫为乐,劝君主应"以多疫为瑞";他甚至疯狂到要大量屠杀现有人口的地步,对起义农民,"不分首从"一律斩杀;对包庇犯"七

① 《汪悔翁乙丙日记》卷三。
② 《汪悔翁乙丙日记》卷二。
③ 《汪悔翁乙丙日记》卷三。
④ 《汪悔翁乙丙日记》卷二。

出"的妇女者,斩决;对犯"赌博、洋烟、性理、鬼神、巫祝、星卜、盗贼、私斗、光棍、游荡、硝磺、邪教十二事"的,对"巫蛊祝诅逆家长"者,会试时"虚文论理"者等,都应"皆斩立决"①。这里我们仿佛见到了一位"威断多杀"的狂躁者的形象。在这"乱世之秋",汪士铎不甘心"沉沦无为",可又无可奈何,他的这些粗野、恶毒的主张既是内心郁闷的一种发泄,又是对现实充满仇视的一种激愤,也是对改造现实的一种非"理性选择"的冲动,所以对解决人口过剩问题,不会产生积极的效果。但汪士铎的节制生育思想为当时的凤毛麟角,此外尚无第二人。严复的控制人口思想,不是采取硬性的"节育"法,而是采取软性的"文化"法,即用他所主张的"奢民"和"教育"法来控制人口的增长,严复说:"生之量以资生之量为界畛。然此界群有不同,傻野蠢愚之民、以度日不死最下之食为界,必至饥馑,其生始屈。文明之群,民习于丰给,则其界略高,不待饥馑,生机已狭"②,既然生活水平高低不同者对繁殖后代的态度不同,生活水平低者不易控制生育后代,而生活水平高者反易控制生育后代,那么就应当"使民质崇,则过庶不易,而所患或稀;若民智甚卑,则过庶易成,而所患众矣"③。即通过"奢民"来控制人口增长。严复还认为"教育"本身亦有控制人口的功能,"脑进者成丁迟"④。"智下者生多而成丁少,智上者其成弥倍,其生弥珍"⑤,人受到较高的教育,往往事业心强,传统观念少,所以无形中可以控制人口的生长。严复主张对人口采取"软性"控制法,对经济文化发达的民族无疑是可行的。但对清末的中国来说,与国情不符,缺乏实际操作的意义。然而严复的这一思想进一步提示人们,从长远的观点看,经济和文化的发达是解决诸多社会问题的基本条件。直至清末民初,节制生育的思想才开始为人瞩目。1902年梁启超写成《禁早婚议》,指出不节制人口所产生的危害极大,他说:"贫也者,非多子之因,而多子之果也。贫而多子,势必虽欲安贫而不可得,悍者将为盗贼,黠者将为棍徧,弱者将为乞丐,其子女亦然,产于此等之家,

① 《汪梅翁乙丙日记》卷二。
② 《严复集》第4册,中华书局1986年版,第858页。
③ 严复:《原富》部正篇三按语。
④ 《卷上导言十八篇·最旨第十五》,载[英]赫胥黎:《天演论》,严复译述,商务印书馆1933年版,第39页。
⑤ 严复:《原富》部甲篇八按语。

其必无力以受教育,岂待问哉? 既已生而受弱质矣,又复无教育以启其智而养其德,更迫于饥寒而不得所以自活之道,于是男为流氓,女为娼妓。然则其影响岂唯在生计上而已? 一群之道德法律,且将扫地以尽。"①后来,湖南陈范提出"中国欲强盛,当自限制生殖始。盖生殖繁,则教养艰,夭折者不知其数,孱弱愚钝者,亦不知其数"②。1918 年 7 月商务印书馆出版了陈长蘅撰写的近代中国第一部人口论专著《中国人口论》,书中第五章详细论述了"人口疏密孳生徐速与国家强弱种族盛衰国家贫富生活文野之关系"③。1920 年《妇女杂志》发表了邵飘萍的《避妊问题之研究》一文,对节育问题作了诸多论述,然而,近代"节育"思潮的高峰期是 1922 年美国桑格夫人来华后引发的。

(二)"节育"思潮中的两大主题

美国节育运动创始人、生育节制的实际运动家和理论家桑格夫人(Sanger Margaret,1883—1966)1922 年 3 月赴伦敦参加第五次国际生育节制大会,途经中国,于 4 月到北京,"北平及上海等地曾有热烈的欢迎,到处演讲宣传。其演讲记录,遍载全国报纸。颇引起知识分子的注意。北平家庭问题研究会并出产儿限制专号,以资宣传提倡。各地亦有各种宣传介绍作品流行。自兹以后,国内始知有生育节制之事及其方法。"④当时一些报刊大张旗鼓地宣传介绍了这位为热烈倡导生育制限而"曾经入了狱"⑤的先驱者。桑格夫人由于全身心致力于生育节制的宣传与实践活动,"终于影响了国内外"⑥,也受到中国进步人士的青睐,并"欢迎这位产儿节制实际运动的健将桑格夫人到我们中国来""欢迎这位富于牺牲精神的女士给我们中国人"。⑦ 桑格夫人来华后

①　《禁早婚议》,载李华兴、吴嘉勋编:《梁启超选集》,上海人民出版社 1984 年版,第 362 页。

②　郑逸梅编著:《南社丛谈》,上海人民出版社 1981 年版,第 299 页。

③　陈长蘅:《中国人口论》,商务印书馆 1932 年版,第 89—120 页。

④　孙本文:《现代中国社会问题》第 2 册,商务印书馆 1947 年版,第 157 页。

⑤　《介绍桑格夫人》,载《陈望道文集》第一卷,上海人民出版社 1979 年版,第 141 页。

⑥　《母性自决先驱者桑格夫人底行旌》,载《陈望道文集》第一卷,上海人民出版社 1979 年版,第 139 页。

⑦　望道:《介绍桑格夫人》,《觉悟》1922 年 4 月 21 日。

在《妇女评论》上发表了她的长文《生育节制底过去现在和将来》，全面阐述了生育节制的理论和实践，引起了广泛的反响。桑格夫人还在北京大学做了《生育节制底什么与怎样》的讲演，与北大青年学生共同探讨"生育节制是什么？怎样实行？"的问题，讲演开始就指出了"生育节制"的重要意义，认为这是"新社会哲学中的一个中心问题，是精神和文化的要求的表征"。"如果世界各国里都没有'生育节制'的政策，便都不能算是文明国。"①在讲演中，桑格夫人详细传授了近代西方的节育理论和方法。在这次演讲会上，"听讲的人满坑满谷，四壁有站着的，窗口上有爬着的，甚至把北大三院的窗户桌儿都要给挤坏了，热烈之盛况，可以想见"②，可见当时知识青年对节育问题的热烈关注。桑格夫人在北京停留几天后又转赴上海。在上海，许多团体和组织纷纷请她做"生育节制"的讲演。4 月 30 日她在上海职工教育馆做了《生育节制底重要和方法》的讲演，讲演稿在《妇女评论》第三十九期第二张上公开发表。在上海期间，桑格夫人还主动了解中国的社会状况，认为中国的贫穷愚弱正是中国施行"生育节制"的根据和社会条件。她还与各方人士议晤磋商在中国实施"生育节制"的具体办法，主张在中国召集进步人士，组织"生育节制"的团体并创办刊物，宣传节育，通过设立节育指导所，授予有志节育者以必要的知识和方法。

由于桑格夫人来华进行了广泛的讲演和宣传，由于中国人对"生育节制"问题的特别关注，一时间国内的知识界、舆论界纷纷撰写文章，发表言论参与了这场"生育节制"的大讨论，形成了近代中国"生育节制"思潮的巅峰期。很多报纸杂志纷纷发表有关文章，像《民国日报》副刊《妇女评论》、《时事新报》副刊《学灯》，以及《妇女杂志》《医事月刊》《家庭研究》月刊等都辟有节育问题专号，形成了当时舆论宣传的一个热点。像这样大规模有意识有目的并从近代科学意义上全面阐述节育的理论和方法，在中国历史上还是第一次。

当时在报纸杂志上发表的译文和中国人自撰的文章，涉及的内容很多，诸如生育节制的理论、西方节育运动的历史与现状、中国实行节育的必要性和可

---

① ［美］桑格夫人讲，胡适之译：《生育节制底什么与怎样》，《妇女评论》第 43 期。
② 《中国经济年鉴续编》，商务印书馆 1935 年版，第 56 页。

能性、节育与政治经济道德生理的关系等,其中最令人关心的是"为什么要节育"和"怎样节育"的问题,这也是当时宣传和讨论最多的两大主题。

为什么要节育,显然是生育太繁已造成了严重的社会危害,当时有人撰文勾画了一幅市井图:"试观于衢市,肩摩趾错而过者,若男子、若妇人、若小儿,湍汗喘息、奔走以竞生活;然而病容满面,疮痂被体,一望而知其为不健全者,盖十人而七也,乞人之多,不可以数计,此辈是否真为乞丐抑或伪饰欺人以丐为常业,不可得而知。然观于褴褛之母亲,拥病儿而横卧于路旁,已足动人惊恐不快之感。此种现象,决非民族之利。盖令习见为常,则人类最细密之情感,皆将化为强硬而无情也,苟观察中国之情形,自北京而汉口而上海,再一设想中国所享受两千年来之文明,则未有不深思默考以究其原因者,夫中国果何为而内乱外患至于此极如今日乎?就吾人以原因论解释历史者观之,则中国文明之耗蚀,与西洋同其源,一言以蔽之,即不健全不配生存之分子急剧繁殖太过其量之故也。"①笔者虽然不同意把内乱外患的原因完全归于繁殖太过,但人口过多的确造成了诸多社会弊害。当时论者把它具体归纳为如下几个方面:(1)母亲的"康健和生命因妊娠过密蒙著可惊的损害"②,使她们的"精神和肉体,都受绝大的影响"③,以至"身虚体弱",④甚或"因生殖抱病而死"⑤。(2)所生子女,不克强壮,"因禀赋不全而羸瘠"⑥"因营养不够而夭殇",⑦甚有畸形者,"贻祸子孙,为害不浅"⑧。(3)因家长无暇教育,子女成长以后,"因教养不周而愚蠢"⑨,"既无智识以抉择迎受善良习惯;而恶的习惯,就变成固定的后得性。"⑩正像五四时期鲁迅所讥讽的那样,"中国的孩子,只要生,

---

①　聚仁:《生育节制运动与中国》,《妇女评论》第 39 期第 1 张。
②　《美国生育节制会底原理和目的》,《妇女评论》第 39 期第 2 张。
③　陈德征:《生育节制和恋爱》,《妇女评论》第 40 期。
④　[美]桑格夫人讲,平沙记:《生育节制底重要和方法》,《妇女评论》第 39 期第 2 张。
⑤　海燕:《生育节制和母体》,《妇女评论》第 41 期。
⑥　[美]桑格夫人讲,平沙记:《生育节制底重要和方法》,《妇女评论》第 39 期第 2 张。
⑦　海燕:《生育节制和母体》,《妇女评论》第 41 期。
⑧　陈华珍:《论中国女子婚姻与育儿问题》,《新青年》第 3 卷第 3 号。
⑨　[美]桑格夫人讲,平沙记:《生育节制底重要和方法》,《妇女评论》第 39 期第 2 张。
⑩　聚仁:《生育节制运动与中国》,《妇女评论》第 39 期第 1 张。

不管他好不好,只要多,不管他才不才。生他的人,不负教他的责任。"①(4)子女过多,家累即重,使生活水准下降,害得家长"疲于奔走衣食"②。因生产的有限,导致"人浮于事地恐慌"③,进而"风俗弊""盗贼众",偷抢盗掠,肆意行虐,而民风大败。官宦也因要养家糊口,而营私舞弊,百务不举。(5)"人字吾为东方病夫国,而吾人之少年青年,几无一不在病夫之列"④,民族之体质,日趋轻细,使"国力恭弱,武风不振"⑤,"不免令人有种族淘汰的杞忧"⑥。(6)在家庭内,除了经常起"堕胎底罪恶"⑦,而且"青年男女有因子女的牵累,终身丧失愉快和幸福"⑧。精神的颓丧,"两性间底情绪,也日就衰颓,毕竟波及于恋爱方面"⑨。生育的不加节制,小则损害个人的身心健康,大则危及种族的存亡,这绝不是危言耸听。当时一些先进分子能如此深刻地认识问题,是发现了中国社会的一个症结,它理应为立志改造中国的英杰们所重视。

在现实社会中,人口的生产是家庭的重要职能,把"节制生育"作为对家庭的一种道德要求,意义重大。应当通过社会实践来教育民众,以便"能够从道德上限制繁殖本能"⑩。

节育如此重要,它与堕胎和溺婴不同,它应当更符合于科学的技术和方法。那么应当如何节育,这是生育节制倡导者们竭力宣传的另一个重要问题。本来生育是性的归宿,要限制生育,最为自然的方法当属限制欲念,但是这违背人性的行为毕竟不是一般人所能遵行的,所以这种马尔萨斯主义的观点终为新马尔萨斯主义的人工避孕法所替代。来华宣传生育节制的桑格夫人和国内主张节育的先进分子遵照新马尔萨斯主义的观点,认为:"要以科学的方法

---

① 唐俟:《随感录二十五》,《新青年》第 5 卷第 3 号。
② [美]桑格夫人讲,平沙记:《生育节制底重要和方法》,《妇女评论》第 39 期第 2 张。
③ 陈德征:《生育节制和恋爱》,《妇女评论》第 40 期。
④ 《新青年》,载《陈独秀文章选编》上册,生活·读书·新知三联书店 1984 年版,第 112—113 页。
⑤ 毛泽东:《体育之研究》,《新青年》第 3 卷第 2 号。
⑥ 陈德征:《生育节制和恋爱》,《妇女评论》第 40 期。
⑦ 《美国生育节制会底原理和目的》,《妇女评论》第 39 期第 2 张。
⑧ 聚仁:《生育节制运动与中国》,《妇女评论》第 39 期第 1 张。
⑨ 陈德征:《生育节制和恋爱》,《妇女评论》第 40 期。
⑩ 恩格斯:《国民经济学批判大纲》,载《马克思恩格斯文集》第 1 卷,人民出版社 2009 年版,第 81 页。

来使之不孕"①,其具体方法包括:(1)了解女性生理,运用安全期法;(2)X 光绝育法,用 X 光照射,使之虽存欲念能力却失生育能力;(3)用于男女双方的切割精囊或卵巢的外科手术法;(4)男女双方的机械制育法。上述四点是当时宣传生育节制的主要方法。此外,当时人们认为通过美感的陶冶,对生育节制大有益处,"即明白结婚不是专为生育,此外还有恋爱即男女间人格的陶冶的高尚价值"②。使男女双方更倾心于精神的爱恋,而不专限于色欲。值得提及的是,有人从优生善种的角度思考问题,认为有些人是要绝育的。"身体上的疾病如梅毒、结核、酒精中毒,精神上的疾病如疯癫、色情狂,都可害及子孙,更由子孙害及社会,人种改良学中,对于有这种疾病的男女,有主张用国家的权力,禁止其生殖的。男女双方或一方,如果患这样的疾病,应该自认没有做父母的资格。"③本来传种、生殖、延续后代是人类固有的本能,但人类也同时具有优生和要求自由支配自己繁殖力的愿望。这愿望便是人类和动物的差异之处。在野蛮蒙昧时代,人类用堕胎、杀婴、弃儿来满足这种愿望。而在文明进步的时代,人类便用科学的节育法和理性的情感去代替以往的窳劣手段。这些替代方法的发明,便是文明与野蛮的分野,文明人与野蛮人的区别。它同时也是区分文明社会与野蛮社会的重要标志。

(三)关于"节育"的大论战

生育节制学说传到中国,在社会上引起较大的反响,震撼了社会上各界人士。一方面受到有识人士的欢迎,同时也引起了一部分人的恐慌。上海、北京的报纸上出现了怀疑的论调和诬蔑的言辞,社会上的反对观点随处可以听到。两者的冲突在当时直接引发了一场伦理思想文化上的大论战。

已被公认的无所怀疑的学说,到了某些素来崇尚伪道德的中国人那里,总要引起莫大的惊骇。"生育节制"学说也遭同样的命运,被一些人视为洪水猛兽。他们反对"生育节制"的论点包括:(1)民族之自灭。认为生育节制,"就

---

① [美]桑格夫人讲,胡适之译:《生育节制底什么与怎样》,《妇女评论》第 43 期。
② [美]桑格夫人讲,平沙记:《生育节制底重要和方法》,《妇女评论》第 39 期第 2 张。
③ 丏尊:《生殖的节制》,《妇女评论》第 38 期。

是等于消灭民族本身的力量"①,生育节制,"人口必将减少,种族及国家将因此衰弱以至灭亡"②。或曰,"避妊盛行,将招民族自灭之灾祸"③,以至有人产生"生育节制说盛行将使人类有灭绝之忧。"④(2)道德之沦丧。认为男女间性的交际的目的是生育,除以生育为目的任何交往,"便是纵欲无度,便是禽兽之行"⑤,认为不能公开谈论生育问题。旧道德视生育为不纯不净之事,一向对此抱缄默的态度,"他们专爱讲那对于生育成果即对于儿女的威严与权利,而对于生育本身,却都装满了一肚子不纯的思想,以生育为一桩大羞耻的事,只许大家在秘密里进行"。⑥ 虽然不乏有人私下谈此为乐,并以污秽的经历,自鸣得意,"但在严肃的公开讨论间,却必比严肃的更为严肃"⑦。他们还认为:"生育节制说输入将使道德有沦丧之惧"⑧"于贞操定有危险"⑨"不仅及于已婚之妇女,凡处女寡妇等,皆可任意妄为,无所忌惮,大足以坏风化"⑩。有人说:"妊娠是性的行为结果,有这结果,男女性的生活,才不至于放纵。如果提倡避免这自然的结果,人们就将陷为刹那的快乐底奴隶,在正当的配偶间,足以酿成人性的堕落,在非正当的配偶间,且足以酿成不伦的行为。"⑪或曰:"试放眼观看四周环境,伊们现今须得冒险'打胎',尚且要结不正的男女关系,如更有了节制生育之科学的方法,得在无痕迹无危难中过去,那将更无忌避,风化凌夷而人道的光明也几乎熄灭了。"⑫(3)违背自然法。认为天生的东西是不能改变的,祖先的传统是一定要遵从的,生育孩子是上天注定的,生孩子的数量也是无法预测的,所以"男女交合之结果而受胎,乃循乎

---

① 孙本文:《现代中国社会问题》第2册,商务印书馆1947年版,第152页。
② 瑟庐:《产儿制限与中国》,《妇女杂志》第8卷第6号。
③ 邵飘萍:《避妊问题之研究》,《妇女杂志》第6卷第5号。
④ 力子:《生育节制释疑》,《妇女评论》第39期第1张。
⑤ 《生育节制问题》,载《陈望道文集》第一卷,上海人民出版社1979年版,第148页。
⑥ 《生育节制问题》,载《陈望道文集》第一卷,上海人民出版社1979年版,第148页。
⑦ 《生育节制问题》,载《陈望道文集》第一卷,上海人民出版社1979年版,第148页。
⑧ 力子:《生育节制释疑》,《妇女评论》第39期第1张。
⑨ 瑟庐:《产儿制限与中国》,《妇女杂志》第8卷第6号。
⑩ 邵飘萍:《避妊问题之研究》,《妇女杂志》第6卷第5号。
⑪ 丏尊:《生殖的节制》,《妇女评论》第38期。
⑫ 《生育节制问题》,载《陈望道文集》第一卷,上海人民出版社1979年版,第148页。

自然之法则,以人为限制之,则生理上将受神经过敏等之疾病"①,也是"背叛'自然'的罪人"②。此外,反对节育者还认为,"国际间免不了有战争,要战争便须人民多,如节制生育,那便是减少人民的罪行、危害国家的阴谋,国家断难容恕"③。

反对节育者的上述论点遭到主张节育者的反驳,其论点包括:(1)节育无碍于道德。"防止男女间性的道德的放纵,决不是法律名誉等消极的外来制裁所能奏效;必须积极地从根本上入手,如实施青年男女的性教育,提倡恋爱的神圣,尊重女子的人格,都是维持贞操上最切要的事情。否则如果一方面存了玩弄女子的心理,一方面又造成了片面贞操论,使妇女为了怕失贞以后所生的结果而不敢失贞,这是完全无效的。"④况且即使是没有生育节制,也未必完全不出现道德沦丧之事,所以节制生育与道德问题,"可说一点没有关系"⑤。(2)生育不任天行。与节制生育为悖逆自然的观念相反,主张节育者认为,"文明人类,件件不任天行,即莳花种木,饲畜喂禽,也知用科学的方法,倘于人类自己,却任天行,毫不知节,这不算是一件不知自爱的极羞辱的事么"⑥。要以科学的态度对待人生,不要事事顺其自然,任天而行。(3)恋爱重于生育。认为"单为生育而缔结两性关系,那是下等动物缔结雌雄关系的目的;若在人类,此外更有一个很重要的元素,这便是和生育一样重要的恋爱。据我们看来,这恋爱很是重要,人类——这进化的动物——的两性关系和下等动物两性关系底重要的区别,全在这一点上。下等动物原也不无类乎恋爱一类的东西,但决不甚明显。只有在人类,却有时几乎只知恋爱不顾其余的一切。像这样发达的精神,他们也竟忽略不知,只知下等动物所具的雌雄本能么?如照他们底话,单许以生育而有男女关系,那么,下等动物是如此的,下等动物便该是最道德的了。如依他们底话,年老不会生育的,应律令佢们解散夫妇的关系了。如依他们底话,无生男育女希望的夫妇,也该告佢们解散夫妇底关系了。

① 邵飘萍:《避妊问题之研究》,《妇女杂志》第6卷第5号。
② 晓风:《生育节制问题》,《妇女评论》第39期第1张。
③ 晓风:《生育节制问题》,《妇女评论》第39期第1张。
④ 瑟庐:《产儿制限与中国》,《妇女杂志》第8卷第6号。
⑤ 瑟庐:《产儿制限与中国》,《妇女杂志》第8卷第6号。
⑥ [美]桑格夫人讲,平沙记:《生育节制底重要和方法》,《妇女评论》第39期第2张。

这不是几句极滑稽的话么？然而依他们底话，却必要到了这样滑稽的地步。"①(4)节育未必导致国衰种亡。主张节育者认为，生育节制不至于引起国家衰败和人种灭亡的恐慌，种族的强盛，并不在于人的数量的多寡，而在于素质的优良。"如果说人口数繁多，种族便会强盛，那么，我国人口之多，号称冠于全世界，早该做了全球的盟主了，为什么到了现在，还是有国之名而无国之实，国民到处都要受人欺侮呢？为什么称雄于今日世界如英法诸强国，倒反是人口很少的民族呢？"②事实证明，种族的量多质弱，并非免于被淘汰的可能。而实行生育节制，"便能讲求卫生，改良医药，那么，民族的质地，一定可以改良得许多，而人口的数量，也未必会因此减少"③。主张节育者在阐明上述观点的同时，又进一步论述了生育节制将带来的重大社会意义：其一，根绝乞丐娼妓、溺女鬻儿、堕胎杀婴等社会病状之现象，以求"社会底安宁"④；其二，"消除饥馑、灾荒、战争、疾病、疠疫的祸殃"⑤，以"限止人类痛苦"⑥；其三，"教育可期彻底之普及"⑦，提高种族的文化程度，"一般社会之程度，自然增进"⑧；其四，"限制生育，则对于产出之儿童，可以充分抚养，幼孩之死亡减少，可得健全之壮丁"⑨，"少生少死，少生多教"，实为子孙后辈之幸福；其五，以求"母性自决"⑩和"图谋完全的妇女的解放"⑪。

（四）"节育"的实施及其思想障碍

在生育节制问题上主张者和反对者进行了激烈的文化思想斗争，通过双

---

① 《生育节制问题》，载《陈望道文集》第一卷，上海人民出版社 1979 年版，第 149 页。
② 瑟庐：《产儿制限与中国》，《妇女杂志》第 8 卷第 6 号。
③ 瑟庐：《产儿制限与中国》，《妇女杂志》第 8 卷第 6 号。
④ 丏尊：《生殖的节制》，《妇女评论》第 38 期。
⑤ 瑟庐：《产儿制限与中国》，《妇女杂志》第 8 卷第 6 号。
⑥ 德征：《生育节制》，《妇女评论》第 42 期。
⑦ 邵飘萍：《避妊问题之研究》，《妇女杂志》第 6 卷第 5 号。
⑧ 邵飘萍：《避妊问题之研究》，《妇女杂志》第 6 卷第 5 号。
⑨ 邵飘萍：《避妊问题之研究》，《妇女杂志》第 6 卷第 5 号。
⑩ 德征：《生育节制》，《妇女评论》第 45 期。
⑪ 瑟庐：《产儿制限与中国》，《妇女杂志》第 8 卷第 6 号。

方的思想交锋,生育节制观被更多的人所接受。自桑格夫人1922年到中国,计划生育与性教育开始传播,避孕工具开始引进。① 生育节制的舆论宣传开始发展成为深入的理论探索,自桑格夫人的《生育节制法》一书译成中文出版后,从1922年至1929年我国又先后出版了《生育节制论》《节制生育问题》《节育主义》《限制生育的理论与实践》《节育实施》《产儿制限ABC》等书目。值得注意的是,当时有人提出组织"生育节制会"和"节育研究会",使生育节制尽早地实施并进一步加深学理研究。人们对组织团体的理由、宗旨及组织办法、人员数目、地点、事务、任务等都曾作了具体的构思和设想。② 1922年5月在苏州成立了我国历史上第一个研究节育的学术团体"中华节育研究社"。该社通过刊行《现代妇女》来宣传节制知识,并回答要求节育者提出的问题,给予方法上的指导,帮助代购药品和用具等。同时还从事节育理论的研究、编著和翻译有关节育问题的文章。1930年,"上海方面有生育节制研究会的组织"③,是一个很重要的节育研究团体。1930年以后,节育运动由理论宣传逐渐走向实践,其标志是1932年2月"北平妇婴保健会"的成立。会员包括医生、护士、公共卫生员、社会服务者和社会学家等,如杨崇瑞、晏阳初、周励秋、许士廉、张鸿钧、陈达、袁贻瑾、于汝麟、雷洁琼、沈骥英等。"该会所订节育条件,凡有节育需要之已婚者,始可请求节育。即征求节育方法者,必须适合以下的某一条件:(1)受经济压迫;(2)身体疾病健康不良;(3)遗传有欠缺。"④该会成立后,在《北平晨报》出刊《人口副刊》,每月第一星期日发表;并在《北平实报》出刊《节育讯》,每月十八日发表;1934年在《北平全民报》出刊《节育须知》,每月二十五日发表;此外还刊发节育传单,"以'节制生育','限制人口数量','提高人口品质'为标题,并将该会节育指导所的工作,标准手续,方法,费用出版品,各项提要摘录,并唤醒节育者对于节育应行注意之点"⑤。该会工作三年以来已取得了部分成绩:其一,"了解节育意义和同情生育节制的

---

① 林语堂:《中国人》,浙江人民出版社1988年版,第145页。
② 陈德征:《一个临时的动议》,《妇女评论》第41期。
③ 孙本文:《现代中国社会问题》,商务印书馆1947年版,第157页。
④ 《中国经济年鉴续编》,商务印书馆1935年版。
⑤ 《中国经济年鉴续编》,商务印书馆1935年版。

人,现已逐渐增多";其二,"下层阶级的节育人数逐渐增加";其三,"该会所采用的节育方法渐有进步,用费亦渐减低";其四,"该会已于北平市社会局立案",获得法律地位。① 我国生育节制的实际指导,"已渐渐发端。不过受指导的家庭,为数极少。但是实际上知识阶级的家庭,尤其是青年的妇女,恐怕大都已获得节育的知识。因此在知识分子中,节育运动已有渐渐普及之势。即不加任何提倡,已在暗中流行了"。② 这里所说的"青年的妇女"当然是指知识女性,或知识分子家庭的女性,所说的"普及之势""暗中流行"亦指在知识女性中,或知识分子家庭的女性中渐有普及或流行,而不是指一般民众而言。如北平妇婴保健会自 1930 年至 1934 年,共施行节育 547 例。③ 节育者大多属于知识分子阶层。节育者受过高等教育的高达 50%以上,受过中等教育的占20%左右,未受教育者仅占 3%。与此相连,节育者的职业也以教育、学术界人员为主,其次为行政公务人员,一般民众的比例极小。④ 出现这样一种状况,除了节育药品昂贵,非下层平民所能承负这一基本原因外,还有一个根本性原因,即中国教育的落后,大多数人没有文化,而"避妊底方法之采用,是以进步和文化为转移的;进步和文化的程度高,避妊之方法之采用广,进步和文化的程度低,避妊之方法之采用狭而小"。⑤ 所以,生育节制"多限于知识分子,这是必然的现象。因为一种合乎科学的事物,一定是从知识分子最先领悟到的。实行生育节制,当非例外。我们希望由知识分子领导,使逐渐遍于民间。"⑥"原来生育节制必是先从社会上知识分子实行,逐渐推广到一般平民;这是欧美各国节育运动的历史昭告我们的。我国当然也不能例外。"⑦当时缺乏文化素养的中国人由于生活在闭塞与愚昧之中,他们缺乏悟性,难以摆脱传统文化观念的束缚。而束缚人们较重的文化观念主要有"不孝有三,无后为大""五世同堂""多子多福"等。中国传统文化思想对民众的生育心理有深刻影响,

---

① 《中国经济年鉴续编》,商务印书馆 1935 年版。
② 孙本文:《现代中国社会问题》第 2 册,商务印书馆 1947 年版,第 157—158 页。
③ 《中国经济年鉴续编》,商务印书馆 1935 年版。
④ 《中国经济年鉴续编》,商务印书馆 1935 年版。
⑤ 德征:《生育节制》,《妇女评论》第 42 期。
⑥ 孙本文:《现代中国社会问题》第 2 册,商务印书馆 1947 年版,第 154 页。
⑦ 孙本文:《现代中国社会问题》第 2 册,商务印书馆 1947 年版,第 154 页。

如儒家的"忠""孝"思想就包含着繁衍子孙的内容,并把"无后"视为最大的"不孝",把多育视为善行,视为道德。又由于统治者的提倡,国家机器采取各种措施进行维护和宣扬,就更增进了民众多育心理的强度。这种多育观念又与中国一家一户男耕女织的小农经济相适应。小生产要求"几世同堂"的大家庭。在中国封建的自给自足小农经济结构中,新工具和新技术的发展步伐极为缓慢,人是最主要的生产力,人力的多少,直接关系到生产能力的大小,所以要提高家庭的经济收入,只有增加家庭劳动力的投入,中国传统的"多子多福"观念的根子即在于此。久而久之,形成民众的习惯和风尚,加之舆论对多育行为的赞许,导致的直接后果是生育上的高频率,人口出现爆炸性的增长。这种状况在生产力落后的中国又得以持续,使中国人世世代代都在多子多福的传统观念中生活,以满足"尊天""尊祖""光宗耀祖""香火旺盛"的心理。所以中国人都在"努力地制造后代,不管品质底好不好,只要数目多,就以为对得住祖宗"①。这种心理状态正是当时很多人不能接受生育节制的一个根本原因。正如当时人所分析的那样,中国人"骤然听见这生育节制的名词,似乎惊奇得了不得,然而这是受'多子多孙'的毒太深的缘故,一毫也不足怪"②。

"生育节制"思想作为改造近代社会生育陋俗文化的一种手段,对消除社会某些丑恶习俗、对优生善种意义重大,对此我们要给予充分的肯定。然而在近代中国,把生育节制视为改造中国社会的主要手段,视为"中国命运之决定"③的关键,让它承担社会改造运动"主帅""先锋"的重任,显然失之偏颇。近代社会的病结"不在生产不足,而在分配不均"④。近代中国"不是受人多的害,却是受政治的害"⑤,中国的病根"固然是在政治上""也有在财产制度上的"⑥,所以要"解决现代的社会问题还得从铲除资本主义着想,要铲除资本

---

① 丏尊:《生育的节制》,《妇女评论》第38期。
② 陈德征:《生育节制和恋爱》,《妇女评论》第40期。
③ 聚仁:《生育节制运动与中国》,《妇女评论》第39期第1张。
④ 冰:《"生育节制"底正价》,《妇女评论》第40期。
⑤ 《中国人民和领土在新国家建设上之关系》,载广东省社会科学院历史研究室编:《廖仲恺集(增订本)》,中华书局1983年版,第24—25、59页。
⑥ 《中国人民和领土在新国家建设上之关系》,载广东省社会科学院历史研究室编:《廖仲恺集(增订本)》,中华书局1983年版,第25—27页。

主义,还得从劳动革命入手"①。这才是救国的根本出路,但是这又绝不意味着"生育节制"不能充当改造社会的一种辅助手段,"泰山不弃土壤,社会改造运动中未尝不可有这一枝来助成大功"②,正如上海"节育研究会"成立时自称的那样,"救国之道很多,没有单独的一个方法可以办得到的,生育节制是救国方法之一"③,这是一种远见卓识。中国社会的综合改造,的确少不了"生育节制"这"助成大功"的重要一环。

---

① 冰:《"生育节制"底正价》,《妇女评论》第40期。
② 冰:《"生育节制"底正价》,《妇女评论》第40期。
③ 《中国经济年鉴续编》,商务印书馆1935年版。

五、丧礼的改革

人类对于自身的死亡，有着独特的态度和处理方式。丧葬礼就是人们为死者举行的仪礼形式。自古代，丧葬礼就呈现出复杂多样的形态。近代中国的旧丧葬礼俗与古代一脉相承，无大变化。太平天国时期与五四新文化运动期间，传统的丧葬礼俗只是发生了些微变化。

（一）丧礼与传统文化

中国独特的丧葬习俗是自古以来逐渐演化而来的。尽管中国幅员辽阔，民族杂居，在丧葬习俗上体现着不同地域、不同时代的文化特色。但各时代、各地域的丧葬习俗又有着诸多共同的联系。中国的丧葬习俗实际上是民间俗情与儒家文化结合的产物，是两者长期交融的结果。

民间俗情体现于三方面：其一，家人或亲属对死者所表现的哀痛之情。"凡生天地之间者，有血气之属，必有知，有知之属，莫不知爱其类……有血气之属者，莫知于人，故人于其亲也，至死不穷。"[①]丧亲之际的悲痛为人之常情，所以有必要用丧礼来抒发这种悲痛之情。其二，人们相信灵魂不灭，信仰"死后世界"。虽然这类属哲学和宗教的玄想，但却流行于民间。人们愿意凭借各形各色的丧礼来表现"死后"的观念，并希望亲人能在"死后世界"得到安宁，或登天享受富贵。因而也就特别重视为死者治丧、送葬。其三，对死者鬼

---

① （清）阮元校刻：《十三经注疏》卷五十八《礼记正义·三年问第三十八》，中华书局 1980 年版，第 1663 页。

魂的恐惧。民间认为死去的先人能祸福子孙,殷代盘庚就曾告诫他的子民:"如果你们心中有作恶的念头,我先王在天之灵就会告诉你们的父祖,他们的鬼魂就会绝弃你们,不顾你的死活"。《尚书·盘庚中》原文为:"汝有戕则在乃心,我先后绥乃祖乃父;乃祖乃父,乃断弃汝,不救乃死。"①在这种心态下,人们对死者进行一番象征悲恸的丧葬仪式,既是希望死者安息,又是为生者本人乞获福祚。正是由于上述三项民间俗情的作用,所以从古代以来,民间渐次出现从人死到安葬后的一段时间内,死者家人及亲属在饮食起居等方面表现出异乎平常的行为,形成有许多共同特征的丧葬习俗。

儒家学者为社会秩序和统治的稳固,一直主张以孝治天下。"孝的宗教包括养生送死的种种仪节。"②所以儒家学者对丧葬礼俗有着特殊的兴趣,非常重视丧葬习俗的仪礼化。认为"事死如事生,事亡如事存"。③强调"生,事之以浇;死,葬之以礼"。儒家学者根据民间流行的丧俗,并力图把民间标准不一的丧葬习俗尽可能标准化,诸如"丧事主哀"④,体现在容貌、声音、言语、饮食、衣服、居住等多方面,并有着一系列具体而又明确的规定。不仅如此,在丧葬期间,对生活的各个方面和丧葬本身都规定了程式,形成了一整套规范化了的丧葬礼俗。正是由于民间俗情和儒家文化的共同作用,"盖起于周代以前,迨于孔孟,益极力主张之,宋儒承孔孟之说,又复大扬其波"的三年守丧之制得以形成,并"成为天经地义,其有敢不守此制者,不惟为士林所不齿,亦且为国法所不容"。与之相应,民间习俗变得以"厚葬重币者则称以为孝,显名立于世,光荣著于俗。故黎民相慕效,至于废屋卖业"⑤。

其实,在丧葬期间通过某些形式来抒发对死者的悲恸之情,是常理之事,

---

① (清)阮元校刻:《十三经注疏》卷九《尚书正义·商书·盘庚下》,中华书局1980年版,第171页。

② 《说儒·附录三·三年丧服的逐渐推行》,载《胡适文存》四集卷一,黄山书社1996年版,第68页。

③ (清)阮元校刻:《十三经注疏》卷五十二《礼记正义·中庸第三十一》,中华书局1980年版,第1629页。

④ (清)阮元校刻:《十三经注疏》卷三十五《礼记正义·少仪第十七》,中华书局1980年版,第1514页。

⑤ 《百子全书》(一)《盐铁论·散不足第二十九》,浙江人民出版社1984年版。

故丧葬礼俗有其合理的因素。但把这种礼俗彻底的程式化、标准化、规范化，让它成为高于人的情感之上，被看得重于一切的绝对程式，那么就难以与人情相统一，即刻变成人们不得已而为之的烦琐俗套。它不仅劳民伤财，甚至其中还有难以遮盖的虚荣和伪饰，如人情是"哀至则哭"，但由于丧礼的死规定，就使哭丧变成了很难达到情感真正投入的儿戏表演。所以丧葬礼俗的程式化，在它形成的过程及其后，一直有人极力地批判。近代以后，尤其在五四新文化运动期间，要求变革丧葬习俗的呼声更为高涨，丧葬礼俗也随之发生了某些新变化。

（二）太平天国丧礼变革述略

近代最早较为明显地要求变革丧葬礼俗的当属太平天国。太平天国的正式文书《天条书》中就明确宣布，在丧葬习俗上要把"一切旧时坏规矩尽除"，形成了太平天国自己的葬礼观。其主要体现在：其一，"升天是头顶好事，宜欢不宜哭"。① 禁止哭丧，把死亡视为庆幸之事。其二，"所有升天之人，俱不准照凡情歪例，私用棺木，以锦被绸绞包埋便是"②，禁止使用棺椁。"民家预备寿材棺板，概行打碎，或作柴薪，或作筑台，筑土城之用，无少留者"③。其三，反对墓葬讲究风水，认为"以在生父母视为可有可无之亲，而死后骨骸视为求富求贵之具"④是一种卑鄙龌龊的"妄念"。其四，丧事从简，反对一切烦琐俗套和既定程式，认为"丧事不可做南无。大殓，成服，还山俱用牲醴茶饭祭告皇上帝"⑤。"父母死，禁不得招魂设醮"⑥等。

---

① 《天条书》（重刻本），载《太平天国印书》上册，江苏人民出版社 1979 年版，第 152 页。
② （清）张德坚：《贼情汇纂》卷八《伪律诸条禁》，载中国史学会主编：《太平天国》（三），上海人民出版社 1957 年版，第 239 页。
③ 《时闻丛录·孙亦恬金陵被难记》，载太平天国历史博物馆编：《太平天国史料丛编简辑》第五册，中华书局 1962 年版，第 79 页。
④ 《钦定军次实录》，载《太平天国印书》下册，江苏人民出版社 1979 年版，第 789 页。
⑤ 《天条书》，载罗尔纲编著：《太平天国文选》，上海人民出版社 1956 年版，第 40 页。
⑥ 《备志纪年》，转引自李文海：《太平天国的丧礼改革》，《文史知识》1984 年第 11 期。

（三）五四时期对丧葬礼俗的批判

对丧葬习俗真正进行理性的文化批判是在新文化运动时期。这个时期在否定传统文化的大背景下，有人从变革文化的角度对中国的丧葬习俗进行了批判，认为"现在丧葬之礼，既虚糜国民之金钱，绞费国民之心血，使精神有所分，不能以事远大之事业，其结果不特使社会无进步，而国亦受其敝，风俗之坏，既达极点。"①当时对丧葬习俗的批判，主要体现在如下五个方面：

1. 批判守三年之丧

中国有守三年之丧的礼俗，认为"子生三年，然后免于父母之怀。故当以三年之丧礼报之，是为三年之丧之理由"②。新文化运动时期，人们在批判三年之丧的同时也驳斥了这种三年之丧的理由。指出"此种理由，实极薄弱之理由也，盖亲之养子何止三年，故父母之恩，昔人称为昊天罔极，诚欲尽其孝思，则终身孺慕，犹不足以报亲恩于万一，何况三年。以三年为期，则亦何足言孝也"③。认为徒具形式的三年之丧不仅不能尽报亲恩，而且于己于国危害极大。对个人而言，"人不徒有父也，而又有母，合父母之丧计之，则人之一生，必有六年之丧期，不宁惟是，中国丧制，苟父母之亡，先于祖父祖母，则祖父祖母之丧，孙须承重，合是计之，则人之一生，又有十二年之丧期。夫人之一生，其精力弥满，可以担当事业者，其时期实有所限，若于壮岁之中，有六年之丧期，或十二年之丧期，必居家守制，不能为国家任一事，则一生建功立业之希望，从此已矣。"④对国家而言，不但"阻碍国家社会之进步"⑤，而"其国必亡"。⑥ 因为"在闭关无竞之时代，使国民割其六年之光阴，以居家守制，而不

---

① 吴贯因：《改良家庭制度论》，《大中华杂志》第1卷第5期（巳）。
② 吴贯因：《改良家庭制度论》，《大中华杂志》第1卷第5期（巳）。
③ 吴贯因：《改良家庭制度论》，《大中华杂志》第1卷第5期（巳）。
④ 吴贯因：《改良家庭制度论》，《大中华杂志》第1卷第5期（巳）。
⑤ 吴贯因：《改良家庭制度论》，《大中华杂志》第1卷第5期（巳）。
⑥ 吴贯因：《改良家庭制度论》，《大中华杂志》第1卷第5期（巳）。

能有所建树,其结果不过使国家无进步而已,然尚可以求自存也。若今者万国交通,国群之竞争,极其剧烈。其在他国,其国民日在活动之中,即其国家日日呈进步之状。而在吾国,则于国民壮盛之年华,令其割六年以守制,使同支床之龟,游釜之鱼,不能活动,以为国家有所尽力,在彼个人之牺牲,亦何足惜。然就国家之全局论之,国民即停止六年之活动,国家即停止六年之进步。处今日物竞天择优胜劣败之世界,一国而有六年无进步,欲求与他国角立以称雄,乌可得耶。"①故守三年丧,国家不亡何待耶!

2. 批判土葬和风水

土葬是中国普遍正统的葬法,它与中国人"入土为安"的思想相吻合。然而土葬的弊端受到五四新文化志士的有力批判。其一,因为土葬就讲风水,家庭内部往往"兄弟们争执,甚至于闹成官司"②。而家族之间为了争夺一块所谓"发迹"的吉祥之地作坟穴"而起械斗,则不徒为家族之祸患,而又妨害国家之治安矣"。③　其二,"荒废有用之土地"④,"攘可耕之田为墓地,忍听耕者之流离"⑤。"国之土地有限,而人口之滋生无穷,使以有用之地,悉供坟墓之用,则禹域虽宽,将无侧身之所……循此以往,恐神州大地,但见累累之荒塚,而生人则无容足之地焉。"⑥鲁迅也曾尖锐地批评道:"如果从有人类以来的人们的尸身都不烂,岂不是地面的死尸早已堆得比鱼店里的鱼还要多,连掘井、造房子的空地都没有了么?"⑦其三,"破坏风景"⑧,玷污风光明媚的山水美景。"一国之土地,必保存其风景,而勿以他物点污之,俾一映于目帘,即感天然之妙趣,乃始可培养国民高尚之性质……若我中国锦绣之山河,悉以坟墓点缀之,荒塚累累,使大地呈癞病穹隆之态,虽有风景,为之抹杀尽矣,何能使国民

---

① 吴贯因:《改良家庭制度论》,《大中华杂志》第 1 卷第 5 期(巳)。
② 任右民:《丧礼的改革》,《新青年》第 7 卷第 5 号。
③ 吴贯因:《改良家庭制度论》,《大中华杂志》第 1 卷第 5 期(巳)。
④ 延陵:《坟墓制度的改造》,《解放与改造》第 2 卷第 2 号。
⑤ 真:《祖宗革命》,《新世纪》1907 年第 2—3 期,载张枬、王忍之编:《辛亥革命前十年间时论选集》第二卷下册,生活·读书·新知三联书店 1963 年版,第 982 页。
⑥ 吴贯因:《改良家庭制度论》,《大中华杂志》第 1 卷第 5 期(巳)。
⑦ 《老调子已经唱完》,载《鲁迅全集》第 7 卷,人民文学出版社 1981 年版,第 307 页。
⑧ 延陵:《坟墓制度的改造》,《解放与改造》第 2 卷第 2 号。

发生美感耶。"①其四,"妨害公众卫生"②,造成环境水土的污染,这样的环境极易造成各种传染病的发生和流行,给人体健康带来直接的危害。

3. 批判丧礼的虚伪

中国人在丧葬礼俗方面的虚伪性是很严重的。诸如"造寿屋""雇人代哭""点主""做祭""哭丧棒""寝苫枕块""过七""祭文"中都包含着极为虚伪的成分。在中国人眼里好像只有这样,才能"对得起"死者,才能"有面子"。③胡适把这些视为"举哀的假样子",是"做热闹,装面子,摆架子",全是"作伪的丑态"④。

4. 批判丧礼的靡费

一家有丧事,家族亲眷要送锡箔、白纸、香烛,讲究的人家还要送"盘缎"纸衣帽、纸箱担等,丧事期间要吃"九碗"或"八大八小"。中国盛行厚葬之风,"以厚葬其亲为荣""在于茔寝,则必盛陈葬品,以慰先人地下之寂寥"⑤。鲁迅曾对此做过讽刺,"一个人变了鬼,该可以随便一点了罢,而活人仍要烧一所纸房子,请他住进去,阔气的还有打牌桌,鸦片盘"⑥,土葬要用棺木,于是出现"滥伐森林,不修水利",以致"林木伐尽,水泽湮枯",有损国家的经济和财力。

5. 批判丧礼的繁缛

中国丧葬礼俗繁重复杂,形成了一整套严密的丧葬仪式。尽管在实际应用中许多仪节并未真正使用,但其弊尤著。"父母死,而复以繁文缛节以累之,卧草食素,宽衣缚其身,布冕弊其目,逢人哭拜,称曰罪人。"⑦

---

① 吴贯因:《改良家庭制度论》,《大中华杂志》第 1 卷第 5 期(已)。
② 延陵:《坟墓制度的改造》,《解放与改造》第 2 卷第 2 号。
③ 任右民:《丧礼的改革》,《新青年》第 7 卷第 5 号。
④ 《我对于丧礼的改革》,载《胡适文存》一集卷四,黄山书社 1996 年版,第 516 页。
⑤ 吴贯因:《改良家庭制度论》,《大中华杂志》第 1 卷第 5 期(已)。
⑥ 《家庭为中国之基本》,载《鲁迅全集》第 4 卷,人民文学出版社 1981 年版,第 619 页。
⑦ 真:《三纲革命》,《新世纪》第 11 期。

（四）新式丧礼观

新文化运动期间,在批判丧葬陋俗的同时,主张"把古丧礼遗下的种种虚伪仪式删除干净","把后世加入的种种野蛮迷信的仪式删除干净",从而形成"一种近于人情,适合于现代生活状况的丧礼"。① 在新文化人士看来,这种新式的丧礼观主要体现于如下诸方面:

1. 丧葬务求简便,实行火葬制

主张丧事要"废止尼僧道士,及锭烛等无意义的东西,一切都要节省,棺材废止不用,以火葬来代替"②。认为"朝阔处办"丧事,"有钱的把钱花完,钱不够,就卖田,无钱的就借债",如此"才对得起死者,才有面子"③的观念是错误的。实行火葬,可以"拍灭有传染性的疾病""是最干净最安稳的一个法子"。④

2. 破除风水迷信,主张速葬

"风水之说,其绝无可信""荒诞不经""宜以法令严禁之"。⑤ 坚决反对"等着谋穴地""候着择葬期",而主张葬期"要速""不可迟"。⑥

3. 实行短丧

"亲之亡,丧期无妨从短,盖人之情感,哀乐兼具,当亲之初亡也,以天性之关系,哀戚之情,谁则无之,故闻乐不乐,食旨不甘。在此时期,诚属居丧时期也。然人之心理,不能常郁而不舒,数月之后,则哀感消灭,而乐感触发矣。人情不甚相远,普遍之心理,概如斯也。既已无复哀感而犹字曰丁忧,试问何

---

① 《我对于丧礼的改革》,载《胡适文存》一集卷四,黄山书社 1996 年版,第 523 页。
② YD:《丧礼和棺材的研究》,《觉悟》1922 年 9 月 8 日。
③ 任右民:《丧礼的改革》,《新青年》第 7 卷第 5 号。
④ 延陵:《坟墓制度的改造》,《解放与改造》第 2 卷第 2 号。
⑤ 吴贯因:《改良家庭制度论》,《大中华杂志》第 1 卷第 5 期(已)。
⑥ 任右民:《丧礼的改革》,《新青年》第 7 卷第 5 号。

忧之有。故三年之丧,特有丧之名而已,实则哀戚之情,未有能延至三年者也。既无三年之实,徒存其名,亦何益乎。夫使于家庭无益,而于国家亦无损,则此种丧礼,何妨保存。"①有人则很坦诚地指出:"三年的丧服在今日没有保存的理由""现在居丧的人,可以饮酒食肉,可以干政筹边,可以嫖赌纳妾,可以作种种'不孝'的事,却偏要苦苦保存这三年穿素的'服制'! 不能实行三年之'丧',却偏要保存三年的'丧服'!""现在的服制,乃是古丧礼的皮毛,乃是今人装门面自欺欺人的形式。我因为不愿意用这种自欺欺人的服制来做纪念我母亲的方法,所以我决意实行短丧。我因为不承认'穿孝'就算'孝',不承认'孝'是拿来穿在身上的,所以我决意实行短丧。""我因为尊重良心的自由,不愿意盲从无意识的古制,故决意实行短丧。"②也有人指出:"孝亲之道,贵在孝于生前。若亲既逝矣,虽三年居丧,于亲何裨……故吾以为居丧之期,今日不能不缩短。"③

4. 革除丧葬礼俗中的一切虚伪,繁杂和靡费之形式

如不立"主牌"。反对"过七",及时"含殓",不必"伪戚"等。贵州省民国六年(1917年)《大理县志稿》中的《丧礼改良风俗规则》的部分内容,可以管窥当时新式丧葬观的一些具体状况,规则说:

> 送丧纸扎,徒费银钱,于死者无补,一律禁用。
>
> 奉帛以有服之亲为断,凡无服者一概不奉孝帛,不备孝衣,主丧之人不得任意习难。
>
> 奉讣闻只可请人分送,不着孝衣,孝子不必亲身登门叩头。
>
> 中元送包及水礼,一概禁绝,有丧之家不得请客。
>
> 斋祭不用僧道,丧家旧有开咽喉,做拯济及五七,周年等道场,实属迷信宗教,应宜禁绝。若为父母遗命,不忍不从者,只准致斋一日,不得请客,亲友毋庸多事送礼。
>
> 乡村有借生死路之名阻人丧葬者,是在希图敲磕,一律禁绝,嗣后无

---

① 吴贯因:《改良家庭制度论》,《大中华杂志》第1卷第5期(戊)。
② 《我对于丧礼的改革》,载《胡适文存》一集卷四,黄山书社1996年版,第521页。
③ 吴贯因:《改良家庭制度论》,《大中华杂志》第1卷第5期(戊)。

论何项道路,一任取便通行。①

（五）丧葬礼俗的变革

如上所述,近代以后,尤其辛亥以后及五四新文化时期,在反对和批判传统丧葬礼俗的过程中,产生了新式丧葬观。与此同时,丧葬礼俗本身也随之发生了一定的变化,大城市中最为明显。

新式丧礼虽未制定,兹就通行者言之,含殓殡葬,与昔无异,惟不延僧道唪经,不焚化刍灵车马楼库等物。亲友吊唁,多赠花冠（俗称花圈）、挽联,送祭轴者亦有之。丧家撒孝,不用孝带,改以白纸花头,形为菊。男丧缀于胸左旁,女丧缀于胸右旁。出殡日仅设鼓乐,不用仪仗。即将挽联、花冠令人举行于柩前,葬后一切祭祀礼节,亦与旧同,但不焚伞及船轿,其能注重公共卫生者,则数日即葬,另择日于饭庄或会馆,受唁。是日,门外设鼓乐,庭设绣花宝盖,灵位前扎素采如龛,吊者多三鞠躬,富者更于门外扎素花牌楼。丧家素服,大都沿用旧制,间有不著缟素而臂缀青纱者。②

丧葬礼俗的变化具体反映在如下几个方面:

1. 摒弃传统迷信内容

不搞请僧道超度、焚烧刍灵车马楼库等活动。如有些丧家"和尚、道士,自然是不用的了"③。也有人不相信堪舆风水,"堪舆一门,我向来不信"④,而按自己的意愿下葬。有些地区,如蓟县"从前有延僧道唪经、糊纸张以表示尽

---

① 《大理县志稿》,载《中国地方志民俗资料汇编》西南卷(下册),书目文献出版社 1991 年版,第 855—856 页。

② 《第二编·礼俗·新式丧礼》,载《实用北京指南》,商务印书馆 1926 年版,第 4 页。

③ 《我对于丧礼的改革》,载《胡适文存》一集卷四,黄山书社 1996 年版,第 515 页。

④ 任右民:《丧礼的改革》,《新青年》第 7 卷第 5 号。

人子之心者。自民国以来风气开通，多半废止"①，武乡县"至于崇释老、信堪舆，停柩待吉，向亦有之。今渐稀矣"②。

2. 丧礼节俭

"家中有丧，衣衾棺椁之事，宜称家之有无，量力行之。"③江苏武进，"凶丧之礼，民国初年，少数士绅，曾有改革陋俗，力从节俭之举"④。也有人反对送祭品之类，"本宅丧事拟于旧日陋俗略有所改良。倘蒙赐吊，只领香一炷或挽联之类。此外如锡箔、素纸、冥器，磬缎等物，概不敢领，请勿见赐，伏乞鉴原。"⑤

3. 丧服变革

北京"民国以来，效西俗者，则以黑纱缠臂为服，一扫历来斩衰期功缌麻之制"⑥。"男女可暂用旧式丧服，亦可仍用平时礼服，惟男之左腕围以黑纱，女之胸际缀以黑纱结，来宾亦然，不用亦可。"⑦吉林省"民国以来，有以青巾系臂代丧服，或不丧而白其衣或鞋帽者"⑧。呼兰县原丧礼"盖三日始去髻发而服制服，今俗即日成服"⑨。

4. 改土葬为火葬

在开化较早的大城市（如上海）出现了火葬现象和殡仪馆。先是19世纪末首先开设了专司外国人的殡仪馆。以后，上海人纷起仿效，先后设立宴乐、中国等一二十家殡仪馆。到1927年，静安寺公墓首先添置机炉开始火葬。殡仪馆和火葬的出现，既方便又卫生，也节俭，是丧葬礼俗的深刻变革。⑩

---

① 　徐葆莹监修：《蓟县志》卷三《风俗·丧礼》，1944年版。
② 　《武乡县志》卷二《风俗·六礼·丧》。
③ 　《第十六编·礼制》，载《日用百科全书》上册，商务印书馆1919年版，第14页。
④ 　胡朴安：《中华全国风俗志》下编，中州古籍出版社1990年版，第80页。
⑤ 　《我对于丧礼的改革》，载《胡适文存》一集卷四，黄山书社1996年版，第515页。
⑥ 　王焕镳编纂：《首都志》下，正中书局1935年版，第1136页。
⑦ 　《第十六编·礼制》，载《日用百科全书》上册，商务印书馆1919年版，第14页。
⑧ 　刘爽：《吉林新志》下编，辽宁编译社1934年版，第105页。
⑨ 　《呼兰县志》卷五《礼俗·礼制·丧礼》。
⑩ 　参照张静如主编：《北洋军阀统治时期中国社会之变迁》，中国人民大学出版社1992年版，第312—313页。

5. 丧葬礼仪发生了变化

丧葬礼仪涉及的变革内容较为广泛。其一,在城市中,有些病人死于医院,死后通常由家属和至亲送入医院的太平间,然后由殡仪馆派人用丧车将遗体送入停尸间,故而省去了停尸期间的许多礼仪,哭丧守灵的习俗也因之缺乏进行的条件而有所变化。其二,讣贴形式有了变化,有人已不用无聊的套话,如"不孝□□等罪孽深重,不自殒灭,祸延显妣""孤哀子□□等泣血稽颡"及"降服子""齐衰期服孙""期""大功""小功"等亲族,和"抆泪稽首""拭泪稽首"等虚文。① 如启功先生在回忆史学家陈垣先生时曾说:"陈老师的母亲去世,老师发讣闻,一般成例,孤哀子名下都写'泣血稽颡',老师认为'血'字并不诚实,就把它去掉。在旧社会的'服制'上,什么'服'的亲属,名下写什么字样。'泣稽颡'是比儿子较疏的亲属名下所用的,但老师宁可不合世俗旧服制的习惯用语,也不肯向人撒谎,说自己泣了血"②。其三,改革祭礼。如本族公祭仪节:序立、就位、参灵、三鞠躬、三献、读祭文、辞灵、礼成;亲戚公祭:序立、主祭者就位、陪祭者分别就位、参灵、三鞠躬、读祭文、辞灵、礼成、谢奠。把以往那种"供献死者饮食的祭礼,改为生人对死者表示敬意的祭礼"③。祭文也讲求说实话,不怕得罪人,认为"做死人的传记,既怕得罪死人,又怕得罪活人,故不能不说谎,说谎便是大不敬"④。其四,在大城市里,丧家通常请殡仪馆代办丧事,礼节也比较简单。有名望的人通常先有人组成治丧委员会为死者治丧,入殓时,死者生前最喜爱的物件和用过的物件要随棺入葬,入殓时死者的亲属在场,看死者最后一面,哭成一团。其五,出殡时已有人不用高粱孝子冠,不执哭丧杖。不少丧家专请西式乐队,演奏员"戴红缨帽,佩戴肩章,穿华丽礼服,其服装俨然与当时大总统相仿;乐器也应有尽有,俱臻上乘,颇受人们的欢迎"⑤,在送丧仪仗中,"民国来多有增用军乐者"⑥,也有用汽车代替抬

---

① 《我对于丧礼的改革》,载《胡适文存》一集卷四,黄山书社 1996 年版,第 514 页。
② 《学术漫录》第 2 集,中华书局 1981 年版,第 11—12 页。
③ 《我对于丧礼的改革》,载《胡适文存》一集卷四,黄山书社 1996 年版,第 517 页。
④ 《我对于丧礼的改革》,载《胡适文存》一集卷四,黄山书社 1996 年版,第 516 页。
⑤ 王隐菊等编著:《旧都三百六十行》,北京旅游出版社 1986 年版,第 27 页。
⑥ 胡朴安编:《中华全国风俗志》下编,第 139 页。

杠的。在新式丧礼中,发引用檀花提炉、盆花、挽联、挽幛、花圈、亡人遗像、祭席,主人随之,后为灵柩,接着是来宾送葬者,省去了许多葬式行列。其六,出现新式公祭——追悼会。"在家,或借公共处所,或借巨大园林,开追悼会者。无论男女,均可前往。"①追悼会仪式如下:"甲式:一、摇铃开会。二、奏哀乐。三、献花果。四、奏琴(唱追悼歌)。五、述行状。六、读哀祭文。七、奏哀乐。八、行三鞠躬礼。九、奏琴(唱追悼歌)。十、演说。十一、奏哀乐。十二、家属答谢。行三鞠躬礼(闭会)。至于在事职员,应设如下,主礼员一人,庶务员二人,男招待员八人,女招待员八人,献花果二人,述行状一人,读追悼文一人(人数多少临时可酌)。乙式:一、摇铃开会。二、报告开会宗旨。三、宣读祭文。四、宣读诔词。五、行三鞠躬礼。六、述行状。七、演说。八、家属答谢来宾。九、奏乐散会。"②这种新式丧礼仅流行于上流社会。其七,实行短丧。"入民国以来……都会之地,服官之人,几全废止"③。

从上文可见,丧葬习俗的确发生了一些变化,但就全局而言,变化的程度是极其有限的。在新旧丧俗并存的情况下,事实上旧的丧葬礼俗更为普遍,如三年之丧,在中国的广袤农村,"尚仍旧俗"④,而新丧葬礼俗还不普遍。其原因是多方面的:首先,觉悟的先进分子的力量根本无法与民间传统势力相对抗,在强大的旧习惯势力面前就是已经觉悟的知识分子有时"还是脱不了旧风俗的无形的势力"⑤。再则,在深入人心的程式化习俗面前,要改变旧俗,往往会被视为行为不轨,大逆不道,进而阻碍了旧习俗的变革。丧葬礼俗的变化,虽然是极其微弱的,然而我们却不能轻视这些微弱的变化,它终究打破了丧葬陋俗,新的丧礼观开始被部分人接受,并不断地向民间渗透,最终引发丧葬礼俗的大变革。

① 《第十六编·礼制》,载《日用百科全书》上册,商务印书馆1919年版,第14页。
② 《第十六编·礼制》,载《日用百科全书》上册,商务印书馆1919年版,第14页。
③ 吴贯因:《改良家庭制度后论》,《大中华杂志》第1卷第6期(五)。
④ 吴贯因:《改良家庭制度后论》,《大中华杂志》第1卷第6期(五)。
⑤ 《我对于丧礼的改革》,载《胡适文存》一集卷四,黄山书社1996年版,第519页。

妇 女 卷

近代中国人在探求救国之路的时候,有人曾把探讨救国问题的着眼点落到了女性生活上。他们发现,中国女性的群体身上反映着一种相当程度的病态人格,其中知识贫乏、目光短浅、体虚、软弱、猜疑、嫉恨就是这种病态人格的集中体现。他们认为这种病态人格造成的国民政治、文化素质的普遍下降正是导致国家贫穷落后的一个不容忽视的因素。然而被有些人确认是女子天性的病态人格难道真是女性的天然本性吗?难道真是女性与生俱来的生理遗传吗?当然不是!中国女性的病态人格并非"上帝的造化",并非中国女子的天生秉性。事实上它是长期以来生活陋俗扼制和束缚妇女造成的,或曰,奴役和践踏中国女性的传统陋俗文化禁锢、钳制和影响了中国妇女,久而久之,中了陋俗文化这种"精神鸦片"之毒的中国女性,就不能不患上心底、性格和精神上的病状而呈现一种人们所共识的病态来。这是中国传统陋俗文化在妇女心灵中潜移默化的结果,是陋俗文化渗透、积淀和蔓延的结果。所以欲治女性病态人格的关键不在肉体遗传的生理上,而在心理遗传的文化上。

　　沿袭了两千多年的中国封建文化,一直具有强烈的男权色彩,女人是附庸、奴隶,是花瓶、摆设,是玩物、工具,是天然的"华丽动物"。"三纲五常""三从四德""阳刚阴柔""男尊女卑""唯女子与小人为难养也""女子无才便是德"等传统观念成为中国社会纲常伦理的重要内容。"曰三从四德也,培养奴隶之教育也;曰缠足也,摧残奴隶之酷刑也;曰女子无才便是德也,防犯奴隶之苛律也。"①"我们中国的人,从前都把那些女人当做男子的玩物一般,只要她容貌标致,装饰奇异,就是好女子,全不晓得叫那些女子读些有用的书,求些有用的学问,那些女子既不读书,自然不懂什么道理,既没有学问,自然凡事都靠了男人,自己一点也不能自立。因为这个缘故,所以我们中国虽有了四万万人,内中那没用的女人倒居了二万万。那些男人赚来的钱,把去养这些女子,

---

　　①　黄公:《大魂篇》,《中国女报》第1期。

都还不够,我们中国如何不穷到这么地步呢? 那些女人,既然没有本事,若是他们还读了些书,能够在家中教训儿女,倒也罢了,不料她们听了一句什么'女子无才便是德'的放屁话,什么书也不去读。咳! 我们中国的女人,真真是一种的废物了。"①在这样的文化传统中,中国妇女的总体形象只能是"以生孩为妇女的天职,以刺绣为妇女的本分,以装饰美丽为妇女的人格"②。中国妇女在漫长的封建社会里始终处于被歧视、被奴役、被欺压、被玩弄的地位,她们被套上层层枷锁后又被抛向人间地狱。要拯救中国之妇女,必须变革传统的女性陋俗文化。以往,虽也有为女性之苦鸣不平者,如宋人袁采著《世范》,清人李汝珍著《镜花缘》,对封建礼教皆有所批判,但多限于对女性地位的同情,而终未超越变革女性陋俗文化的藩篱。到了近代,仁人志士们才真正觉醒,呼吁要扫除这人世间最大的不平等。他们痛恨中国的男权文化,主张男女"各有自立自主自由之人权"③,并把女性的解放与中国的兴衰存亡联系起来。从康有为、梁启超、谭嗣同到金天翮;从孙中山到廖仲恺;从李大钊、陈独秀到吴虞;从胡适、鲁迅到沈雁冰,无不主张妇女的解放,使妇女从"奴隶"而转变为人。他们主张女子政治的解放、教育的解放、婚姻的解放、形体的解放,启迪了中国人特别是妇女的觉悟,从而触动了妇女生活的深层结构——女性陋俗文化的变化,这恰是社会进化的一种体现,"某一历史时代的发展总是可以由妇女走向自由的程度来确定,因为在女人和男人、女性和男性的关系中,最鲜明不过地表现出人性对兽性的胜利。妇女解放的程度是衡量普遍解放的天然标准。"④近代女性陋俗文化的变化正反映了近代社会的解放程度。

---

① 希疆:《敬告中国的女子》,《竞业旬报》第 3 期。
② 《演说女学》,《大公报》1904 年 11 月 11 号。
③ 康有为:《大同书》,古籍出版社 1956 年版,第 134 页。
④ 《神圣家族》,载《马克思恩格斯全集》第 2 卷,人民出版社 1957 年版,第 249—250 页。

一、近代女性陋俗文化观的变革

（一）女性新文化观的诞生

中国传统女性文化观念糟粕在近代的变化主要体现为近代中国人对封建社会妇女陋俗文化观的批判和否定，直至部分被抛弃；与此同时，进步文明的女性文化观被传播和弘扬，以至在中国人心目中得到某种程度的确认。实际上，乃是以形体观、自立观、女学观、参政观、社交观及其他生活观念为内容的一系列女性文化观念的新变化。

1. 形体观

中国妇女，"结婚是她的目的，结婚也就是她的职业"，"而女子的结婚这职业，所卖的是性，而卖性的最重要点是在给予一种性的刺激，于是她须装饰，她面上须擦粉，嘴唇要涂朱，头发要漂亮，衣服要时髦。这便是她的工作"①。封建社会的中国女性无政治经济地位，她们为安身立命只能依附于男子，"女子既为男子私有之物，但供男子玩弄，故穿耳、裹足、细腰、黑齿、剃眉、敷黛、施脂、抹粉、诡髻、步摇、不惜损坏身体以供男子一日之娱"②。为取悦于男子，为满足男子，以及迎合社会文化中变态和畸形的审美心理，她们在自己的身体和妆饰上付出了代价。其主要表现：一是缠足。沿袭了上千年的缠足陋俗是荒淫的产物。梁启超认为天下待女子有二大端。"一曰充服役，二曰供玩好，由

---

① 《性与文明》，载中国民主促进会中央宣传部编：《周建人文选》，中国文史出版社 1988年版，第 193 页。

② 康有为：《大同书》，古籍出版社 1956 年版，第 163 页。

前之说,则豢之若犬马;由后之说,则饰之若花鸟。"①女子缠足即是为了"玩好"之目的。缠足女性"流血哀啼",才使一些人心满意足而"后快",女性的天足变成了"三寸金莲",才使得那些毫无怜悯之心的人觉得"可贵可爱,以艳羡乎淫"。对小脚的品评也是多方面的,诸如小脚有"五式""三贵""九品""三影""四印""五观""二幸""四忌"等②,这些小脚的称谓实际上不过是男性为了更好地玩弄小脚,而使之形象化、"艺术化"和理想化,使男性在品味小脚时,得到一种心理异化上的满足而已。然而缠足是套在妇女身上最沉重的锁链,是对妇女的"最不仁之行为",较其刖刑,"直相等耳"。"数岁弱女,即为缠足,七尺之布,三寸之鞋,强为折屈以求纤小,使五指折卷而行地,足骨穹窿而指天",以至于"日夕迫胁,痛彻心骨,呼唬艰楚,夜不能寐"③。缠足持久,周身血气不能流通,必生疾病,此时为疾女,将来为病妇,病体遗传,又生病子孙。中国二万万妇女沦于此境,"彼东方病夫之徽号,诚哉其有自来矣"④。故"以身殉丑观的缠足终是野蛮"⑤。二是束胸。为了追求一种"变型美",有些妇女用特制的小背心(即八寸来长,两肩不过四寸宽,上面绽著十几个扣子的小背心)⑥,把自己的胸部紧紧地束起来,就为这"板板的身条"和"平坦的胸脯",不知有多少女子塌腰驼背,身患肺痨,以致无力养育子女。"有……女士自从学校毕业后,与……结婚。年余,便举一子,但是因为平日缚乳太急,以至两乳完全消灭,并且乳孔也蔽塞了,竟至母乳膨胀不得出……"⑦束胸当时遭到一些人的坚决反对,主张"凡事总要讲理性,不能学时髦,男女两性生理上的区别,是不可避免的"⑧。"宜使妇女明白做'人'底道理,不是供给男子做玩物,不要怕什么社会底诽笑。"⑨呼吁"开通文明的妇女啊! 这种有害无益的

---

① 梁启超:《戒缠足会叙》,《时务报》第 16 册。
② 《香艳丛书》第八集卷一《香莲品藻》,人民文学出版社 1992 年版。
③ 康有为:《大同书》,古籍出版社 1956 年版,第 141 页。
④ 《中国新女界杂志》第 2 期。
⑤ 周作人:《谈虎集》上卷,北新书局 1928 年版,第 71 页。
⑥ 《解放画报》第 4 期。
⑦ 吴明:《为什么要缚乳?》,《觉悟》1920 年 4 月 15 日。
⑧ 周剑云:《为什么要束胸?》,《解放画报》第 1 期。
⑨ 《"女子缚乳"底解放》,《觉悟》1920 年 5 月 7 日。

束胸,请你们快快解放了罢!"①三是穿耳。女子穿耳习俗起于何时,难以考证。明代田艺蘅在《留青日札》中说:"女子穿耳,戴以耳环,盖自古有之,乃贱者之事。"②最早穿耳的目的是警诫妇女,不要过于活跃,要注意操守、颇有点"耳提面命"的味道。所以,那时妇女穿耳也是被迫的。秦汉、六朝、隋唐不穿耳是皇后和贵妇的特权。宋代以后,耳环、耳珰之类才随着穿耳之风而盛行起来。进入 20 世纪后,有人把穿耳视为妇女生活的一项陋习,如同缠足一样,主张必须废止。七八岁的女孩,就被用一支大针把好好的一双耳朵钻了两个洞,"挂了几只圈儿,越是有钱的,越挂得多,耳朵挂得皮开肉烂,也不晓得痛痒,一心要他人称赞一声好看"③。有人把穿耳视为野蛮的"文身"。四是蓄发。中国女子有蓄发习俗,每日梳妆,费时误事,既损钱财,又不卫生。所以有人提出剪发的主张,以免"耗费""耗时""有害卫生"④,甚至把剪发同妇女的人格与妇女解放联系起来,认为"女子剪发的问题,不是单为着便利,是由解放所得的效果;不是为着美观,是要扫除'冶容诲淫'的表示;不是要受习惯的赞许,是要打破习惯的束缚。"⑤其他,如戴手镯戒指、涂脂抹粉、披肩、穿奇装异服等,这些装饰作为娱悦男子的助媚品,把女性打扮得如同小旦、妓女一般,致使生活受累、玩物丧志、虚耗光阴,更是女子给自己加上的一种刑罚,戴手镯就如戴手铐,披肩就如戴面枷,涂脂抹粉就如打皮掌。⑥ 鲁迅说妇女的这类装饰是奴隶的象征,"项颈上,手上,脚上,全都锁上了链条,扣上了圈儿,环儿,——虽则过了几千年这些圈儿环儿大都已经变成了金的银的,镶上了珍珠宝钻,然而这些项圈、镯子、戒指等等,到现在还是女奴的象征。"⑦这种奢侈的装饰自然是女子的大不幸。可见,近代仁人志士对传统女性形体观的否定和批判是全方位的。他们反对刻意追求那种痛苦万状的变态形体,反对超出经

---

① 周剑云:《为什么要束胸?》,《解放画报》第 1 期。
② (明)田艺蘅撰:《留青日札》卷二十《穿耳》,上海古籍出版社 1985 年版,第 683 页。
③ 《恶俗篇·妇女的装扮》,《安徽俗话报》第 12 期。
④ 胡怀琛:《女子当废除装饰》,《妇女杂志》第 6 卷第 4 号。
⑤ 吴剑飞:《驳〈女子应当剪发〉的理由》,《解放画报》第 4 期。
⑥ 《恶俗篇·妇女的装扮》,《安徽俗话报》第 12 期。
⑦ 《男人的进化》,载《鲁迅全集》第 5 卷,人民文学出版社 1981 年版,第 283 页。

济能力和审美界限的乔装打扮,反对那种只"要好看",只"讨公婆丈夫的欢喜"①的依附心理。在上述批判的同时,他们坚决主张"应当竭力减少为性的买卖而设的谋刺激的装饰功夫,把大部分的精力用在做工、读书等等有益的事情"②。要严禁"缠足,细腰,穿耳鼻唇以挂首饰者",严禁"长布掩面,蔽身,加锁于眉中、印堂者"③。通过个别批判逐步形成一个整体的、上升为审美层次上的女子形体观,即保持"不假修饰自然的美丽"④。"美观要天然生成,不能用强力制造"⑤,"保子女天然之状态……则吾国之女儿幸甚,吾国幸甚"⑥。这是对传统女性"妇容"观的否定,也表明富有近代气息的、具有男女平等性质的新时期女性形体观的生成。

2. 自立观

中国封建社会的女子一直操守"妇以夫贵""妻为内助"的信条,因此终身不知经济独立为何物。一生一世依靠男子,全部生活由男子支配。"依人者,奴隶也,非平等之人所宜为也。"⑦男子虐待奴役女子天经地义,男子视女子为奴隶、为玩物天经地义。它所带来的恶果既在个人又在社会。就个人而言,丈夫死了,妻子难活,寡妇的生活较其他女子尤为凄惨,"女子之所以堕到了现今地位,完全是因为女子在经济上失了独立"⑧。就社会而言,占中国人口一半的妇女不是"生利之人"而为"分利之人",这也是构成中国社会经济贫困的一个因素。"不能自食,必食于人;不能自衣,必衣于人。女所耗,男所生常不足供",这种状况如不改变,"非特女界终古沉埋,男界亦蒙其恶果,华族虽久,生趣索然,奄奄待毙,况于是东西民族竞争剧烈时代,将何以图存耶。"⑨从戊

---

① 胡怀琛:《女子当废除装饰》,《妇女杂志》第6卷第4号。
② 《性与文明》,载中国民主促进会中央宣传部编:《周建人文选》,中国文史出版社1988年版,第194页。
③ 康有为:《大同书》,古籍出版社1956年版,第163页。
④ 胡怀琛:《女子当废除装饰》,《妇女杂志》第6卷第4号。
⑤ 《解放画报》第1期。
⑥ 贾子膺:《劝戒缠足说》,《大公报》1903年12月15号。
⑦ 《女子自治说》,《女报》第2号。
⑧ 汉俊:《女子怎样才能得到经济独立》,《妇女评论》第3期。
⑨ 《论中国今日亟宜普设手工女学校及传习所》,《女报》第2号。

戌至辛亥及五四时期,很多知识分子都强调要谋女子解放,要富国强兵,增加社会财富,就要女子"有相当的职业",就要女子"谋经济独立"①,"欲脱男子之范围,非自立不可"②。指出那种认为"男子是有用的,应得自由、智识、权力、职业。而女子是无用的,不应得自由、智识、权力、职业"③的观点是错误的,那种认为妇女没有劳动能力的观点是错误的。进而指出,女子完全有与男子相同的经营生活的肉体忍耐力,她们照样能够搬运大东西,可以充当清道夫或炼瓦扛搬夫,说女子体力不及男子纯属无稽之谈。④ 这一时期在进步知识分子的鼓动和宣传下,有些人逐渐抛弃"妇以夫贵""女子主内"的女子传统寄生观,开始确立女子自立观。

3. 女学观

在"女子无才便是德"这种"妇德"观的束缚下,中国历史不曾有过专门的女子学校教育,广大妇女终身受不到文化教育。近代中国知识分子对女子无学给中国带来的弊害进行了深刻的剖析,认为:在中国家庭生活中,由于女子无学无知,"眼光小如豆""脑质竭于泥",使"我女界同胞,程度日卑,知识日浅,富依赖之心,乏自立之志者十居八九"。⑤ 这是导致国家不昌的重要因素。近代一些知识分子确认:男女智慧、才能,并没有高下优劣之分,只要大兴女学,"吾国民文明之进化必有勃发而不可遏者矣"⑥。近代女学观的确立是促使女子寻找自身觉悟的一条重要途径。

4. 参政观

中国封建文化传统历来强调"男不言内,女不言外"⑦,妇女没有资格和权

---

① 沈求己:《现在女子急应革除的恶习》,《解放画报》第1期。
② 《致湖南第一女学堂书》,载《秋瑾集》,上海古籍出版社1979年版,第32页。
③ 杨之华女士:《谈女子职业》,《妇女评论》第65期。
④ 春华:《经济独立问题的我见》,《妇女评论》第5期。
⑤ 《论近今之女学》,《妇女杂志》第1卷第2号。
⑥ 企新子:《论进化宜兴女学》,《大公报》1904年6月19号。
⑦ (清)阮元校刻:《十三经注疏》卷二十七《礼记正义·内则第十二》,中华书局1980年版,第1462页。

利参加国家政权的管理。近代西方民主自由,天赋人权等思潮的东传,为中国妇女的参政运动奠定了思想基础。一部分先进的中国人在寻求救国救民真理的过程中,接受了西方的女权学说,提出"国家兴亡匹夫有责,妇女岂能无责"的口号,指出,妇女参政是解决妇女问题的先导,"欲求社会之平等,必先求男女之平权;欲求男女之平权,非先与女子以参政权不可。"①阐明男女两性对家庭生活和国家都有平等的权利和义务,并进一步认定,女子会做衣,男子也会做衣;女子会烹饪,男子也会烹饪。反之亦然,男子能参政,女子也能参政。在阐发女子参政观的同时,对那种女子主持家务尚且不足,更无能力与男子共同参政的论点进行了批驳,指出,把妇女禁锢在家庭不问政事,并不是由妇女生理特点造成的,不过是人们把千百年留下的陋习视为自然,把不正常视为天经地义罢了。

5. 社交观

自从中国女子失去了经济独立,就在人格上与男子出现了差异。社会交际不再自由,终日深居闺房,不得见人。加之哲人们又抛出了限制女子社交的"男女授受不亲"等信条,不但使女子与异性、与外界隔绝,而且极大地限制了女性的生活空间,使女性的生活内容变得贫乏枯燥,使女性的人格发展受到了极大的阻碍。进入20世纪,尤其是五四时期,有人指出:"人与人交际,为什么不可呢?"男女之间"因为隔绝的严,就生出'穴隙相窥'等的事了!可见欲隔绝男女之界,以养成高尚人格,是一种'南辕北辙'的办法,有害无益。"②进而主张男女要社交公开,认为在男女共同组织的社会中,人人都有独立的人格,都有自由交往的权利。"社交公开是使女子取得社会上地位的第一步"③,是实现男女平等的实践基础,同时也是极其正常的社会现象。所以应"破除男女界域","增进男女人格"。④

---

① 陈东原:《中国妇女生活史》,商务印书馆1928年版,第360页。
② 杨潮声:《男女社交公开》,《新青年》第6卷第4号。
③ 东荪:《妇女问题杂评》,《解放与改造》第1卷第8号。
④ 杨潮声:《男女社交公开》,《新青年》第6卷第4号。

6. 自重观

中国传统社会一直鄙视女子,认为女子不能与男子同论。不仅男子看不起女子,就连女子本人也同样轻视自己。20 世纪初年,女子的自重观念开始萌生。女子不甘心接受"男贵女贱"的说教,提出男女生来平等,女人跟男人一样能打仗,能劳动;认为丈夫二字无尊贵可言,不过和农夫、樵夫、舆夫、纤夫、挑夫等一样,是一种普通的称谓罢了。男女不分轻重,女子要看重自己,抛弃那种"自轻自贱""妄自菲薄"的自惭态度,正像有的女子所说:"不要自己太看得轻了,我们这些大女子、大英雄,倒实实在在有干出大事,造出世界的资格。"①在这个竞争的时代里"缺了有才的男子不行,缺了有才的女子也不行"②。可见,一部分女性已经确立了女子自重观。

7. 自主观

中国女界在传统的"三从四德"观念的束缚下,没有丝毫的自主权利,一切受制于父母、兄弟、丈夫、儿子。一生必须承受缠足、穿耳之痛苦,蒙受无学无智之愚昧,忍受婚配姻缘之苦衷,接受奴婢妾娼之使役。20 世纪初年,有人提出,作为一个女子,应当有自主独立性,应当挣脱旧家庭藩篱的束缚而获得自主权,形成女子自主的新观念。

8. 道德平等观

在传统道德观上,中国社会是用"妇道"来约束妇女,却没有"夫道"来约束男子,如此就造成道德观上的男女不平等。传统的"妇道"内容相当广泛,它构成女子为男子的奴隶和玩物的精神桎梏,使女性永远套着一个被使役、被买卖、被生杀、被禁锢的枷锁。20 世纪以来,人们开始逐渐打破传统的"妇道"观,喊出女子不是男子的"玩物"和"奴隶"的口号,提出妇女要冲破传统道德的束缚。认为女子的"才"与"德"是紧密相关联的,"有才然后有德,无才却有

① 君剑:《女子之责任》,《竞业旬报》第 6 期。
② 《女子无才便是德驳》,《中国新女界杂志》第 3 期。

什么德呢。"①当时在道德上实行男女平等的要求是较为强烈的。

9. 反"贤妻良母"观

"贤妻良母"是中国人心目中最完美的妇女形象。国民道德与否,全赖于此。"国家欲人民皆有道德,则必始自人人皆有贤妻良母。"②遵照这种价值尺度,中国妇女力求恭恭顺顺,做到"主中馈""不言外"履行应尽之义务,使自己成为能够受到普遍夸耀的"贤妻良母"。20世纪后有人对此产生了怀疑,认为这是一副束缚女子成长的精神枷锁。做妻子的要"贤",做母亲的要"良",这似乎是很道德的,但在中国是把它当作女子成长进步的唯一目标、女子生活的最终目的来规制的。只提倡"贤妻良母",不讲究"贤夫良父",这本身就是极大的不公平,所以"贤妻良母"说乃是欺骗女子、束缚女子的,"使她在社会上的事业,永远没有发达的希望"。③ 时人呼吁,"赶快觉悟起来,打破这种念头,作独立的人,作社会上有用的人"④。而不能单单做"淑女贤妻良母","终身为社会附属品,补助品"⑤。

10. 反"虚荣"观

女子似多存有一种夸示自己的本能,通过发式、服装、面颜、体态等方面的修饰和装扮,来博得人们尤其是男子的称赞。这种夸示若超出了必要的范围,就变为一种心理上的"虚荣"了。"女子一味化妆,脱去夸示的本来目的,装饰到'必要以上',就是把自己容貌给人家看到'事实以上'底虚荣。美装到'身份以上',是把自己经济位置抬高到'事实以上'去底虚荣。住居食物很节俭,服装上很肯费金钱底,妇人中多得很。"⑥如有的女子到剧场中先环顾四周,见有比自己打扮得考究的人便产生卑下之感,缩在一隅不动了,如没有比上自己的,她便心安自得,趾高气扬了。还有的女子,到绸缎店里买东西,买得少就觉

① 《女子无才便是德驳》,《中国新女界杂志》第3期。
② 游桂芬:《论女子教育当注重道德》,《妇女杂志》第1卷第6号。
③ 王震东:《今后吾陕女子之觉悟》,《秦钟》第4期。
④ 王震东:《今后吾陕女子之觉悟》,《秦钟》第4期。
⑤ 亢虎:《忠告女同胞》,《民立报》1911年6月5日。
⑥ 徐卓呆:《虚荣底心理》,《解放画报》第9期。

得难为情,不买许多东西似乎就走不出店门,这也是典型的虚荣。五四时期,有人指出,女子如果没有自信心,不了解自己的真正价值,就容易产生虚荣心,"虚荣家是自己没有实力,想补足它,只得用外面底粉饰了,于是一生苦劳不断,自然弄得很悲伤了。"①希望妇女们能实事求是,正确看待自己,去掉不必要的夸示心,抛弃有害无益的虚荣心。

（二）女性的心灵解放

前面对近代女性文化观变革的主要内容进行了概括的阐述。近代女性文化变革的每一项具体内容在近代不同时期的反映程度是不同的。这与近代社会的历史条件以及思想界对传统女性文化糟粕认识的深化程度不同有密切关系。戊戌时期与20世纪初年,思想界有人受进化论的深刻影响,在亡国灭种的危机面前,认为女子缠足造成中国人种弱以及女子无学带来种族的蒙昧愚钝是国家衰败落后的原因,所以这一时期变革女性文化观的重点是形体观和女学观。辛亥革命以后,随着民国的建立和民权思想深入人心,大大加强了人们的参政意识,这一时期女子参政思想得到了广泛的张扬宣传并被一部分人所接受。五四新文化时期,伴随着人们彻底批判意识的生成,进步知识分子开始从伦理的层次对封建文化进行了深刻的反思,随之而来的是重新评价和认识"男女社交""贞操""贤妻良母"等文化观念,新式女性伦理观在一部分人的心目中开始萌生和确立。

近代女性文化观根据客观历史条件的不同,在近代不同的时期反映出来的要求变革的侧重点是不尽一致的。这同时也与思想界对传统女性文化糟粕认识程度的不断深化有关系。女子无学造成的危害是较为明显的,它的弊端呈现在表面层次上,容易被人们看到和认识,所以它容易最先受到批判。而妇女参政思想是需要人们对天赋人权学说和资产阶级民权思想有了较为深刻的认同之后才会产生,这需要对传统文化糟粕认识的进一步深化才能做到,所以在时间上,到了民国成立前后,政治思想界才大张旗鼓地举起了女子参政的大

---

①　徐卓呆:《虚荣底心理》,《解放画报》第9期。

旗。而对深层的伦理观的本质是需要对本民族传统文化有了相当程度或极为深刻的反思后才能够有所领悟。而对传承了几千年的文化进行反思需要一个较活跃的文化气氛,新文化运动形成了这种氛围,思想文化界才有可能在深层的女性伦理观上产生具有进步倾向的变化。所以说,近代女性文化观的变革,其不同内容在近代不同时期的反映并非齐头并进、同步展开的,而是不断地深化,呈现出一种递进的状态。这种递进状态一方面恰好是人们认识不断深化的反映,这种深化的至高层次就更接近于改造传统文化糟粕中的核心内容。这种递进状态也说明了女子解放是由低级向高级的渐次发展过程:新式形体观,它要求的是妇女在形体上的解放,这是人的最基本的解放,达到了这种解放,才使女子在躯体上达到了等同于"动物"的水平;女子自立观所要求的是妇女获得最基本的独立生存条件,这是作为生物人的一个较低水平的要求;女学观是要求女子在教育上的解放,达此目的,妇女才能获得求知的条件,只有求知才可能摆脱愚昧,从而划清人与动物的界限;参政观要求的是妇女要获得自己的民主权利,这种政治解放具有社会人解放的意义;而新式伦理观是要求妇女真正摆脱精神和文化上的束缚,从而达到妇女全身心的解放。由此可见,近代妇女文化观念变革的实质是要把地位低下的中国女性通过形体解放、教育解放、伦理解放这一由低级到高级的发展过程,使中国女性能真正获得从形体直至心灵的最后解放。

二、"不缠足"始末

（一）缠足起源及其"流为种习"

四川达县地区有一首《缠足歌》唱道："缠足缠足，哀我汉族。女子何辜甘雌伏，同受非刑莫可赎。十趾盘兮双掌曲，三寸莲钩新月出，弓鞋窄窄不盈掬，此乃三百年前毒，历代相沿成恶俗。昨见女孩年五六，两脚横缠兼直筑，如在囹圄加桎梏，立且倚门行且仆。问娘何心毋乃酷，忍教自己亲骨肉，未成人先成废物。只因媒妁再三渎，谓足不美美不足，恐娘受骂女受辱，男子心里太龌龊。一念不仁兴大狱，何日深闺解缚束，我为女儿同一哭。"①这是民间百姓对中国女子缠足陋俗的凄怆控诉。

缠足习俗起源何时，虽有些人对此进行了考证，但由于正史上找不到确凿的证据，所以"由来殆不可考"。② 在众多"起源"说中，有认为始于南北朝齐国东昏侯时期的，有认为始于隋炀帝时期的，有认为始于唐太宗时期的……众说纷纭，莫衷一是。一般认为是自五代十国南唐后主李煜让其妃子窅娘缠足始，"李后主宫嫔窅娘。纤丽善舞，后主作金莲，……令窅娘以帛绕脚，令纤小，屈上作新月状，素袜舞云中，回旋有凌云之态……由是人皆效之，以纤弓为妙，以此知札脚自五代而来方为之。"③大致到了南宋时期，缠足习俗在民间相

---

① 《大竹县志》，载《中国地方志民俗资料汇编》西南卷（上册），书目文献出版社 1989 年版，第 338 页。

② 《令内务部通饬各省劝禁缠足文》，载《孙中山全集》第二卷，中华书局 1982 年版，第 232 页。

③ （元）陶宗仪撰：《四部丛刊三编子部·南村辍耕录》卷十，上海书店 1985 年版。

沿成俗,蔚然成风。

缠足陋习之所以能够得以兴起,根本原因在于中国封建社会的男权文化被普遍认同。中国自古已有抑女贬女思想,孔子时代就有"唯女子与小人为难养也"的说教,"三纲五常""三从四德"中也体现着男权文化的特色。到了宋代,程朱理学一统天下,"男尊女卑"的男权文化就成了支配人们思想并被人们普遍接受和认同的观念。从此,男人成为至尊,女人成为男人的玩物、奴隶、工具、私有品。一切摧残、压抑、歧视、肆虐女子的现象均被视为天经地义、不容置疑的。缠足习俗兴起的直接原因又体现在两个方面,一方面是统治阶层的荒淫无耻而要求对身边女性的凌辱,以及嫔妃们为迎合统治阶层骄奢淫逸的生活需要而不惜戕贼自己的身体,以博他人一笑;另一方面是民间"上行下效"的心态使然。梁启超说过:"古语说,'城中好高髻,四方高一尺'。专制国皇帝的好尚,自然影响到全国。"①鲁迅针对民间在缠足问题上"上行下效"心态做了最形象的注释,"先是倡伎尖,后是摩登女郎尖,再后是大家闺秀尖,最后才是'小家碧玉'一齐尖,待到这些'碧玉'们成了祖母时,就入于利屣制度统一脚坛的时代了。"②这种心态确是缠足风习兴起的直接原因之一。

缠足陋俗兴起,并"日播月盛""流为种习",其谬种流传的原因又是多方面的。其一,"审美"心理与传统相通。在"男尊女卑""男强女弱"的文化环境中,男子是主动者、强者、尊者,女子是被动者、弱者、卑者。所以审美的总标准为"阳刚阴柔",即对女子的审美要求为轻声柔气、懦弱纤细、举止舒缓、步履轻盈、胆怯怕羞、温柔驯服。女子只有处处显出谦卑、娴静、迟缓、柔弱,才具备"贞静幽闲、端庄诚一"的气质,才能称得上男人心目中"沉鱼落雁""闭月羞花"的美女。《诗经》的"窈窕淑女,君子好逑",《南都赋》的"罗袜蹑蹀而容舆",《孔雀东南飞》的"足下蹑丝履""纤纤作细步"等,都是对女子幽雅娴静、温柔舒缓的赞美。这种审美意识又必然要求在形体上对女子加以束缚,六朝乐府诗《双行缠》诗中有"新罗绣行缠,足趺如春妍,他人言不好,我独知可怜",这是时人以小脚为美的心态反映。之所以如此,是因为小脚女人的行为

---

① 梁启超:《中国近三百年学术史》,中国书店 1985 年版,第 103 页。

② 《由中国女人的脚,推定中国人之非中庸,又由此推定孔夫子有胃病》,载《鲁迅全集》第 4 卷,人民文学出版社 1981 年版,第 505 页。

举止与传统的审美观有相通之处。缠了脚的妇女，"走起路来，那一种娇娆的模样，甚是好看"①，不仅如此，男人一系列的情感变化也能产生欣赏小脚的心理感受。"瘦欲无形，越看越生怜惜，此用之在睹也；柔若无骨，愈亲愈耐抚摩，此用之在夜者也。"②男子面对女子"瘦欲无形"的小脚而产生"越看越生怜惜"的怜香惜玉之情怀。由怜惜而生疼，而生爱，而生美。虽然是一种变态和畸形的"审美"感受，但是符合人们情感心理的独特感受。这里引一段文字，反映当时男人是怎样爱小脚的。一男子路上遇上了几个标致的女学生后，感叹道："这几个，真是好极了！尤其是那个穿粉红色衣服的，眉锁春山，目含秋水，年纪不过二八，确是一个处女，……哎，可惜是两只大足！"此男子有一次对人说："你不知道我又遇见了一个美人，真是娇小玲珑，十分可爱！我看见她那一对金莲，再小也没有了。走的时候，扭扭捏捏，摆摆摇摇，真个令人魂销！我瞻望了一会，恨不得把她搂在怀里接吻。"③对小脚的"审美"心理一旦形成，便助长缠足陋习的流行。"香艳丛书"所收《香莲品藻》一书，对小脚的欣赏与评骘到了无以复加的"艺术"境地，乃中国人对小脚"艺术"和"审美"的全面总结，读来令人瞠目结舌，震撼不已。《香莲品藻》对"金莲"评其优劣，并视香莲在"掌上、肩上、千秋板上，被中、灯中、雪中，帘下、屏下、篱下"这"三上""三中""三下"之地为赏观最佳处。"缠足审美"成为女性取悦男性而饱受苦难的畸形审美。其二，小脚转变成诱发"性意识"的一个重要因素，人创造文化，文化又造就人，这可视为两者关系的一个注脚，人所创造的价值观念体系产生了对小脚的审美意识，反过来这种"小脚文化"又对人的感觉和意识产生一种诱导和规范作用。小脚对人的"性意识"诱发便是如此。文化的此种功能，似乎不可思议，怪谲文人辜鸿铭也说："中国女子的美，完全在乎缠足这一点。缠足之后，足和腿的血脉都向上蓄积，大腿和臀部自然会发达起来，显出袅娜和飘逸的风致"④。"由于缠足后，足的形状成了畸形，当足接触地面时，全身的重力集中于踵部，也就是说人为地变成了用踵部走路，因此，跟着发

---

① 希疆：《敬告中国的女子》，《竞业旬报》第 3 期。
② （清）李渔：《笠翁偶集·闲情偶寄》。
③ 慎思：《小脚狂》，《晨报》1925 年 3 月 10 日。
④ 《名言录》，《京报》1925 年 3 月 18 日。

生变化的是妇女的腰部也会变得发达,对骨盆也会有重要影响,涉及性的方面也会产生极其微妙的作用。"这种微妙的作用在于:"缠足的女子为了好好地站立行走,两腿及骨盆肌肉需经常绷紧,这样,其阴部肌肉较紧,性交时给人形同处女的感觉,因此,从更深层、更隐晦的意义上,缠足从根本上说是为了满足男人的性畸变心理,有'金莲'参与的性活动,往往使这些男子获得更强烈的性快感。"①这还只是一种直觉的性刺激,并非文化功能引起的结果,而"小脚审美"一旦转化为诱发"性意识"的因素,情况就尤为显著了。从对"柔若无骨"的小脚"愈亲愈耐抚摩",到以妓女弓鞋"载盏以行酒"②,然后轮流嗅闻妓鞋中所发出的"香气",这反倒成为潇洒时髦的男性风度。从男子视弓鞋为"性"标志,认为女子最性感处并非胸前和胯间,而是"三寸金莲",抚之既可撩拨情欲,产生快感,到女子视"三寸金莲"为"性感带",只要它被异性一握一捏,立刻春情荡漾,不能自持。可见文化不但能改变人的观念和行为,而且能够造作人的新的生理感受和体验。文明的先进文化如此,野蛮的陋俗文化亦如此。可见中国古典小说很多"调情"情节的描写是从"三寸金莲"着手的原因了。其中《金瓶梅词话》中的西门庆与潘金莲调情时从"三寸金莲"着手最为典型。其三,小脚成为择偶的重要条件。小脚既成"审美",天足既为"丑陋",女子天足,"母以为耻,夫以为辱,甚至亲串里党,传为笑谈,女子低颜,自觉形秽。"③择偶随即成为困难。出嫁是女人的唯一出路,做媒的人先要问一下脚大小,没有小脚嫁不到富贵风流的丈夫,不是小脚,"没有男人要"④。河南安阳的一首歌谣也说,"裹小脚,嫁秀才,吃馍馍,就肉菜;裹大脚,嫁瞎子,吃糠菜,就辣子",小脚成为择偶的条件是缠足陋俗广为流传的一个极其重要的因素。其四,缠足是身份和福气的象征,是家道富有的标志。康有为的女儿康同璧曾说:"我们的家庭是所谓书香门第,像这样人家的'小姐',是必须用小脚来表示身份的,三寸金莲,一切行动都得依靠丫头,那才是'福气'"。⑤

---

① 钟雯:《四大禁书与性文化》,哈尔滨出版社 1993 年版,第 75 页。
② (元)陶宗仪撰:《四部丛刊三编子部·南村辍耕录》卷二十三《金莲杯》,上海书店 1985 年版。
③ (清)福格:《听雨丛谈》卷七《裹足》,中华书局 1959 年版,第 139 页。
④ 周作人:《谈虎集》上卷,北新书局 1928 年版,第 232 页。
⑤ 康同璧:《清末的"不缠足会"》,《中国妇女》1957 年第 5 期。

元人伊世珍《瑯环记》里说,本寿问于母曰:"富贵家女子必缠足,何也?"其母曰:"吾闻之,圣人重女而使之不轻举也,是以裹其足,故所居不过闺阃之中,欲出,则有帷车之载,是无事于足也。"①其五,有利于妇女的贞操要求,"脚缠小了,行走不便,可以不会做那些丑事。"②弓足女子行动之不便,足不出户,"深锁闺中",既能防止放荡行为,又能保持女性贞操。缠足为男人提倡,是要独占女性贞操的一种手段,正是基于上述五方面的原因,所以缠足陋习不但在中国社会兴起,并能趋之若鹜,不断流传,上千年延绵不断。

(二)近代以前的禁缠足

　　缠足陋俗,虽疾害丛生,但人们往往视而不见。然而缠足的恶果却一直受到个别文化志士的抨击和批判。宋代车若水在《脚气集》中谴责了缠足,"妇人……未四五岁,无罪无辜,而使之受无限之苦,缠得小来,不使何用?"清钱泳也说,"妇女裹足,则两仪不完,两仪不完,则所生男女必柔弱;男女一柔弱,而万事隳矣!"③他还把缠足与否与胜败得失联系起来,他说:"考古者有丁男丁女,惟裹足则失之;试看南唐裹足,宋不裹足得之;宋金间人裹足,元不裹足得之;元后复裹足,明太祖江北人不裹足得之;明季后妃宫人皆裹足,末朝不裹足得之。"④李汝珍在《镜花缘》中批判缠足习俗,"始缠之时,其女百般痛苦,抚足哀号,甚至皮腐肉败,鲜血淋漓。当此之际,夜不成寐,食不下咽,种种疾病,由此而生"⑤。并在书中安排林之洋在女儿国入宫缠足的情节,好让男人去亲身体验其缠足的痛苦。被缠了足的林之洋:"只觉脚上如炭火烧的一般,阵阵疼痛。不觉一阵心酸,放声大哭道:'坑死俺了!'……林之洋哭了多时,左思右想,无计可施"⑥。"林之洋到了这个地位,只觉得湖海豪情,变作柔肠寸断了。"⑦俞正燮

---

① 转引自陈锋、刘经华:《中国病态社会史论》,河南人民出版社1991年版,第324页。
② 希疆:《敬告中国的女子》,《竞业旬报》第3期。
③ (清)钱泳撰:《履园丛话》下册,中华书局1979年版,第631页。
④ (清)钱泳撰:《履园丛话》下册,中华书局1979年版,第631页。
⑤ (清)李汝珍:《镜花缘》上册,人民文学出版社1955年版,第78页。
⑥ (清)李汝珍:《镜花缘》上册,人民文学出版社1955年版,第237页。
⑦ (清)李汝珍:《镜花缘》上册,人民文学出版社1955年版,第239页。

也指出:"古有丁男丁女,裹足则失丁女,阴弱则两仪不完。"①袁枚在《牍外余言》中发出"女子足小有何佳处"的质问,并作诗斥责道:"三寸弓鞋自古无,观音大士赤双趺。不知裹足从何起? 起自人间贱丈夫!"②龚自珍也曾作诗说:"娶妻索得阴山种,玉颜大脚其仙乎。"但这些愤世嫉俗的言论却被湮没在"小脚拜物教"的氛围之中,没有引起人们的普遍警觉。

清初曾有御令禁止缠足。崇德三年(1638年)清太宗下令禁止妇女"束发裹足"③。顺治元年(1644年)孝庄皇太后谕有以缠足女子入宫者斩。顺治二年(1645年)以后所生女子禁缠足。顺治十七年(1660年),皇帝谕旨规定,有抗旨缠足者,其夫或父杖八十,流三千里。康熙三年(1664年)重申禁条,规定康熙元年(1662年)以后所生女子违法裹足,"其父有官者交吏兵二部议处,兵民则交付刑部责四十板,流徙,十家长不行稽察,枷一个月,责四十板,该管督抚以下文职官员有疏忽失于觉察者,听吏兵二部议处在案。"④法令虽严,但统治者的举措仅仅是为了稳定传统秩序和维护满族旧制,所以缺乏变革文化的深层意义。又因为禁缠足与汉人的民情与生活观念大相径庭,所以缠足之风屡禁不止。康熙七年(1668年),皇帝诏求直言,左都御史王照、礼部仪制司员外郎王渔洋乘机奏请"酌复(缠足)旧章""宽女子缠足禁",获皇帝批准,从此缠足风气愈演愈烈。而作为不缠足运动的萌生、发展、扩展则是中国步入近代以后才渐次出现的。

(三)19 世纪下半叶的禁缠足运动

近代禁缠足始于太平天国时期,太平天国初时就有很多天足女子参加起义,后来妇女人数增多,太平军便采取了"悉迫令解足"⑤的措施,"违者斩首"⑥。

---

① (清)俞正燮撰:《癸巳类稿》卷十三《书旧唐书舆服志后》。
② (清)袁枚:《随园诗话》上册卷四,人民文学出版社 1960 年版,第 115 页。
③ 《清实录》第二册卷四《太宗文皇帝实录》,中华书局 1985 年版,第 554 页。
④ (清)钱泳撰:《履园丛话》下册,中华书局 1979 年版,第 630 页。
⑤ (清)张德坚:《贼情汇纂》卷三《伪女官》,载中国史学会主编:《太平天国》(三),上海人民出版社 1957 年版,第 111 页。
⑥ (清)张德坚:《贼情汇纂》卷十二《杂载》,载中国史学会主编:《太平天国》(三),上海人民出版社 1957 年版,第 316 页。

定都天京,"令妇女不准缠足"①,"夜间女百长逐一查看,有未去脚缠者,轻则责打,重则斩脚"②。禁缠足可以说是太平天国妇女生活的一项较有特色、较为显著的改革,"从此以后,桂粤等省妇女之不缠足者,殆过半数"③。虽它更多的是从军事斗争及女子工作的实际需要出发,从信仰"在上帝面前人人平等"的观念出发,但它毕竟解放了一部分妇女的肢体,免除了一部分妇女的缠足痛苦,使许多妇女能和男子一样,踏着矫健的步履随军出征,参加革命斗争,并在某种程度上改变了个别人的所谓缠足是"身姿婀娜,步态轻盈,有如弱柳迎风摇曳"的观念。然而,由于太平天国的领导者和参加者受封建意识的严重束缚,他们没有也不可能从文化革命的深度去宣传和倡导不缠足运动,所以此举不能贯彻到底,而终于夭折。事实上,这时期禁缠足的对象主要是太平军内部的女子,对社会妇女涉及甚少。值得称颂的是,近代禁缠足是从这个时期发端的,此后,反缠足的宣传、禁缠足的实践就再也没有停止过。

不缠足的萌生与西方传教士在中国的宣传和主张关系甚密。为了布道,传教士认为,妇女缠足,不能赴稍远之会堂听道礼拜,这无疑有碍于培养中国的女教徒,自然影响教会在中国的扩展,也就不利于达到他们用基督教占领人类精神世界的目的。传教士出于"上帝生人,不分男女各予两足"④的宗教观念,认为"上主造人之足形,男女无二致。此古今之通义也"⑤。所以女子缠足"实超越于上帝矣",此事"亦失爱主爱人之道""亦闺门之风,大获罪于上帝,我教会切宜速除此弊焉"⑥。传教士在华通过创办女子教会学校及不缠足会等方式来禁戒缠足。教会女校在中国兴起后,有些教会学校要求入学的女子要天足或放足。1872 年在北京负责教会女校的波特和柏诺就将不缠足作为学生入学的条件。当时就有部分教徒和一些十分贫穷而不能养活他们女儿的

---

① (清)张德坚:《贼情汇纂》卷十二《杂载》,载中国史学会主编:《太平天国》(三),上海人民出版社 1957 年版,第 316 页。

② 汪堃:《盾鼻随闻录》卷五《摭言纪略》,载中国史学会主编:《太平天国》(四),上海人民出版社 1957 年版,第 395 页。

③ 贾伸撰:《中华妇女缠足考》,北京慈祥工厂 1925 年版,第 12 页。

④ 秀耀春:《缠足论衍义》,《万国公报》光绪十五年四月。

⑤ 抱拙子:《劝戒缠足》,《万国公报》第 15 年第 710 卷。

⑥ 抱拙子:《劝戒缠足》,《万国公报》第 15 年第 710 卷。

人接受了这个要求,将女儿送进了学校。1875 年,以伦敦传教会的牧师约翰·麦克高望为首的厦门传教士在中国成立了第一个"天足会"团体,规定凡不愿为女儿缠足者,均可入会。入会者要立约画押,保证履行公约,违者"会众共责之"。这是目前所知道的中国最早的不缠足团体。该会成员每年聚会两次。前后举办三年,入会者逾 80 余户。1895 年 4 月,以英国立德夫人为首的女传教士在上海成立了"天足会"总会,并在苏州、无锡、镇江、扬州、南京等地设立分会。该会的宗旨为:"专司劝戒缠足,著书作论,印送行世,期于家喻户晓。在会诸友,皆有同心,体救世教爱人之心,务欲提拔中华女人而造就之。先以释放其足为起点,除其终身之苦,然后进谋其教导之法。"① 该会规定,凡入会者,皆先释放其家中女人之足,且于他日永不再裹女子之足,也不娶缠足之女为媳。该会通过演说和有奖征文等文字宣传及"劝令官长出告示,绅士作榜样"等社会实践相结合的形式,宣传戒裹足之益处,产生了一定的影响。"广东省城有一老妪,行年七十,而解行缠,此其最老者也。此外,有年周花甲者,亦有四五十岁者,屈指以计,几已盈千。"② 上海天足会活动较多,持续时间也较长。此外,来华传教士还建议各商埠所设工厂"所用女工,不收小脚"。还要求"入教之家,皆放其足,悬为厉禁,入堂礼拜时,细查而申戒焉"。③ 西方传教士主持的不缠足活动仅限制在教徒内部,但有关"召痼疾""戕生命""害及其身,害及其魂"的戒缠足宣传,无疑对中国的有识之士有所启迪,并为戊戌时期不缠足运动提供了某些借鉴。西方传教士的不缠足活动与太平天国时期的禁缠足举措一道构成中国近代不缠足运动萌生阶段的主要内容。而近代不缠足运动的发展阶段是从维新派领导的戊戌变法开始的。

其实早期维新派就已开始注意批判和主张革除缠足陋习。陈虬就曾指出,"中国生人根基渐弱,未必非母气被遏所致",主张"弛女足""严禁缠足"。④ 宋恕也说:"裹足一事,为汉人妇女痛苦,致死者十之一二,致伤者十之

---

① 《天足会兴盛述闻》,《万国公报》光绪三十年甲辰四月。
② 《劝戒妇女缠足丛说》,《万国公报》光绪二十六年六月。
③ 《缠足论》,《万国公报》光绪二十二年七月。
④ 《救时要义》,载中国人民政治协商会议浙江省温州市委员会文史资料委员会编:《陈虬集》,浙江人民出版社 1992 年版,第 77 页。

七八。"①最集中笔墨对缠足陋俗进行揭露的是郑观应,他说:"妇女裹足,合地球五大洲,万国几万里,仅有中国而已。……夫父母之爱子也,无所不至,而钟爱女子,尤甚于男儿,独此事酷虐残忍,殆无人理! 或四五岁或七八岁,严词厉色,凌逼百端,必使骨断筋摧,其心乃快。以为如此而后,他日适人,可矜可贵,苟肤圆六寸,则咸里咸以为羞,此种浇风,城市位于乡曲,世家巨室,尤而效之。人生不幸作女子身,更不幸为中国之女子,戕贼肢体,迫束筋骸,血肉淋漓,如膺大戮,如负重疾,如觏沉灾,稚年罹剥肤之凶,毕世婴刖足之罪,气质虚弱者,固已伤身,虽父母爱怜,而死者不可复生,断者不可复续矣。即幸全性命,而终日需人扶掖,井臼安克操持,偶有水火盗贼之灾,则步履艰难,坐以待毙,戕伐生质,以为美观,作无益以为有益,是为诲淫之尤。"②早期维新派主张严明刑罚来戒缠足,"禁缠足,违者惩之以刑"③,"急宜申明禁令,以救恒沙之惨"④。从而达到革除陋俗之目的。

从整个近代戒缠足状况看,戊戌维新运动时期是近代戒缠足运动的发展阶段。这一阶段不缠足与救亡图存的大目标联系起来,视其为维新变法的内容之一。与此之前不同,太平天国主要是从革命运动和军事斗争的需要出发,传教士是从布道的目的出发,来进行禁缠足的。维新志士却把它视为民族尊严和民族存亡以及富国强兵的一项具体措施来宣传和开展戒缠足运动的,产生了广泛的影响和明显的效果。康有为说:"方今万国交通,政俗互较,稍有失败,辄生讥轻,非复一统闭关之时矣。吾中国蓬筚比户,蓝缕相望,加复鸦片熏缠,乞丐接道,外人拍影传笑,讥为野蛮久矣。而最骇笑取辱者,莫如妇女裹足一事,臣窃深耻之"。⑤ "今中国两万万女子,世世永永,婴此刖刑,中国四万万人民,世世永永,传此弱种,于保民非荣,于仁政大伤。"⑥"今当举国征兵之

① 胡珠生编:《宋恕集》上册,中华书局 1993 年版,第 152 页。
② (清)郑观应:《盛世危言》卷三《女教》,载中国史学会主编:《戊戌变法》(一),上海人民出版社 1957 年版,第 76 页。
③ 《妇学》,载(清)陈炽撰:《庸书外篇》卷下,自强学斋治平十议版,第 13 页。
④ 胡珠生编:《宋恕集》上册,中华书局 1993 年版,第 152 页。
⑤ 康有为:《请禁妇女缠足折》,载中国史学会主编:《戊戌变法》(二),上海人民出版社 1957 年版,第 243 页。
⑥ 康有为:《请禁妇女缠足折》,载中国史学会主编:《戊戌变法》(二),上海人民出版社 1957 年版,第 244 页。

世，与万国竞，而留此弱种，尤可忧危矣。"①梁启超说："中国之积弱，至今日极矣，欲强国本，必储人才，欲植人才，必开幼学，欲端幼学，必禀母仪，欲正母仪，必由女教，人生六七年，入学之时也，今不务所以教之，而务所以刑戮之倡优之，是率中国四万万人之半，而纳诸罪人贱役之林，安所往而不为人弱也。"②谭嗣同说："缠足之大恶……将不惟亡其国，又以亡其种类。"③严复说，缠足之事"不早为之所，则变法者，皆空言而已矣。"④徐勤说："既以纤小裹二万万妇女之足，又以此纤小裹二万万士人之心，裹足不能行则弱，裹心无所知识则愚，既弱且愚，欲不为人臣妾得乎。"⑤曾继辉说："欲救国，先救种，欲救种，先去其害种者而已，夫害种之事，孰有过缠足乎！"⑥可见，维新志士是以救亡图存、强国强种为目的来主张戒缠足的，即把戒缠足视为维新变法的一项重要内容，所以正值变法的高潮，康有为于 1898 年 7 月上书光绪皇帝，要求禁止缠足。在呈奏《请禁妇女裹足折》的当天，康有为同李鸿章一起从勤政殿出来，李鸿章有些不满地说："女人缠足的小事你也要管，未免太琐碎了，留点精力为国家大事筹谋划计策吧！"康有为却说："这是小事吗？不是，全国四万万人口中，有一半在这条锁链之下，不能有所作为，中国的积弱，缠足未尝不是主因之一。"⑦变法高潮时期，维新派上书要求禁止缠足，就变法与禁缠足的关系而言，从中可见一斑。光绪皇帝支持变法，也采纳了康有为的主张，于 1898 年 8月 13 日发出上谕，"请奖励各省不缠足会，令各省督抚，饬地方官劝诱士庶，仿照上海不缠足会例推行。并定律，光绪十五年所生女子至今十岁者，无得裹足。若有裹足者不得领受封典。"⑧这就更加有利于维新派领导的不缠足运动

---

① 康有为：《请禁妇女缠足折》，载中国史学会主编：《戊戌变法》（二），上海人民出版社 1957 年版，第 243 页。

② 梁启超：《戒缠足会叙》，载中国史学会主编：《戊戌变法》（四），上海人民出版社 1957 年版，第 432 页。

③ 《仁学十》，载《谭嗣同全集（增订本）》下册，中华书局 1981 年版，第 303 页。

④ 《原强修订稿》，载《严复集》第 1 册，中华书局 1986 年版，第 29 页。

⑤ 徐勤：《中国除害议》，载中国史学会主编：《戊戌变法》（三），上海人民出版社 1957 年版，第 124 页。

⑥ 曾继辉：《不缠足会驳议》，《湘报》第 151 号。

⑦ 康同璧：《清末的"不缠足会"》，《中国妇女》1957 年第 5 期。

⑧ 康有为：《康南海自编年谱》，载中国史学会主编：《戊戌变法》（四），上海人民出版社 1957 年版，第 155 页。

的向前发展。

戊戌时期的不缠足运动以广州、上海、长沙为重心,以南方略显突出而得以开展的。

康有为早年对缠足陋俗就深恶痛绝,他曾说:"中国一向是号称为教化之国,圣贤辈出,为什么没有人来对缠足加以禁止呢?我们读圣贤之书,不用来救世,为人类解脱痛苦,那又有什么用?"①康有为以身作则,不给自己的女儿缠足,这是前识者的远见和胆识,陋俗的改造往往需要这类先行者的垂范作用。然而创义不易,持传统观念者及其习惯势力无不为之骇奇疑笑,非睿智之贤哲是难以抵住周围之压力的。康有为也深感"独立甚难",为阻止"谬俗流传",康有为于 1883 年与同乡区谔良在家乡创立了中国第一个不缠足会,"创不裹足会草例,令凡入会者,皆注姓名籍贯、家世、年岁、妻妾子女,已婚未婚,约以凡入会者,皆不裹足,其已裹者听;已裹而复放者,同人贺而表彰之,为作序文,集同志行之,来者甚多,实为中国不缠足会之始"。② 1895 年,康有为与其弟康广仁又在广州成立"粤中不缠足会",由其两个女儿康同薇、康同璧参加主持,现身说法,参加者很多。在广东的影响下,1897 年 4 月,梁启超、汪康年、谭嗣同等筹备在上海成立不缠足总会,并在《时务报》上刊登了由梁启超等人起草的《试办不缠足会简明章程》,拟于上海设总会,各省会设分会,各州县市集设小分会。1897 年 6 月 30 日,上海不缠足总会正式成立,总会设在《时务报》馆内,"入会者三十万余众"③。上海不缠足会是当时影响最大的不缠足组织。1898 年 4 月,黄遵宪、梁启超、谭嗣同等人在长沙《湘报》馆内成立湖南不缠足会,制定了《湖南不缠足总会简明章程》,使湖南不缠足搞得有声有色,并带动了省内其他地区不缠足运动的展开。谭嗣同为之起草的《湖南不缠足会嫁娶章程》,不但是为了解除不缠足女子对个人婚姻的顾虑,而且具有反封建的社会革命和文化革命的意义。在广州、上海、长沙等地不缠足运动的带动下,南方很多地方也受其影响而先后办起了不缠足会等组织。广东成

① 康同璧:《清末的"不缠足会"》,《中国妇女》1957 年第 5 期。
② 康有为:《康南海自编年谱》,载中国史学会主编:《戊戌变法》(四),上海人民出版社1957 年版,第 116 页。
③ 《劝戒妇女缠足丛说》,《万国公报》光绪二十六年六月。

立了不缠足分会,南海县 96 乡于 1897 年底联合成立不缠足会。同年,陈默然、赖弼彤等在广东顺德倡办不缠足会,入会者几百人。张之洞于湖北成立不缠足会,并亲撰《〈戒缠足会章程〉叙》,规定凡于光绪二十年(1894 年)以后出生女子,缠足者罪其父母,不准封为命妇。康广仁在澳门创立不缠足会,发表《澳门不缠足会别籍章程》。四川重庆府 250 家士绅互相订约,女子不缠足,男子不娶缠足妇,违者罚款。此外,在福建福州、广东龙山、香山,湖南湘乡、新化、汉寿等地都先后兴起了不缠足运动。而在北方,仅有天津不缠足会,北京的部分粤籍京官订立了不给女儿缠足之约。南北比较,不缠足运动,南方略显突出。

新生事物的产生、发展都不是一帆风顺的,它往往是要遇到衰亡着的旧事物的抵抗,也总是要通过同旧事物的斗争来为自己开辟道路的。

维新派领导的不缠足运动遭到了顽固派的竭力反对。在顽固派眼里,变革习俗无疑是对传统观念与习惯势力的冲击,是对传统社会秩序、统治秩序的一种破坏,维新派主张变法的本身就是对顽固派统治地位的一种威胁,所以他们竭力反对变法,自然不会容忍作为变法内容之一的不缠足主张的实施及其发展。在顽固派的阻挠下,随着戊戌变法的失败,戊戌不缠足运动也遭遇了挫折。虽然戊戌不缠足运动还只是在少数的进步的士绅家庭中进行,"开会者不过通商数区,入会者不过通人数辈,行省之大,充耳不闻,母亦知此理者尚少也"①。但它开化了社会风气,为最终革除缠足陋习奠定了舆论和实践的基础。

(四)20 世纪最初 20 年的禁缠足运动

不缠足运动随着维新运动的失败而经历了一段沉寂之后,到了 20 世纪初年,随着辛亥革命的兴起,又再次出现高潮,迎来了近代不缠足运动的新阶段。这个时期自 20 世纪初年始,经历了民国初年,才慢慢地接近了尾声。这一阶

---

① 康同薇:《女学利弊说》,转引自中华全国妇女联合会妇女运动历史研究室编:《中国妇女运动历史资料(1840—1918)》,中国妇女出版社 1991 年版,第 88 页。

段的不缠足运动无论其规模、范围、影响都超过了维新时期,出现了新的特点和起色。

　　1902 年清政府颁布了劝诫缠足的上谕:"汉人妇女,率多缠足,由来已久,有伤造物之和。嗣后搢绅之家,务当婉切劝导,使之家喻户晓,以期渐除积习。"①清政府的上谕不但减少了社会上的阻力,在某种程度上也转变了一部分地方大员力量的趋向,使之成为不缠足运动的热心参与者。以致受到了外国传教士的称赞,认为戒缠足的兴盛,"其第一最大之助力,实当感谢中国明理之诸大员,为之首先提倡也"②。直隶总督袁世凯撰文劝诫缠足,并让自己的子女亲属不缠足或放足。四川总督岑春煊刊印 5 万本《不缠足官话浅说》,颁发属下,两江总督端方也订立不缠足章程,札饬各地遵行。到 1904 年,"中国十八省总督皆有戒缠足之示,所缺者惟浙闽与陕甘而已"③。这对于不缠足运动向纵深发展起到了催化剂的作用。

　　这一阶段办了不少妇女刊物和白话刊物,作为不缠足的舆论阵地,并通过其他多种形式,诸如画片、小说、诗歌、传单等倡导戒除缠足,使各地纷纷成立"不缠足会"或"天足会"。上海、广东、湖南、福建、湖北、浙江、天津等地都创办了不缠足会,并出现了县以下的各种不缠足团体,湖北汉阳太守宋敦甫将省创设不缠足会很快发展到二十几个分会,并波及外省金陵、扬州、镇江、嘉兴等地。1906 年成立了全国性的不缠足团体——中国天足会,并在山东青州,浙江衢州、仙居,山东威海卫,浙江慈溪,安徽庐江,福建厦门,江苏奉贤,苏皖两省,上海,奉天营口、锦州,浙江宁波等地设立了分会。由于不缠足会数量的增多,不缠足的人数也较之以前明显增多,如山东登属有一天足会,入会者约有1300 多人④,山东潍县"放足者不下千人",⑤广州"放足者十有八九"⑥,"厦门天足会会友 4767 人"⑦。江苏江宁在有识之士的宣传下,"今官绅之开通者,

---

① 　朱寿朋编:《光绪朝东华录》第 4 册,中华书局 1958 年版,总第 4808 页。
② 　《天足会兴盛述闻》,《万国公报》光绪三十年甲辰四月。
③ 　《天足会来函》,《万国公报》光绪三十年甲辰九月。
④ 　《登属天足会》,《大公报》1905 年 4 月 16 号。
⑤ 　江东:《记杭州放足会》,《浙江潮》第 2 期。
⑥ 　江东:《记杭州放足会》,《浙江潮》第 2 期。
⑦ 　《天足会报》光绪丁未年第 1 期。

联合同志,悉设天足会。造成种种歌咏,痛除缠足之害。有志有识之妇女,颇有自解其缚束,以开风气之先。除夕缠足之颓风,从此庶几少息"①。

这一阶段觉悟的女性逐渐增多,并主动投入到不缠足运动中来,她们组织团体、创办报刊、积极带头,出现了"女子相率放足者""指不胜屈"②的局面。1905 年天足会在上海召开两次大会,到会的 1000 余人中妇女约占三分之一。是年山东潍县召开一次不缠足会,有 400 余女宾参加,会后有 205 人签名表示愿意放足。这个时期出现了妇女自己组织的不缠足会。杭州放足会就是妇女自己组织的。杭州放足会 1903 年在西湖开会提倡天足,"来会者八十余人,演说及三时之久,演说毕,合摄小影,为后日留纪念。此杭州开会第一次盛会"③。是会"已放足者十余人,即时愿放足者三十余人,将来不愿儿女缠足者二三十人"④。

这时已有人开始介绍和宣传放足之法,如有的报刊撰文说:"若是包缠没有长久的,把裹足布解下去了,穿上稍大的鞋袜,几日就和以前一般了,若是已经缠小的妇人放足的法子,初放开的时候,每日须用热水洗几次,每次须将足浸得软了,小心把水汽揩干,再把那脚背和脚心折断的地方,轻轻分开,用些棉花破絮塞在那些脚趾缝里面,穿上合适的袜子,外面套上一双大些的鞋子,照常在地上行走,到了晚上睡的时候,必须赤足。每次洗过之后,或者早起晚眠的时候,必要自己用手按摩揉搓,数日之后,自然血脉活动,改成大脚了。若是放足的时候,那些脚趾或是脚心的皮肉,有点破烂,便可以用硼砂水去洗它,就会好的。"⑤

20 世纪初年不缠足运动得到深入的开展,不但涉及士农工商,而且蔓延至部分农村地区。但是这一时期觉悟者还主要集中在知识分子阶层和城市居民中。如一游学青年欲求天下有志女子为妻,他的第一个要求就是要女子天足。⑥ 蔡元培也曾把女子不缠足作为征婚的第一个条件。在城市居民中,注

① 《江宁岁时风俗记》,《时报》1905 年 2 月 17 日。
② 《万国公报》光绪三十一年乙巳十一月。
③ 江东:《记杭州放足会》,《浙江潮》第 2 期。
④ 《杭州放足会第二次调查信》,《浙江潮》第 3 期。
⑤ 希疆:《敬告中国女子(续)·附录·天足放足的法子》,《竞业旬报》第 4 期。
⑥ 《求偶》,《大公报》1902 年 6 月 26 号。

重革除缠足陋习的人相对集中些。以天津为例,1903 年有报道:天津近来"已竟有了百余家,不再给女儿缠足了"。① 1905 年又有报道:"天津妇女不缠足的风气开通多了,或有入天足会的,或有不入天足会也不缠足的,约略着算计,天津一处,总有三四百家。有这三四百家文明种子,渐渐发生,不愁将来不都改过来,这也算是一件最可喜的事"②。同年又有一报道:"须知天津不缠足的,已有三分之一了。"③这些报道的准确程度暂且不论,但这足以说明在城市居民中已经有一批女子不再继续缠足了。

但在这一时期,由于历史的惯性,使缠足陋习的变革还存有很大的历史局限。特别是民众变态审美心理和恐惧心理的作用是影响缠足变革的一个非常重要的因素。比如"缠足一事,残忍惨痛,本非人所愿为,徒以习俗相沿,非此不能称为上等完全女子"④。所以久而久之,形成了一种变态的审美观:"中国的男子,多半爱妇女小脚"⑤,这缠成的脚又肥、又软、又秀、又嫩、好看! 一听说戒缠足,男子就先大骂出口了。女子也一样。特别看重自己的小脚。有的地方还设有小脚会:"风俗之恶,莫此为甚。盖元旦至初五,此数日间,凡大家小户之妇女,无不艳妆坐于门外,将双足露出,任人往观,评定甲乙。……若足小者尤有自矜之色。"⑥这种变态审美观的影响,阻碍了陋俗的变革。再如,由于缠足成习,每逢议亲,不论女子品性如何,只论貌的丑俊和脚的大小。要是脚大,品行端正,性情和蔼,公婆也不喜,丈夫也不爱。所以中国妇女不敢轻易禁止缠足,觉得"若从此不缠,轻则为乡里所羞,重则恐婚姻难定,有此一念横梗心目,虽百方化导,亦难以动之。"⑦所以即使自己觉得缠足不好,由于社会观念未发生普遍变化,因此个人也就不敢独自妄为,违抗众意。严复曾说,缠足"本非天下女子之所乐为也,拘于习俗而无敢畔其范围而已。假令一日者,天子下明诏,为民言缠足之害,且曰,继自今自某年所生女子而缠足,吾其勿

① 《力除恶习》,《大公报》1903 年 11 月 21 号。
② 《缠足的妇女请听》,《大公报》1905 年 3 月 31 号。
③ 《庆云毕君绶珊劝戒缠足浅说》,《大公报》1905 年 4 月 17 号。
④ 君剑:《拒烟会与天足会》,《竞业旬报》第 10 期。
⑤ 《劝戒缠足》,《女子世界》第 2 期。
⑥ 《豫省新年风俗记》,《时报》1905 年 2 月 25 日。
⑦ 《呈请直督奖励天足禀稿》,《大公报》1904 年 9 月 17 号。

封,则天下之去其习者,犹热之去燎而寒之去裘也。"①这里也可窥视到民众的恐惧心理。

辛亥革命胜利后,民国初年,出现了改造陋俗的新高潮,禁缠足也是其中重要的内容,"辛亥革命,男去辫发,女弛裹足,诚咄咄二大快事"②。1912年3月13日孙中山发出禁缠足的文告,"通饬各省一体劝禁。其有故违禁令者,予其家属以相当之罚"③,从而得到社会各界和地方政府的支持。民初社会出现了"天足兴,纤足灭""放足鞋兴,菱鞋灭"④,各地遂"天足女子渐多,乡间妇女与男子共耕耘"⑤。民间风俗也随之变化,"议婚者不以足大为嫌,亦文明进步之渐也"⑥。"女子裹脚从此解放了,已裹的放掉,已裹小的也放大,社会上很自然地一认定,民国纪元以后生下的女儿,一概不裹脚。"⑦这话与实际情况有些距离,看来主要指城市女性,但反映出当时禁缠足已经开始波及民众。至新文化运动期间,禁缠足陋俗在城市,尤其在知识界,呈现一种普遍现象。"学界已几乎全是天足","而'文明女学士'尤'高其裙革其履'了"⑧。男学生中带"不娶缠足女子"牌子的人很多。到省外学习的学生思想先进,回到家乡更不愿娶缠足女子为妻了。当时,"除掉穷乡僻壤,风气闭塞的地方,还不免有缠脚的妇女,都市省会,差不多全是天足,再也看不见小脚伶仃的了"⑨。由于边远省区和农村中还有一部分妇女缠足,"妇女放足……乡间尚不及十之四五"⑩,周作人在20年代也说:"中国妇女恐怕还有三分之二裹着小脚。"⑪《许昌县志》记载:"1927年,县成立放脚委员会,提倡妇女放脚,并派出'查脚

---

① 《原强修订稿》,载《严复集》第1册,中华书局1986年版,第28页。
② 田兴奎修,吴恭亨纂:《慈利县志》卷十七《风俗》。
③ 《令内务部通饬各省劝戒缠足文》,载《孙中山全集》第二卷,中华书局1982年版,第232页。
④ 《时报》1912年3月5日。
⑤ 《黄山县志》卷三。
⑥ 杨式震:《满城县志略》卷八《风土·礼俗》,1941年版,第4页。
⑦ 黄炎培:《我亲自经历的辛亥革命事实》,载《辛亥革命回忆录》(一),文史资料出版社1961年版,第68页。
⑧ 周作人:《谈虎集》上卷,北新书局1928年版,第233页。
⑨ 周剑云:《废除穿耳》(二),《解放画报》第3期。
⑩ 杨式震:《满城县志略》卷八《风土·礼俗》,1941年版,第4页。
⑪ 周作人:《谈虎集》上卷,北新书局1928年版,第232页。

委员'赴四乡检查,发现缠足者给予处罚,缠脚之风开始收敛。但自愿放足的很少,多数农民仍怕大脚被人耻笑,怕找不到婆家而继续缠足。30年代后期,妇女缠足之风逐渐绝迹。"①所以五四时期仍有人设法采取更严厉更有效的措施以革除这一陋习,1921年云南教育厅厅长在省立女子师范分校讲演时,就谈到了禁止女学生的缠足问题,强调宁可少招学生,也绝不收缠足女子入学,不许缠足女子继续升班,并声称与警察厅会商,对缠足者要以法律取缔,或处以罚金。② 陕西也有人主张要通过行政命令或罚款来禁缠足,并通过心理上的医治达到禁止缠足的目的。③ 总之,通过新文化运动的冲击,缠足陋俗趋于根除,虽然三四十年代还有缠足的残渣遗留,但新中国成立后,在全国最终根除了这一陋习。

---

① 许昌县志编纂委员会编:《许昌县志》,南开大学出版社1993年版,第778页。
② 《缠足问题——李教育厅长在省立女子师范分校讲演辞》,《云南教育杂志》第10卷第5期。
③ 王价:《废除缠足的恶习》,《秦钟》第3期。

三、女学的演变

（一）近代的最初女学

中国封建社会一直把妇女视为"难养"的异类而加以歧视。广大妇女没有独立的人格与尊严，只是传宗接代的工具，是"祸水"，是"奴隶的奴隶"。"女子无才便是德"是中国社会纲常伦理的重要内容。在这种"妇德"观的束缚下，中国历史不曾有过专门的女子学校教育，所谓的女子教育无非是以《内则》《女诫》《女孝经》等所规定的社会遗规，由富贵之家在家庭中延师对女子实施训导，以养成合乎封建礼教的"贤妻良母"。而绝大多数的劳动妇女终身无法接受文化教育。中国步入近代社会以后，随着中国近代社会政治经济和近代文化的变化，教育也随之变化，其中女学的产生与发展便是其一个重要方面。

探讨近代女学的演变，不能不提及太平天国时期的女子教育。太平天国成立初年颁布的《天朝田亩制度》，就提出一种普遍性与平等性的教育计划，这是我国教育史上的一个创举。太平天国根据"天下多男人，尽是兄弟之辈；天下多女子，尽是姊妹之群"的平等原则，尊重妇女的地位，并在教育上亦加注意。太平天国有很多妇女曾参加教育工作，并受到了人们的欢迎，受了新教育的太平天国妇女也改变了从前卑弱的姿态。在军队中太平天国女兵的勇敢善战也是她们的敌人所公认的。然而太平天国毕竟是农民战争，他们还只是简单从增加军事力量方面来考虑男女平等从而注重女子教育的，这种女子教育还不能从教育制度、教学内容以及教学形式和手段等方面得以确立，所以它还不具备近代教育的性质。尽管太平天国的女子教育对封建的纲常伦理起了冲击作用,但随着太平天国的失败而消失,没有成为也不可能成为近代女学的真正发端。

中国最早出现的女子学校是外国人在中国人兴办的女子教会学校。早在清政府被迫开关之前,西方传教士就以传教方式来为西方的"上帝"寻找"臣民",这种精神也渗透到中国的妇女界。1837 年外国人在南洋为华人设女学,1844 年外国人又在宁波开设华人女学①,中国的女子教会教育从此开始。到1860 年,在上海、福州、广州、宁波、厦门、香港、澳门等地共创办了十几所女子教会学校。这些女校大多并不是为真正的文化教育而设,而主要是为了以学校辅助传教,最终目的是要通过对中国人的心灵征服从而征服整个中国。第二次鸦片战争以后,西方殖民者为了在 2 亿中国妇女中最大限度地培养和平征服中国的工具,即培养出合格的教徒妻子和女传教士等,掀起了兴办女子教会学校的新热潮。到 19 世纪末,各国传教士在我国开设的女子教会学校先后有数百所之多:时间长短不一;学生人数多则几十人,少则三五人不等;课程内容主要是《圣经》。女子教会学校在教学方式与学校管理等方面都带有近代资产阶级教育的色彩。它的出现,不可避免地影响了中国人的教育观。戊戌时期维新派倡导女学的主张无疑也部分受到了女子教会学校的某些影响。梁启超的《倡设女学堂启》一文就能反映出女子教会教育某些影响的痕迹。

(二)近代女学的发端

戊戌时期是中国近代女学的发端时期。戊戌时期是社会思潮发生巨变的时代,"兴女学"作为一种新的变革思想被维新志士大力提倡。维新志士对女学问题有着自己的独到见解。康有为曾说:女子求学是妇女独立的必由之路,"无专门之学,何以自营而养生;无普通之学,何以通力而济众;无与男子平等之学,何以成名誉而合大群,何以充职业而任师长"②。所以人求独立,非学不成。从女子独立的角度去探索女子教育,其意义是极为深刻的,它把批判的锋

---

① 梁瓯第、梁瓯霓:《近代中国女子教育》,正中书局 1936 年版,第 24 页。
② 康有为:《大同书》,古籍出版社 1956 年版,第 133 页。

芒直接指向"男尊女卑"的旧传统,是对封建文化糟粕的有力抨击。康有为主张设立与男子学校相同的女学,并赐予男子相同的出身荣衔。康有为还把女子教育看成国家争胜于世界的一个重要因素,他为兴办近代女学作出了贡献。梁启超对女子教育也尤为关注。1897 年,维新变法的呼声日高,女子教育一再被人提出。梁启超倡导女学的宣言是 1896 年 4 月发表在《时务报》上的《记江西康女士》一文。而 1897 年 11 月 15 日,梁启超在《时务报》上刊登的《倡设女学堂启》和 12 月刊出的《上海新设中国女学堂章程》则勾画出一幅创办女学堂的建设蓝图。梁启超对女学的认识是深刻的,他认为中国"积弱之本,则必自妇女不学始",要保国、保种,非提倡女学不可。可见,戊戌时期的提倡女学,是在国运衰颓的历史条件下,人们为富国强种而寻求的一条救国途径。戊戌时期,维新派把兴办女学作为实现改革的一项重要内容而付诸实践。1897 年,维新派人士经元善、康有为、梁启超等在上海造舆论、筹经费、着手筹办女学,1898 年 6 月,中国近代第一个由中国人自己创办的女子学校——上海桂墅里女学校,亦称"经正女学",举行了正式的开学典礼,教室里张贴着国外出版的地图等学习用品,四人一室的宿舍也布置得十分得体。该校课程分中文、西文两种,中文课如《女孝经》《女四书》《幼学须知句解》《内则衍义》等;图画、医学,间日习之;读书写字之暇,兼习体操、针补、琴学等;同时开设了算术、地理、医学等自然学科。经正女学在教学组织形式、教学方法、学校管理等方面都具备了近代资产阶级教育的色彩,代表着中国近代女学的真正开端。后来把"经正女学"定名为"中国女学堂",以示与外国传教士办的女塾相区别。变法运动失败,"中国女学堂"于 1900 年被迫关闭,它虽然只存在一年多,连一个毕业生也未培养出来,但它毕竟是中国人自己创办起来的第一所女子学校,作为中国近代女学的先声,它标志着中国传统无女学的历史就此结束,从而开启了中国女子教育的新风尚。此后中国人自办的女学校就逐渐增多起来。与"经正女学"齐名的是上海吴怀疢先生于 1898 年创设的"务本女学",这也是中国人捐资自行创办女学的发端。戊戌时期创办的女子学校,仍然是为"良家闺秀"而设的,它摆脱不了要求女子成为一个"贤妻良母"的人格局限,入学者也都是中上流社会的女子,贫苦民众家庭的女子根本没有条件入学读书,女学的进一步发展则是 20 世纪初年的事了。

（三）近代女学的发展

20世纪初是中国近代女学的发展时期。戊戌变法和义和团运动相继失败后，帝国主义加强了对中国的奴役，使中国濒于亡国灭种的危机。在这样一个历史关头，人们不得不深入思索民族的命运和国家的兴亡。戊戌时期的兴女学思想此时又被更多的人所接受，他们把"女学"同国家和民族的命运联系起来，认为国家不昌，"实由于人才太少，人才太少，实由于母教未立，母教未立，实由于女学不兴"①。女学不兴乃是"亡国之源，亡种之源"。这种认识虽不全面，但它从某个侧面揭示了中国落后的一个因素，这是从救国的愿望上倡导女学，认为女子如能努力于学问，可成"救国之女豪杰""中国或有可望也"。当时人们进一步认识到，男女智慧和才能没有高下优劣之分，只要大兴女学，女子就可以恢复"灵敏、坚忍、勤劳、慈爱诸美德"，从而扫除女子依赖男子的劣根性。20世纪初，正当人们为争女权而高声呐喊之时，金一的《女界钟》于1903年应时而响，喤喤钟声召唤着亿万巾帼从沉睡中惊醒，投入到妇女解放的洪流中。金一是中国近代文史学家、诗人，他外受西方"男女平权"、女子参政学说的影响，内见女界"春眠潦倒，妖梦惺忪"的现状，决心唤醒中国妇女为自身解放而奋战，于是奋笔疾书，写成3万余言的《女界钟》一书。该书强调，要恢复女子的天赋权利，就必须让女子先有学识，要通过女子教育，把她们培养成"天赋之人""自由之人""先觉之人""革命之人"。金一的教育论，不是要把女子教育成贤妻良母，而是把她们作为一个个独立自由的人来加以承认。这极大地激荡着妇女们的心弦，激起了她们的强烈共鸣。在《女界钟》的影响和有识之士的鼓噪下，戊戌时期妇女们不再沉默，开始觉醒，投身于创建女学的实践之中：她们当中有的在本宅自办女学；有的纠合同志捐款办女学；有的将自己妆奁变价作为女学堂的经费；有的或募集资金，或捐输巨款兴办女学；也有的联合同志将自己子女集在一起办起女学，他人愿入，概不阻止，不纳分文，教课者均由女学生父兄躬任；也有的女子甚至为兴办女学而殉身。正是在

---

① 《演说女学》，《大公报》1904年11月11号。

这些觉悟了的人们的努力之下,20 世纪初年,"女学校立矣,女学会开矣,女报馆设矣,女子游学之风行矣"①。当时的报纸杂志经常有报道创办女学的消息,像《东方杂志》内设"各省教育汇志"栏,栏内几乎每期都有关于女学方面的报道:第一年(1904 年)就报道了北京、直隶、广东、广西、湖北、湖南、江苏、浙江、江西、四川、山东等省 40 余处兴办女学的消息;第四年(1907 年)又报道了京师、直隶、江苏、江西、浙江、广东、湖北、湖南、山西、河南、蒙古、奉天、四川、安徽、福建等地 60 处左右兴办女学的消息,反映了女学发展的势头。这时不仅从学校的数量以及从兴办女学的地区上都出现了增长和扩大,而且这时在女学校的类别上也出现了多样化的现象:如出现了女子师范学校、工艺女学校、女子美术学堂、女子职业学校、实业女学校、女医学堂等。再以《大公报》为例,第一年(1902 年)只有几处报道创办女学的消息;第二年(1903 年)类似"设女学堂""兴办女学""女学日兴"的报道就有 20 余处;第三年(1904 年)类似"创设女学""建女学堂"的报道就有 30 余处;到了第六年(1907 年),关于女学方面的报道从内容上更加丰富,包括"女学开办""女学招生""女学进步""女学扩充""女学发达"等将近百余处有关女学方面的报道,可见当时女学呈现一种勃发势态。

20 世纪初年还出现了女子出国留学。虽然女留学生的人数上只占男子的百分之一,但中国女子自觉出国留学,这还是历史上的第一次。戊戌变法以前,一些外国传教士曾经带过几名中国女孩出国学习医学。她们学成后,医术高明,名传海内外,曾为中国的医学发展作出了很大的贡献。她们是近代女留学生的先驱者。20 世纪初,中国妇女开始自觉出国留学。当时主要是留学日本。1900 年,在留学救国思潮的推动下,已有一些女子陪丈夫、哥哥或父母赴日留学。1902 年,有十多名女留学生去日本。这一年京师大学堂总教习吴汝纶赴日考察教育,进一步呼吁多派留日女学生。一些日本友人也希望中国女子到日本学习。日本实践女子学校校长下田歌子热情地接待并认真指导早期赴日的女留学生。1903 年后,留日女学生日渐增多,一些爱国女青年为了赴日留学,冲破封建家庭的种种束缚,克服经济上的重重困难,千方百计到东京

---

① 吕碧城:《兴女权贵有坚忍之志》,《大公报》1904 年 6 月 13 号。

去。例如秋瑾，她为了到日本留学，冲破了丈夫为她设置的重重障碍，变卖了自己心爱的首饰，将幼子托与邻里照看，1904 年只身搭上了赴日的轮船。她到日本后，和女留学生联合组织成共爱会，以爱国、自立、学艺、合群为宗旨，想方设法吸引国内女青年赴日留学。在她们的共同努力下，不仅自费留日女学生逐步增多，而且一些省份开始派遣官费女留学生。1905 年后，许多省份派女子赴日留学：云南有 13 名女子被官费派往日本；湖南 1905 年就派 20 名女青年官费生赴日留学，攻读速成师范科；江西也派了 10 名官费女留日学生；辽宁省派熊希龄到日本考察教育后，即和下田歌子签订合同，每年派 15 名女子到实践女子学校学习。1907 年，奉天女子师范学堂一次就派了 21 名学生到实践女子学校攻读速成师范科。当时究竟有多少女留日生，现已很难统计准确。但 1907 年仅东京的中国女留学生就有 100 多人，并成立了中国留日女学生会。这些女留学生大都学习刻苦、成绩优良、生活俭朴，给日本人留下了极为深刻的印象。许多日本人赞扬中国女留学生不卑不亢，"倜傥大方，行止自由，论学讲学，一如男子"[1]。这时还出现了到欧美留学的女学生。

20 世纪初年，在有识之士和觉悟了的妇女们的努力下，女学的发展掀起了一次前所未有的浪潮。这个时期出现的女学大多是民间自己创办的。清政府在 20 世纪初，也曾搞起了新政，其中包括所谓的新式教育，以派遣留学生和实行新学堂制度为基轴而推行教育改革，新的教育制度从此诞生。但在新的教育制度中，女子教育仍没有引起统治者的足够重视，还没有给女子教育应有的地位。1902 年公布的《钦定学堂章程》还无法拭去"女子无才便是德"所引发的对妇女们的偏见，这个章程对学校制度虽有详细的规定，但对女子教育则什么也没有提及。1903 年清政府公布了《奏定学堂章程》，开始把女子教育提上议程，然而在这个章程中并没把女子教育包括在学校教育范围，只在"蒙养院的蒙养家教合一"那一章里，规定"家庭教育包括女子"。所以女子只能在家庭内受教育，而勿用设立学校，可见女子教育还没有得到制度上的确立。此时，统治阶级甚至还在有意抵制女学，张之洞就公开说："中西礼俗不同，不便

---

[1] 《华族女学校学监下田歌子论兴中国女学事》，载《游学译编》第 1 册，光绪二十八年十月十五日。

设立女学"。他认为女子不能入学有两个理由：一是女子入了学堂，成群结队地满街行走，很不好看；二是女子不能读外国书，恐怕染上西洋自由结婚的习惯，有伤风化。这里反映了上层统治集团和未觉悟的民众普遍对女学的冷漠态度。其实这是拿风俗习惯和伦理道德这些最具抵抗力的武器来抵制女学，这不仅阻碍了女学的发展，也很容易在思想上继续固守那种野蛮和鄙陋的价值观念。这不能不引起有识之士和觉悟了的妇女们的关注。有些血性女子甚至不惜用个人的性命来劝谏"当道"与之抗争。这其中以杭州惠兴和北京慧仙二女士为兴女学而殉身的事迹最为感人。她们作为教育救国论者，虽然有其历史的局限与幼稚，但就她们的勇敢与抗争精神对启迪人们的觉悟所产生的影响以及对女学的深入发展所产生的积极促进作用却都是值得称颂的。女子教育在制度上得到确认那是 1907 年以后的事了。

1907 年至民国初年是女子教育在制度上得以确立的时期。女子教育在学制上得到合法地位是从 1907 年颁布的《学部奏定女子小学堂章程》二十条和《女子教育章程》开始的。1907 年 3 月 8 日清政府颁布《学部奏定女子师范学堂章程》三十六条，制定了女子的小学教育和师范教育。这是中国女子教育列入教育制度之嚆矢，具有划时代的历史意义。然而刚刚确立的女子教育与男子教育相比，还有相当的差距。这个时期女子教育的特征是：女子最高教育机关为师范学堂，政府既不设女子中学，更不设女子大学；女子师范及小学的学习年限都比男子师范及小学的学习年限短一年；男子与女子不能在同一所学校读书。据 1907 年统计，当时有女子初等学校 391 所，有女学生 11936人，男女学生人数相差很大，其比例为 49∶1。另外，这一时期对学生的限制也相当大，如不许女学生参加运动，不许登台演唱，不许排队游行等。在《学部奏定女子小学堂章程》中有规定说："中国女德，历代崇重，今教育女儿，首当注重于此。总期不悖中国懿媺之礼教，不染末俗放纵之僻习。"在《学部奏定女子师范学堂章程》中也有类似的规定："中国女德，历代崇重……今教育女子师范生、首宜注重于此。务时勉以贞静、顺良、慈淑、端俭诸美德。总期不背中国向来之礼教，与懿媺之风俗。其一切放纵自由之僻说（如不谨男女之辨，及自行择配，或为政治上之集会演说等事），务须严切摒除，以维风化。"可见，清朝政府还没有在指导思想上改变对妇女的教育观念，更不可能从男女平权、开启妇女智慧、利国利民的高度去认识女子教育的价值,把女子教育还仅仅视为培养传统"贞静、顺良、慈淑、端俭"女性的一种手段。

辛亥革命以后,南京临时政府在民国初年对学制进行了新的改革,制定了"壬子癸丑学制"。新学制对女子教育一视同仁,按规定初等小学男女可以同校,这是男女合校的开始,是对旧伦理的一种突破,还规定可以为女子设立中学、职业学校等各类学校。孙中山非常重视女子教育,认为女子只有掌握了文化科学知识,才能改善自己的经济地位,实现男女平等。他说:"教育既兴,然后男女可望平权""女界知识普及,力量乃宏,然后可与男子争权,则必能胜也"。在革命党人的倡导下,民国以后女子学校和女学生数量逐渐增加,到1916 年,男女学生的比例为 24∶1,比 1907 年的比例上升了一倍多。但是我们必须看到,在北洋军阀政府把持下的教育界,教育女子"使其将来足为良妻贤母,可以维持家庭而已"①的教育方针没有发生实质性变化,与清政府基本是一脉相承的。1914 年民国教育总长汤化龙曾针对当时社会一部分进步人士倡导新说,提出男女同权,倡导女子参政,设立女子法政学校的主张,发表意见,诬蔑这些进步主张"不但毫无利益,而反有巨害""实属可忧之事也"②。1916 年教育部下令端肃女校风化,明令禁止剪发,不准无故请假,结伴游行等。可见北洋军阀在这一时期虽然在教育制度上确立了女学的地位,但这只是一种形式上的确认。女学要想进一步发展,必须在伦理观上彻底否定封建传统,这就迎来了五四女学发展的新时期。

(四)五四时期的女学

五四新文化运动时期是通过新旧伦理观念的论争而使女学得到深入发展的新时期。新旧思想交锋,旧思想在失利的情况下,往往拿出最后的"王牌",即旧的伦理道德观与新思想抗争。封建道德——男女之大防是旧伦理的一把"利剑",它往往较之其他的旧思想更具抵抗力,使旧思想在死亡前得以喘息。

---

① 《记事·学事一束:汤总长之教育意见》,《教育杂志》第 6 卷第 4 号。
② 《记事·学事一束:汤总长之教育意见》,《教育杂志》第 6 卷第 4 号。

所以新思想要取得最后的胜利,必须在伦理观上最后战胜旧思想。女学的发展也是这样,它要取得真正的男女平权,必须同旧伦理和旧观念作坚决的斗争。新文化运动中,争取男女教育平权的过程也就是新旧伦理观念进行尖锐斗争的过程。新文化运动后,"男女教育平等"的呼声一天天高涨。五四运动爆发前,上海复旦大学曾组织了"今日中国大学应否男女同校"的辩论会,结果赞成男女同校的意见获得多数票。北京《晨报》也开辟了"大学开放女禁"的讨论专栏。五四时期,围绕"男女同校"展开的讨论和实践是为了获得男女教育的真正平等,从而来实现男女人格平等的一次思想观念的革新运动,它的历史文化意义是巨大的。这一时期对能否在中国实行"男女同校"的争辩是相当激烈的。赞成男女同校者所持有的主要理由是:第一,既然男女平等,就可享受教育平等的权利,实行男女同校;第二,只有实现男女同校,才能解决男女社交公开,破坏封建礼防,提高女子人格,减少男女间不正当的行为;第三,男女同校可以节省人力和财力;第四,男女同校可以谋真正良好的婚姻,改良家庭制度。反对男女同校者所持有的主要理由是:第一,男女教育有别既久,一旦男女同校,容易发生越轨行为,生出不道德的暧昧事情;第二,男女社会职责不同,"男主外女主内",所以教育内容亦应有所不同;第三,男女脑力、体力、性格强弱不同,不宜共学。双方根据各自的论据来为自己的主张服务。上述理由中最敏感、争辩最激烈的还是男女同校能否出现有伤风化之事这一传统的"男女之大防"问题。所以就其实质来讲,男女同校的论争是一场新旧伦理观念的论战。反对者认为"男女合校,为全国极大污点……若不及时禁止,将来相率成风,礼法日亡,廉耻渐丧",并讽刺道:"若言男女可以同校,罗汉岂不要塑在观音庙"①,所以主张"一律禁止男女合校……以防流弊而端教育"②。赞成者针锋相对,就此问题一针见血地进行了批驳,他们指出,中国传统虽然讲求男女有别,男女不杂坐,不共食,不相见,防范如此之严,但绝不会使女子成为真正意义上的"冰清玉洁",社会上还是公娼满街,私娼满巷,强奸层出,通奸不穷。这就是所谓的"防之愈严,溃裂愈甚"。其原因在于,"男不

---

① 艾芜:《五四的浪花》,载中国社会科学院近代史研究所编:《五四运动回忆录》(下),中国社会科学出版社 1979 年版,第 964 页。
② 陈望道:《和时代思潮逆流的江苏省议员〈禁止男女同校〉提案》,《妇女评论》第 71 期。

知女,女不知男,男以遇女为佳会,女以遇男为荣幸,所以一旦相遇,就不免发生不道德的事"①。这种不正常的男女长久隔离,使女子早已失去了人格与尊严,男子"见了女子,只认她是一生殖器,不认她是一个人""如果男女同学,男女时时有相见的机会,性的刺激一定因习惯而减少"②。显然这是对"男女授受不亲"伦理观的彻底否定。陈独秀谈起因有人反对男女同校曾使汪精卫气愤:"中国人把男女防闲看得这样重,只有索性实行乱交可以破破这固执的空气,精卫先生这话虽未免激烈一点,但对于中国人的迂谬思想和习俗,每每令人发这种感想。"③通过激烈的思想撞击,新思想逐渐被更多的人所接受,尤其使更多的女子觉悟起来,她们开始走出校门和家门,去参加社会斗争,显示了她们的勇敢和才能,提高了妇女的社会威望,也在一定程度上冲刷了几千年传统习俗在女性心理上造成的自卑感,这为女子教育的改革扫除了一定的障碍。因此,五四时期出现了"大学开放女禁"和"中学男女同校"这一女学发展史上的新事物。

1. 大学开放女禁

五四运动前,中国国立、私立大学都没有女学生,中国女子还没有受大学教育的权利。最早萌发大学男女同校思想的是蔡元培。1919 年 3 月 15 日,蔡元培在北京青年会讲演《贫儿院与贫儿教育的关系》时就反映了这种思想。第一个提出要求大学开放女禁、愿意进北京大学读书的是邓春兰女士。她于1919 年 4 月大胆给北大校长蔡元培写信,要求北大设置女生席位,表示自己愿为世界开一先例。邓春兰又在报上发表了一封《告全国女子中小学毕业生书》,征求同志,准备组织大学开女禁请愿团。这封信在京沪几个大城市报刊上转载,在社会上引起了强烈的反响。对于大学招收女生,北京大学内部有不同意见。蔡元培持赞同态度,他说:"大学之开女禁问题,则予以为不必有所表示。因教育部所定规程,对于大学生,本无限于男子之规定,如选举法中之选举权者,且稽诸欧美各国,无不男女并收。故予以为,无开女禁与否之问

---

① 王造时:《男女同学的答辩》,《清华周刊》1920 年 4 月 26 日。
② 仲九:《男女同学和性欲》,《觉悟》1920 年 7 月 5 日。
③ 《答人社》,载《独秀文存》卷三,安徽人民出版社 1987 年版,第 800 页。

题。即如北京大学明年招生时,倘有程度相合之女学生,可尽可投考。如程度及格,亦可录取也。"①在社会进步舆论和蔡元培的支持下,1920年春,江苏无锡女学生王兰第一个报名要求到北大哲学系旁听,得到教务长陶孟和的允准,于是成为我国近代第一个女大学生。随后邓春兰、韩恂华、赵懋芸、赵懋华、杨寿璧、程勤若、奚浈、查晓园等人也进入北大各系旁听,成为我国第一批进国立大学读书的女大学生。② 此例一开,上海、南京、广州、天津以及山西、福建公私立大学陆续招收女生。"私立岭南大学,南京高等师范、北京大学等校,在1918年至1919年间,先后招收女生,实行男女同校。1920年秋,各大学及专门学校都已开放女禁;并将北京女子师范学校升为北京女子高等师范学校。女子求学的机会,从此大为增加。运动所及,女子入学人数的增加,大有'一日千里'之势。"③北洋政府对此十分忧虑,教育部于1920年4月给北大发了公函,曰:"惟国立学校为社会视听所系,所有女生旁听办法,务须格外慎重,以免发生弊端,于女生前途,转滋障碍"④。这个公函反映了他们的恐惧心理,也反映了他们在大势所趋的局势面前无可奈何,不得不默认的尴尬处境。1924年北京女子高等师范学校正式改为国立北京女子师范大学校。大学开放女禁是五四时期女学发展的一件卓有成效的大事。

2. 中学男女同校

五四运动前,女子中学教育侧重家事、园艺、蚕桑各科,女子师范学校还加上一条"以造就蒙养保姆为目的",而数学、物理、化学、英文等课程异常薄弱。大学开放女禁,要求女学生必须有同等知识才可录取,因此女子中学教育势必要进行改革。1920年9月,天津、北京各女校五百余人到教育部对改革女子中学教育提出要求,主要内容是要保证女子中学的课程,经费要与男校相同,使女学生毕业后可直接报考大学。同时,第六次全国教育联合会通过了决议,向教育部呈请中学男女同校,推广女子教育。但是实行中学男女同校的阻力

---

① 《中华新报》1920年1月1日。
② 徐彦之:《北京大学男女共校记》,《少年世界》第1卷第7期。
③ 陈素:《五四与妇女运动》,《群众》第7卷第8期。
④ 《教育公报》1920年第6期。

比大学开放女禁的阻力更大,所以一时实行男女同校的中学也极少,大多"迟疑观望,不敢遽尔实行"。一些反对中学男女同校者公然声称:"中等学生适当春性发动时期,生理上心理上均起激烈之变化,最容易发生性欲冲动。"①所以认为中学男女同校最为有害。而赞同中学男女同校者却不以为然,认为要造就中学生的善的道德,最好的方法就是小学到大学一律男女同校。他们针对反对者的论调而着重强调:"中国人性的道德不好,是因为男女界限太严的缘故……要救济中国人底性的道德,便是男女社交公开。而男女同校是实现男女社交公开,养成男女间性的道德的顶好的法子。"②在这种思想的影响下,"近来高级中学也可兼收女子,北京女子高等师范学校秋间招考预科生后改设女子大学了"③。1921 年暑假后,北京、广州首开风气,招收女生,"广东省立中学开始招收女生,北京高师附中亦试办男女同校。"④湖南岳云中学、广州执信学校也先后开放女禁。这一时期中学开放女禁虽然还是极为少见的新鲜事物,但它终究为中学男女同校风气的逐渐演成树立了榜样,是对几千年"男女有别"陈规陋习的又一次有力抨击,从而使近代女学跨入了新阶段。在主张男女同校的声浪中,也出现了"男女同教"⑤"男进女校"⑥的主张。这些主张男女教育平等的观点,同样有着积极进步的历史意义。

从维新运动到五四运动,短短二十几年,中国的女子教育从发端到发展,从制度上的确立到大中学开放女禁,发生了相当大的变化。这既是认识上的一次次深化的过程,也是近代女学在实践上一步步向前发展的过程。这是中国教育史上的重大变革,也是中国妇女生活史上的重大变革,还是中国近代文化史上的重大变革。但是在具有深厚"男尊女卑"传统的土壤上,刚刚诞生的新生事物还远远不能完善,即便在五四时期,中国女子教育还只是少数女子的事,当时有人指出,1915 年在 2 亿妇女中受教育的不过 20 万,只有千分之一。

---

① 《北京附中实行男女同校后一年来经过之概况》,《平民教育》第 51 号。
② 徐植仁:《我对于中学男女同校的主张》,《觉悟》1921 年 12 月 29 日。
③ 《权利是要自己争来的》,载中国民主促进会中央宣传部编:《周建人文选》,中国文史出版社 1988 年版,第 178 页。
④ 力子:《新学制与女子教育》,《觉悟》1922 年 2 月 19 日。
⑤ 赵济:《男女同教》,《云南教育杂志》第 10 卷第 2 期。
⑥ 陈宝光:《要求女学校开放的讨论》,《新生活》第 23 期。

后来求学女子不断增多,可是到了 1922 年估计也不会达到千分之二①。年龄较大的妇女,结婚有子的妇女,家境贫困的妇女,受家庭压迫的妇女几乎都无法读书,失掉了受教育的权利②,可见五四时期女子教育的一般状况。且女子教育本身仍然存在着很多弊端,旧思想、旧观念、旧伦理仍然顽固地进行抵抗,成为女子教育向纵深发展的严重障碍。如男女同校还有很大阻力,"广东、浙江、江苏什么省议会,都提出什么禁止男女同校的议案"③。"像这种浅近的事大家还要大惊小怪地起来反对,可见我们中国人底程度还同五六十年前反对铁路时代差不多。"④有些女子学校的清规戒律非常严格,稍有违禁,即被惩办。如有些女学生就因同男朋友通信或同不相识的男子谈话而被嘲笑、诋毁,甚至开除。⑤ 再加之国力不足,众生贫穷,这一切必然要影响女学的长足发展。教育要做到男女真正平等,还有很多很多的事情要做,可是近代社会却不能一一完成,这些任务就只好留给后人了。

---

①　唐公宪:《我国女子的失学及其救济》,《妇女评论》第 34 期。
②　纯静:《一个不能求学的女子》,《觉悟》1922 年 5 月 25 日。
③　《男女同校与议员》,载《独秀文存》卷二,安徽人民出版社 1987 年版,第 586 页。
④　《答人社》,载《独秀文存》卷三,安徽人民出版社 1987 年版,第 800 页。
⑤　大白:《请看开除女学生的罪名》,《觉悟》1921 年 3 月 2 日。

四、妇女的参政运动

（一）"内言不出于阃"

"外言不入于阃,内言不出于阃。"①"阃"是旧时妇女居住的闺房。此语的本义,即女子只能在内室谈论有关"油盐酱醋茶"的生活小事,却不能谈论家庭外及国家大事,女子行遵于此,乃合乎妇道。此一陋俗与中国传统宗法制度、男权文化及农业结构关系甚密;更与中国不鼓励女子问政的传统思想相互吻合。这一传统思想早在先秦时期就已产生。周武王讨伐商纣时曾说:"古人有言曰:'牝鸡无晨,牝鸡之晨,惟家之索'。今商王受(纣),惟妇言是用。"②既然有雄鸡报晓,母鸡就不应越俎代庖,否则将引起家道败落。同理,国家大事也要由男子负责,女子不得过问,以免获罪于国家。商纣因听妲己之言以为政,遭到了武王的抨击,至今民谚仍有"母鸡不司晨,女人不算人"的"女祸"观念。西周末年,禁止女子问政的思想进一步发展,"哲夫成城,哲妇倾城,懿厥哲妇,为枭为鸱,妇有长舌,维厉之阶。乱匪降自天,生自妇人。匪教匪诲,时维妇寺"③。这里已把有谋略的女性视为败国丧邦的祸乱之由了。此外,据《春秋穀梁传》载,僖公九年,齐桓公邀诸国结盟,在"葵丘之会"上,即与诸侯达成"毋使妇人与国事"的共识。同时齐国政治家管仲也主张女子不

---

① （清）阮元校刻:《十三经注疏》卷二《礼记正义·曲礼上》,中华书局 1980 年版,第 1240 页。

② （清）阮元校刻:《十三经注疏》卷十一《尚书正义·周书·牧誓》,中华书局 1980 年版,第 183 页。

③ （清）阮元校刻:《十三经注疏》卷十八《毛诗正义·大雅·瞻卬》,中华书局 1980 年版,第 577 页。

能为政，"妇人为政"则"人君日退"，"国之称号亦更矣"①。甚至伟大的浪漫主义诗人屈原也曾在不朽的诗作《离骚》中也抒发了"闺中既已邃远兮哲王又不寤，怀联情而不发兮余焉能忍与此终古"②的愤懑！其言指楚怀王宠信夫人郑袖，听信其言。至于稍后的荀况和韩非也相继提出"女主乱之宫"③及"不顾社稷之利，而听主母之令，女子用国""可亡也"④的观点。这些理论观点长期流行，渐次渗透于女子的政治生活中。在历史上我们虽然看到过吕后、武后、慈禧太后等太后临朝、后妃干政的事实，但那毕竟不是舆论认可和常规定制。既然女子不得问政，就要有其相应的社会角色，这在先秦时期也有较明确的界定，如"妇无公事，休其蚕织"⑤，女子宜充当养蚕织丝的角色；"女正位乎内，男正位乎外"⑥，认同一种"男外女内"的社会分工。中国妇女在几千年清规戒律的束缚下，"莫窥外壁，莫出外庭；出必掩面，窥必藏形"，过着一种与社会隔绝的封闭式生活，以致"闺阃以外，礼乐刑政，食货兵农诸事罕得闻焉"⑦，门外大事，了无所知，正是"国破家亡浑不管，画楼深锁度年华"。芸芸女性既少有关心国家大事者，又罕见参与政权管理人，巾帼女子只能在闺门之内熬尽人生。女子过问国事，要求参政，乃"天赋人权"，岂能剥夺？然代代相袭，直至中国步入近代，到了维新时期，才有"前识者"，为之鸣不平，从此女子参政呼声日高，习俗渐变，形成了近代中国妇女的参政运动。如果从近代中国社会进行整体考察，戊戌变法时期一些文化志士首先觉悟，提出了妇女参政的主张；辛亥革命前后与五四运动之后形成了妇女参政运动的两次高潮。

---

① （唐）房玄龄注：《管子》第十三卷《侈靡》，上海古籍出版社1989年版，第125页。
② 《离骚》，载林庚、冯沅君主编：《中国历代诗歌选》上编（一），人民文学出版社1964年版，第53页。
③ 《百子全书》（一）《荀子·强国篇十六》，浙江人民出版社1984年版。
④ 《百子全书》（三）《韩非子·亡征篇十五》，浙江人民出版社1984年版。
⑤ （清）阮元校刻：《十三经注疏》卷十八《毛诗正义·大雅·瞻卬》，中华书局1980年版，第578页。
⑥ （清）阮元校刻：《十三经注疏》卷四《周易正义·家人》，中华书局1980年版，第50页。
⑦ 《时报》1912年2月7日。

（二）女子参政的第一次高潮

　　早在太平天国时期，由于十余万妇女参加了太平天国的武装斗争，并在其中发挥着不可低估的作用，所以妇女们在政治、经济、文化地位上也曾得到一定程度的改善。太平天国还建立了女军、设立了女官，也有些女子出任女军师或女丞相等，曾获得了某些政治权利，在法律上也有许多男女平等及保护妇女的规定。但是由于太平天国还不可能具备彻底的反封建意识，还不可能不受中国封建男权文化的束缚。所以随着太平天国领袖人物的逐渐腐化，太平天国妇女逐渐失去了某些政治权利；随着太平天国的最后失败，那曾经闪烁过的女子参政的一线光明，也就瞬间即逝了。近代中国真正立足于批判封建专制文化、主张女性人格独立，进而要求女子的政治权利，是从以康有为为代表的维新志士开始的。在西方女权思想和参政思潮的影响下，康有为等"先进的中国人"在寻找救国救民真理的过程中，以"天赋人权""自由平等""物竞天择"为理论根据，认为"人者天所生也，有是身体即有其权利，侵权者谓之侵天权，让权者谓之失天职"①。那些女子的政治权利即体现为参政。康有为并以"欧洲国位，无子传女，多以女为帝王者"为例，阐述女子参政的可能性。他在批判了当时"乃身男子也，则虽庸马矣愚稚可为公卿，身女子也，则虽圣神文武不得仕宦"②思想的同时，主张女子"学问有成，许选举，应考，为官，为师"，女子可以充公民，负荷国务，为议员，与公议，"其有举大统领之国，亦许选举为之，与男子无别"③。戊戌时期在要求禁缠足、兴女学的同时，维新派又提出女子参政的主张，可见其对男女平权认识的深刻。应当提及的是，这一时期极少数觉醒的女子也开始发表言论，议论女子参政一事。广州新会卢翠说："夫民也者，男谓之民，女亦谓之民也。凡我同辈亦可以联名上书，直陈所见"；她请求"如西国设贵妇院例，设贵妇院于颐和园，召各王公大臣命妇，一年一次，会集京师"；并要求"公举 12 人，为女学部大臣，分任各省""并准荐拔高等女

---

① 　康有为：《大同书》，古籍出版社 1956 年版，第 130 页。
② 　康有为：《大同书》，古籍出版社 1956 年版，第 127 页。
③ 　康有为：《大同书》，古籍出版社 1956 年版，第 162 页。

学生及闺媛,入贵妇院授职理事"。① 新会女史卢翠女士虽然只是希望贵族妇女和新兴资产阶级妇女参与政事,但在那个专制时代能如此关注女子切身的政治利益,无疑具有反封建陋俗文化的深刻意义。

辛亥革命前后形成了近代中国女性参政运动的第一次高潮,其巅峰是在民初的一段时期,它形成的原因是多方面的。其一,在国内外参政思想的启迪下,中国女子形成了自己的"义务权利思想"。在西方资产阶级上升时期的民主思想,包括其内容之一的女权思想流入中国的同时,欧美女子参政运动深深影响了中国妇女界。女子参政运动起源于法国大革命时期,并在19世纪及20世纪初得到了发展。1878年法国成立了"万国妇女参政权大会";1888年美国成立了"国际妇女协会";1902年美国又成立了"万国妇女参政同盟";1903年英国出现了以班霍斯德夫人为首的"战斗的参政派"。这些组织对世界和中国的女权运动都产生了重要影响。由于西方女子参政信息的传入,20世纪初,国内的一些报刊书籍也开始着力宣传女权思想,其影响最大者是金一于1903年出版的《女界钟》一书,书中指出,"女子议政之问题,在今日世界已不可得而避矣!"②并在批驳一系列反对女子参政谬说之后声称:"20世纪新中国新政府,不握于女子之手,吾死不瞑,愿有同胞亦死不瞑。"③在革命书刊的启迪影响下,一部分女性认识到参政是"天赋之权利",是"顺自然之趋向,发天赋之权能",并形成了自己的"义务权利思想",认为民国的建立,并非男子一面之功,女子奋不顾身、英勇奋斗、成绩卓著,尽到了国民的天职义务。尽到义务,就要分享权利,这是顺理成章之事。义务、权利,密不可分,"天职人权,两无缺憾焉。"④"万国妇女参政同盟"美籍会长嘉德夫人1912年访华,使中国妇女得到了鼓舞。她说:"中国女子者,全世界最有能力之女子也。试观数千年来屈伏男子专制之下甚至闭置一室,足不出户,偶然外出非车即舆,重重四周……(假)使各国女子受此等之压制,必无知无识,永远不能腾跃。而

---

① 卢翠撰:《女子爱国说》,《女学报》第5期。
② 金一:《女界钟》,大同书局1903年版,第63页。
③ 金一:《女界钟》,大同书局1903年版,第65页。
④ 谈社英编著:《中国妇女运动通史》,载《民国丛书》第二编·18·社会科学总论类,上海书店1990年版,第256页。

中国女子竟仍能保其天赋能力,得非世界之最最奇乎!"并认为中国"以往则女子政权虽萌芽在各国之后,其发达在各国之前。"①嘉德夫人的鼓励使中国女界受到了启迪,并使先进女子产生"促进共和,发达女权"②的共识。其二,女子通过参加各项革命实践活动,培养了自身参政的素质和能力。武昌起义前后,妇女作为一股重要的革命力量积极参加了创立报刊、鼓动民气、募捐助饷、救济伤员、运送军火、联络情报、起义从军、暗杀侦探工作。这一时期先后成立了不少参加革命斗争的妇女军事团体,如张竹君在上海组织了赤十字会、救护队,前往汉口抗清战争前线,在敌人炮火下救护伤员;唐群英等在上海组织"女子后援会",派人到各省筹款接济民军饷粮;吴淑卿的女子军,一改"纤纤弱女"形象,当革命军与清军发生激战时,毅然投入战争。女子军事团体和"女子北伐光复军""女子尚武会""女子义勇队""女子国民军""反清女子军""女子医疗队"等在武汉、南京、上海以及广东等地如雨后春笋般出现。很多女子走出闺房,投身于推翻清王朝的革命斗争中,从中经受了政治、军事上的磨炼,为其事后的参政运动培养了自身的素质和能力。其三,辛亥革命的胜利为妇女参政运动的兴起提供了契机。辛亥革命是资产阶级的民主革命,它提出了男女平权的民主思想,承认女子享有与男性共同参与政治的平等权利,《军政府宣言》中就明文提出:"今者由平民革命,以建国民政府,凡为国民皆平等以有参政权。"③《中国同盟会总章》也明确规定了"男女平权""会员得选举、被选举及被委任为本会各职员"④的条文,这为事后的女子参政奠定了思想基础。1912 年中华民国成立,它极大地鼓舞了广大妇女,不久陆军部以女子生理条件不适于参军而下令解散了女子军队,此后妇女活动的锋芒转向参政,要求男女同有安邦定国之权,有担任国会议员及政府官员的权利。她们纷纷把原有的军事、救护团体改组为要求参政的政治团体,积极活动,上书请愿,掀起了妇女参政运动的高潮。这场运动经历了复杂的政治与思想斗争,而终

---

① 《补记东西女子政党握手盛会》,《万国女子参政会旬报》第 1 期。

② 《女子参政同盟会宣言书》,载上海社会科学院历史研究所编:《辛亥革命在上海史料选辑》,上海人民出版社 1981 年版,第 916 页。

③ 《军政府宣言》,载《孙中山选集》,人民出版社 1956 年版,第 78 页。

④ 《中国同盟会总章草案》,载上海社会科学院历史研究所编:《辛亥革命在上海史料选辑》,上海人民出版社 1981 年版,第 739 页。

因历史条件的不成熟而归于失败。

最早的女子参政组织是由原福建留日学生、曾撰《女界钟·叙》的老同盟会会员林宗素于 1911 年 11 月 12 日在上海组织的"女子参政同志会",该组织以普及女子之政治学识、养成女子之政治力量、获得国民之完全参政权为目的,采取"改良女子教育方法,使学校之科目,制度与男子平等;设立参政研究所,聘请讲师补习政法,加入各种政治集会结社;呈请临时政府要求参政权"①。并于民国成立后随之提出参政要求。1912 年 1 月 5 日,林宗素到南京谒见孙中山,要求承认女子完全参政权。孙中山是热情支持和主张男女平权的领导者,他赞成林宗素的参政要求。林宗素备受鼓舞,将这次谈话公诸报端,不料竟引起一场轩然大波。守旧分子和某些革命先驱公然反对女子参政,他们公开发难,并问罪孙中山:"女子参政之说,果合社会良习惯否,虽未敢知,取舍之宜,必应待于众论。乃闻某女子以一语要求,大总统即片言许可,虽未明定法令,而当浮议嚣张之日,一得赞成,愈形恣肆。古人有言,慎尔出话。愿大总统思此良箴也。"②由于守旧势力的竭力阻止,孙中山也不得不被迫表示:"女子参政,自宜决之于众论,前日某女子来见,不过个人闲谈,而即据以登报,谓如何赞成。此等处亦难于一一纠正。慎言之箴,自当佩受。"③民主政治,凡事裁决于众论,理所应当,这也是孙中山上述表示的另一原因。但在守旧势力如此强大,封建意识根深蒂固的中国,人们难以挣脱陋俗文化的束缚,那么到底会有什么样的众论,历史将会逐渐地告诉人们。

妇女参政的内容是极为广泛的,然而民初中国女子要求参政的主要目标表现于力争在宪法上明文规定男女平权及议员的选举权与被选举权。而临时约法的制定正是妇女取得参政权的第一步。1912 年 2 月南京临时参议院着手制定约法,唐群英等二十余人乘机上书请愿,她们在请愿书上说:"兹幸神州光复,专制变为共和,政治革命既举于前,社会革命将踵起于后,欲弭社会革

① 《女子参政同盟会草案》,载上海社会科学院历史研究所编:《辛亥革命在上海史料选辑》,上海人民出版社 1981 年版,第 910—911 页。

② 《中华民国联合会复临时大总统书》,载上海社会科学院历史研究所编:《辛亥革命在上海史料选辑》,上海人民出版社 1981 年版,第 777 页。

③ 《临时大总统再复中华民国联合会书》,载上海社会科学院历史研究所编:《辛亥革命在上海史料选辑》,上海人民出版社 1981 年版,第 777 页。

命之惨剧,必先求社会之平等;欲求社会之平等,必先求男女之平权;欲求男女之平权,非先与女子参政权不可……请于宪法正文之内,订明无论男女一律平等,均有选举权及被选举权。或不须订明,即请于本国人民一语,申明系包括男女而言,另以正式公文解释宣布以为女子有参政权之证据。"①然而当时的南京临时参议院,均由各省的都督推派的人员组成,成分繁杂、鱼目混珠,革命派、立宪派、官僚政客混杂其中。守旧势力相当庞大,他们对妇女起来打破男子统治的状况惊恐万分,所以极为贬低女子参政的能力。这无疑制约着临时约法的制定。另外,当时在思想舆论界正展开一场有关女子能否参政的大论战。1912 年 2 月 28 日《民立报》发表空海的文章,题为《对于女子参政权之怀疑》。作者嘲笑女子走出闺房,参与国事,是"何以异于教牝鸡之司晨,而强男子以生子乎!"②空海的文章犹如一滴冷水投入沸腾的油锅,从而引起一场激烈的笔战。3 月 5 日,《民立报》发表了《杨季威女士来函》,提出异议。3 月 14日后该报开辟了"女子参政之讨论"专栏,反驳者和同情者的信件连篇累牍。到 3 月 26 日,《民立报》共发表了八篇有关论辩文章。以至《申报》等报刊也参与了这场大辩论。反对女子参政者认为,女子"不具有政治上之知识与政治上之能力"③;女子本性在于"生子主馈,整理家政",④不适于参政;女子参政破坏社会和家庭的生活秩序,"女子弃其维持家庭生活之天职投身于最易腐败之政治社会,与男子并驾齐驱……则家庭之生活赖谁维持乎;家庭生活不能维持,则社会之秩序必至时时扰乱,而人道亦几乎熄矣。"⑤力主参政的女子对上述观点进行了坚决的批驳,她们认为"近十年来,女学盛兴,女子知识日广,加之出洋留学者亦渐多",所以女子具备了参政的知识和能力;并认为男外女内"非特性使然,仍习惯使然耳",故不应有因"本性不同"而分内外之职。她们还认为女子参政不妨碍社会和家庭的生活秩序,正如"男子之经营国事,能不致妨碍工商农诸业"一样,"女子之经营国事,更不致妨碍家庭生活"。这

---

① 《女界代表唐群英等上参议院书》,《申报》1912 年 2 月 26 日。
② 空海:《对于女子参政权之怀疑》,《民立报》1912 年 2 月 28 日。
③ 空海:《对于女子参政权之怀疑》,《民立报》1912 年 2 月 28 日。
④ 空海:《对于女子参政权之怀疑》,《民立报》1912 年 2 月 28 日。
⑤ 空海:《对于女子参政权之怀疑》,《民立报》1912 年 2 月 28 日。

场论战胜负难分,它所产生的社会效果也是两极相悖的,一方面更坚定了部分女子的参政意志;另一方面,使守旧势力的对立情绪更为炽烈。这直接影响了临时约法内容的制定。

1912年1月30日,孙中山将《中华民国临时组织法草案》咨送临时参议院,该草案第二章第五条内写明,"人民一律平等"。但是3月11日公布的《中华民国临时约法》把"人民一律平等"条文改为"中华民国人民一律平等,无种族、阶级、宗教之区别",但没有任何有关男女平等、女子参政的条文。此事立刻引起舆论大哗。以唐群英为首的一批女子义愤填膺,为了进一步抗争,她们从上海来到南京,闯入参议院提出强烈的抗议和责问,出现了3月19日、20日、21日一连三天轰动一时的"大闹参议院事件"。她们以"武装的状态"闯入参议院,砸碎玻璃窗,踢倒卫兵,在会场上起哄,喝倒彩,酿成了大骚乱。后经孙中山出面调解,参议院于3月下旬议决通过允许女子到参议院旁听,事件暂告平息。本来,当时的绝大部分妇女并不要求女子立即实现参政的愿望,只是通过努力以完成必要的准备,尤其要求法律条文上要有女子参政的明确规定,然而经过再三努力争取,上书请愿,却在约法上不能得到一丝的体现,一部分女子由失望而产生激愤的心理是可以理解的,并由此采取了激烈的"越轨"行为也是被激怒后的一种冲动,是迫不得已的。"大闹参议院事件"在社会上引起了不同的反响,有人认为,"今民国成立未及三月,而女子之程度已足与英伦女子相比较,此可喜之事",系"纪功之碣"。① 但是由于传统习俗观念的影响,更多的舆论是诋毁女子"咆哮争论,是不知法律也,击破玻璃窗,足踢警兵扑地,是不知道德也;与议员杂坐坚执议员衣袂,不令出席,卒为守卫兵阻拦,是不知名誉也"②。有些议员也指责:该院对于妇女参政一事,"原无必不赞同意思。惟拟俟国会成立,然后解决。今见如此举动,确知程度不齐,现已全体反对"③。出此言者,赞成女子参政是假,反对女子参政是真,他们正是以此为借口,服务于他们的真正用意。3月23日,唐群英等人再度上书,提出《约法》"第二章人民第五条云:'中华民国人民一律平等。'而其下复曰'无种

① 东吴:《清谈》,《申报》1912年3月24日。
② 梦幻:《论女子要求参政权之怪象》,《大公报》1912年3月30日。
③ 《中国大事记·女子要求参政权》,《东方杂志》1912年第8卷第11号。

族、阶级、宗教之区别。'"独不言无男女之区别,故要求或删去"无种族、阶级、宗教之区别"一语,或"于种族、阶级、宗教之间添入约法增修之事"①。可是当4月1日孙中山被迫辞职,当天公布的《参议院法》就明文规定"中华民国之男子,年龄满二十五岁以上者,得为参议员"②。公然剥夺了女子参政权,女子参政运动再次受挫。

在社会竭力阻碍女子参政的情况下,妇女们并没有气馁,为了进一步推动女子参政运动的发展,她们把力量分散,各自为战的妇女团体联合起来,于4月8日在南京成立了"女子参政同盟会"。其《宣言》说:"政治上之不平等,即吾女子最先受病之处也。吾今日之进行,惟先求得此政治上之地位。"③并声称:"挟雷霆万钧之力以趋之,苟有障碍吾党之进行者,即吾党之公敌。吾党当共图之。"④表示了她们为参政而要抗争到底的决心。总会成立后,即派人到北京、上海、武昌、长沙、苏州、杭州、河南等地建立分会,扩大声势与影响。临时政府迁京后,唐群英等人联袂进京,继续上书请愿,要求参政。但此时守旧势力更加活跃,女子参政运动面临的压力更大了。

1912年8月10日,《参议院议员选举法》及《众议院议员选举法》正式公布,均排除了女子的选举问题,遭到在京60多名参政同盟会女会员的强烈抗议。在参议院开会时,她们不顾警卫阻拦,入特别旁听席,并与议员们展开论辩,指出:"当民军起义时代,女子充任秘密侦探,组织炸弹队,种种危险,女子等牺牲性命财产与男子同功,何以革命成功竟弃女子置于不顾!"表示"凡反对女子参政权者将来必有最后之对待方法,即袁大总统不赞成女子参政权亦必不承认袁者为大总统。"⑤继续着以往的强硬态度。虽然如此,但要改变现状,争取到女子参政权,已是渺茫至极了。1912年8月25日,同盟会改组为

① 《女子参政会上孙中山书》,载上海社会科学院历史研究所编:《辛亥革命在上海史料选辑》,上海人民出版社1981年版,第912—913页。

② 中国第二历史档案馆:《中华民国史档案资料汇编》第2辑,江苏人民出版社1981年版,第123页。

③ 《女子参政同盟会宣言书》,载上海社会科学院历史研究所编:《辛亥革命在上海史料选辑》,上海人民出版社1981年版,第915页。

④ 《女子参政同盟会宣言书》,载上海社会科学院历史研究所编:《辛亥革命在上海史料选辑》,上海人民出版社1981年版,第916页。

⑤ 《盛京时报》1912年12月12日。

国民党,在守旧势力的影响下,同盟会政纲中的"主张男女平权"的内容在国民党政纲中被删除,这更激怒了唐群英等人,她们把满腔愤怒倾注在宋教仁身上。她们大兴问罪之师,盛怒之下,唐群英竟挥手给宋教仁一记耳光。其实宋教仁也是代人受过,他是主张男女平权的,正如他自己所说,"合并的其他党人多数不同意,没有办法列入"①。孙中山就深知宋教仁的苦衷,曾向唐群英等说,"党纲删去男女平权之条,乃多数男子之公意,非少数人可能挽回,君等专以一、二理事人为难无益也"②。由于宋教仁为尽快组成国民党,向反对女权者做了让步,所以内心并不平衡,故当他受到质问和辱骂时,并不解释,将苦酒默默地啜下去。此事因经孙中山调解,提出"女子参政同盟会"不归并国民党,可独立活动,方告平息。此时已预示了女子参政运动的失败。当时民主共和制度的命运已危在旦夕,女子参政的命运也将付诸东流,正如孙中山所言,"苟能将共和巩固完全,男女自有平权之一日,否则,国基不固,男子且将为人奴隶,况女子乎?"③在女子参政运动濒临失败之际,孙中山再度要求妇女说:"文之意,今日女界宜专由女子发起女子之团体,提倡教育,使女界知识普及,力量乃宏,然后始可与男子争权,则必能得胜也。未知诸君以为然否?"④黄兴也说:"可以实业教育定全国女子教育方针。女子有了学问,就可以参政。"⑤孙中山等远虑深谋,在政局逆转之时,为女子设想了一道迂回转缓的参政途径。

当时在南京、北京开展的女子参政运动也波及了全国的其他省市,上海、湖北、湖南、浙江、广东、河南等地也开展了类似活动,尤其是广东,还取得一时的胜利。早在广东省临时参议会成立时,就产生了最初的女议员,当选者有李佩兰、伦耀华、汪兆铮三人。另外,吕汉原、余岱宗、程立卿当选为候补女代议士。⑥ 但

---

① 仇鳌:《辛亥革命前后杂忆》,载《辛亥革命回忆录》(一),文史资料出版社 1961 年版,第449—450 页。

② 《复南京参政同盟会女同志函》,载《孙中山全集》第二卷,中华书局 1982 年版,第 438 页。

③ 《在国民党成立大会上的演说》,载《孙中山全集》第二卷,中华书局 1982 年版,第 409 页。

④ 《复南京参政同盟会女同志函》,载《孙中山全集》第二卷,中华书局 1982 年版,第 438 页。

⑤ 《在北京湖南女界欢迎会上的演讲》,载《黄兴集》,中华书局 1981 年版,第 267 页。

⑥ 中国人民政治协商会议广东省委员会文史资料研究委员会编:《广东辛亥革命史料》,1962 年版,第 383 页。

由于大局已定,所以广东女代议士不过是一个摆设和装饰,1912 年 10 月,省议会选举法公布,女子参政从省议会中被排除。虽女代议士进行了抗争,但也无济于事。1912 年 11 月 6 日,参议院再度开会审议女子参政的议案,结果遭到否决。近代中国女子参政运动的第一次高潮就此终结。它的失败说明了女子参政的历史条件还不成熟,其集中体现于中国这个缺乏民主政治传统的国家在当时还不具备政治民主的普遍自觉,它不但导致了女子参政运动的失败,也最终导致辛亥革命的失败。之所以还不具备政治民主的普遍自觉,是因为当时的陋俗文化在绝大部分人的价值观念体系中仍然占有一席之地,影响着人们的思想和行为方式。就是在上层的政治人物也同样受着陋俗文化的严重束缚,当时担任南京临时政府外交总长的王宠惠,是获得美国法学博士学位的法学家,连他也反对男女平权,说"女子参政,男子进德,国家将亡,必有妖孽"①。其他的官僚政客就可想而知了。在《约法》和《选举法》中排除女子参政的条文,足以说明绝大多数官僚政客仍然未能跳出陋俗文化设置的藩篱,所以在女子参政问题上处处表现出竭力反对的强硬态度。尽管女权运动者怎样喊得舌敝唇焦,甚或焦躁得不得不采取一些偏激的行动方式,但决然扭转不了女子参政运动的失败命运。在此,失败成为一种必然。然而,辛亥革命时期女子破天荒的实践活动,开创了中国女子参政运动的先声。她们抗争陋俗文化的意志是可歌可泣的;她们堪称女权运动史上的一代英豪! 正如一位辛亥老人所说,"数千年来在封建制度和重男轻女的思想习俗压迫下的中国妇女通过辛亥革命,第一次组织了女子队伍,打起反封建、反男尊女卑的旗帜,用行动向古老的中国社会示威抗议,她们不失为在曲折的历史道路上摸索前进的一群先驱者"。

（三）女子参政的第二次高潮

民初女子参政运动失败后,虽然还有人继续撰文宣传这一主张,但由于高压的专制统治,此问题已不能成为热点而普遍影响政治思想界,更没有产生积

---

① 《胡汉民自传》,《近代史资料》1981 年第 2 期。

极的社会实践意义。女子参政运动再度出现高潮是在五四运动之后。这一时期有人决心重新唤醒妇女的参政意识,呼吁"我国二万万女同胞聪明不比男人弱,已醒的,别要再睡,未曾醒的,快快醒起来。共同研究自身切己的问题吧!怎样组织?怎样进行?必定要达到女子参政的目的才止。女同胞!快努力!女同胞!快努力!"①女子参政运动的再度兴起,其根本原因在于五四新文化运动进一步强化了妇女的觉悟和参政意识,其直接原因在于各省发生了自治运动,制定省宪,为妇女参政运动的复兴提供了新的机遇。这时期,资产阶级上层妇女组织的"女界联合会",是女子参政运动的倡导者和组织者。1919 年夏秋之后,各地开始建立较为广泛的妇女团体。上海最早成立了"上海女界联合会",其后,粤、赣、浙、川、湘等省也先后成立了"女界联合会""以为女界交换知识,团结势力之机构"②,为大规模参政做准备。第二次女子参政运动的巅峰期在 1921 年至 1922 年间,以湖南、广东为首,逐渐波及全国。

1921 年春,湖南女界联合会代表陈俶利用"湖南自治"的时机争取女子参政权,她们致函湖南省自治法根本起草委员会:"民者乃包括男女而言,并非摈女子于民之外,然则法律上之一切公权,如选举权、被选举权等,自为男女所共有,断不能如曩日之蔑视女子,此男女公权平等之事项,应请规定于自治根本法者也"③。并经过数月的努力,1922 年 1 月 1 日正式公布的"省宪"中明文规定了"无论男女,人民在法律上一律平等,二十一岁以上享有选举权和被选举权"的条文,在稍后的选举中,"得有女省议员一人,女省视学一人,女县议员十数人,及少数女子得供职于省议会等各行政机关"④。

1921 年 3 月 28 日,广东女界联合会派十几位代表前往省议会请愿,要求恢复妇女的参政权。3 月 29 日广东女界千余人上街示威游行,高举"刚性的国民请各界赞助"的旗帜,表示妇女并非柔弱,队伍冲进省议会,要求通过妇女参政案。通过与议长的反复交涉,议长为缓和矛盾,只好允诺,"对于女子

---

① 苏宗武:《我国女子参政问题》,《新中国》第 2 卷第 6 号。
② 谈社英编著:《中国妇女运动通史》,载《民国丛书》第二编·18·社会科学总论类,上海书店 1990 年版,第 95 页。
③ 《湖南女界之自治意见》,《民国日报》1921 年 3 月 28 日。
④ 中华全国妇女联合会妇女运动历史研究室编:《中国妇女运动历史资料(1921—1927)》,人民出版社 1986 年版,第 181 页。

参政案,尽力疏通。巡必保通过"①。4 月 1 日,省议会通过辩论,反对派占了上风,表决时,反对派以 50 票对 35 票获胜,但"广东女界遂又继起力争,结果得到女代议士、县议会选举、被选举权,及市政厅市参事等胜利"②。

此后,浙、川、赣、鄂等省都掀起了女子参政运动,各省的新宪法都先后承认了女子参政权,浙江"女界联合会"会长王璧华被选为省议员。

五四后期的女子参政运动与辛亥革命时期的女子参政运动相比,在思想认识上有了明显的进步。女权主义者不再把女子参政作为一种孤立的运动来进行,而是把它同政治革命和思想文化革命结合起来。广东女界联合会的章程明确规定,"本会以联络各界妇女,努力国民革命,促进三民主义之实现,提倡妇女运动,保障女权以谋社会幸福为宗旨"③。1922 年在北京成立的"女权运动同盟会"也认为,妇女应当参加与军阀斗争的革命运动,为实现女权,"非获政权不可"。"获得政权的方法,自然要和革命民主派同动作。先从封建的军阀手中将政权收回,归于平民的掌握。"进行的"第一步要与革命的民主主义结合起来,对抗封建军阀。第二步要与革命的社会主义结合起来,对抗帝国派资本主义"④。这实际是要妇女参加到政治革命中,通过推翻政治专制以求女子的参政权。这时还有人认识到,女子的参政运动还必须同思想文化革命结合起来,认为"女子的束缚尚多,女子的地位尚不能高,难道一旦宪法中制定了女子有参政权,便顿时束缚尽去,地位调高吗?"我们现在所切要的"不单是参政权",而是"道德的改革,家制的改革,女子在社会上地位的改革",并把这些视为"根本的改革"⑤。这段话的意义,很值得玩味。不改造传统的习俗观念,不树立新的女性道德观,不让女子在家庭内获得与男子同等的教育权,不养成社会诸方面的男女平等的习惯,女子就不可能获取真正的参政权,

---

① 《妇女要求选举权风潮》,上海《民国日报》1921 年 4 月 4 日。

② 中华全国妇女联合会妇女运动历史研究室编:《中国妇女运动历史资料(1921—1927)》,人民出版社 1986 年版,第 181 页。

③ 谈社英编著:《中国妇女运动通史》,载《民国丛书》第二编·18·社会科学总论类,上海书店 1990 年版,第 97 页。

④ 谈社英编著:《中国妇女运动通史》,载《民国丛书》第二编·18·社会科学总论类,上海书店 1990 年版,第 121—124 页。

⑤ 雁冰:《评女子参政运动》,《解放与改造》第 2 卷第 4 号。

取得了也要再失掉。这里已经蕴藏着改造陋俗文化的深意,这是饱尝中国女子参政运动失败的体验而反省后的新认识。它无疑给后人留下一个深刻的启示。

　　五四运动后的女子参政运动随着自治运动的偃旗息鼓而转入低潮。但是,五四时期的妇女参政运动意义重大,"一方面已种下妇女参政的理论的种子;另一方面也教育了广大群众,尤其是妇女本身。以至有后来 1924 年,国民党第一次代表大会宣言中'于法律上、教育上、社会上,确认男女平等的原则'的规定,以及在北伐中妇女参加战斗的普遍与积极,这都是五四中妇女运动的承继与前进"①。1924 年国共合作,从此女子参政运动脱离了旧式女子参政运动的窠臼,进入了新阶段。

---

　　① 　陈素:《五四与妇女运动》,《群众》第 7 卷第 8 期。

五、女性陋俗文化嬗变的特征

（一）整体运动与个体运动的相互依存

近代女性陋俗文化变革是整体运动与个体运动相互依存、相互映衬的过程，这构成近代女性陋俗文化嬗变的一个重要特征。

近代女性陋俗文化的变革首先是一个整体运动，如果透视近代社会的始终来把握女性陋俗文化的变革就不难发现这一整体运动的确切意义。所谓整体运动即女性陋俗文化的变革涉及范围之广已遍及女性陋俗生活中的各个领域。正如前文所述，在女性文化观上，重新建立了女性形体观、自立观、女学观、参政观、伦理观等；在女性陋俗改造方面出现了禁缠足、兴女学、妇女参政等。近代女性陋俗文化的变革不是孤立的某种具体陋俗的单一变化，而是相互联系的诸多女性陋俗文化的整体变化，它是以整体运动的形式反映着女性陋俗文化变革的全貌的。

近代女性陋俗文化变革作为整体运动的形式出现是与近代知识分子从整体上批判和否定封建妇女文化相因果的。中国封建文化一个突出的特征就是具有"男尊女卑"的男权色彩，在这个以男权为核心的封建文化中，妇女是奴隶、玩物、工具、卑贱者。那些以解放妇女为己任的近代知识分子是站在把握和评判中国封建文化的高度来揭露和抨击中国封建妇女文化的，早期维新派陈虬曾说："中国丁口约五万万，今无故自弃其半于无用，欲求争雄于泰西，其可得乎?"[1]

---

① 《陈虬集》，浙江人民出版社1992年版，第77页。

维新派严复曾指出："中国妇人，每不及男子者，非其天不及，人不及也。"①康有为更集中地揭露了中国封建专制制度下广大妇女被"抑之、制之、愚之、闭之、囚之、系之"而"为囚""为刑""为奴""为玩具"，实在是"天下最奇骇，不公、不平之事"，是中国女子的"弥天之冤""沉溺之苦"。② 新文化运动时期有人认为中国社会男尊女卑的实质在于"视女子如物资，不认其人格；视女子如附属品，不认其完全资格；于是三从之说兴，七出之义生"③。上述为中国女性鸣不平的议论实质是对中国传统封建女性文化的整体否定。这种文化批判的逐步渗透必将对民众价值观念和行为模式产生某种力度的冲击，以至逐渐使之发生一定程度的变化。近代知识分子在进行文化批判的同时，又在努力建构以妇女解放为中心内容的新式女性文化观。早期维新派就提出了"男女并重"④的思想，通过对"夫为妻纲"的否定，进而认为"夫妇不言爱而言纲，则夫可以无罪而杀其妇，而伉俪相庄之风绝矣"。⑤ 到了戊戌时期，维新派公开提出男女平等，主张男女各有自主之权。谭嗣同在其《仁学》一书中指出："男女同为天地之菁英，同有无量之盛德大业"理应"平等相均"。⑥ 梁启超指出："男女平权之论，大倡于美，而渐行于日本"，结果"美国斯胜""日本以强"。⑦康有为更是把追求自由平等独立看成是人的天性和权利，同时也是妇女的自然要求和权利，他说："人者天所生也，有是身体即有其权利，侵权者谓之侵天权，让权者谓之失天职。男与女虽异形，其为天民而共受天权一也，人之男身，既知天与人权所在而求与闻国政，亦何抑女子攘其权哉，女子亦何得听男子独擅其权而不任其天职哉？……以公共平等论，则君与民且当平，况男子之与女子乎！"⑧资产阶级革命派接受了西方资产阶级的天赋人权学说，积极主张男女平等，孙中山曾指出，"我汉人同为轩辕之子孙，国人相视，皆伯叔兄弟诸姑

① 《严复集》第 2 册，中华书局 1986 年版，第 468 页。
② 康有为：《大同书》，古籍出版社 1956 年版，第 126 页。
③ 高素素：《女子问题之大解决》，《新青年》第 3 卷第 3 号。
④ 《原人》，载（清）王韬：《弢园文录外编》，中华书局 1959 年版，第 4 页。
⑤ 何启、胡礼垣集：《新政真诠》，辽宁人民出版社 1994 年版，第 354 页。
⑥ 《仁学十》，载《谭嗣同全集（增订本）》下册，中华书局 1981 年版，第 304 页。
⑦ 《倡设女学堂启》，载李华兴、吴嘉勋编：《梁启超选集》，上海人民出版社 1984 年版，第 52 页。
⑧ 康有为：《大同书》，古籍出版社 1956 年版，第 130 页。

姊妹,一切平等,无有贵贱之差,贫富之别"。① 新文化运动时期,要求男女平等的呼声更高,有人说过:"男女者,同人类也,人格相同"②。从早期维新派到五四新文化派,众多文化志士都竭力主张男女平等。他们思想的深刻性、认识的程度以及各自怀抱的目的可能不尽相同,但他们要求妇女解放、主张男女平等的文化心态是一致的。这对于从整体上推动女性陋俗文化的变革的确产生了积极效用,近代女性陋俗文化的整体变革正是与之相影随、相表里的。

近代文化人从整体上批判否定了传统女性陋俗文化,那么要在实践上全面改造它,重建女性习俗文化,就必然要同改造构成整体的每一项具体的女性陋俗相结合。如果没有具体的陋俗改造实践,要真正变革女性陋俗就实属空谈。事实上,近代女性陋俗文化的变革实践正是从改造具体的女性陋俗事象开始并渐次展开的。早在近代社会的初始阶段,女性陋俗文化的变化就已渐露端倪,传教士的东来使中国最早出现了教会女学和不缠足组织,早期维新派也有主张妇女解放的诸多议论。然而近代女性陋俗文化变革作为社会改革运动的形式出现还是从戊戌维新时代开始的。由于近代社会的历史条件及对具体女性陋俗文化的认识程度在不同时期有所差异,因此这些具体女性陋俗变化的情形并非一致,从宏观视角出发,笔者以为,这些具体陋俗变革的总和既构成近代女性陋俗变革的整体运动,又在自己各不相同的变革轨道上反映着她们的各自状态。从近代女性陋俗文化观的变革看,戊戌时期与 20 世纪初年,思想文化界有人由于受进化论的影响,在亡国灭种的危机面前,以"弱肉强食""优胜劣败"为价值取向,认为女子缠足造成的中国人种弱以及女子无学带来民族的蒙昧是国家衰败落后的原因。维新派指出:"足疾易作,上传身体,或流传孙子。"③曾继辉说:"欲救国,先救种,欲救种,先去其害种者而已,夫害种之事,孰有如缠足乎?"④而对女学,维新派认为与国家强弱有重大关系。"女学最盛者,其国最强,不战而屈人之兵,美是也。女学次盛者,其国次

---

① 《中国同盟会革命方略》,载《孙中山全集》第一卷,中华书局 1981 年版,第 298 页。
② 高素素:《女子问题之大解决》,《新青年》第 3 卷第 3 号。
③ 康有为:《请禁妇女裹足折》,载中国史学会主编:《戊戌变法》(二),上海人民出版社 1957 年版,第 243 页。
④ 曾继辉:《不缠足会驳议》,《湘报》第 131 号。

强,英法德日本是也。女学衰,母教失,无业众,智民少,国之所存者幸矣。"①
正是由于"国将亡""种将灭"这样的历史条件,戊戌维新派把变革女性陋俗文
化观的重点视为形体观和女学观。辛亥时期,随着革命的发展,民国的建立以
及民权思想的深入人心,加强了国民特别是女子的参政意识,有人主张男女平
权,认为"20世纪之世界,女权昌明之世界"②"欲强中国,必复女权"③。女子
同盟会的宣言中直接写道:"东西各国,男女平等,凡女子亦有参预政事之权。
我中国数千年来,女子深处闺中,几成废物,是四万万同胞半归废弃……本会
之设,以助民国促进共和,发达女权、参预政事为宗旨。"④历史为辛亥革命时
期女子参政观的广泛传播及其为一部分人接受创造了条件。新文化运动期
间,伴随着文化界的彻底反传统气氛,知识分子开始从伦理的层次上对封建文
化进行深刻的反思,随之而来的是新式妇女伦理观的产生和确立。与上述女
性文化观变革的递进状态相关联,女性陋俗本身的变化也呈现与之相应的状
态来。一般来说,禁缠足、兴女学等出现得早些,变革速度快些、范围广些,而
女子参政运动适应民初和五四的历史条件,仅在这段时间才表现得相对集中。
像婚姻自由、男女交际、大中学男女同校等伦理习俗的变革在新文化运动时期
才被一部分人重视并发生了变化,但比之于禁缠足和兴女学,其速度要慢得
多,在以后的很长时期内,依然是女性陋俗变革的一项重要任务。

综上所述,可以得出结论,近代女性陋俗文化的变革是整体运动和个体运
动相互依存和映衬的过程。每项具体陋俗变革之总和构成近代女性陋俗文化
的整体运动并反映其变化的全貌;而从这个整体运动中我们又看到了每一项
具体陋俗事象变化在其整体运动中的不同位置及各自不同的变革状态。同
时,每一项具体陋俗变化的时间先后、速度快慢和范围大小的不同使其整体运
动的重心及内容不断地发生移位和改变;这种整体运动的变化过程反过来又
映衬着近代女性陋俗文化从简单到复杂、从表面层次到深层次的变化状态。

---

① 《变法通议·论女学》,载梁启超:《饮冰室合集》文集第一册,中华书局1936年版,第
43页。
② 《女子世界》第4期。
③ 上海《女报》第2期。
④ 《女子同盟会宣言》,载上海社会科学院历史研究所编:《辛亥革命在上海史料选辑》,上
海人民出版社1981年版,第916页。

（二）男女两性的历史作用

在近代女性陋俗文化变革过程中，先进男子在理论阐述、认识深度以及在变革陋俗实践上往往站在时代的前列，成为改造女性陋俗的主动倡导者和积极宣传者。女性中也有对陋俗文化无所畏惧的叛逆者，也有开启民智的鼓动家，甚至也有敢于以死抗争的女斗士。但两者相比，前者更自觉，在理论和实践上的影响更大，而后者往往受前者影响，是前者的追随者，这构成近代女性陋俗文化嬗变的另一个特征。

近代作为群体觉醒并积极倡导改造女性陋俗文化的首先是早期维新派和戊戌维新派，其代表人物有王韬、郑观应、陈虬、宋恕、康有为、梁启超、谭嗣同、严复、黄遵宪、何启、胡礼垣、经元善、唐才常、汪康年、麦孟华等。他们的锋芒直接刺向封建的伦理纲常。他们撰写理论专著直接抒发了改造女性陋俗的意志情怀。① 他们以"全社会的代表"②自居，掀起近代第一次女性陋俗文化的变革运动，但最终因变法的失败而受挫。20世纪初才再度出现新高潮，依然是男性带头，一领风骚。1903年被誉为"中国女界之卢骚"的金天翮（笔名：金一）继承维新志士的创新意志，怀抱拯救妇女脱离苦海的愿望，著成《女界钟》一书，向世人庄严宣告，20世纪是"女权革命的时代""女界钟"应时而响，书中散发的政治魅力"启迪女界，收效颇著"③。以孙中山为首的资产阶级上层政治集团虽然在改造女性习俗上有所贡献，但在理论建树上不及维新派和新文化派。新文化运动时期觉悟的男性较之以往人数更多，思想更深刻，视野更为宽广，代表人物有李大钊、陈独秀、胡适、鲁迅、蔡元培、吴虞、沈雁冰、陈望道、毛泽东、张闻天、恽代英等，他们对女性陋俗文化的批判涉及更为广泛的领域，是从人的解放和伦理解放的视角来批判女性陋俗文化的。近代先进男子

① 如康有为《大同书》《请禁妇女裹足折》，梁启超《倡设女学堂启》《论女学》《禁早婚议》《戒缠足会叙》，谭嗣同《仁学》《湖南不缠足嫁娶章程十条》，严复《原强》《论沪上创兴女学堂事》，经元善《中国女学堂缘起》《女学集说附》等。
② 马克思、恩格斯：《德意志意识形态》，载《马克思恩格斯选集》第1卷，人民出版社2012年版，第180页。
③ 冯自由：《革命逸史》第三集，中华书局1981年版，第87页。

除了理论上的贡献外,在行为实践上也作出了表率。维新派兴办禁缠足会和女学堂。民初资产阶级上层政治集团的代表宋教仁、唐绍仪、汪精卫、吴稚晖等人组织的"进德会""六不会"和"社会改良会"是改造社会陋俗和女性陋俗的社会团体。"进德会"为民国六年(1917 年)吴稚晖、李万曾、汪精卫等人在上海发起,"六不会""社会改良会"为民国六年蔡元培、唐绍仪、宋教仁等二十多人在自上海北上的"新铭轮"上发起。这些团体要通过改革陋俗来培育国民"自由""平等""人道""人权"的思想意识。① 五四时期,在国内出现了许多团体,这些团体主要是青年男子组成并在其中发挥着较大的作用。这些团体大多以改造中国为己任,研究问题,追求真理,寻找解放的出路,反映了青年人生动活泼的思想面貌。五四时期的大多数社团在注重改造社会面貌的同时,也注意社会陋俗的改造,往往把"改良人心风俗"作为本团体的宗旨之一,有些社团直接把改造女性陋俗文化视为自己社团的一项重要任务。如北京的少年学会、觉社,河南的青年学会,浙江的永嘉新学会,上海的新人社等社团都竭力要求男女平等,提倡妇女解放,主张男女同校,婚姻自主,废除娼妓等②,而其中男子的主导作用是很明显的。从社团的名单看,几乎都由男子组成。

这里在肯定男子主导作用的同时,丝毫无意贬低近代女子作出的贡献。事实上,在近代男子的宣传鼓动下,使有的女性从蒙昧中觉悟过来,投身于女性陋俗变革的运动中,虽然她们人数少,力量弱,但其历史功绩却绝不能抹杀。戊戌时期觉悟的女子大都是维新派身边的人,她们受维新思想的直接影响而率先醒悟。康有为顶住同族父老和乡亲们的讥笑和讽刺,不给女儿康同薇、康同璧缠足。两姐妹在父亲的影响下,于 1895 年创立的"粤中不缠足会"中,"参加主持、现身说法"③。谭嗣同夫人李闰毅然捐款,作为不缠足会经费,并出任中国女学会倡导董事。梁启超夫人李惠仙、《无锡白话报》创办人裘毓芳、经元善夫人及沈敦和夫人等都是戊戌时期倡导改造女性陋俗的活跃女子,但她们多属"良家闺秀""高等闺媛",人数极少,造成的社会影响自然有限。20 世纪的先进女性陈撷芬、单士厘也是如此,前者受其父陈范改良思想感染,

---

① 参见《孙中山全集》第二卷,中华书局 1982 年版,第 252、156、157、251 页。
② 参见《五四时期的社团》(一——四),生活·读书·新知三联书店 1979 年版。
③ 康同璧:《清末的"不缠足会"》,《中国妇女》1957 年第 5 期。

后者受其夫钱恂的熏陶,才得到多方启迪,并为女性陋俗的改造作出了表率。我们还要看到,近代确有一些个性鲜明的女子不为习惯势力所屈服,敢于为自己的解放而抗争,如秋瑾女士,她性格刚直,为人豪爽,因自己婚姻的不幸,毅然背叛家庭,与丈夫反目,东渡日本,走上革命和妇女解放的道路。像何香凝女士,"在五六岁时,她的母亲因恐女孩儿家不缠足,长大不易出嫁;就开始为她缠足,但何先生自幼便不愿受束缚的痛苦,每夜私自把缠脚布剪去,因此何母竟把全家剪刀都收藏起来。可是何先生是不屈服的,她总千方百计设法藏起一把剪刀,不管母亲如何打骂,一经缠好之后,便剪掉了,终于使它缠不成功。"①宋庆龄在自己婚姻方面亦如此。这位早年受到西方文化教育的女性为了真正的爱情不顾全家反对和亲友劝阻,忍受父亲和她脱离父女关系的痛苦,毅然与大自己 27 岁的孙中山先生结婚。宋庆龄一直觉得"自己仅有的欢乐,只有和孙博士在一起工作时才能获得",她说:"我是幸福的"②。孙中山也认为:"我开始了一种新的生活。这是我过去从未享受过的真正的家庭生活。我能与自己的知心朋友和助手生活在一起,我是多么幸福。"③早期妇女运动活动家向警予曾用"以身许国、终身不婚"的态度婉转而又坚决拒绝了湘西军阀周则范的求婚④,而去追求真正的爱情生活。上述几位可谓刚烈女性的代表。这类女性的另一种表现形式就是以死抗争。如清末杭州贞文女学校校长惠馨女士为兴办女学,"以身殉之,冀动人怜"⑤,她因以身殉学而使"世人震惊";再如 1919 年长沙赵五贞女士不满父母包办的婚事,因多次反抗无效,故于出嫁之日,在花轿中割颈自杀。⑥ 她们选择的最终方式尚可商榷,但那种与女性陋俗文化格格不入的反抗意志却值得称颂。在改造女性陋俗文化的宣传鼓动中也有个别女子作出了突出的贡献。受金一《女界钟》的影响,秋瑾女士

---

① 刘清扬:《何香凝先生生平》,转引自[美]陈福霖、余炎光:《廖仲恺年谱》,湖南出版社 1991 年版,第 16 页。

② 尚明轩等编著:《宋庆龄年谱》,中国社会科学出版社 1986 年版,第 33—35 页。

③ 尚明轩等编著:《宋庆龄年谱》,中国社会科学出版社 1986 年版,第 35 页。

④ 戴绪恭:《向警予传》,人民出版社 1981 年版,第 36 页。

⑤ 《惠馨女士殉学记》,《东方杂志》第 3 卷第 5 期。

⑥ 参见《毛泽东早期文稿》,湖南出版社 1990 年版。

高唱起"责任上肩头,国民女杰期无负"①的战歌,她先后撰写了《敬告姊妹们》《精卫石》②等作品来宣扬改造女性陋俗文化的主张。清末才女吕碧城任《大公报》编辑,在早期《大公报》中发表了许多宣传改造女性陋俗文化的文章,她以出色的文笔,声名大著于京津一带。

近代女界先进分子在改造女性陋俗过程中作出了表率,但从整个近代社会来看,在变革女性陋俗文化中起主导作用的是男子。女子基本属于男子的追随者。在漫长的封建社会,中国女性群体所受的压制和毒害是罕见的,她们没有受教育的权利,相比之下,"女子之开通,亦迟于男子"③。近代改造女性陋俗是有文化的先觉醒的男子充当了开路先锋。但是如果仅靠男子,要达到彻底改造女性陋俗文化的目的则是不现实的,女性陋俗的改造最终要靠女性自身的奋斗。1912年,孙中山曾对男女平权事奉献一言给女界,他说:"切勿依赖男子代为出力,方不为男子所利用也"④。1919年廖仲恺在《女子解放从哪里做起》一文中也说:"无论要造哪一个解放,总要靠自己自觉、自己要求、自己奋斗。从道德上、知识上、体育上准备过自己解放的手段,一面自己去解放,一面自己去准备,这解放才有点光明……我主张女子自力的解放,就是这个道理。"⑤二人的话可谓意味深长。近代女性陋俗文化不能彻底变革,这当是一个重要因素。

---

① 《勉女权歌》,载《秋瑾集》,上海古籍出版社1979年版,第117页。
② 见《秋瑾集》,上海古籍出版社1979年版。
③ 《正俗篇》,《时报》1905年2月12日。
④ 《复南京参政同盟会女同志函》,载《孙中山全集》第二卷,中华书局1982年版,第438页。
⑤ 《廖仲恺集(增订本)》,中华书局1983年版,第14页。

"性　伦"卷

"性伦"文化是指反映两性间诸多联系的某种功能性模式。在特定时空范围内的两性关系具有历史性特征。人类理想的两性关系的一个最基本的原则即是两性间的相互平等和相互尊重,然而这种原则需要在历史的进化中,通过男女双方艰辛的努力和孜孜不倦的追求才能够得以实现。中国人伦文化中的一个突出的特征就是"性伦"文化的极度发达。随着近代社会的形成和近代文明意识的产生,反衬出中国"性伦"文化的糟粕,它集中体现在:"男女授受不亲",男女之间没有平等的交往和沟通,甚或使之处于完全隔绝的状态;片面的贞操要求,对女性的残酷禁锢和对男性放纵的认可和纵容;"性"禁忌民俗心态的渐次形成,对人类"性"生理的忌讳达到了一种宗教狂的程度。这些"性伦"文化的糟粕是走向近代的中国人还未完全脱离野蛮和愚昧的表现。而近代中国"性伦"文化的变革正是近代中国人要彻底摆脱这种野蛮和愚昧而努力进取的体现。

一、"男女社交公开"思潮

五四时期,在思想文化界涌现了"男女社交公开"的思潮。这种思潮的辩争又与"性伦"意识的论辩紧密相连,构成传统伦理道德价值观深刻变化过程中的一大特色。

(一)"男女之大防"

在私有制出现以前的原始共产时代,还不存在所谓"男女社交公开"的问题。其时,男女均为经济生产的主人,还不需要依赖异性的劳力去维持自己的生存,男女间在经济上、地位上、人格上是平等的,所以"男女相互间的交际能够自由,没有人视为奇怪,也没有人要加以限制,也没有人能加以限制"①。然而后来何以出现封闭男女自由交往的历史现象,这与私有制度的确立关系甚密,对此李汉俊于五四时期曾作过深刻的阐述,其文兹录如下:"及至共产制度渐渐崩坏,私有制度渐渐成立,女子在经济上渐渐失去独立,女子就必须将劳力或别的物事卖给那在经济上占优势的男子以图生存。男女在经济上既然失了平等,在人格上和地位上也就生出差别。男女人格和地位上既然生出了差别,交际也自然不能自由……女子既然没有财产,劳力也卖不出去,伊们可以卖了来维持生活的还有什么呢?自然只有天生下的节操了。女子在生活上既然要专靠节操,这节操在女子就是最后的生活手段,非竭力来保存不可……女子既然有竭力保存节操的必要,女子就非离开男子不可。再加以占在支配

---

① 汉俊:《男女社交应该怎样解决》,《妇女评论》第 7 期。

地位的男子要满足自己底私心,也非把女子关在深闺不可。女子为图生存起见不能不离开男子,男子又为满足自己的私心也要关闭女子,于是女子就闭入深闺再也不能走出一步。"①这段话论述得精当透彻,旨意即在女子失去经济自立后,就只能靠出卖节操去维持生存,而男子为达占有之欲,就迫使女子保持节操。一方为生存而无奈,一方为占有而迫然,男子"太不使女子有社交欲了,太看重奴隶的贞操了"②。女子完全成为她所依附的男子独自占有的"性"工具,那么阻绝男女之交往,也就"顺理成章"了。

为了使这种阻绝男女交往的事实能够得到普遍的认同,必须用适合于这种事实的道德去契合它。《礼记》就对这种规范行为的道德标准作了具体规定,使家庭内外的男女有了一套严格的授受交往方式。《曲礼上》载:"男女不杂坐,不同椸枷,不同巾栉,不亲授。嫂叔不通问,诸母不漱裳。外言不入于梱,内言不出于梱。女子许嫁,缨,非有大故,不入其门。姑姊妹、女子子,已嫁而反兄弟弗与同席而坐,弗与同器而食。"③《内则》载:"七年,男女不同席,不共食"。④ "男子居外,女子居内,深宫固门,阍寺守之。男不入,女不出,男女不同椸枷。不敢悬于夫木军椸,不敢藏于夫之箧笥,不敢共湢浴。夫不在,敛枕箧簟席,襡器而藏之。"⑤《内则第十二》载:"男不言内,女不言外。非祭非丧,不相授器。其相授,则女受以篚,其无篚,则皆坐。奠之,而后取之。外内不共井,不共湢浴,不通寝席,不通乞假。男女不通衣裳。内言不出,外言不入。男子入内,不啸不指。夜行以烛,无烛则止。女子出门,必拥蔽其面,夜行以烛,无烛则止。道路,男子由右,女子由左。"⑥在男女交往方式上有如此众

---

① 汉俊:《男女社交应该怎样解决》,《妇女评论》第 7 期。
② 陈东原:《中国妇女生活史》,商务印书馆 1928 年版,第 409 页。
③ (清)阮元校刻:《十三经注疏》卷二《礼记正义·曲礼上》,中华书局 1980 年版,第 1240 页。
④ (清)阮元校刻:《十三经注疏》卷二十八《礼记正义·内则》,中华书局 1980 年版,第 1471 页。
⑤ (清)阮元校刻:《十三经注疏》卷二十八《礼记正义·内则》,中华书局 1980 年版,第 1468 页。
⑥ (清)阮元校刻:《十三经注疏》卷二十七《礼记正义·内则第十二》,中华书局 1980 年版,第 1462 页。

多的细则规定,人为设置了这么多障碍,正是要造成一个"皆为重别,防淫乱"①的使女子保持贞操的舆论环境。在行为举止上力求使女子与异性的疏远和隔离,防止非夫妇关系的异性之间有过多的接触。自从这种"礼教"确立之后,"从前只是在事实上不能实行的男女社交,就在伦理上也得到根据;与男子实行社交的女子,不但要在生活上受危害,在伦理上也要成为不道德了。"②

这种"礼教"后来又不断得到广泛弘扬,家喻户晓,人人遵之守之。唐朝宋若莘《女论语》中的《立身章》就调强:"内外各处,男女异群。莫窥外壁,莫出外庭,窥必掩面,出必藏形。男非眷属,莫与通名,女非善属,莫与相亲,立身端正,方可为人。"③这里把女子慎重与异性接触视为女子为人的立身之道。宋朝司马光在《涑水家仪》中也规定:"凡为宫室。必辨内外,深宫固门,内外不共井,不共浴室,不共厕。男治外事,女治内事。男子昼无故不处私室,妇人无故不窥中门。男子夜行以烛,妇人有故身出,必拥蔽其面。男仆非有缮修及有大故,不入中门。入中门,妇人必避之,不可避,亦必以袖遮其面。女仆无故不出中门,有故出中门,亦必拥蔽其面。"④宗谱中也有类似家规,如"男女者,礼义之大闲,苟其无别,则风俗衰而嗣续紊家政坏矣。古礼男女不通问,不共浴厕,别嫌明微,盖防其渐也,甚至不通乞假,不同衣笥,僧道不许入门,三姑六婆不许进门……女子不容入寺烧香,亦不得出门看戏,男年十五以上不得内寝,女子八岁以外,不出内闱,庶几有别"。⑤ 中国历史就是用这种"家训""家规""家仪"的形式把男女隔绝的情形作了如此具体的规定,即女子被囚禁于中门之内,与外界和异性分开,使其在狭窄的空间内过着毫无生气的孤寂而枯燥的生活。反映在家宅建筑设计上也顾及杜绝男女交往的问题。明代嘉靖礼部尚书、道学家霍渭厓在其著《家训》中有《合爨男女异路图说》,图中以朱墨两色标明分隔男女进出所走的路,被鲁迅称为"非常麻烦的分隔男女的房子

---

① （清）阮元校刻:《十三经注疏》卷二《礼记正义·曲礼上》,中华书局 1980 年版,第 1240 页。
② 汉俊:《男女社交应该怎样解决》,《妇女评论》第 7 期。
③ （唐）尚宫:《女论语·立身章第一》。
④ （宋）司马光:《涑水家仪》。
⑤ 《孟氏宗谱》卷一《家规》,胜善堂珍藏,民国岁次甲子重辑。

构造图"①。在中国,一般中等以上家庭的房屋有数栋之多,在房式建筑上,男女居住的房屋结构迥然不同,男女不能相互看见。甚者,夫妻同室不同食。有至亲好友来访,除拜年或其他某些特殊场合外,主妇不能随便出来见客。见客必须在客厅,并要有陪伴者,以防男女之不轨。传统礼教的渐次浸透,扭曲了人心,改变了人的"文化性格",以致使中国变成一个"把性的片面道德看得太重要,对女性防伺得太严"②的社会。在中国的旧剧里也反映了这种情况,1919年蔡元培在北京青年会作演讲时曾说,"中国的戏剧不许男女合演,用男子来假装女子,这是最不自然的。所以扭扭捏捏,不但演剧时不合女子的态度,反把平日间本人的气概都改变了。"③尽管"最不自然",尽管要改变"本人的气概",也不允男女合演。不难看出,其文化根源还是来自于"礼教"中"男女之大防"。男女有别,交往有戒,"反串"也就成了中国戏剧的一大特色。

由于女子失去了独立的地位、人格和经济能力,由于"礼教"的长期束缚,女子社交权利被彻底剥夺,她们不仅在生活方式上,且在心灵深处均被严重扭曲。在日常生活中,女子深居闺房,终日不得见人,"偶然在门口站站,也要遮遮掩掩,探出退进,一见了人,便好似见了老虎一样,往里直逃"④。男女间不能一起走路,一起读书,更不能相互偷看。绝不容许丈夫夸他人之妻,妻子夸他人之夫。外出乘车坐轿,定要深垂帷帘,绝不让人见到面容。女子被置于暗无天日的"狱牢"之中,外面的世界变成个未知数,一个"不解"的谜。长此以往,女子已经不再是有思想有感情有追求有欲望的人,而成为"礼教"的驯服工具和牺牲品。以致使女子的心态变形,压抑了女子向往理想异性的人本之性。

(二)新的男女社交观

戊戌时期以后,清末民初以来,随着西方自由平等学说的传入以及妇女解

---

① 《坚壁清野主义》,载《鲁迅全集》第1卷,人民文学出版社1981年版,第257页。
② 陈东原:《中国妇女生活史》,商务印书馆1928年版,第409页。
③ 《贫儿院与贫儿教育的关系》,载《蔡元培全集》第三卷,中华书局1984年版,第266页。
④ 沈求己:《现在女子急宜革除的恶习》,《解放画报》第1期。

放思想的传播,女性陋俗文化逐渐发生变化,已有女子开始走出家门,进入学校、走进工厂,参加政治与军事斗争以及其他社会工作,出现了男女社交的端倪。但是由于"礼教"的束缚,"男女社交"仍被社会舆论所控制,因此这一时期男女社交的起色不大。"男女有别"更严格地防范着走出家门的女子,如在女学校里,禁止男女自由通信和自由恋爱,禁止无故请假结伴而游行,禁止会见男客及男女学生正当交往,以端肃女校风化。为维护"礼教",有的学校甚至规定"到女师当教员,必须年满五十岁,没留胡子的不要;教员讲书,二目必须扬视;眼看天花板,不准看学生的面孔"①。所以"女学堂的教职员尽是弯着腰、带着须才能聘他"②,此方符合"男女有别"之大伦。像长沙周南女校,上课时,"男教师不能直接面向女学生。讲台上挂着一块帷帘,将师生隔开,学生但闻其声,不见其人,实行'垂帘'讲课。"③新文化运动后,在批判和否定封建传统文化的气氛下,"男女有别"的礼教观受到有史以来最强烈的冲击,有人公然喊出"男女社交公开"的口号。随之便引发了思想文化界对这一问题展开的激烈的思想交锋。

当时一些进步知识分子是从人的解放和尊重人格的角度,特别是从解放妇女的角度提出男女社交公开这一主张的,认为在男女共同组织的社会中,人人都应有独立的人格,人人应有自由交往的权利,要彻底打破男女交际上的界限。沈雁冰当时撰文说:"我们为什么要男女社交公开呢?我以为无非是想把反常的状态回到合理的状态罢了!男女既然同是人,便该同做人类的事。男人可到的地方,女人当然也可以到;能这样的便是合理的状态,不能这样的便是反常的状态,这是极显明的。至于再进一步讲,拿社会进化的大题目来说,便知偏枯的社会绝没有进化的希望。男女社交不公开是偏枯的表面的最显见的;背后藏的,便是经济底知识底道德的不平等。如此男女关系的社会,总是一天一天向后退,不能朝前进,不论是经济的、知识的、道德的方面。"④男

① 隋灵璧:《五四时期济南女师学生运动片断》,载中国社会科学院近代史研究所编:《五四运动回忆录》(下),中国社会科学出版社1979年版,第690页。
② 《振兴四川女子教育的浅信》,《四川教育新潮》第12号。
③ 戴绪恭:《向警予传》,人民出版社1981年版,第12页。
④ 雁冰:《男女社交公开问题管见》,《妇女杂志》第6卷第2号。

女正常交际,这不但是人际关系方面的合理正常状态,而且是社会进化的一种希望。在隔绝男女交往的反常状态下,要养成健康的心灵,培植文明的道德,树立高尚的人格,显然是困难的。胡适 1918 年于北京女子师范学校讲演时,在介绍美国的妇女时曾谈及男女社交的意义。他说:"女子因为常同男子在一起做事,自然脱去许多柔弱的习惯。男子因为常与女子在一堂,自然也脱去许多野蛮无礼的行为(如秽口骂人之类)。最大的好处,在于养成青年男女自治的能力。中国的习惯,男女隔绝太甚了,所以偶然男女相见,没有鉴别的眼光,没有自治的能力,最容易陷入烦恼的境地,最容易发生不道德的行为。美国的少年男女,从小受同等的教育(有几种学科稍不同),同在一个课堂读书,同在一个操场打球,有时同来同去,所以男女之间,只觉得都是同学,都是朋友,都是'人';所以渐渐地把男女的界限都消灭了,把男女的形迹也都忘记了。这种'忘形'的男女交际,是增进青年男女自治能力的唯一方法。"①这种"忘形"的男女交际,是相互视为"人"的平等交际,它是对"男女有别"的封建道德的否定与唾弃。

(三)关于"男女社交公开"的大论战

当时围绕着"男女社交公开"而展开的思想斗争,主要体现在是维护还是背叛封建礼教的斗争上,而双方又都是以维护"性道德"作为攻击和战胜对方的有力武器的。

反对男女社交公开者站在"男尊女卑"的立场上,认为"女子是多半无知识、容易受人诱惑,绝没有现身社会的资格"②。亦不能与男子公开交往,这种"将女子看低,将男子提高,认做女子是天生的不如男子"③的观点,在"解放妇女""男女平等"思想开始被人们接受的环境下,已显得愚陋不堪,连争辩对手亦认为此说"更没有理由""无讨论的价值",④不值得靡费口舌和笔墨去与

---

① 《美国的妇人》,载《胡适文存》一集卷四,黄山书社 1996 年版,第 470 页。
② 雁冰:《男女社交公开问题管见》,《妇女杂志》第 6 卷第 2 号。
③ 雁冰:《男女社交公开问题管见》,《妇女杂志》第 6 卷第 2 号。
④ 雁冰:《男女社交公开问题管见》,《妇女杂志》第 6 卷第 2 号。

之辩争了。但反对男女社交公开者的另一种观点却带有相当的迷惑性和攻击性,亦让一些人闻后而称是。反对者说:"男女社交公开,是使国民道德堕落。现在礼防尚严的时候,尚且有许多不道德的事情发生,将来男女社交自由,便接触的机会愈多,不道德的事情自然更易发生。"①他们"一听见人提倡男女社交,就疑惑人是提倡开放节操"②,故诬蔑和讥讽男女社交自由的人们"完全是发挥肉欲"③。固守礼教的人被礼教所愚弄,当他们把女子不再视为平等的同类、不再视为人的时候,藏匿于闺门的女子就成为传宗接代的工具,成为"淫具"了。"淫具"自然不能公开,公开"淫具",撩拨"肉欲",那么"淫风"大起,就成了自然,这就是固守礼教者的逻辑。这种逻辑遭到主张男女社交自由者的批驳,他们认为发生"不道德的事情"绝不是男女社交所致,只要有"人格观念立著",视女子为人而不是工具,就不怕会出现不道德的事情,靠礼教的约束也绝不会杜绝"男女私合"之事。正如沈雁冰所言:"据反对派所说,男女间不道德的事情,当然是指'苟合'、'外遇'等等。试问这种不道德行为的起因,是否仅仅因为男女多见面、多交际的缘故呢?还是尚有其他原因呢?换一句话,就是造成不道德事情的要素,仅仅是常见面多交际呢?还是尚有其他的要素呢?世间男女多见面多交际的,自然要算姊妹兄弟了,试问姊弟乱伦的事情,何以少有呢?岂不是因为姊妹兄弟间有伦常观念立著,所以虽然亲密,却不发生不合理的性的恋爱。然则通常男女间只要有人格观念立著,便也不致发生不合理的性的恋爱了,怕什么社交公开之后会多不道德的事呢!……不从根本想个正本清源的法子,而单在表面上设提防,是终究要失败的。倘然提防法子是有效的,何以中国隔绝男女几千年了,于今却仍是男女私合的事情绝盛呢?这又是从反面证明男女隔绝不是维持男女道德的好法子,而且实际上反是有害的。"④鲁迅也曾讽刺说:"闺秀不出门,小家女也逛庙会,看祭赛,谁能说'有伤风化'情事,比高门大族为多呢?"⑤退一步讲,社交公开后即使不

① 雁冰:《男女社交公开问题管见》,《妇女杂志》第6卷第2号。
② 汉俊:《男女社交应该怎样解决》,《妇女评论》第7期。
③ 冰:《再论男女社交问题》,《妇女评论》第9期。
④ 雁冰:《男女社交公开问题管见》,《妇女杂志》第6卷第2号。
⑤ 《坚壁清野主义》,载《鲁迅全集》第1卷,人民文学出版社1981年版,第258页。

可避免地出现些小乱子,也只是陋俗变革中的一种演进过程的特殊性,一种暂时的现象而已,"像中国那样被几千年的礼教教育剥夺人性净尽的社会里,或者骤然解除'男女之防'后,要出点小乱子,也难说;但这暂时的乱子,我以为确是无法完全避免,除非不主张男女有社交。但我又敢断定这乱子只是暂时的,决不是永久的;而且光景不用鳃鳃然多所想法防止,而他会自己止息的。固然纯粹的男女关系是绝对不容许有'乱'的,有时社会上发生'乱'的现象,一定含有别种原因,例如金钱的交换,威吓逼从,受人诱骗等等,那是不良的社会制度养成的;没有社交的社会里也常常有的,根本问题不解决,决不能禁止其绝对不发生。"①从社会现象本身解释"乱子",既深刻又有说服力,是具有极强攻击力的一种反证。

男女社交不能公开造成的社会危害也是多方面的。主张社交公开者在对其危害进行揭示与批判的时候,是以针锋相对的态度,以维护"性道德"的姿态出现的。他们认为社交不能公开的最大弊害就是容易导致"乱伦"和不规则的。"性自由",他们是从人的本性出发而认定"男女之大防"恰恰成为性行为不道德的一大根由。中国礼教似乎欲要养成高尚的人格,但因它违背人的本性,所以"自从有了这'礼教'两个字,那么男女有起界域来了!有起礼防来了!男女的交际秘密起来了!男女的情感,变成不可以对人说的了!因了这种种的缘故,就生出什么'奸淫'、'贞操'、'节操'等等的问题"②。道理并不复杂深奥,因为"男女的性欲是极富反动力的"③。隔绝愈严,愈易对异性产生好奇心和神秘感,处于青春期的青年男女一旦相遇,就伴随着性的冲动,而"人心机诈既生,便不是空空洞洞的礼教可以束缚"④了,"苟合""外遇""穴隙相窥"的事就易出现。隔绝男女社交的自由,其结果"反而养成男女不规则的自由。而比较的高尚人格的自由幸福,被他抑制摧残尽了!"⑤可见用"礼教"的方法养成高尚的人格,"是一种'南辕北辙'的办法,有害无益"⑥,这就是主

---

①　冰:《再论男女社交问题》,《妇女评论》第9期。
②　杨潮声:《男女社交公开》,《新青年》第6卷第4号。
③　雁冰:《男女社交公开问题管见》,《妇女杂志》第6卷第2号。
④　雁冰:《男女社交公开问题管见》,《妇女杂志》第6卷第2号。
⑤　杨潮声:《男女社交公开》,《新青年》第6卷第4号。
⑥　杨潮声:《男女社交公开》,《新青年》第6卷第4号。

张社交公开的一个重要原因。男女交往一旦公开和自由,男女间"一样的对待,一样的交际,就不觉得有什么欲念"①,由于注重相互间的人格,也就不容易发生"'乱交'的情形"②。社交公开与"礼教"导致了完全不同的道德效果,其原因就在于是以"兽性"待人还是以"人性"待人的根本不同,是顺应人性之自然,还是悖逆人性之自然的根本不同。"男女之交际,是自然的,男女情好也是自然的,而'礼防'是人为的,人为的决不能胜自然。我们不设'礼防',看人类一律平等,那么,交际自然不秘密而公开,情感不滥发而专一! 于是,人类的真真自由幸福可享,人格也高尚了。"③

主张社交公开者不但认为"男女之大防"是导致男女不规则自由的重要原因,而且强调其必然造成夫妻情感生活的枯燥无味。男女有别的礼教,极大地束缚了女性的生活空间,使她们"眼光小如豆""脑质竭如泥"。她们从生活的形式内容都变得索味贫乏。她们看不见外面的世界,不了解周围的社会,更难以涉足美丽的大自然,她们的聪明才智得不到发挥,雄才大略得不到施展。在男人面前,她们愧感不如,形成了闭守、萎缩的人格。必将作为人妻的女性如此这般,将直接影响夫妻的情感生活。"她的生活永远是枯燥的单调的从一的。和这种女子结婚,她只能做你一个顺从的奴隶;你和她在一块,也只能过枯燥的单调的生活,不会有活气的。"④但这并不怪女子本身,这是"不给女子以平等的机会"⑤造成的。如果允许女子求学和公然的交际,情况就绝不会这样。反过来说,如果"只许女子有公然的交际,而限止或不许男子有交际——把他关在闺阁以内则何如?"⑥大概和女子不会有什么两样的。这是从另一个角度强调了男女社交公开的重要意义。

五四时期,在男女社交公开的思潮中,也涉及什么是理想的和正当的男女社交问题。当时被大家能够接受的观点是这样一句话,即男女社交不过是

---

① 杨潮声:《男女社交公开》,《新青年》第 6 卷第 4 号。
② 冰:《再论男女社交问题》,《妇女评论》第 9 期。
③ 杨潮声:《男女社交公开》,《新青年》第 6 卷第 4 号。
④ 陈东原:《中国妇女生活史》,商务印书馆 1928 年版,第 408 页。
⑤ 徐彦之:《男女交际问题杂感》,《晨报》1919 年 5 月 4 日。
⑥ 徐彦之:《男女交际问题杂感》,《晨报》1919 年 5 月 4 日。

"两个'人'的交际,止于友谊的关系"①而已,这种被普遍承认的观点却不被对此问题有深入思考的某些知识分子所认同。虽然他们不承认有什么男女社交的理想的正当方法,但他们对男女社交"止于友谊"却有所保留,认为男女社交并不排斥男女间正当的情爱交往及其发展与流变。"'男女有爱慕之情是谁也不能否认的,倘若由友谊而发生爱情,你能禁止他,应该禁止么? 你能说那些正在恋爱途中的男女交际不是正当的么?'再者,男女相互间的了解,在无恋爱时是至于某种程度,在有恋爱后是至于某种程度,一定不能相同,不增不减;很有些男女在既恋爱后,反倒发现出许多两人不能情投意合之点,在这状况里,恋爱从沸点降到冰点的,乃常有之事。恋爱既冷,则各自走开,或碰到了别个男或女而再发生恋爱,自然亦是常有之事,不能禁止他们,也不能说他们不应该;然则请问在这情形下的男女交际可说是正当呢,不正当呢? 我因此觉得从正面下个定义,说如何如何的社交方是正当的,其事极难;只可从反面定下几个'不能',例如'不能用金钱诱惑'等等,可是也决不能有妥善的规定可以包括一切的。"②五四时期没有给理想正当的男女社交及其方法下过准确的定义,的确也难以有完美的规定。可是理想的男女社交当有若干原则,诸如以真实情感为转移;要以诚相待;不能心怀叵测等。五四时期留下的某些思考方法值得后人借鉴,如认为提倡男女社交公开,要以解决具体实际问题入手,而当时首先要解决的问题,有如下几项:其一,创造合理的关于两性间的新道德,重新界定贞操的新定义。其二,清除社会上引人发展兽欲本能的娱乐品和侮辱女子人格的丑恶俗制。其三,增进女子教育。其四,男子对于女子心理的改变,即"男子要除去轻视女子和专在性上认识女子的心理"③。"我们主张男女社交公开的人,见女人不知其为女人,只觉得伊是和我一样的一个人,我们欲去了异性的爱情,异性的爱情是座大偶像,骗人有几千年了! 我们只觉得那些服饰和我们不同的姊姊妹妹们,是和我们共撑成一个社会的,犹如一车之有两轮,并不是来满足我们异性的爱情,我们一想到男女间异性的恋爱,便

---

① 冰:《再论男女社交问题》,《妇女评论》第9期。
② 冰:《再论男女社交问题》,《妇女评论》第9期。
③ 汉俊:《男女社交应该怎样解决》,《妇女评论》第7期。

自觉过于兽性,而且也是一个大迷信。"①反之,女子也要"除去卑视自己和专在性上认识男子的心理"②,这是男女社交公开的第一步。其五,去掉旧俗中的男女区分,"如讲演会中之男女分座,大旅馆的女子会客室等"。③ 显然对上述问题的解决,有助于男女社交的开展,并引导男女社交走向健康文明的方向。

　　五四时期主张男女社交的知识分子也注意到当时一些青年男女由于认识上的肤浅,或因某种品格上的原因,而对其产生某些误解或乘机行于不轨的现象。其主要表现包括:(1)把社交公开仅视为择偶的手段。主张社交公开的知识分子认为这种"抱了求偶的念头去社交"的观念"实在大错"。他们批判说:"如果人人抱了一个择偶的心思去到社会交际场里,那便不是真正的社交了。这种心思不但不能促进社交公开,并且很能妨碍社交公开。我以为现在所以不能做到社交公开的缘故,就是因为这个求偶的心思作梗。要社交公开能够发达,必定先打破这种利用社交公开的心思,人人用一种洁白的心思去做。"④那种将"游乐场、茶馆、酒店来做公开的场所,戴了一副'求偶'的眼镜去和女子社交公开",简直是"糟透了",⑤亵渎了社交公开的真义。(2)把社交公开视为"红粉销愁"和"蛾眉破寂"。男女交际本有男女精神悒郁时相互慰藉的作用,这本是正常的。但"中国人在旧道德、旧思想的灰色水里浸得太久了,不是彻底觉悟的人,思想里到底还有旧毒。此种精神互助说,不幸而为未彻底觉悟的人误用,使变成什么'红粉销愁'、'蛾眉破寂'"⑥。正当的社交变成了庸俗和低级趣味。(3)冒牌的男女社交者。这些人淫秽放荡,脑袋里装满了色欲思想,视男女社交为开放节操,虽"王法""礼教"也难禁止他们,这些冒牌者乘了"男女社交"的新潮,荒淫堕落。这类冒牌者在事实上和意识上,还没有把男女间性的解放,立于一种平等的地位,他们仍属践踏异性的兽欲狂。为了批判和纠正上述的错误观念,主张男女社交的知识分子特意强调

---

① 雁冰:《男女社交公开问题管见》,《妇女杂志》第6卷第2号。
② 汉俊:《男女社交应该怎样解决》,《妇女评论》第7期。
③ 雁冰:《男女社交公开问题管见》,《妇女杂志》第6卷第2号。
④ 东荪:《妇女问题杂评》,《解放与改造》第1卷第8号。
⑤ 雁冰:《男女社交公开问题管见》,《妇女杂志》第6卷第2号。
⑥ 雁冰:《男女社交公开问题管见》,《妇女杂志》第6卷第2号。

社交公开的深刻意义,认为"社交公开是使女子取得社会上地位的第一步"①；社交公开,易于改变索然无味的夫妻关系,使夫妻间更为自由,更具吸引力,进而使"婚姻生活丰富,活气增加"②；社交公开是要把"变态的社交回复为自然的社交"③,所以说"社交公开的自身就是一个目的,不是达他种目的的手段"④。从妇女解放、婚姻幸福、人际关系归于自然的角度来认识男女社交的意义,可谓是对男女社交公开本质特征的透彻理解。

（四）迈出社交自由的第一步

五四进步青年不仅在思想上认同男女交际的公开,且在行动上也敢于悖逆陈规陋俗,勇敢迈出社交自由的第一步。五四时期的爱国救亡运动构成先进青年男女社交公开的一个契机。当时的男女学生组织配合五四运动中的游行请愿等爱国活动,相互沟通串联,联合行动,共同罢课或举行示威游行。有些进步女青年敢于"冒天下之大不韪",前往监狱慰问因街头讲演而被当局逮捕的男学生。后来,一些进步团体打破男女界限,吸收女青年参加,形成组织上的大联合,长沙的新民学会和天津的觉悟社在当时最具典型意义。

新民学会是 1918 年 4 月 14 日由毛泽东、蔡和森等人发起成立的"一个以改造中国为奋斗目标"⑤的进步青年组织。该学会"以革新学术、砥砺品行,改良人心风俗为宗旨"⑥,并日益重视妇女解放与男女社交问题。蔡林彬 1918 年给毛泽东等人的信中说,要在"三年之内,必使我辈团体,成为中国之重心点。并且要使女界同时进化"⑦。毛泽东也曾强调,联络同志"不分男,女,老,

---

① 东荪：《妇女问题杂评》，《解放与改造》第 1 卷第 8 号。
② 陈东原：《中国妇女生活史》，商务印书馆 1928 年版，第 408 页。
③ 雁冰：《男女社交公开问题管见》，《妇女杂志》第 6 卷第 2 号。
④ 东荪：《妇女问题杂评》，《解放与改造》第 1 卷第 8 号。
⑤ 周世钊：《湘江的怒吼》，载《五四时期的社团》（一），生活·读书·新知三联书店 1979 年版，第 92 页。
⑥ 《新民学会会务报告》第 1 号，载《五四时期的社团》（一），生活·读书·新知三联书店 1979 年版，第 575 页。
⑦ 《蔡林彬给陈绍休萧子暲萧子昇毛泽东》，载中国革命博物馆、湖南省博物馆编：《新民学会资料》，人民出版社 1980 年版，第 51 页。

少,士,农,工,商"①。会员萧旭东谈到新民学会的优点时,其中包括:"多女同志,且极优良",并要求极力发展此一优点。"女同志之优良者尤为可靠,极宜注意。"②其实早在新民学会成立之前,毛泽东就注重与志同道合的女性结友。"1917 年的秋天,长沙城里大部分的学校先后都接到一个署名'二十八画生'的征友启事。启事的大意是:二十八画生要求和有爱国热情的青年做朋友,邀请能耐艰苦、有为祖国牺牲决心的志士和他通信联络,信封上批着'请张贴在大家看得见的地方'几个字。有一些头脑顽固的校长,认为这个二十八画生一定是怪人,征友也一定不怀好意,就把启事没收,不让在校内张贴。湖南第一女子师范一个姓马的老校长,见启事写着'来信由第一师范附属小学陈章甫转交',就亲自找到一师附小,又亲自找到第一师范,从陈章甫同志和第一师范校长那里知道'二十八画生'就是毛主席,而毛主席在校是敦品励学的好学生,才消释了'二十八画生'是找女学生谈恋爱的疑虑。"③这里反映了不同人对男女社交的不同态度,也可看出毛泽东等当时一些进步青年为寻求包括女性在内的有志青年是勇于冲击"男女有别"的封建礼教的。由于进步青年的共同努力,1919 年底,新民学会接收周敦祥、魏璧、劳君展三位女学生和女教师陶毅为新民学会会员。后来蚕业学校的李思安、周南女校的向警予也参加了新民学会。五四时期共吸收 19 名女会员。除上述六人外,还包括徐瑛、杨润余、任培道、吴家瑛、贺延祜、吴毓珍、蔡畅、熊季光、熊叔彬、刘清扬、许文煊、周毓明、戴毓本等。④ 她们可称为五四时期履行"男女社交公开"的先驱。周世钊在回忆新民学会时曾称赞这些女性说,"当时女学生不敢讲社交,不敢多和男子见面,风气是十分闭塞

① 《毛泽东给萧旭东、萧〔蔡〕林彬并在法诸会友》,载中国革命博物馆、湖南省博物馆编:《新民学会资料》,人民出版社 1980 年版,第 152 页。

② 《萧旭东给毛泽东》,载中国革命博物馆、湖南省博物馆编:《新民学会资料》,人民出版社 1980 年版,第 141 页。

③ 周世钊:《湘江的怒吼》,载《五四时期的社团》(一),生活·读书·新知三联书店 1979 年版,第 91 页。

④ 李维汉:《回忆新民学会》,载《五四时期的社团》(一),生活·读书·新知三联书店 1979 年版,第 614 页。

的。她们都愿意加入以男子为基本队伍的新民学会,就充分表现了她们求解放、求改造的勇气"①。

五四时期,天津男女青年"逐渐打破了由于封建习俗的约束而形成的男女界限,建立了平等互助的友谊"②。1919 年 9 月 16 日,在周恩来、郭隆真等人的倡导下,成立了青年进步团体觉悟社。觉悟社一成立,便明确宣布应改革和铲除"男女有别"等封建礼教,要"反对孔孟之道,打破封建习俗"③。觉悟社规定发展社员时必须男女各一,以社内男女人数的平等表示社内男女地位与权利的平等。觉悟社成立时约有 21 人,其中女社员有邓颖超、李锡锦、张若名、张淑文、周之廉、郭隆真、刘清扬、郑季清、张嗣婧、李毅韬、吴瑞燕等 11 人。④ 以后也按 1∶1 原则接收新社员。干部选举上也采取男女对等原则,以发挥女社员的作用。为消除男女有别的一切影响和痕迹,还规定了一种代替姓名的号码,如刘清扬回忆说:"每人的代号都是抓阄决定的。如周恩来同志抓到的是五号,所以他和朋友们通信就常用'伍豪'的名字,后来并成了他写文章的笔名。邓颖超同志抓到的是一号,她以后的隐名就叫'逸豪'"。⑤ 这是觉悟社改造男女有别封建陋俗的大胆创造。当李大钊应邀到天津进行学术讲演时,对觉悟社倍加赞许,并把它打破男女礼防的做法介绍到北京。后来以觉悟社为核心成立的天津新学联,实行男女"合室办公",男女同学平等分担工作,相互支持尊重、友好相处、坦白相待。新民学会和觉悟社率先建立了男女成员间平等友好的新型关系,这是五四时期"男女社交公开"思潮中的积极成果。此外,于 1919 年底发起的留法勤工俭学运动,许多青年男女相伴漂洋过海,去寻求救国救民的真理。五四时期男女青年交往增多,"甚至还有的公

① 周世钊:《湘江的怒吼》,载中国社会科学院近代史研究所编:《五四运动回忆录》(上),中国社会科学出版社 1979 年版,第 436 页。
② 刘清扬:《回忆觉悟社》,载《五四时期的社团》(二),生活·读书·新知三联书店 1979 年版,第 354 页。
③ 邓颖超:《五四运动的回忆》,载《五四时期的社团》(二),生活·读书·新知三联书店 1979 年版,第 352 页。
④ 《觉悟社社员名单》,载《五四时期的社团》(二),生活·读书·新知三联书店 1979 年版,第 305 页。
⑤ 刘清扬:《回忆觉悟社》,载《五四时期的社团》(二),生活·读书·新知三联书店 1979 年版,第 355 页。

开与男同学通信,交朋友,打破了学校一贯坚持的男女授受不亲的律条,开始与封建旧道德决裂"①。舆论认为,"受过教育的男女同学在一块做事是只有好处,没有坏处的……假使能把男女的界限渐渐地化除,各尽各的责任,那就是我国的进步"②。这一时期男女同校现象的出现也是打破"男女有别"陋俗的一个突出表现。"1920年的杂志上这样报道着女校的情形:自五四运动以来,男女同学交际的机会很多,外面同学来会人的,校内办事人也不能阻止。"③

当然,五四时期男女社交公开所取得的成果还是极其有限的。对"男女这样乱七八糟混在一起"的社交公开持反对意见者还不是个别现象。"男女授受不亲"和"男女有别"的封建礼教还束缚和禁锢着大多数人们的思想,不要说在农村和市民中的守旧状况,就是在知识女性中也有不赞同者和顾虑重重者。如男女平等空气较浓的长沙周南女校的学生自治会委员周敦祥被推为长沙女学生联合会副会长,联合会在讨论是否要同男校共同行动时,大部分人认为女学生"暂难办到",周敦祥借此发表了演讲,主张打破男女界限,共同组织、相互帮助。但这一主张超越了多数人的思想水平而未被采纳,周敦祥毅然辞职。再如天津男女青年由于尚未摆脱封建礼教和旧习俗的思想禁锢,因而在举行社会活动和男女接触上,仍存在着思想阻力。天津直隶第一女子师范学校学生为纪念五四运动中遇害的北大学生郭钦光,于5月11日虽为其组织了隆重的追悼会,但都不愿担任会议主席,特请男校学生代为主持会议,原因为,"惟是社会陋习,女子与外事易被误会或致污议,而追悼会之举不能不致男宾,而招待男宾则毁谤随之矣;再三思维,用是转请男学界诸同胞莅临代为主席。"④由于社会舆论的压力,即便是一些思想解放的女子在与男子交往中也是顾虑重重,谨小慎微。五四时期成立的大部分社团是由男子组成也说明了这一点。此外,在一些守旧者看来,男女的正常交往是值得怀疑的,"见一

① 隋灵璧等:《五四时期济南女师学生运动片断》,载中国社会科学院近代史研究所编:《五四运动回忆录》(下),中国社会科学出版社1979年版,第690页。
② 《时报》1919年10月14日。
③ 陈素:《五四与妇女运动》,《群众》第7卷第8期。
④ 天津《益世报》1919年5月12日。

封信,疑心是情书了;闻一声笑,以为是怀春了;只要男人来访,就是情夫;为什么上公园呢,总该是赴密约"①。可见,男女社交公开的普遍实现还需要一个相当长的历史过程。

---

① 《寡妇主义》,载《鲁迅全集》第 1 卷,人民文学出版社 1981 年版,第 265 页。

二、"贞操观"批判

（一）"贞操观"的历史演变

贞操观是社会要求女子单方面实行性禁锢的一种道德观。

在人类的群婚和对偶婚时代，还谈不上贞操观念。恩格斯在《家庭、私有制和国家的起源》中指出，"不言而喻，形体的美丽、亲密的交往、融洽的性情等等，都曾引起异性对于发生性关系的热望"①，尤其是"在节日里几个'部落'聚集在一起，不加区别地发生性关系。"②这个时期还不存在贞操问题。贞操观念是伴随着一夫一妻制的确立而渐次产生的，"一夫一妻制"是文明时代开始的标志之一。"它是建立在丈夫的统治之上的，其明显的目的就是生育有确凿无疑的生父的子女；而确定这种生父之所以必要，是因为子女将来要以亲生的继承人的资格继承他们父亲的财产。"③在这种保证血统纯正的宗族需要基础上，就产生了最初对女性片面的贞操要求。其表现为，妻子如同工具一样成为丈夫所有和使用的私有物，不许他人动用和占有；一切女子对丈夫爱与不爱，均要为其保守贞操。可见当时的贞操观念是"人类占有欲望的产物，也可以说是男子特有的永久占有心的产物，因为强要女子守贞的缘故，不外男子视妻妾是一己之物，不许别人染指"④。不过这时的贞操还有不同，"一般说来

---

① 恩格斯：《家庭、私有制和国家的起源》，人民出版社 2018 年版，第 82 页。
② 恩格斯：《家庭、私有制和国家的起源》，人民出版社 2018 年版，第 51 页。
③ 恩格斯：《家庭、私有制和国家的起源》，人民出版社 2018 年版，第 65 页。
④ 佩韦：《恋爱与贞操的关系》，梅生编：《中国妇女问题讨论集》第五册，载《民国丛书》第一编·18·社会科学总论类，上海书店 1989 年版，第 128 页。

还只限于结婚以后夫妇同居的时期，女子在出嫁之前是无所谓贞操的。丈夫死了以后小老婆们便和别的财产一样，由丈夫的儿子承继下来，又作儿子的小老婆，也没有什么贞操问题。"①

在《周易》和《礼记》中已出现有关反映贞操观念的文字记载。《周易·恒》曰："妇人贞吉，从一而终。"《周易·渐》曰："夫征不复，妇孕不育。"丈夫在外参战未归，妻子有了孩子是不能养他长大的，这孩子也不会被社会和家族承认。《周易·序卦》曰："夫妇之道，不可以不久也；故受之以恒。"要婚姻持久，就要妇女守贞，即从一而终。《礼记·郊特牲》曰："壹与之齐，终身不改，故夫死不嫁。"这里直接提出了"夫死不嫁"的守节观。《礼记·坊记》曰："寡妇之子，不有见焉，则弗友也，君子以辟远也"；"寡女不夜哭"。用不与寡妇之子交友和寡妇不能夜哭以防嫌，目的还在强调寡妇的守节。以上的典籍文化，还只是衡量妇女操行的道德理想，与现实生活还不能完全同步。典籍文化中的守节观还不能普遍被社会认同，道德理想与习俗生活之间难免存在着一段时差。但它终究成为后世提倡贞操观最初的文化积因。自秦至唐，社会对"贞操"虽日益重视，但还不甚严格。秦始皇几次刻石都曾提及贞操观念，泰山刻石曰："男女礼顺，慎尊职事。昭隔内外，靡不清净。"②会稽刻石曰："禁止淫泆，男女洁诚。"③到汉代，那种"以仲春之月会男女，是月也，奔者不禁"的时代结束了。文人刘向、班昭等人开始用文字鼓吹贞操。宣帝神爵四年（前58年），诏赐"贞妇顺女帛"，首次以官方名义褒奖贞顺女子。《后汉书·孝安帝本纪》也记载：元初六年（119年）二月，诏赐"贞妇有节义十斛，甄表门闾，旌显厥行"④。魏晋时期，视女子贞洁为"上德"，文人在歌咏妇女时，"贞洁"二字是常不离口的。唐代也注重"凡为女子，先学立身，立身之法，惟务清贞，清则身洁，贞则身荣"⑤。自秦至唐，在道德观上虽然强调女子的贞节，但与实际生活又不完全吻合，这段时期对女子再嫁还没有严格的限制，甚至采取

① 田家英：《中国妇女生活史话》，中国妇女出版社1982年版，第24页。
② （汉）司马迁撰：《史记》第一册卷六《秦始皇本纪第六》，中华书局1982年版，第243页。
③ （汉）司马迁撰：《史记》第一册卷六《秦始皇本纪第六》，中华书局1982年版，第262页。
④ （宋）范晔撰：《后汉书》第一册卷五《孝安帝纪第五》，中华书局1965年版，第229—230页。
⑤ （唐）尚宫：《女论语·立身章第一》。

了认可的态度。公主几易其主,寡妇几番再嫁,屡见不鲜,司空见惯。虽与儒家伦理相悖,但并不会遭到舆论的斥责。五代时期,由于战乱割据,纲常颓废,少数民族风习的影响,导致贞操观念的衰微淡薄,直至程朱理学勃然崛起,才使贞操观念再度回升强化。宋代理学家把"从一而终"的贞操观"天理化",当有人问程颐,"孀妇于理,似不可取如何"时,他答曰:"若取失节者以配身,是己失节也",以反对娶寡妇为妻。当别人又以"或有孤孀贫穷无托者,可再嫁否"诘问时,他竟说:"只是后世怕寒饿死,故有是说,然饿死事极小,失节事极大"。这一理学思想的确立并纳入于统治思想,再渗透到民众心理是需要一段历史过程的,所以程颐的贞操原则在当时还不会"立竿见影"地产生影响。事实上,当时上下层的再嫁妇女还不计其数,不过这种贞操观对后世却产生了至为深远的影响。这在元代就已初见端倪。元代,理学确立了统治地位,禁欲的贞操观紧缩人心,从此守贞、守节、以身相殉的女子就不难见到了。

　　由于贞操观念长期的积淀和渗透,也由于统治阶级的大力提倡,所以到了明清之际,贞操观念臻至鼎盛。"贞节观念经明代一度轰烈的提倡,变得非常狭义,差不多成了宗教。"[1]当时社会上"把贞节看得比妇女的生命更重,妇女的生命,只不过第二生命,贞节却是她第一生命"[2]。所以有些做父亲的,当得知自己的亲生女儿已殉夫而死,竟能仰天大笑道:"死得好! 死得好!"[3]"贞节观念到了清代,总是到了绝顶,上无可上了。"[4]上层男性视妻女失节与自己丢官一样重要,有一种难以言表的羞辱感,那么当时普通人之心态亦可见一斑。不仅与非夫的男子性交及改嫁被视为失节,且把失节范围扩展膨胀至丧心病狂的程度:其一,女子不仅要为死夫守节,而且在国家和家族的怂恿鼓动下,还要去自杀殉夫,甚或未嫁夫死,也要殉节。妇女殉夫是男子对女子人身占有达到极巅的表现,是贞操观念恶性膨胀的极端表现。其二,遭男性凌辱也要去死,"偶为男子调戏,也要寻死。"[5]"强暴奸污而不死,也就算是失节

---

①　陈东原:《中国妇女生活史》,商务印书馆 1928 年版,第 241 页。
②　吴敬梓:《儒林外史》,人民文学出版社 1958 年版,第 464 页。
③　陈东原:《中国妇女生活史》,商务印书馆 1928 年版,第 242 页。
④　陈东原:《中国妇女生活史》,商务印书馆 1928 年版,第 246 页。
⑤　陈东原:《中国妇女生活史》,商务印书馆 1928 年版,第 241 页。

了。"①其三，与男子的手和身体相触也被视为失身。甚至乳肤被男人所见，均为失身。还有"那女子见了男子生殖器，便认为玷污贞节，除非嫁他，便要羞愤自杀。"②贞操观念到达了如此癫狂和愚不可及的程度，在民间习俗上便出现了"处女癖"现象。以甄别是否处女为职业的"稳婆"和用以鉴定是否处女的药物"守宫砂"便随即出现。明清之际还形成了新婚之夜的"落红"习俗：初夜，"新妇入门，直入洞房，新郎即与新妇登床而寝，室门亦砰然而阖，新郎之父母宗族戚属皆静待于房外，少焉，室门辟，新郎手捧朱盘，盘置喜娘所授之白巾，盖以红帕，曰喜帕者是也。在门外者见新郎手持喜帕而出，则父母戚属皆大喜，贺客至是始向新郎道贺，其未见喜帕之先，例不道贺，盖恐新妇不贞，则不以为喜，而转以为辱也"③。在封建社会，宗族对自家妇女尤重节操，往往有家规明文褒扬，如"族有妇人年少不幸，夫故或有子无子不能守节自誓，饮蘗茹荼，宗族当尊敬之，如贫无衣食，当周其困乏，至烈女烈妇，尤为宗族主持正气，不可不表扬请奖"④。

明清时代，贞操观念达登峰造极之程度，这固然与传统儒学及宋明理学所宣扬的贞节文化的潜移默化有关，然而我们绝不能忽视它更与统治者为维护专制统治而竭力倡导有着紧密的联系。我们承认，倡导贞操观也曾对塑造君臣、国民报国的民族性发生过影响，"处女贞""孀妇烈"对"修身齐家治国平天下"和仁人志士起过正面引导作用。"国民爱国之心能效节妇爱夫之心之专且挚，则夫死亦犹生，国亡亦可复，兴我中国，其庶几乎。"⑤但是我们更要看到贞操观念养成了人们愚蠢、呆滞、屈从、依赖、狭隘、麻木、拘谨、扼杀个性、践踏自我的病态人格。这种性格弱点远远超出了那种威武不能屈、富贵不能淫、贫贱不能移、舍生取义、杀身成仁的民族性格的影响。这种负面的文化效能正是统治阶级所求之不得的。当年秦始皇就把倡导贞操视为稳定社会家庭达到巩固政权、世代"嘉保太平"的重要保障。西汉末期，宗室大臣、史学家刘向也试

① 陈东原：《中国妇女生活史》，商务印书馆1928年版，第244—245页。
② 陈东原：《中国妇女生活史》，商务印书馆1928年版，第246页。
③ 徐珂编撰：《清稗类钞》第5册，中华书局1984年版，第2001页。
④ 《孟氏宗谱》卷一《家规》，性善堂珍藏，民国岁次甲子重辑。
⑤ 谢震：《论可怜之节妇宜立保节会并父兄强青年妇女守节之非议》，《女报》第2期。

图借助封建礼教改变皇权政治日益衰弱的局面,让人们如守节般地效忠刘汉王朝。明太祖朱元璋立国后,把旌表节妇烈女列为治国之策,则是希望教化出更多的"忠臣",以达到稳定封建秩序和挽救统治危机的目的。社会通过旌表制度,家规束缚以及礼法、教育、文化、思想控制等一系列手段,使明清之际的贞操观念达到彻底剥夺人身权利和精神自由的伤天害理的程度。贞操观念成为封建社会女子处世立身的重要行为准则,中国妇女以能给自己立贞节牌坊为终生的价值追求。贞操观念日臻鼎盛之日即暴露其为杀人工具之时,亦必然招来有识之士的抨击。明清时代就有人对其进行了批判。明英宗时曾明文禁止夫死妻殉之风,但却不能得到真正实行。清代学者毛奇龄在《禁室女守志殉死文》中对尚未婚配的女子殉死表示了极大的同情,并对此做法提出尖锐批评。清人李汝珍在《镜花缘》中也对女性的"贞操"抱同情态度,认为女子失贞往往是遭"荼毒""劳顿""饥寒""打骂"所致①。俞正燮公开反对多妻、守节,认为"夫买妾而妻不妒,则是恝也。恝则家道坏矣"②。他还说:"女再嫁与男再娶者等。""再嫁者不当非之,不再嫁者敬礼之。"③女子再嫁与否,要遵从个人的意愿,不能从外力强迫她。

进入近代社会,对贞操观的批判是从维新派开始的。谭嗣同曾悲愤地控诉说:"自秦垂暴法,于会稽刻石,宋儒炀之,妄为'饿死事小,失节事大'之瞽说,直于室家施申、韩、闺阃为岸狱,是何不幸而为妇人,乃为人申、韩之,岸狱之!"④康有为也认为,"道有阴阳,兽有牝牡,鸟有雌雄,即花木亦有焉;人有男女之质,乃天之生是使然","人为有欲之物,则必好偶尔相合"。⑤ 故"寡之酷毒,人道所无,盖天上人间所难者焉"⑥。他还进一步指出寡妇守节有四个大害:"一、苦寡妇数十年之身,是为害人;二、绝女子参与生育之事,是为逆天;三、寡人类孳生之数,是为损公;四、增无数愁苦之气,是为伤和。"他认为,寡妇守节无论从哪个方面说都是荒谬的,"以人权平等之义,则不当为男子苦

---

① (清)李汝珍:《镜花缘》上册,人民文学出版社1955年版,第77页。
② (清)俞正燮:《癸巳类稿》卷十三《妒非妇人恶德论》。
③ (清)俞正燮:《癸巳类稿》卷十三《节妇说》。
④ 《仁学三十七》,载《谭嗣同全集(增订本)》下册,中华书局1981年版,第349页。
⑤ 康有为:《大同书》,古籍出版社1956年版,第27页。
⑥ 康有为:《大同书》,古籍出版社1956年版,第28页。

守;以公众孳生之义,则不当以独人害公;以人道乐利之宜,则不当令女子怨苦。"他的结论是,寡妇守节是"万不可行"的。① 维新女子对男女不平等的贞操观亦做了尖锐的批判:"贞节妇人之要道也,男女无辨,家将不能以齐也。然而男何以不贞节,不责之男而仅责之女,其可乎?"②清末民初贞操观念受到了进一步的批判,认为妇女守节最不仁道,"灯昏茅屋,纺织辛勤,米珠薪桂,常虞不给,则自养难。白头翁媪,黄口稚儿,冬暖号寒,年丰啼饥,则事畜更难。耕耘樵采,佣工价昂,亲邻借贷,一不可再,无所告诉,顾影凄然,则内外料理均难。""于是夜半啜泣,形影相吊,其懦者忧郁痨瘵以至于死,其黠者则情不胜欲,墙茨莫扫,无可言矣。"并认为妇女单方守节是极不平等的。"男女即当平等,男对于女若何,即女对于男亦若何。试问天下男子,有一人为女子守节者否? 塚土未干,新人在抱。凡若此者,滔滔皆是。而妇女丧夫,则必终其身不嫁,岂公理哉!"主张孳妇是否守节听其自便,因为"人情所不能止者,圣人弗禁","人必有人生幸福,然后限之以礼节。彼独非人类,抑有何罪,乃强生置之于地狱,而忍令其不自爱耶"。故告诫天下父母公姑"勿强妇以守节",天下青年女子"慎勿勉强守节"③。民初无政府主义者刘师复从批判男女不平等入手,彻底否定了传统贞操观,视其为"伪道德之迷信",进而主张废除婚制,自由交合。他说:"贞淫之说,不过没尽天良之男子,用以欺压女子之谰言。女子二夫则谓之不贞,男子多妻,则为所谓帝王圣贤所制定之礼义法律所明许。甚至于外遇狭邪,社会上亦未尝以为不可,而无或加以不贞之名,然则所谓贞淫之说,显然男子借以束缚女子之具,出于垄断妒忌之私心,而非所论于公道也,非所论于真理也。男女两人之配合,必体力年龄性行智识等等,两两相适然后可。而人之体力智识,无永久不变之理。(既或有之,亦极鲜矣)及其既变之后两人之情意,必有不适,自当随时离开。如人之交友焉:合则订交,不合即割席,此固极平庸之道理,无足之异。若其既离之后,或别与情意相适者合,此亦合理之自由。盖当其与甲恋爱之时,出于两人之合意,为正当之配合,及既离之后,别与乙恋爱,亦出于两人之合意,亦为正当之配合。既前后两者皆

---

① 康有为:《大同书》,古籍出版社 1956 年版,第 159 页。
② 王椿林:《男女平等论》,《女学报》第 5 期。
③ 谢震:《论可怜之节妇宜立保节会并父兄强青年妇女守节之非计》,《女报》第 2 期。

为正当,即不得訾议其非,更何贞淫之足之哉。"①

　　民初,帝制复辟,随之在思想文化界出现一般复古逆流,以要求国民"恪守礼法,共济时艰"②,旨在为复辟帝制和专制统治服务。由于统治者的怂恿,在这股复古逆流下,"表彰节烈"的沉渣泛起,刮起一股"妇德以立节为重"③和表彰节烈的陋风。视"贞操"为"吾华文明之先河"④。这一时期各地报刊不断报道节妇烈女守节殉夫的消息,各地官吏纷纷为她们呈请褒扬,送匾立碑。以《宗圣汇志》《宗圣学报》为例,1914 年至 1917 年间就有很多关于"旌表烈妇""贞女投河""褒扬节妇""节孝可风""烈女可风""旌表贞妇""以身殉夫""孝贞可风""特旌节妇""孀妇贞节可嘉""节妇殉夫之可风"等报道,反映了当时广大妇女受封建礼教迷惑而身受其害的残酷现实。这也正是新文化运动中先进知识分子认真反思并投入对封建贞操观进行深刻批判的最直接原因。

(二)五四思想界对"贞操观"的批判

　　五四新文化运动时期,中国思想文化界展开了对封建贞操观的批判。这是中国思想文化史上最显著、最深刻、最尖锐的一次批判。当时先进的知识分子是从人的自由和解放的思想深度来与政府倡导的"表彰节烈"的封建道德观念相抗争的。"道德这事,原是因为辅助我们生活而制定的,到了不必要或反于生活有害的时候,便应渐次废去,或者改正。倘若人间为道德而生存,我们便永久作道德的奴隶,永久只能屈服在旧权威的底下。这样就同我们力求自由生活的心,正相反对。所以我们须得脱去所在压制,舍掉一切没用的旧思想、旧道德,才能使我们的生活,充实有意义。"⑤这也正是当时中国先进知识分子在心底里所认同的"道德"的意义,这种对"道德"的觉悟成为他们反对封

---

①　《废婚姻主义》,载《师复文存》,革新书局 1927 年版,第 111—112 页。

②　袁世凯:《通令讲明孝弟忠信礼义廉耻》,《正宗爱国报》1912 年 9 月 20 日。

③　邓钟玉等纂:《金华县志》卷十《志人物第三·列女传》,1915 年金华益生成记排印。

④　郭春藻:《盖平乡土志》,1920 年盖平教养工厂石印。

⑤　[日]与谢野晶子著,周作人译:《贞操论》,《新青年》第 4 卷第 5 号。

建贞操观念的内在驱动力。

中国历史一直有"烈妇""贞妇""节妇""孝妇""贤妇"①之谓。对于女子专用的"贞""节""烈"的概念,其含义是指:女子操行端正,未嫁而能自守,已嫁从一而终,谓之贞;夫死守寡而不再醮,谓之节;无论已嫁未嫁,夫死以身相殉,或遇强暴凌辱而以死相抗,谓之烈。五四时期,鲁迅曾阐释过"节烈"的定义。他说:"大约节是丈夫死了,决不再嫁,也不私奔,丈夫死得愈早,家里愈穷,他便节得愈好。烈可是有两种:一种是无论已嫁未嫁,只要丈夫死了,他也跟着自尽;一种是有强暴来污辱他的时候,设法自戕,或者抗拒被杀,都无不可。"②这种历史的文化遗传和政府倡导的戕害女性的节烈观,受到五四文化志士的全盘否定和系统批判,这种批判的深刻性集中体现于如下诸方面:其一,男女道德评判上的不公允。首先是家庭内夫妻间的不平等,"向来我国所谓贞操,完全负担在女子的身上,至于男子,毫无所谓贞操。"③即"对于妇人要求贞操,而男子可以不问。"④"贞操这个名词是专为女子造的。"⑤"中国的男子要他们的妻子替他们守贞守节,他们自己却公然嫖妓,公然纳妾,公然'吊膀子'",这种"主张做妻子的总该替她丈夫守节""是一偏的贞操论""是最不平等的事""是不合人情公理的伦理"。⑥ 其次是社会上男女间的不平等,"社会的公意,向来以为贞淫与否,全在女性。男子虽然诱惑了女人,却不负责任。譬如甲男引诱乙女,乙女不允,便是贞节,死了,但是烈;甲男并无恶名,社会可算淳古。倘若乙女允了,便是失节、甲男也无恶名,可是世风被乙女败坏了!"其实"失节一事,岂不知道必须男女两性,才能实现。他却专责女性;至于破人节操的男子,以及造成不烈的暴徒,便都含糊过去。"⑦这就是对男人肆意纵容对女人任意摧残的病态社会所特有的病态现象。其二,致女子于"苦""死"

---

① 邓钟玉等纂:《金华县志》卷十《志人物第三·烈女传》,1915 年金华益生成记排印。

② 《我之节烈观》,载《鲁迅全集》第 1 卷,人民文学出版社 1981 年版,第 117 页。

③ 瑟庐:《产儿制限与中国》,《妇女杂志》第 8 卷第 6 号。

④ 杨贤江:《新时代之新贞操论》,梅生编:《中国妇女问题讨论集》第五册,载《民国丛书》第一编·18·社会科学总论类,上海书店 1989 年版,第 122 页。

⑤ 佩韦:《恋爱与贞操的关系》,梅生编:《中国妇女问题讨论集》第五册,载《民国丛书》第一编·18·社会科学总论类,上海书店 1989 年版,第 128 页。

⑥ 胡适:《贞操问题》,《新青年》第 5 卷第 1 号。

⑦ 《我之节烈观》,载《鲁迅全集》第 1 卷,人民文学出版社 1981 年版,第 122—123 页。

的境地。烈妇必死,自不必说,节妇活着,"精神上的惨苦"姑且不论,生活的痛楚就难以开脱。"假使女子生计已能独立,社会也知道互助,一人还可勉强生存。不幸中国情形,却正相反,所以有钱尚可,贫人便只能饿死。"①其三,扼杀人性。节烈很难很苦,既不利人,又不利己。"说是本人愿意,实在不合人情。"多数守节女子均属"礼不可逾""义不可免",而强行克制自己的性情。故"无论何人,都怕这节烈。怕他竟钉到自己和亲骨肉的身上"②。守节难,勉强行之,便是对人性的扼杀。"中国的贞操主义就是吃人的主义,就是骗人自骗的主义。"③其四,男性的丑恶和卑劣。"天下弄得鼎沸,暴力袭来了,足下将何以见教呢? 曰:做烈妇呀!"④女子遇到强暴,父兄丈夫力不能救,使女陷入魔掌,"久而久之,父兄丈夫邻舍,夹着文人学士以及道德家,便渐渐聚集,既不羞自己怯弱无能,也不提暴徒如何惩办,只是七口八嘴,议论他死了没有? 受污没有? 死了如何好? 活着如何不好。"这些妻妾成群的男子,离乱时候,"只得救了自己,请别人都做烈女""待事定以后,慢慢回来,称赞几句。好在男子再娶,又是天经地义,别讨女人,便都完事"⑤。其五,女性的沽名钓誉。有的女子由于轻易信了那种荒谬的贞操迷信,"要借此博一个'青史留名'",所以绝食寻死,想作烈女,于是"造成许多沽名钓誉,不诚实,无意识的贞操举动"⑥。五四文化人尖锐地指出,宣扬贞操观,鼓励妇人自杀以殉夫,鼓励未嫁女子自杀以殉未嫁之夫,"是不合人情,不合天理的罪恶",劝女子节烈,"罪等于故意杀人"⑦。故可以断定,节烈这事"极难,极苦,不愿身受,然而不利自他,无益社会国家,于人生将来又毫无意义的行为,现在已经失了存在的生命和价值。"⑧因此要破除封建贞操观,建立新式道德观。

五四时期的进步知识分子对此提出他们自己的新主张。其一,"节烈"绝

---

① 《我之节烈观》,载《鲁迅全集》第 1 卷,人民文学出版社 1981 年版,第 123 页。
② 《我之节烈观》,载《鲁迅全集》第 1 卷,人民文学出版社 1981 年版,第 124 页。
③ 佩韦:《恋爱与贞操的关系》,梅生编:《中国妇女问题讨论集》第五册,载《民国丛书》第一编·18·社会科学总论类,上海书店 1989 年版,第 127 页。
④ 《坚壁清野主义》,载《鲁迅全集》第 1 卷,人民文学出版社 1981 年版,第 258 页。
⑤ 《我之节烈观》,载《鲁迅全集》第 1 卷,人民文学出版社 1981 年版,第 120—122 页。
⑥ 胡适:《贞操问题》,《新青年》第 5 卷第 1 号。
⑦ 胡适:《贞操问题》,《新青年》第 5 卷第 1 号。
⑧ 《我之节烈观》,载《鲁迅全集》第 1 卷,人民文学出版社 1981 年版,第 124—125 页。

不道德。"道德这事,必须普遍,人人应做,人人能行,又于自他两利,才有存在的价值",而"节烈"绝不是人人能行、人人愿行,人人能遇这机会的,所以,"节烈"并非天经地义,"决不能认为道德,当作法式"①。其二,守节与否决定于个人的自由意志。守节一事完全是个人问题,由于个人境遇、体质、恩情、家计的不同,或能守或不能守,不可偏于一方面主张不近情理的守节,"妇人若是对他已死的丈夫真有割不断的情义,他自己不忍再嫁,或是已有了孩子,不肯再嫁;或年纪已大,不能再嫁;或是家道殷实,不愁衣食,不必再嫁——妇女处于这种境地,自然守节不嫁。还有一些妇人,对她丈夫,或有怨心,或无恩意,年纪又轻,不肯抛弃人生正当的家庭快乐;或是没有儿女,家又贫苦。不能度日:——妇人处于这种境遇没有守节的理由,为个人计,为社会计,为人道计,都该劝他改嫁。"②其三,夫妻要持相待平等的态度。"这维持贞操的责任,不该专由女子负担,应该由男女两方面共同负担的。"③"贞操乃是夫妇相待的一种态度。夫妇之间爱情深了,恩谊厚了,无论谁生谁死,无论生时死后,都不忍把这爱情移于别人,这便是贞操。夫妻之间若没有爱情恩意,即没有贞操可说。""因为贞操不是个人的事,乃是人对人的事;不是一方面的事,乃是双方面的事。女子尊重男子的爱情,心思专一,不肯再嫁别人,这就是贞操。贞操是一个'人'对别一个'人'的一种态度。因为如此,男子对于女子,也该有同等的态度。若男子不能照样还敬,他就是不配受这种贞操的待遇。""男子决不能将自己不守的事,向女子特别要求。"由此便可产生几个具体意见:"(一)男子对于女子,丈夫对于妻子,也应有贞操的态度;(二)男子做不贞操的行为,如嫖妓娶妾之类,社会上应该用对待不贞妇女的态度对待他;(三)妇女对于无贞操的丈夫,没有守贞操的责任;(四)社会法律既不认嫖妓纳妾为不道德,便不该褒扬女子的'节烈贞操'。故既不奖励男子的贞操,又不惩男子的不贞操,便不该单独提倡女子的贞操。"④其四,提倡新式贞操观。包括:"(1)女子为强暴所污,不必自杀……(2)失身的女子的贞操并没有损失。平

---

① 《我之节烈观》,载《鲁迅全集》第1卷,人民文学出版社1981年版,第119页。
② 胡适:《贞操问题》,《新青年》第5卷第1号。
③ 瑟庐:《产儿制限与中国》,《妇女杂志》第8卷第6号。
④ 胡适:《贞操问题》,《新青年》第5卷第1号。

心而论,他损失了什么?不过是生理上,肢体上一点变态罢了!正如我们无意中砍伤了一只手,或是被毒蛇咬了一口,或是被汽车碰伤了一根骨头。社会上的人应该怜惜他,不应该轻视他……(3)娶一个被污了的女子,与娶一个'处女',究竟有什么分别?若有人敢打破这种'处女迷信',我们应该敬重他。"①同时要树立正确的恋爱中的男女双方的贞操观。"既认恋爱是灵肉两方一致的,贞操便不成问题。因为贞操之能表见者,只是肉体的,不是灵魂的。真能有灵肉一致恋爱的人们,不用贞操两个字做束缚,自然能够履行贞操之实。否则,随你怎样的贞操论,还都是掩耳盗铃罢了。"②此时甚至有人视被强奸女子"还含有什么破坏贞操等特别的神秘的意味"③等事,也不以为然了。其五,彻底摒弃封建"节烈"观。既然"节烈"这事已失去了存在的生命和价值,就要"自己和别人,都纯洁聪明勇猛向上。要除去虚伪的脸谱。要除去世上害己害人的昏迷和强暴"。"要除去于人生毫无意义的苦痛。要除去制造并赏玩别人苦痛的昏迷和强暴。""要人类都受正当的幸福。"④从五四知识分子对贞操观批判和他们主张的内容看,他们是以尊重人性、男女平等、让女子摆脱苦难为出发点的,其目的仍是为了追求个人的自由平等和人生幸福。

1918年5月15日《新青年》第4卷第5号上发表了周作人翻译的日本诗人与谢野晶子著的《贞操论》一文,这篇文章对中国思想文化界颇有影响,受其启发,胡适与鲁迅先后发表了有关"贞操问题"的文章,在其《贞操问题》和《我之节烈观》中也提及此文。五四知识分子在思想上很倾向《贞操论》中的某些观点,这从他们各自文章中的某些共同论述中即可以得到证实。《贞操论》中提到的一些问题是值得人们深思的。《贞操论》认为,我们生活的总原则是,"脱去所有虚伪,所有压制,所有不正,所有不幸;实现出最真实,最自由,最正确而且最幸福的生活"⑤。那么包括"贞操"在内的道德观符合其原则则取之,否则舍之。《贞操论》认为人的精神上的贞操是很难达到的。如果贞

---

① 《论女子为强暴所污》,载《胡适文存》一集卷四,黄山书社1996年版,第495—496页。
② 佩韦:《恋爱与贞操的关系》,梅生编:《中国妇女问题讨论集》第五册,载《民国丛书》第一编·18·社会科学总论类,上海书店1989年版,第131页。
③ 静子:《西捕强奸案与贞操问题》,上海《民国日报》副刊第50期。
④ 《我之节烈观》,载《鲁迅全集》第1卷,人民文学出版社1981年版,第125页。
⑤ [日]与谢野晶子著,周作人译:《贞操论》,《新青年》第4卷第5号。

操是属于精神的,那么"照意淫的论法,见别家妇女动了情,便已犯了奸淫,凡男人见了女人,或女人见了男人,动了爱情,那精神的贞操,便算破了。无论单相思,无论失恋,或只是对于异性的一种淡淡爱情,便都是不贞一,照这样说,有什么人在结婚前,绝对的不曾犯过这'心的不贞'呢?"①所以有必要重新认识和重新评估贞操问题。《贞操论》认为无爱情的夫妻生活是不贞操的。"世间的夫妇,多有性交虽然接续,精神上十分冷淡;又或肉体上也无关系,精神上也互相憎恶,却仍然同住在一处;这样的人,明明已经破了精神的贞操了,可是奇怪,贞操道德非但不把他们当作不贞的男女看待,去责备他;只要他们表面上是夫妇,终身在一处过活,便反把他当作贞妇看待。"②这种行尸走肉般的夫妻关系,被贞操道德所束缚,迷惑于不能贞操之中,却自视或被视为守住了节操的道德人。《贞操论》认为不能将贞操仅视为肉体的关系,如果这样,"男女当然是绝对不能再婚,不但如此,如或女子因强暴失身,男子容纳了奔女,便都已破了贞操,一生不能结婚了。又如为了父母兄弟或一身一家的事情,不得已做了妓女的人,便永被人当作败德者看待;'精神上悔过的人,罪自除灭',这样美的思想,也可以说是曲庇败德者,想该不能存在了。反过来说,倘若肉体只守着一人,即便爱情移到别人身上,也是无妨。这样矛盾的事,也就不免出现了"③,贞操到底是什么,是道德的话,怎样的贞操才算道德,该有怎样的贞操道德,这是个极为矛盾不易解决的棘手问题,所以与谢野晶子得出结论,"我对于贞操,不当他是道德;只是一种趣味,一种信仰,一种洁癖。既然是趣味信仰洁癖,所以没有强迫他人的性质"④。把贞操从道德范围剥离出来,把它视为"一种趣味""一种信仰""一种洁癖",这是未来根本解决贞操问题的一个值得借鉴的思路。

五四时期,李大钊从物质变动的角度阐述了有关贞操产生及其变动的内在根据。他明确指出:"女子贞操问题也是随着物质变动而为变动。在男子狩猎女子耕作的时期,女子的地位高于男子,女子生理上性欲的要求强于男

---

① [日]与谢野晶子著,周作人译:《贞操论》,《新青年》第4卷第5号。
② [日]与谢野晶子著,周作人译:《贞操论》,《新青年》第4卷第5号。
③ [日]与谢野晶子著,周作人译:《贞操论》,《新青年》第4卷第5号。
④ [日]与谢野晶子著,周作人译:《贞操论》,《新青年》第4卷第5号。

子,所以贞操问题绝不发生,而且有一妻多夫的风俗。到了牧畜、农业为男子独占职业的时期,女子的地位低降下去,女子靠着男子生活,男子就由弱者地位转到强者地位,女子的贞操问题从而发生,且是绝对的、强制的、片面的。又因农业经济需要人口,一夫多妻之风盛行。到了工业时期,人口愈增,人类的欲望愈颇复杂,虽因生产技术的进步,生产的数量增加,而资本主义的产业组织分配的方法极不平均,造成了很多的无产阶级。贫困迫人日益加甚,女子非出来工作不可。男子若不解放女子,使他们出来在社会上和男子一样工作,就不能养赡他们。女子的贞操,就由绝对的变为相对的,由片面的变为双方的,由强制的变为自由的。从前重'从一而终',现在可以离婚了;从前重守节殉死,现在夫死可以再嫁了。将来资本主义必然崩坏。崩坏之后,经济上生大变动,生产的方法由私据的变为公有的,分配的方法由独占的变为公平的,男女的关系也必日趋于自由平等的境界。只有人的关系,没有男女的界限。贞操的内容也必大有变动了。"①李大钊用马克思主义的唯物史观宏观阐述了贞操问题的产生及其变化,并对未来的贞操观念作了简约概括,但未作具体缜密的论述,和与谢野晶子的观点相比,李大钊的观点更具宏观的理论概括性,与谢野晶子的论点更透彻具体细微,更具微观性。

(三)"贞操"习俗的变革及其局限

戊戌以后,特别是五四运动时期,由于思想文化界对贞操观的深刻批判,所以在社会上,主要是在知识分子阶层,传统贞操观念日趋淡化,并在生活习俗上有所反映,这就是寡妇再嫁和离婚改嫁风俗的出现。民初虽然出现旌表节烈的复古逆流,但好褒扬之虚名,"而自戕其生命者,迥不及清代之众多"②。辛亥革命时期,"封建的等级伦理观念,也不再被认为是天经地义……尤其是在革命浪潮所直接波及的南方各省,自由平等的空气更为浓厚……贞节牌坊被砸毁,人们的思想来了一次大解放。"③寡妇再嫁也是对贞操观的一种习俗

---

① 《物质变动与道德变动》,载《李大钊选集》,人民出版社 1959 年版,第 268 页。
② 赵风喈:《中国妇女在法律上之地位》,商务印书馆 1928 年版,第 125 页。
③ 李宗一:《袁世凯传》,中华书局 1981 年版,第 294 页。

否定,有些女子不再终身守寡,族规和他人亦不强迫寡妇守寡。也有亲朋好友或公婆父母直劝寡妇改嫁者,如"监生戴思宗妻刘氏,年十八,适思宗未几夫亡,翁姑怜其少无子,欲令改嫁""管世稿妻滕氏,适管二年夫亡,抚育孤子未几复殇,夫兄利其改嫁""曹伯和妻汪氏,适曹三年夫亡,父怜其幼,欲令改节"。① 这里从一个侧面反映了贞操观变化后促使民间习俗生活演变的一般状况。离婚现象的出现也是对"从一而终"贞操观的一种否定。"婚姻卷"已有详细叙述,此不赘笔。五四时期,一个女中的学生曾经回忆说:"我们学的课程中,有一门叫'修身课',讲的是'烈女传',宣扬着像女人的手被男人碰一下就得斩断这样荒诞的贞操。不少同学很反感,纷纷要求取消。我们就联合起来找讲课教师。那教师摇着头,摊开双手说,他不能违反当局的规定,于是我们就找到了校长。我们告诉他时代不同了,其他学校都改革了教学,为什么我们还死捧着'烈女传'不放。校长气呼呼地说我们看不起烈女。同学们不满地喧嚷起来,问题还是没有得到解决。事后,我们纷纷地发表文章申述取消'烈女传'的理由;抨击那种片面强调女人的贞操而对男人的三妻四妾却置若罔闻的伪君子。在操场的树荫下,在宿舍常常聚着一簇簇人争得面红耳赤,热火朝天……学校在我们一再斗争下终于取消了'修身课'。②

但是贞操观变革引起的习俗变化还相当有限,一般人还生活在贞操观束缚下的陋俗生活中,"所谓门第人家,今日还以妇女再醮为可耻,奖励节烈也不亚于以前"。③ 烈女殉夫事件时常在报刊曝光。不但有女子自愿殉夫者,也有父母逼迫女儿走上绝路的。《新青年》杂志曾刊载过此类事件:14 岁的女孩阿毛被其父王举人锁在房中,几天没饭吃,阿毛连哭带喊,声音已嘶哑。父亲却坐在门处椅子上,隔着房门冷冷地对女儿说:"阿毛,你怎样这样的糊涂,我自从得了吴家那孩子的死信,就拿定主意叫你殉节。又叫你娘苦口劝你走这条路,成就你一生名节,做个百世流芳的贞烈女子。又帮你打算,叫你绝粒。我为什么要这样办呢? 因为上吊、服毒、跳井那些办法,都非自己动手不可,你

---

① 徐乃昌等纂:《南陵县志》卷三十五《烈女志》。
② 王一知:《五四时代的一个女中》,《熔炉》1959 年第 5 期。
③ 《二重道德》,载中国民主促进会中央宣传部编:《周建人文选》,中国文史出版社 1988年版,第 182 页。

是个14岁的孩子,如何能够办得到。我因为这件事情,很费了踌躇,后来还是你大舅来,才替我想出这个好法子,叫你坐在屋里从从容容地绝粒而死。这样殉节,要算天底下第一种有体面的事,祖宗的面子上,都添许多光彩,你老子娘沾你的光,更不用说了。你要明白,这样的做法,不是逼迫你,实在是成全你。你不懂得我成全你的意思,反要怨我,真真是不懂事极了。"阿毛听了还是不懂,哭喊越发厉害,后来饥饿难忍竟对她老子大骂起来,阿毛的母亲心疼女儿同丈夫商量,不如灌些鸦片烟膏,叫她快死,少受些苦。王举人说:"你这个主意,我倒也很愿意办。但是事到如今,已经迟了。你要晓得我们县里的乡风,凡是绝粒殉节的,都是要先报官。因为绝粒是一件顶难能而又顶可贵的事,到了临死的时候,县官还要亲自去上香进酒,行三揖的礼节,表示他敬重烈女的意思,好叫一般妇女都拿她作榜样。有这个成例在先,我们也不能不从俗。阿毛绝粒的第二天,我已经托大舅爷禀报县官了。现在又要叫他服毒,那服过毒的人,临死的时候,脸上要变青黑色,有的还要七窍流血。县官将来一定要来上香的,他是常常验尸的人,如何能瞒过他的眼,这岂不是有心欺骗父母官吗?我如何担得起。"第七天,阿毛直挺挺的,卧在床上,脸色灰白,瘦得皮包骨头,眼珠陷入成为深坑,阿毛终于饿死,她的死招来了几个乡绅和县官大人,上香进酒作三个揖。一条活生生的少女性命换来"贞烈可风"的一方匾额![1]

"贞操节烈",可以杀死亲生女儿,那么对所谓"不节"女子,其处罚就更为残忍了。《民国日报》上曾载一新闻说:"九江日前江水急流中,突由上流漂来一方木板,上面有人,义渡局急放救生船上前捞救,近视之,则板上仰卧一活泼少年妇人。上半截裸体,下半截仅穿一单裤。手足被人用铁条钉住,不能伸缩。两腿中间放一西装男子之头,鲜血模糊,并树一木标,上书'救者男盗女娼'字样,救生船见其情形奇怪,遂置之不理。该妇人叫曰:'请你们将我之板翻转,俾得速死'。驾救生船者亦不加询问,遂将船驶回,而以所见情形转告于人。众谓此必奸杀案,但也应捞起,以告官厅,从严根究。后以该木板顺流而下,救之不及,将来不知漂于何处。"[2]这种对通奸男女极不人道的惩罚,由于贞操观

---

① 共庵:《一个贞烈的女孩子》,《新青年》第7卷第2号。
② 《社会写真·扬子江之人头》,《民国日报》1924年8月7日。

的紧箍作用,往往被民间和官方所默认。民间如此,学校里甚至也会出现令人发指的事情,五四运动后不久,山东济南女师发生一起骇人听闻的迫害案。女师一学生自由恋爱产下了非婚生子,该校"校长周干庭一方面写信给她父亲,并派人用提盒盛着那个刚生下的小孩,和她一并送回家去,当面交给她父亲。她那位顽固的封建父亲立逼着她投井自杀了"①,周干庭又以此事为借口,订立侮辱女学生的措施,"宣布在×月×日要检验学生的贞操,请医生来校检查处女膜;若非处女,立即开除"②。一个学校的校长竟能有如此举动,迷信"贞操"到了不可理喻的程度,这也是当时中国社会"贞操观念"一般状况的写照,反映道德价值观念变革的艰难。然而从戊戌至五四时期终究有人开始向这"贞操观"发起诘难,已有人开始打破这"贞操"的迷信,这成为贞操观及其陋俗发生变化的新起点,并迈出了明显的一大步。

---

① 隋灵璧等:《五四时期济南女师学生运动片断》,载中国社会科学院近代史研究所编:《五四运动回忆录》(下),中国社会科学出版社 1979 年版,第 690 页。

② 隋灵璧等:《五四时期济南女师学生运动片断》,载中国社会科学院近代史研究所编:《五四运动回忆录》(下),中国社会科学出版社 1979 年版,第 691 页。

三、"性教育"论

（一）传统中国社会与西方社会的"性教育"

性科学，无论对于社会和个人都是一门非常重要的科学，性教育是不可缺少的学科教育。

"性忌讳"与"性无知"在中国并非古已有之，古代中国很早就开始探索性的奥秘了。考古发现的华夏生殖崇拜者是普遍存在的。1979年，辽宁西部东山嘴、牛河梁地区红山文化遗址中发现了陶质妇女裸体小像，其腹部隆起，臀部肥大，阴部还有三角形记号。这种对女像的臀部、腹部、乳房等作夸张处理，以表示对女性生殖能力的崇拜。1974年，青海柳湾新石器时代遗址中出土一件人像彩陶壶，上面塑绘了一个女像，乳房丰满、肚脐部及四肢皆袒露。用黑彩绘成乳头，捏塑成夸张的女阴，又用黑彩勾勒出轮廓。亦为生殖崇拜之遗迹。孟子说："食、色，性也。"①孔子对包括许多热烈的情歌和描述男女欢会的美丽诗篇在内的整部《诗经》评价说："诗三百，一言以蔽之。曰：思无邪。"《诗经》中如《庸风·桑中》《陈风·东门之》《郑风·溱洧》《郑风·野有蔓草》《卫风·有孤》等篇章都记述了男女参加一种风流放荡的狂欢之会，即"中春之会"。《周礼·地官》对此记载："中春之月，令会男女。于是时也，奔者不禁。若无故而不用令者罚之。"②《白虎通·辟雍》曰："父所以不自教子何？为恐

---

① （清）阮元校刻：《十三经注疏》卷十一《孟子注疏·告子章句上》，中华书局1980年版，第2748页。
② （清）阮元校刻：《十三经注疏》卷十四《周礼注疏·煤氏》，中华书局1980年版，第733页。

渎也。又授之道,当极说阴阳夫妇变化之事,不可父子相教也"①,这里透露了对贵族子弟进行性教育的信息。唐代任"右补阙"之职的朱敬给女皇武则天上奏曰:"臣闻志不可满,乐不可极。嗜欲之情,愚智皆同,贤者能节之不使过度,则前圣格言也。陛下内宠,已有薛怀义、张易之、昌宗,固应足矣。近闻尚舍奉御柳模自言子良宾洁白美须眉,左监门卫长史侯祥云阳道壮伟,过于薛怀义,专欲自进堪奉宸内供奉。无礼无仪,溢于朝听。臣愚职在谏诤,不敢不奏。"②从文中谈到"阳道壮伟"之词,即可窥视当时公开谈论"性"的程度了。如《汉书·艺文志》《隋书·经籍志》《新唐书·艺文志》中都著有"房中术"的内容,可见我国古代"房中术"也是很发达的。马王堆出土的西汉墓中的帛书医书部中有《养生方》《杂疗方》两篇,连同竹简中的《十问》《合阴阳方》《天下至道谈》三篇文章,所言皆为房中术,涉及了不少性知识,称得上留存至今的世界上最早的性学著作,说明当时中国很少有性忌讳的。只是到了后来,由于社会把淫男奔女视为败坏社会风尚的邪恶力量,所以随着封建礼教的不断积淀和发展,逐渐视性知识为腐蚀世道人心的异端邪说,禁锢越来越严,"性"变成人们不敢问津的禁区。谈性就是下流,就是可耻,就是堕落,研究性问题就是宣扬淫乱,想要了解性知识,就是心有邪念,罪大莫焉。对男人、女人,对成人、儿童,一概断绝他们接触性知识的机会,剥夺他们了解性知识的权利,进而形成了一种非常强大而又极其顽固的排斥性知识的心态习俗。古人在性忌讳和性无知的愚昧的迷途上越滑越远,终于使性神秘在中国大地上达到了骇人的地步! 正如近人所描述的那样,"中国的社会,对于性的本能,大都视为神秘和秽亵"③,"中国向来看两性关系是非常卑下而且秽亵;以为男女之间,除了严防以外,更无别法。"④"一般道学先生,假仁义道德之面具,称女子为魔鬼,视两性如毒蛇;对于一切两性生活,不特不问其是否重要,且闻人谈及两性

----

① 《百子全书》(六)《白虎通·辟雍》,浙江人民出版社 1984 年版。
② (后晋)刘昫等撰:《旧唐书》第八册卷七十八《列传第二十八·张行成》,中华书局 1975 年版,第 2706—2707 页。
③ 周建人:《性教育与家庭关系的重要》,梅生编:《中国妇女问题讨论集》第五册,载《民国丛书》第一编·18·社会科学总论类,上海书店 1989 年版,第 182 页。
④ 周建人:《性教育的理论与实际》,梅生编:《中国妇女问题讨论集》第五册,载《民国丛书》第一编·18·社会科学总论类,上海书店 1989 年版,第 174 页。

问题,不禁掩耳而走,退避三舍。于是上行下效,所向风靡。大部人民,对于两性生活,无不存秘密、轻蔑、鄙视、侮辱之观念;而社会制度,风俗,习惯,亦无不力主两性之秘密,反对两性之公开。"①之所以如此,因为"根本上认为性欲是一种不正当的事,所以想方设法抑制"②。可又错用了方法,如"旧式的教育一死的把性欲知识秘密守着,惟恐青年男女一知,便有轨外行动"③。"那学校里的教师呢,也抱着'秘而不宣'的态度;就是博物教师对于生殖器官的知识,也一点儿不讲。"④正是由于长时期缺乏性教育与性知识,最终导致社会性道德的颓废以及性疾病的流行。这大概就是五四时期出现"性教育"思想主张的内在原因,而其外在因素则是欧美各国性教育思想传入中国并对中国发生了直接而又深刻的影响。

19 世纪下半叶,奥地利、德国、英国等国家都有人开始采取科学方法客观地研究人的性行为,并且发现了许多性心理变态的症状。德国出生的奥地利精神病学家克拉夫特·埃宾(Richard Freiherr Von Krafft-Ebing,1840—1902),1886 年出版了《性心理学》一书,第一次提出了性心理病的存在,第一次提出了性变态的性质和根源,是现代性学奠基之作。德国医学家布洛赫 1906 年首先提出了"性科学"这一名词,并于 1912 年开始主编《性学手册大全》,他把社会科学引入性科学研究,是现代性科学的奠基人之一,被称为实际上的"性科学之父"。20 世纪以来,性科学在性心理学研究、性解剖学研究、性行为的描述、性反应的实验室研究、性治疗的确立和发展等方面都有了长足的进步。美国是提倡性教育最早的国家之一。爱伦·沃特(Dwight W.Allen,美国教育家,1874—1938)1892 年出版了第一部性教育书《真理的教导》,1897 年又出版另一本性教育书《青年女子须知》。1910 年 6 月,美国性欲卫生联合会成立。1913 年 7 月 20 日,全美教育联合会决定培养中学性教育师资力量。美国就这样开始了它的早期性教育活动。《学灯》杂志曾简略记述了欧美早期性教

---

① 林昭音:《两性教育之研究》,梅生编:《中国妇女问题讨论集》第三册,载《民国丛书》第一编·18·社会科学总论类,上海书店 1989 年版,第 85—86 页。

② 周建人:《性教育与家庭关系的重要》,梅生编:《中国妇女问题讨论集》第五册,载《民国丛书》第一编·18·社会科学总论类,上海书店 1989 年版,第 182、180 页。

③ 甘南引:《两性间应有之知识》,《平民教育》第 55 号。

④ 陈并谦:《性教育概论》(上),上海《时事新报》副刊《学灯》第 6 卷第 8 册第 27 号。

育的历史,"关于性教育的研究,在 18 世纪的后半期,欧洲已有人倡导……19
世纪的初期,泰·霍伯(Thal Hoke)做了一篇性教育的历史和研究以后,就有
许多教育家加入这种运动。1899 年,罗列迭尔(Rohleder)著《手淫论》(Dis
Masturbation)一书,这可算是鼓吹性教育的努力者。但是罗氏的主张,当时还
有许多人反对和攻击,几乎没有存在的余地。到了 1904 年,方在德国纽垄堡
市(Nurnbiry)开学校卫生会议,讨论怎样可以启发儿童性欲和怎样可以救济
性欲的危险……从此性教育在教育上确实地占了一个新位置。近来欧美各国
的教育家都已十分重视,不但文字上努力宣传! 就是实际上也有种种设施
了。"①五四时期,国内期刊积极地介绍欧美有关性教育状况和性教育书籍,借
以提高国人的认识和推动性教育的宣传和实施。在大量的介绍文章中,有概
略介绍有关书籍的,诸如"在欧美几国,关于两性教育的小本书籍很多,如美
国霍尔(Han G'ranuille Stanley,美国心理学家,1844—1924)著有《医生的女
儿》可供 12 岁以下的女子看。《幼年》供同年龄的男子观看。至于给年纪稍
长,15 至 18 岁间的男女看的,则有《发达成人》《生命问题》等等。供成人以
上看的,又有《性的知识》及《生殖与性的卫生》等书,这些书大致以生物学为
根底,讲得很正当而且合理的。"②也有属意介绍某些专著学术观点的,如德国
医学博士伊温勃洛霍氏著有《性欲与现代文明》一书,书中论及性欲与人类之
进化的关系时说,"流行之舞踏游戏等者,姑勿论。如人心之博爱仁义者,亦
为异性个人间之爱情,变形而为一般之爱情,质言之,皆为性欲之变形物也。
此等性欲之变形物,能助人类之进化向上者,此事姑勿论。夫性欲者,自然发
作,究不能遏制者也。唯其现于外部,而为此等变形物时,所变有利害之不同。
哲学者尼欺哀氏,谓吾人种种之感情,常为身体之活动,而现于外部,如现为愤
怒、怨恨、性欲等,则为害甚烈,宜变形为耕田等种种有益之活动,庶有益而无
害。此事在学者,尤宜注意之。"③再如日本本间久雄著有《性的道德底新趋
向》一书,在谈及社会对女性的不公正时指出:"这是因为忘了男子女子具有

---

① 陈并谦:《性教育概论》(上),上海《时事新报》副刊《学灯》第 6 卷第 8 册第 27 号。
② 周建人:《性教育与家庭关系的重要》,梅生编:《中国妇女问题讨论集》第五册,载《民国
丛书》第一编·18·社会科学总论类,上海书店 1989 年版,第 184 页。
③ 吴若安:《民族之向上依性欲之节制而得》,《妇女时报》第 15 期。

同样的种种冲动,所以男子竭力压制女子种种极强的冲动,无论社会上,无论结婚上,总将'纯洁'这一点作女子性格底的特征。……女子将和男子一样,有了满足伊底性情,找求伊底幸福底机会。……性的刺激底满足,将成了任人自由的一种私事,正像别的感情和食欲一样。"①格迪斯(Geddes Sir Patrick,英国生物学家、社会学家,1854—1932)、汤姆森(Thomson Sir John Arthur,英国博物学家,1861—1933)两人合著的《性》一书上谈及教授性知识方法时说:"由卫生一方面或由自然研究一方面来讲都可以由父母,或由校长,或由理科教员来担任讲授,也都可以;如果用良好的小册子给幼年人自己看,也是一样。不过有几件事却当注意:——讲授时不要作有趣味的推想,不要引起刺激,不要说不真确的话,不要教授将来能引起不洁的话,不要作不适当的说明而含着神秘,不要太偏于病理学一方面,不要恐吓,不要假说男女是天使之类;总括一句话,还要适可而止,不可过于多讲。"②当时国人还特别着力介绍了彼格罗的《性欲教育》一书,玛里斯·彼格罗是美国哥伦比亚大学师范院生物学教授,致力于性欲教育运动,曾组织美国性欲卫生联合会,并于1916年刊行《性欲教育》一书。本书为1914年至1915年在哥校师范院和暑期学校讲演的讲稿,也包括对妇女俱乐部、性欲教育会议等处的讲演稿。全书十二章,其主要内容为:第一章论性欲教育之意义,需要及范围;第二章论关于性欲教育之八大问题(包括:个人的两性卫生,社会上的病症,社会上的罪恶,私生,性的道德,性欲之鄙视,结婚,优生学);第三章论解决两性问题之教育组织;第四章论性欲知识之教师;第五章论可作性欲生活的指导之书籍;第六章论青年期以前之性欲教育;第七章论早青年期之性欲教育;第八章论对青年及少壮者所施之特别性欲教育;第九章论对于方成年的妇女所施之特别性欲教育;第十章论各家对性欲教育之批评;第十一章论性欲教育运动之过去及将来;第十二章专门介绍关于性欲教育之书籍。③ 这的确是一部理论与实践结合的较为完备的著作,

① [日]本间久雄著,佛突译:《性的道德底新趋向》,《觉悟》1920年8月3日。
② 周建人:《性教育的理论与实际》,梅生编:《中国妇女问题讨论集》第五册,载《民国丛书》第一编·18·社会科学总论类,上海书店1989年版,第178页。
③ 惠谟:《彼格罗的性欲教育》,《平民教育》第51号。

中国性教育论者从中获益匪浅。另外应着重强调的是，美国珊格尔夫人①所著的《我子之性教育》一书，由味辛译为中文，全文刊登于《妇女杂志》上，是一本非常有指导性的可供小学教师和家庭中母亲参考的性教育书籍，书中由浅入深，由植物到动物再到人类，系统介绍了对于儿童的性教育的途径和方法。全书共分毛茛花的父母和小孩、花、蛙与蟾蜍、鸟类与其家族生活、父子的关系与爱、哺乳类、人的发达和结论八部分。② 该书以"把生命和出生的事实教自己的儿子，对于世间的父母，是紧要而且有兴味的问题"为宗旨，叙述过程有理、有趣、有度。将它译成中文，无疑对中国的"性教育"思想必将产生重大影响。

（二）五四时期的"性教育"思潮

近代中国首先倡导性教育的是谭嗣同，他在《仁学》一书中说："中国医家，男有三至，女有五至（男有三至，女有五至：古房中术所谓男女在房事中呈现的各种征候）之说，最为精美，凡人皆不可不知之。若更得西医之精化学者，详考交媾时筋络肌肉如何动法，涎液质点如何情状，绘图列说，毕尽无余，兼范蜡肖人形体，可拆卸谛辨、多开考察淫学之馆，广布阐明淫理之书，使人人皆悉其所以然，徒费一生嗜好，其事乃不过如此，机器焉已耳，而其动又有所待，其待又有待，初无所谓淫也，更何论于断不断，则未有不废然返者"③。而五四时期，由于国内缺乏科学的性教育，导致"青年性道德的颓废，性疾病的流行"④，以及欧美"对于性教育十分重视，不但就学理上努力于性教育的提倡，并且从实际上从事于性教育的实施；不但限于一时的卫生指导，并使儿童真正了解生命创造的神秘和尊严。"⑤这两方面的相互契合，促

---

① 这里的"珊格尔夫人"与前文的"桑格尔夫人"系指一人，当时有不同的译法，笔者遵照原译，当时还有译成"山格夫人"的。

② 味辛：《珊格尔夫人的"我子之性教育"》，梅生编：《中国妇女问题讨论集》第五册，载《民国丛书》第一编·18·社会科学总论类，上海书店 1989 年版，第 184—213 页。

③ 《仁学十》，载《谭嗣同全集（增订本）》下册，中华书局 1981 年版，第 305 页。

④ 陈并谦：《性教育概论》（下），《学灯》第 6 卷第 8 册第 28 号。

⑤ 陈并谦：《性教育概论》（下），《学灯》第 6 卷第 8 册第 28 号。

使国内一些知识分子首先觉悟,在国内郑重提出了"性教育"思想,呼吁要"急谋性教育的发展;一方面增长儿童性的知识,使儿童明白误用性的官能的危害,而保持健康的必要;一方面打破从来的猥亵观念,以增高两性间的行为和态度"①。自此一些知识分子积极著文立说,发表性教育的思想主张,认为"普及教育,尤其是性教育,这正是教育者所当为之事"②。"性欲教育实为人生不可少的教育,更为青年男女所当注意的。"③这一思潮一直持续至 20 世纪 20 年代末,这期间"以介绍性知识自命的定期刊物,雨后春笋似的,忽然增加了好几种,如《新文化》《性杂志》《性欲周报》《性三日刊》《性报》,多的不及半年,少的是最近一二月或一二星期内才出现的"④,"民国十五年与十六年之间,假名《性教育》或《性知识》之刊物,充斥社会,其影响及于思想及风纪者实非浅鲜"⑤。这一时期在中国思想文化界掀起了中国历史上第一次令人瞩目的"性教育"思潮。这一思潮的突出特征,表现在:其一,对传统性禁忌心态习俗的批判;其二,探究性教育的方法;其三,宣传性教育的内容。

在对传统性禁忌心态习俗进行批判时,知识分子首先肯定了"性"的本能特征和它的圣洁。认为"性欲本能是人类与生俱来的,自有动物在地球上,从原始动物以至于最高级动物,形形色色,千百类数,都靠这种本能的活动而始能繁衍其后裔;这种本能不是人类独有别种动物就无,又不是某种族才有他种族便无,更不是某性人特有他性人便无。人人都具有这种性欲本能,那么,人人都可以使其活动。"⑥"性欲本能,于人生的重要,并不亚于饮食本能。"⑦其繁衍后裔的功用是天经地义的,鲁迅就指出,"生物的个体,总免不了老衰和死亡,为继续生命起见,又有一种本能,便是性欲。因性欲才有性交,因有性交

---

① 陈并谦:《性教育概论》(下),《学灯》第 6 卷第 8 册第 28 号。
② 《坚壁清野主义》,载《鲁迅全集》第 1 卷,人民文学出版社 1981 年版,第 258 页。
③ 甘南引:《两性间应有之知识》,《平民教育》第 55 号。
④ 《今日之性教育与性教育者》,潘光旦:《优生概论·下编》,载《民国丛书》第一编·20·社会科学总论类,上海书店 1989 年版,第 250 页。
⑤ 《今日之性教育与性教育者》,潘光旦:《优生概论·下编》,载《民国丛书》第一编·20·社会科学总论类,上海书店 1989 年版,第 241 页。
⑥ 甘南引:《两性间应有之知识》,《平民教育》第 55 号。
⑦ 章璞:《性欲教育谈》,《平民教育》第 70 期。

才发生苗裔,继续了生命。所以……性交也就并非罪恶,并非不净。"①"性是关于保全种族,使本种继续的一种作用。凡是两性的生物,都是这一种性的现象。"②"两性本能之功用,直接在使人类生命之永久绵延,间接在使社会文化之继续发展。"③性是本能,它是圣洁的,无论何人也不该嫌弃和玷污它,"譬如勇士,也战斗,也休息,也饮食,自然也性交"④。可国人的心态习俗却怪不堪言,"不知何故,却被人们不约而同地把它投入缄秘的雾罩里。"⑤夫妇"性交是常事,却以为不净;生育也是常事,却以为天大的大功。人人对于婚姻,大抵先夹带着不净的思想。亲戚朋友有许多戏谑,自己也有许多羞涩,直到生了孩子,还是躲躲闪闪,怕敢声明。"⑥显然这是缺乏性知识和性道德教育的缘故,正如鲁迅所讽刺的那样,"理学先生总不免有儿女,在证明着他并非日日夜夜,道貌永远的俨然"⑦。

在对传统性禁忌心态习俗进行批判时,知识分子还揭示了性教育的主旨以及对其误解的批判。由于性本能和自我本能不能分别为光明与猥亵,它们有着同样的重要与尊严,而且近代科学的光明已经冲破了这种卑视本能的思想障碍,所以教育运动也就逐渐兴起。性教育对儿童来讲,即"顺着儿童长发的顺序,用一种教导的方法,使儿童长成起来的时候,得到正当的'性的知识',使从前视为神秘黑暗的性的本能变为光明,从前视为秽亵的变为尊严,性的卫生及品行,基础就在这上面"⑧。从另一角度说,"为父母和教师者,须观察儿童两性发达之程度,而予以相当之知识,以满足其两性之需要;并如何

---

① 《我们现在怎样做父亲》,载《鲁迅全集》第1卷,人民文学出版社1981年版,第131页。
② 周建人:《性教育的理论与实际》,梅生编:《中国妇女问题讨论集》第五册,载《民国丛书》第一编·18·社会科学总论类,上海书店1989年版,第173页。
③ 林昭音:《两性教育之研究》,梅生编:《中国妇女问题讨论集》第三册,载《民国丛书》第一编·18·社会科学总论类,上海书店1989年版,第106页。
④ 《"题未定"草》,载《鲁迅全集》第6卷,人民文学出版社1981年版,第422页。
⑤ 章璞:《性欲教育谈》,《平民教育》第70期。
⑥ 《我们现在怎样做父亲》,载《鲁迅全集》第1卷,人民文学出版社1981年版,第131页。
⑦ 《一思而行》,载《鲁迅全集》第5卷,人民文学出版社1981年版,第473页。
⑧ 周建人:《性教育与家庭关系的重要》,梅生编:《中国妇女问题讨论集》第五册,载《民国丛书》第一编·18·社会科学总论类,上海书店1989年版,第182—183、179页。

清洁环境,使儿童之两性,循自然发达之正轨,以臻于美满之境"①。除儿童外,对一般对象而言,"性欲教育,是由适当的成人,按时代的需要,将关于两性的正确认识善巧斟酌开示学人;使之于两性的关系有正确的了解,持优尚的态度,养成性的良好习惯,借以增进个人与社会的康健,幸福,及道德等"②。可见,性教育包括科学的、伦理的、社会的、审美的教育,通过这样的教育使人对人类生活的两性问题持一种开明的、严正的、科学的、尊重的态度。可是由于性禁忌心态习俗的影响,国人对于这一问题,"大都还不很了解,不知道性教育是性的卫生及性的道德的基础,往往容易误认实行这种教育,是导于恶习的起点"③。或者说,"对于一般青年施以性教育,或足以破坏他们的纯洁,玷污他们的清白"④。事实是否如此,此种道德是否正确,必须靠事实来说明,靠知识来建设,靠理性来拨点,靠真理来辩白,那么五四知识分子对长时期国人因无性教育而酿成的恶果进行全面系统的批判就成为当时必须且又刻不容缓的急务了。这种批判主要体现于如下诸方面:其一,性无知导致的性神秘及逆反心态。对性的愚昧无知,易产生性神秘感。其又使本来很自然的性问题被笼罩上一层迷雾,被扭曲,被蒙上重重的灰垢。性神秘感具体反映在人们对异性躯体、对两性交往、对性交的神秘态度。无知导致神秘,神秘又导致逆反。正如时人所述:"男女隔离愈严,则相见时愈容易受强烈的刺激。"⑤这与早年康有为论及的逆反现象正相吻合,康有为说:"男女既不得接见,则偶一见之,属目必甚,淫念必兴。以中国礼教遏淫之严,清议之重,而中人以下,遇有剧场、道路每见妇女,评头品足,肆口妄言,其尤下者,则探手摩挲,淫言撩拨,不可听闻,非独相鼠贻讥,实亦狂且可恶。"⑥所以有人很赞同美国珊格尔夫人的话,她说:"应该使他们看惯裸体。夜间换寝衣时,不妨使他裸体走几步。小

① 林昭音:《两性教育之研究》,梅生编:《中国妇女问题讨论集》第三册,载《民国丛书》第一编·18·社会科学总论类,上海书店1989年版,第106页。
② 章璞:《性欲教育谈》,《平民教育》第70期。
③ 周建人:《性教育与家庭关系的重要》,梅生编:《中国妇女问题讨论集》第五册,载《民国丛书》第一编·18·社会科学总论类,上海书店1989年版,第179页。
④ 陈并谦:《性教育概论》(上),上海《时事新报》副刊《学灯》第6卷第8册第27号。
⑤ 周建人:《性教育的理论与实际》,梅生编:《中国妇女问题讨论集》第五册,载《民国丛书》第一编·18·社会科学总论类,上海书店1989年版,第174页。
⑥ 康有为:《大同书》,古籍出版社1956年版,第160页。

孩的胴体,应该使他们一同洗浴;小孩更须和母亲在一处洗浴,从小实行,到了长大起来,对于裸体,便不会感到特别的刺激"①。五四时期知识分子又将这种符合人类心理特征的逆反现象加以深刻的论述,认为把"性"投入缄秘的雾罩里,"可惜不中用。它的一鳞一爪,依然不时显露出来,徒使人们误会惊奇憎恶恐惧,而又不可遏制,遂致终身都在一种试行错误法里面探讨"②。并认为对"性"的压抑越大其反抗力就越大,"一味压抑则结果压力愈大,反抗力也愈强,一经爆发,正似决满江之水,横冲直撞,莫之能御。及乎此时,将更不知为害至何种境地,试看禁欲极严之贵族名媛,稍有发挥性欲的可乘之机,即无所不至,此其明证。"③其二,对儿童与青年的毒害。人在儿童期间,由好奇心的驱使,对自身的由来不免发生疑问而询问父母。父母受性禁忌心态习俗与礼教的毒害,视"性"为卑鄙污秽之事,往往用呵斥禁止、支吾诳骗、嬉笑含糊的态度去敷衍搪塞,"但是不论那一种方法去应付,都足以使儿童莫名其妙,眩惑不定,疑团愈加不能消释。而且因为这种不安,遂引起他种种的探究,儿童经父母一次的呵止,虽往往不敢再说,但亲子之间已经发生一种隔膜了。此后遇有这类的疑问,他不向父母去问,而去请教他另有的导师,如伴侣中年纪较长的顽童以及津津好谈论的中年以上的妇女们。从这种人的议论里,儿童得到似是而非的非科学的性的知识,一面再加以自己的体会,结果很容易养成身体早熟及过夸张其事的弊害。这种弊端既已养成,后来就难以修改。"④而且儿童也很容易受"不良的旧戏,书本,词曲小说"等的影响而养成恶习,届时也不是"羞涩的态度和神秘与秽亵的观念所能防范了"⑤。所以儿童时期,若不启性知识而任自然,足以遭至种种令人担忧的危险。对青年也是一样,因为"青年对于破坏秘密的观念很强,愈是不知的事物,愈要求他的结果;若是对

---

① 味辛:《珊格尔夫人的"我子之性教育"》,梅生编:《中国妇女问题讨论集》第五册,载《民国丛书》第一编·18·社会科学总论类,上海书店1989年版,第211页。

② 章璞:《性欲教育谈》,《平民教育》第70期。

③ 甘南引:《两性间应有之知识》,《平民教育》第55号。

④ 周建人:《性教育的理论与实际》,梅生编:《中国妇女问题讨论集》第五册,载《民国丛书》第一编·18·社会科学总论类,上海书店1989年版,第175页。

⑤ 周建人:《性教育与家庭关系的重要》,梅生编:《中国妇女问题讨论集》第五册,载《民国丛书》第一编·18·社会科学总论类,上海书店1989年版,第182页。

于性欲生活,已有奇妙怪诞的想象印于脑际,往往因为错误的判断和理解,堕人于错误的性欲生活"①。其三,导致社会病。由于缺乏性的知识和道德的教育,社会罪恶如性病、卖淫等随即流播炽盛。缺乏性教育者容易"盲目的肆行暴乱的探险:如手淫,同性奸,花柳病等事情,因之继起了。这种无意识的举动,若不设法弃除,直接戕贼了个人的生命,间接影响及于家庭社会"②。根据心理学的启示,一切本能都是很陋野的,若不导之以正确的知识道德,即会生出野蛮和罪恶,性的本能甚至更为强烈,由于性欲暴虐,因此"人类许多最不人道的惨杀案,最失人性的奸淫案"③,亦不能不归罪于"缺乏性的教育底身上"④。无性教育能出现如此之危害,那么进行性教育的重要意义也就昭然若揭了。五四知识分子视性教育的宗旨,在于设法增长人们的性知识,"使明白误用性的官能的损害,而从事健康上的摄卫。并且打破从来的秽亵观念,以增高两性间的行为和态度。"⑤这种性教育的结果可产生三项功效,"一是保持健康,一是改善性道德,最后一种功效便是改良未来的人种。"⑥对于性教育的重要意义,1922年从法国里昂大学回国任北京大学哲学教授的张竞生博士在其《美的社会组织法》一书中曾有一段精辟的文字。他写道:"性教育一问题关系于人生比什么科学与艺术更大。性与情感有直接关系,而对于理智也有莫大的交连。饮食是生命的起始,性欲是生命的发展……凡'愚才是罪',生殖器乃人生最扼要的机关,岂可毫无讲究,以致此间变为生番的野地,一任秽芜不理遂至恶毒丛生……况且性教育不止在肉体与病形上的讲求,它的最重要的任务乃在考求由性所生的情感与文化的主动力在何处。所以性教育是一种必要的教育,又是极严重的教育……性教育的公开研究岂不胜于道学先生的一味不说与压抑为能事,以致少年于暗中愚昧无知地一味去乱为吗?性譬如

---

① 陈并谦:《性教育概论》(上),上海《时事新报》副刊《学灯》第6卷第8册第27号。
② 陈并谦:《性教育概论》(上),上海《时事新报》副刊《学灯》第6卷第8册第27号。
③ 甘南引:《两性间应有之知识》,《平民教育》第55号。
④ 许地山:《强奸》,《新社会》第10号。
⑤ 周建人:《性教育的理论与实际》,梅生编:《中国妇女问题讨论集》第五册,载《民国丛书》第一编·18·社会科学总论类,上海书店1989年版,第179页。
⑥ 周建人:《性教育的理论与实际》,梅生编:《中国妇女问题讨论集》第五册,载《民国丛书》第一编·18·社会科学总论类,上海书店1989年版,第175页。

水,你怕人沉溺么,你就告诉他水的道理与教他会游泳,则人们当暑气炎热满身焦躁时才肯入浴,断不会在严冬寒冷投水受病,又断不会自己不识水性,就挽颈引领,闭目伸头,一直去跳水死。故要使青年不至于跳水寻死,最好就把性教育传给他,我想这个性教育的运动极关紧要。"①这里用水喻性,用学游泳喻性教育,深入浅出地表达了性教育的重要意义,正是基于这样的思想认识,五四知识分子认为对于性教育要采取家庭、学校、社会三方结合的方式来进行。

家庭教育。家庭教育为各种教育的基础,也是性教育的基础。家庭中担任性教育者最好是母亲,"因为教授那些知识,非得儿童的信任和儿童视为最亲近的人不可"②。这就要求母亲要认真慎重地对待这一问题,应真实清楚地教育儿童。"凡是性的意识,对于性的觉悟,性欲活动的早期压迫等事,都应利用相当的机会,采以公开的态度,细细地告诉儿童"③,而对儿童提出的疑问,诸如"妈妈,你在哪里得到我?""当你还是女孩的时候,我在哪里?""婴孩从哪里来的? 是从天上落下来的吗?""在我未生以前,我在哪里?"等,父母"万不可谓儿童心中有不正当之思想,以为此系邪僻之征兆,而有所隐讳,不为之尽量解释,将此宝贵之时机,忽略过去。"④五四时期知识分子其时还特意举一些实例进行宣传,以作为家庭性教育之指南。如有一例:有一母,有子女各一,子八岁,女六岁,一日,其子问曰:"妈妈,为何这母猫的肚子长了这么大?"母沉思久顷。决然答:"母猫肚中有小猫,所以长了这么大。这些小猫,不久就要到世界上来的。"子曰:"这就是生下来的意思吗?"母曰:"是的,我们对于这猫,要好心待遇,不时饲些牛乳肉屑;因为她要给东西与小猫吃。做母亲的怀了婴儿,在未生前,也是要给东西与婴孩吃的。"子惊曰:"啊! 妈妈,我们也是生下的来吗? 请告诉我们。"母曰:"是的,我愿意告诉你们,这是做母亲的要说给子女听的,各人的母亲只告诉她自己的子女,我告诉你,千万不要

---

① 张竞生:《美的社会组织法》,北新书局 1926 年版,第 129—131 页。
② 周建人:《性教育的理论与实际》,梅生编:《中国妇女问题讨论集》第五册,载《民国丛书》第一编·18·社会科学总论类,上海书店 1989 年版,第 176 页。
③ 陈并谦:《性教育概论》(上),上海《时事新报》副刊《学灯》第 6 卷第 8 册第 27 号。
④ 周调阳:《实施性欲教育示例》,《平民教育》第 53 号。

和你们的同伴道及。你们想知道这桩事,即跟我到这里来。"于是其母入室,两个孩子紧随其后,母低声言曰:"你们起初是在我这里——指着腹中——生长的。在这里住了九个月,那个时候,我为你们而食,为你们而衣,为你们而游戏。在未看见你们前,我就很爱你们,后来时期到了,你们生下来,我抱着你们,为你感谢上帝。"两个孩子听毕,似为符咒所镇,痴立者久之,后乃紧抱其母而言曰:"现在我们知道所以这样爱你的缘故了。妈妈"①。这一事例就是要指点母亲用一种自然、严肃、亲切的方式来对自己的孩子作必要的性的启蒙教育。家庭性教育同时还要注意饮食居住的卫生。"儿童必须时常洗浴,务使身体清洁,可以减少皮肤上的刺激。睡衣宜轻软,宽缚,不宜紧束,被不宜太重,也不宜太热,必须使儿童整夜能够熟睡。儿童睡眠的时候,本喜欢将手放在被外,只要被服足保体温,不必定要盖在被下。早上觉醒,即刻穿衣下床,这种习惯若在幼年的时候养成,可以直到成人,不会破裂。许多食物是含有刺激性质的,例如酒类是最显著的例;此外如浓茶烟草也都含此类性质。儿童俱不宜用。"②

学校教育。学校中的性教育,为家庭教育之补充,与之相辅而行。"学校教师,亦当乘时讲演性欲的重要及其与生理上心理上的影响,并宜多注重道德方面的性欲知识,不宜将不道德的性欲活动详细说明。而于学生私看关于性欲的书籍小说,更应禁止,要之性欲知识,是应灌输于青年男女的,但灌输时务必小心,不可流于邪僻。"③当时报刊上曾刊有教师自觉教育学生的事例,作为一种正面指导的典范。如有一例就是以教师的口吻记述的:"我校于去年为三年级学生买一牝兔,饲养未久,儿童就有要求这兔育子的表示。因此我们聚集一处,讨论怎样可使这兔生育。正在谈论得兴高采烈的时候,我就退处一旁,静察儿童的思想是否正确。除一二年龄较大的儿童外,都是直率坦白,并不以此事为邪恶不正,以致隐忍不言。有时他们向我观望,我就表示一种赞同公开讨论的态度,于是他们越发高兴了。有许多儿童都知道动物须有牝牡配

---

① 周调阳:《实施性欲教育示例》,《平民教育》第 53 号。

② 周建人:《性教育与家庭关系的重要》,梅生编:《中国妇女问题讨论集》第五册,载《民国丛书》第一编 · 18 · 社会科学总论类,上海书店 1989 年版,第 183—184 页。

③ 甘南引:《两性间应有之知识》,《平民教育》第 55 号。

合,才能生育;今虽有牝兔,而没有牡兔同她交接,当然不能生子。所以议决再养一牡兔。更有一儿童,把家中养兔的经过,和牝兔生子后怎样保护种种事实,详详细细地告诉大家;于是他就做了众儿的教授。一有困难问题发生,大家就请他解释;他也能自然地说明。隔了几周,生产了七只小兔,大家都是欢喜万分。后来我就借这事的观察,把动物受孕生殖等重要事项,一一告诉儿童;如雄性动物的必要,鸟类哺乳类卵子的差异,哺乳类的卵子在腹内孵化的道理等等,都使他们完全了解。"①这是学校内教师的一种因势利导的教育方式,这种方式有益于受教育者对有关知识的自然接受。此外,学校利用图书室、学校园、运动场、俱乐部等设施来进行性教育,丰富学生生活,避免"逸则思淫"以及因干枯沉寂的生活而"引起其性欲上不正当的思想"②,都是非常重要的。

社会教育。这就是要通过"改良戏剧""组织地方公共娱乐机关""设立公众卫生局""禁止卖淫业""禁止早婚""禁止饮酒"等一系列方式达到端正道德、陶冶情操、保健身体、避免堕落的目的,以减少社会的性犯罪。③

五四知识分子对性教育内容的看法也有多方见解,认为这种教育内容应包括:要使受教育者理解什么是性欲和性本能,性欲与情感的关系,性欲过度及非道德性关系的危害,节制性欲与民族进化的关系以及性生活与优生的关系,等等。下面根据五四时期拟定的一个具有典型意义的中学校性教育课程大纲看一下当时所理解的性教育的具体内容。大纲分为十类,每类又包含若干子目,大纲全文如下:

第一类、关于生殖的

(一)动物生殖的现象

(二)植物生殖的现象

---

① 陈并谦:《性教育概论》(下),上海《时事新报》副刊《学灯》第6卷第8册第27号。

② 林昭音:《两性教育之研究》,梅生编:《中国妇女问题讨论集》第五册,载《民国丛书》第一编·18·社会科学总论类,上海书店1989年版,第103页。

③ 林昭音:《两性教育之研究》,梅生编:《中国妇女问题讨论集》第五册,载《民国丛书》第一编·18·社会科学总论类,上海书店1989年版,第103—106页。

（三）生殖器官的解剖

（四）生殖作用

（五）生殖作用和人生

（六）女子受胎、妊娠、分娩的现象

（七）月经的性质和作用

（八）避妊的方法

（九）育儿的知识

第二类、关于欲念的

（一）欲念和嗜好品

（二）欲念和淫秽图书

（三）欲念和衣服及床铺

（四）纵欲和节欲

（五）纵欲的危险

（六）鸡奸

（七）杂交的危险

（八）同性奸的危险

第三类、关于疾病的

（一）遗精的生理的意义

（二）滑精的危险

（三）手淫与滑精

（四）手淫在生理和心理上的影响

（五）杨梅的性质

（六）痲症的性质

（七）杨梅淋症医治的困难和危险

（八）杨梅的传染和危险

（九）生殖能力的衰弱

（十）女子骨盘病和残废痼疾

（十一）内脏官能所受杨梅的影响

（十二）疯癫花痴和各种神经病

（十三）遗精的预防与医治

第四类、关于遗传的

（一）遗传子女的影响

（二）遗传和婚姻

第五类、关于婚姻的

（一）早婚的害处

（二）婚姻的心理

（三）圆满的快乐的婚姻的理想标准

（四）一夫一妻制

（五）蓄妾的害处

（六）男女社交

（七）两性社交的道德

（八）青年正当的恋爱

第六类、关于家庭的

（一）家庭的意义和重要

（二）理想的家庭生活

（三）男女相互的义务

（四）父母的慈爱

第七类、关于社会的

（一）妓女

（二）妓女和花柳病

（三）妓女和罪犯

（四）妓女和女子的人格

（五）妓女和青年

（六）妓女和社会的经济

第八类、关于种族的

（一）优生

（二）优生和国家

第九类、关于卫生的

（一）健康的标准

（二）健康的方法

（三）生殖器的卫生

（四）月经的卫生

（五）房事的卫生

（六）分娩和妊娠的卫生

第十类、关于其他的

（一）青年期的危险

（二）青年生理的变迁

（三）青年心理的变迁

（四）青年的自制能力

（五）青年的纯洁生活

（六）青年的道德生活

（七）青年的美的生活

（八）人生的真义

（九）健全的人格①

　　根据上述的内容，我们可以看出这是一个具有广泛意义的性教育大纲。它既包括狭义的性教育，又包括广义的性教育，涉及人生的诸多领域。这对青年男女来说，具有人生观教育的意义。此外，学术界开始重视性生活与优生关系的探讨："我今就我国人种与欧美人种比一比。我国人种的衰弱固然由于后天的种种关系，而于结胎时的不讲求女子应出第三种水又是一种先天衰弱的根源。通常我国女子大多不会丢第三种水的，以至卵珠极呈死笨迟滞之状。而精虫在阴道内须要经过种种的磨难，以至精虫大部分的气力，被酸性液所侵蚀，而且遗卵珠又是萎靡不振，难怪所结成的胎孩，现出种种衰弱的病态了。至于欧洲，他们交媾时认真交媾，大都女子能够出第三种水，故其胎孩格外强壮。又因后天的种种教养得法，于是遂成优强的种族。（当然也有例外，我国人中也有得

---

① 　陈并谦：《中学校性教育大纲》，《学灯》第 6 卷第 8 册第 19 号。

到极好的胎孩，但皆在两性极兴奋时之下所得来的。)优生学先前在注重父母的德性等，不免涉入于玄秘之谈，因为贤父母不能得到贤子女。唯有从卵珠及精虫的壮健与会合的便利入手，较能得到好胎孩。将来有了壮健的身体，自然可望优秀的性格与聪明。故讲优种者，不能不从结胎时入手，而结胎的关键，又不能不从女子的第三种水入手"①。这里所谈知识的科学性如何，是另一回事，仅从优生的目的而要求高质量的性生活的本身即应当给予充分肯定的。

五四时期，虽然兴起了主张性教育的思潮，但在教育的具体实施上还仅仅是一种极为个别的现象。鲁迅是中国现代性教育的先驱者。1909 年 8 月，他从日本回国，应聘在杭州两级师范学校教生理卫生课。当时全国到处充塞着旧思想、旧习惯，鲁迅却毫不畏惧地在讲台上进行性知识的传播，夏丏尊曾回忆说："周先生教生理卫生，曾有一次答应了学生的要求，加讲生殖系统。这事在今日学校里似乎也成问题，何况在三十年以前的前清时代。全校师生们都为惊讶，他却坦然地去教了。他只对学生提出一个条件，就是在他讲的时候，不许笑。他曾向我们说：'在这些时候不许笑是个重要条件。因为讲的人的态度是严肃的，如果有人笑，严肃的空气就破坏了。'大家都佩服他的卓见。据说那回教授的情形果然很好。别班的学生因为没有听到，纷纷向他来讨油印讲义看。他指着剩余的油印讲义对他们说：'恐防你们看不懂的，要么，就拿去。'原来他的讲义写得很简，而且还故意用着许多古语，用'也'字表示女阴，用'了'字表示男阳，用'乡'字表示精子，诸如此类，在无文字学素养未曾亲听过讲的人看来，好比一部天书了。这是当时的一段珍闻。"②另外，1926年，张竞生主编了一本《性史》第一集，收有听他讲课的七名北京大学男女学生所写的关于性知识体验的七篇文章，反映了张竞生在性教育的实践上作了一些工作。不过，这些性教育的实践在当时社会还是极少见的。与此相反，很多学校，"讲生理卫生时，所谓那些有碍部分，都得删去。"③周建人也讲过，当

---

① 《今日之性教育与性教育者》，潘光旦：《优生概论·下编》，载《民国丛书》第一编·20·社会科学总论类，上海书店 1989 年版，第 242—243 页。

② 《鲁迅翁杂忆》，载《夏丏尊文集》第一卷，浙江人民出版社 1983 年版，第 241—242 页。

③ 隋灵璧等：《五四时期济南女师学生运动片断》，载中国社会科学院近代史研究所编：《五四运动回忆录》(下)，中国社会科学出版社 1979 年版，第 690 页。

时中学生理教科书一般是不讲生殖系统的生理卫生的,所以"纵使受过很高的教育的人,他纵然学过生理学,消化系知道得很详细,但他对于生殖系的构造与功用却不知道,发生学也多不知道,所以他虽然生活上的技能受过教育,但关于性的本能的作用却全任其自然"①。

但性教育既已开了先河,并在当时"已经占有极有兴趣的地位",那么,它必然对以后文明的两性关系产生影响,"必有改善和矫正的希望"②。

五四时期的性教育思潮,是对传统性禁忌的全盘否定。"性"是人类生活的相伴物,亦为人类得以沿袭的基础。用禁锢、封闭和回避的态度对待"性",显然是违背天道的。

---

① 《教育与性教育》,载中国民主促进会中央宣传部编:《周建人文选》,中国文史出版社1988年版,第170页。
② 王统照:《两性的教育观》,《曙光》第1卷第5号。

结　论　卷

一、陋俗文化的嬗变与人的精神进化

（一）人类精神的第一次解放

近代陋俗文化发生了空前的令人瞩目的深刻变化。如果我们仅把这一文化现象置于近代社会的框架内考察，就很难揭示其深刻而又真实的文化意义。若把其置于人类精神进化的长河中考察，就会发现其真谛所在，即中国人正欲摆脱传统人伦文化的束缚，进而达到新层次上的自身觉醒和精神解放。

纵观人类历史的进程，人的自身觉悟，即精神进化或精神解放反映在三个层次上。第一，人类相对摆脱自然（神）的束缚，看重和强调人类本身的价值，确立人类的优越和中心地位，而获得人类整体的相对自由；第二，个人相对摆脱传统人伦文化的束缚，看重和强调个体价值，确立个体的人身地位，从而获得个体间的相对平等和自由；近代陋俗文化的变革实际是与第二层次的人的精神进化相关联。第三，个人相对摆脱自身束缚，注重个体异化，在不断否定自己的过程中，使自身的灵与肉相对分离，个体获得精神异化的相对自由。

在茫茫大地上，自从有了人，便开始人类精神的进化过程。人类最初的精神世界极为自卑。当人类刚刚脱离动物界而睁开自己的眼睛，他面对的是一个迷茫神奇而又难以理解的大自然，就如一个幼儿面对大千世界。人类最初，由于智能的卑微，思维的低下以及语言的贫乏，加之人类社会实践缺乏浑厚的积累，不但无法抗拒大自然的神威，更不能使人的个性和智能得到充分的发展。他们的内心深处，更多的是对自然的恐惧和畏怯，进而对这"伟大"而又"崇高"的自然（神）产生一种真诚的崇拜和景慕。人类在自然（神）面前合乎逻辑地显得微不足道和渺小。在这种自卑心态下，人类心悦诚服地顺从着自然(神)并任它摆布,它控制着人类的心灵与精神世界。人类要觉悟,首先就要打破这上下尊卑的人神关系,摒弃自卑,确立人类的优越心态。当经过漫长的社会实践活动,到了历史进化的"轴心时代",终于迎来人类自身的第一次觉醒。所谓"轴心时代",是指公元前200年间人类精神领域发生了无与伦比的成就并产生了深远影响的这一段历史时期。德国存在主义大师卡尔·雅斯贝尔斯(Karl Jaspers, 1883—1969)对这一问题作了精当的分析,他说:"发生于公元前800至前200年间的这种精神的历程似乎成了这样一个轴心。正是在那个时代,才形成今天我们与之共同生活的这个'人'。我们就把这个时期称作'轴心时代'吧。非凡的事件都集中发生在这个时期。中国出现了孔夫子和老子,中国哲学中的全部流派都产生于此。接着是墨子、庄子以及诸子百家。在印度,是优婆沙德(Upan Lshad)和佛陀(Buddha)的时代……希腊产生了荷马,还有巴门尼德、赫拉克利特、柏拉图等哲学家,悲剧诗人,修昔底德以及阿基米德……"①在"轴心时代",人类为自身作出两方面的突出贡献。

首先,确立人类整体的自我中心地位。这一觉悟是人类以几十万年的实践经验为基础的,这并非今日所想象的那么简单。它是人类精神进化和自身觉悟的一个难以名状的伟大创举。从世界历史的角度观察,自从几十万年前人类出现后,它经历了旧石器和新石器时期,并创造了母系氏族社会的精神文化。随着原始社会向奴隶社会的转变,人类征服自然的能力日益强大,在世界范围内出现了古埃及、古巴比伦、古印度、中国和爱琴海地区等世界文明的摇篮。人类在求生存发展的社会实践中,逐渐增强改造自然能力的同时,把视线从自然界拓展至人类社会,开始了改造社会的活动。其突出的成果是造就了国家。国家的产生是社会历史过程的巨大变迁,是人类能够治理和驾驭自身的突出标志,是人类社会"秩序"的保证,是人类非凡智慧的体现,亦是人类本身的一种自信。至此,人类以往昔漫长的社会实践的经验为基础,面对自身创造的辉煌灿烂的文化,开始认识自身的价值和智能:人并非一无所能而要完全听命于神灵摆布的被动物,人是可以借助自身能力而掌握自己一部分命运的,

---

① [德]卡尔·雅斯贝尔斯:《智慧之路》,柯锦华、范进译,中国国际广播出版社1988年版,第69—70页。

人有着高于其他生物的天赋和能力。《荀子·王制》对人的天资禀性作了深刻的揭示，"水火有气而无生，草木有生而无知，禽兽有知而无义，人有气、有生、有知，亦且有义"，故最为天下贵。人类作为有气有生有知有义的生灵，乃天下最宝贵之生灵。至此人类获得了自身高于一切生物的优越感和自豪感。不仅如此，由于人类的文化创建及对自身命运的主宰，在一定程度上开始摆脱自然神灵的束缚，从而多少动摇了神灵主宰宇宙万物的地位。人从依赖尊崇和敬慕神灵的虚茫中渐次走出，开始寻求人类优异于神灵的一种精神自由。中国春秋战国时代，就有人对此有了深刻的领悟。子产说："天道远，人道迩"①；孔子说："敬鬼神而远之"②"未能事人，焉能事鬼"③；荀子说：人"最为天下贵"④。这些先哲们的深切体悟是人类精神进化的集中反映，是人类自身觉悟的第一次飞跃和解放，是人类中心地位的自我确立。人类获得了作为整体的相对自由，获得了摆脱神灵和优越于其他一切生物的相对自由。

其次，创造了规定人际关系准则的人伦文化。既然要注重人，要发挥人类整体的作用，那么如何处理人群内部关系就成为人类思考的最基本和最重要的问题，它最终导致人伦文化的诞生。人伦文化的突出特征是强调人与人之间的行为要遵循特定的规范和原则。按此规范和原则可促使人际关系和谐融洽，促使社会安定秩序，从而最充分地发挥个人的社会义务，求得社会的发展进化，最终达到人类更好地生存和向高层次发展的目的。这种人伦文化在轴心时代的中国发展得尤为典型。这时诸子百家的出现，文化典籍的编纂是中国人伦文化诞生的标志。在《易》《诗》《书》《春秋》《论语》《墨子》《孟子》《老子》《庄子》《仪礼》《周礼》《礼记》等经典中确定规范了人伦文化的基本内容，其内容的核心，即人伦之大道体现为："亲亲、尊尊、长长、男女有别，人道之大者也"⑤"贵贱

---

① （清）阮元校刻：《十三经注疏》卷四十八《春秋左传正义·昭公十七年至十九年》，中华书局 1980 年版，第 2085 页。

② （清）阮元校刻：《十三经注疏》卷六《论语注疏·雍也第六》，中华书局 1980 年版，第 2479 页。

③ （清）阮元校刻：《十三经注疏》卷十一《论语注疏·先进第十一》，中华书局 1980 年版，第 2499 页。

④ 《百子全书》（一）《荀子·王制篇》，浙江人民出版社 1984 年版。

⑤ （清）阮元校刻：《十三经注疏》卷三十二《礼记正义·丧服小记第十五》，中华书局 1980 年版，第 1496 页。

有等,长幼有序,贫富轻重皆有称"①等。这种人伦文化体现了人群整体相对于自然的一种独立性,并排列了个体在整体人群中的各自位置,个人据此去发挥作用,服务贡献于社会。为达此目的,人伦文化又非常注重对于人的本质的规定以及强调个人自身的价值取向。中国人伦文化强调人的本质是"仁"和"礼"。认为"仁者也,人也"②"凡人之所以为人者,礼仪也"③。"人之所以为人者,非特以其二足而无毛也,以其有辨也。夫禽兽有父子而无父子之亲,有牝牡而无男女之别。故人道莫不有辨,辨莫大于分,分莫大于礼。"④这就把人的本质特征揭示出来。但与其说是揭示,毋宁说是规定。是人自觉地用人伦文化去规范人,去塑造人,从而通过外力的强化使"仁"与"礼"变为人的一种内在属性,进而成为人的本质。文化是人创造的,反过来文化又可以创造人,创造具有一定文化性格的人。在中国传统人伦文化中尤为注重自我实现的价值取向,那就是典型的并为一般人所认同的"格物、致知、诚意、正心、修身、齐家、治国、平天下"⑤。要求个人在既定的伦理框架内,虽不僭越本分,但却要做到"明明德""亲民""止于至善"⑥,从而达到"为天地立志,为生民立道,为去圣继绝学,为万世开太平"⑦的目的。即便不能如此,一般人也要做到臣"道"、子"道"和妻"道","臣事君,子事父,妻事夫,三者顺则天下治,三者逆则天下乱",视此为"天下之常道"⑧,并以"仁义礼智信"作为个人行为总的伦理范式。让全社会的人都能做到"父慈、子孝、兄良、弟弟、夫义、妇德、长惠、幼顺、君仁、臣忠"⑨。无疑

---

① 《百子全书》(一)《荀子·礼论》,浙江人民出版社1984年版。

② (清)阮元校刻:《十三经注疏》卷十四《孟子注疏·尽心章句下》,中华书局1980年版,第2774页。

③ (清)阮元校刻:《十三经注疏》卷六十一《礼记正义·冠义第四十三》,中华书局1980年版,第1679页。

④ 《百子全书》(一)《荀子·非相》,浙江人民出版社1984年版。

⑤ (清)阮元校刻:《十三经注疏》卷六十《礼记·大学第四十二》,中华书局1980年版,第1673页。

⑥ (清)阮元校刻:《十三经注疏》卷六十《礼记·大学第四十二》,中华书局1980年版,第1673页。

⑦ 章锡琛点校:《张载集》,中华书局1978年版,第320页。

⑧ 《百子全书》(三)《韩非子·卷第20·忠孝第51》,浙江人民出版社1984年版。

⑨ (清)阮元校刻:《十三经注疏》卷二十二《礼记正义·礼运》,中华书局1980年版,第1422页。

在人类摆脱神灵束缚而首次觉醒的轴心时代,按照伦理定位去发挥个人在人群整体中的各自作用,这是人类文明的一次进化,其历史意义是巨大的,是绝不能抹杀的。然而,我们应当看到,以人伦文化诞生为标志的人类的第一次精神解放,是以整体人群和社会为本位的,它忽视了个体的独立性,不能充分和全面正视个体存在的价值。这种人伦文化在解放人类整体的同时开始了对独立自由的个体人的束缚。

(二)传统人伦文化的衰替

从人类诞生开始,经过漫长的岁月而于轴心时代迎来了人类精神的第一次觉醒。这一次觉醒产生的人伦文化又经过了漫长的历史过程,最终无可奈何地衰朽了,而导致人类精神的再次觉醒。这种以摆脱神灵而注重人类本身,以注重人类整体价值为特征的人伦文化为何经过了漫长的历史进程后却无可挽回地衰替了,其中奥秘值得探究。

首先,作为个体人发生了从接受这种人伦文化到排斥这种人伦文化的转变。作为感性生命的个体人,本能地固有着多方面的需求,这些需求并非俱是先天既定的生理性遗传的自然需要,其中包含因后天社会条件的转化而相应出现的社会要求。当人类刚刚摆脱神灵的束缚,当社会刚刚注重人类自身的时候,当把个体人放到人群的适当位置让其尽个人义务的时候,这刚刚感受到人的优越和尊严的个体将会以怎样兴奋和激动的心情去接受和认同这最初的人伦文化呢? 这是可以想见的。然而随着历史变迁和社会进化,新的社会条件和环境又使曾经满足了的个体再次产生新的欲求,他们不会再甘心自己处于跟他人不平等的地位,他们不会再甘心忍耐因人伦文化而使他们失去的多种人身自由。这种感觉,这种新欲望的感觉随历史的进化而与日俱增,终究达到了极致,达到了视人伦文化为枷锁而不得不去砸碎这束缚自身枷锁的程度,那么,轴心时代产生的人伦文化的衰败也就指日可待了。

其次,文化是一种背律,文化存在相悖的功能和特征。当一种文化发挥的特征和功能恰与社会相协调,可产生多方面的积极功效,并为人们所接受。此时的文化功效和特征自然为人们所肯定。然而就在对其肯定的同时,自觉不自觉地夸大了这种文化特征和功效,或者人为地利用它,使其不知不觉地转换了方向,那么文化内部本质的特征和功效也就随其外力的作用而发生转移,这种转移的直接后果,就是文化背律现象的出现,即产生了与当初完全相反、相悖的文化效能。人伦文化正是由于适应了这种文化特征而发生了历史性的变异。人伦文化产生之初,由于它以社会为本位,注重整体人群的和谐以及相互间的礼让,而达到社会的稳定。这种文化的正面价值符合当时社会的要求,所以被广泛地认同,但随着时代的变革,这种人伦文化的正面价值为外力所利用,从而发生了背律性转变。当人类社会摆脱神灵开始强调人际关系的时候,由于社会条件的转化,使人与人之间的矛盾渐次冲突与尖锐,产生了统治和被统治两大社会集团的矛盾,统治集团为了自身利益及统治的稳定,其手段之一就是利用人伦文化的功能来为自己的统治服务。从此,人伦文化变成了一种统治术,变成了巩固统治的文化伎俩。后来由于人为的外力作用,即通过"罢黜百家,独尊儒术"以及宋代理学家的弘扬,人伦文化发生了逆转,成为束缚个体生灵的绳索。从此,人伦文化发生着相反的功效,湮没了个体人的自由,遏止了发展个体才智的机会。我们知道,顺从一切"礼"的规范是人伦文化的一种潜机制,是人的一种基本行为模式。而"礼"主要表现为一种人际关系的不平等,它要求的是较低阶层的人对其上一层人的恭敬,"下所以事上"①,而不是人际交往和人际互助中的相互尊重与平等。"天有十日,人有十等",即"王臣公,公臣大夫,大夫臣士,士臣皂。皂臣舆、舆臣隶、隶臣僚、僚臣仆,仆臣台"②。正如"三纲"所表现出来的等级一样,臣对君要绝对服从,但君不一定要对臣有礼。父子和夫妻关系也是如此,是片面单方面的义务规定。辩证地来看,一方面,"礼"是中华优秀传统文化,是中华文明的象征之一;另一方面,"礼"实际成了文化统治的工具,它潜移默化,最终造成民族潜意识中等级差异的畸形心理。这无疑对人的个性发展造成极大的限制和压抑。而被压抑的个体要挣脱精神束缚,获得个体自由和平等,那么从当初接受人伦文化到反

---

① (清)阮元校刻:《十三经注疏》卷四十四《春秋左传正义·昭公七年至八年》,中华书局1980年版,第2048页。

② (清)阮元校刻:《十三经注疏》卷四十四《春秋左传正义·昭公七年至八年》,中华书局1980年版,第2048页。

叛和诅咒它,亦成历史必然,这就为人的第二次自身觉悟培育了个体内在的心理素质。

在中国,批判和诅咒传统人伦文化早在近代以前就已肇端。这是人伦文化在背律性转化过程中,个别先识者的最初醒悟。晚明李贽就阐发过与等级制说教相对立的观点。他认为人是天生平等的。"侯王不知致一之道与庶人同等,故不免以贵自高……人见其有贵有贱,有高有下,而不知其致之一也,曷尝有所谓高下贵贱者哉?"①他非常强调一般人都具有所谓"圣人"的"德性","圣人"所能的,普通男女亦能;普通男女不能的,"圣人"必不能。他反对仰视所谓"圣人"而鄙视民众,主张凡人即"圣人",无凡圣之分。否定了人伦文化中圣凡之分的等级观念。清初启蒙思想家黄宗羲在阐发其政治学说时,曾对人伦文化中的"君臣"之伦进行了尖锐的批判,他指出,臣不应当是君之臣,不能"私其一人一姓"。"臣"的出仕,不是为了皇帝一姓,而是为"万民"。"君臣"应当是共同负担人民公共"利害"事务的人员,正如他比喻的那样,"夫治天下犹曳大木然,前者唱邪,后者唱许,君与臣,共曳木之人也"②。这里倡导的显然是反对"君为臣纲"这一人伦文化中的等级观念。清初陈确深刻批判了"灭人欲"的理学思想,把被分割开的"天理""人欲"化二为一,认为"人欲即天理"。"富贵福泽之欲"乃"人之所欲",庸人、圣人均不能例外。可见"天理"和"人欲"不能绝对地分割为纯洁和肮脏,陈确还提出小人与君子"渐变"的思想,张扬和肯定了人与人之间在政治上和伦理上的平等精神,提出"君子小人别辨太严""虽圣朝不能无小人"③,从而否定了君子的尊贵和小人的卑贱。晚明以来对人际平等的主张,反映了少数先识者在人伦文化背律性转变过程中已率先觉醒,他们一系列思想主张萌发了人类精神向更高层次进化的初芽,正是这株初芽的发育和成长,到了近代社会,中国人才踏上了人的精神解放和自身觉悟的新台阶,即要求个人摆脱人伦文化的束缚,注重个体价值,确立个体地位,以求个人的相对平等和自由。

---

① 《李氏丛书·老子解下篇》。
② (清)黄宗羲:《明夷待访录》,中华书局 1981 年版,第 4 页。
③ 《陈确集》下册,中华书局 1979 年版,第 425 页。

（三）人类精神的再次解放

近代中国迎来了中国人精神进化和解放的新时期，这种精神的进化包括对以往人伦文化的总结性批判和全方位否定，同时亦包括对新的人文精神的再创造。

中国历史发展到近代，社会的经济、生产、科学以及人们的生活都发生了很大变化，因此，它必然引起人本身的变化，即人的需要的变化。而它又直接体现为人的文化需要，即文化价值观念的变化。人的需要是多层面的，这些层面会根据社会条件的变化而得到反映。虽然人的需要，即人的文化需要是由社会条件引发的，但它的最终归宿是为了使人本身即人的文化精神能够适应社会的进化，并促进社会的向前发展。所以人的文化精神、文化价值观念的变化是由变化了的社会条件引发的，也是为了适应社会条件的变化、为了促进社会更快更有成效地向前进化。

社会经济、生产的发展，要求社会的每个人都能自觉积极地投入到社会进化的怀抱，并能充分发挥个人的潜能和才智，为社会进化贡献自己最充分的力量。而这必须靠一种自由平等的文化精神。若缺乏这种精神，就无从谈起个体会毫无阻碍地奉献于人类。自由平等不但是一种进步的文化观念，它实际是人类精神迈向新层次的内容和标志。虽然时代需要自由和平等精神，然而中国传统人伦文化却不能使其自身内部随着社会的进化自然而然地产生这种人文精神。事实上，这种人伦文化由于长时期的背律性转换，它已与自由平等价值观格格不入，它本身潜藏着一个突出的文化功能，就是遏止自由平等精神的产生。没有自由平等的人是不具备近代人格的。人反被人伦文化戕杀了。鲁迅一眼就看透了人伦文化具有的"吃人"本性，他说："我翻开历史一查，这历史没有年代，歪歪斜斜的每页上都写着'仁义道德'几个字。我横竖睡不着，仔细看了半夜，才从字缝里看出字来，满本都写着两个字是'吃人'"①"他

---

① 《狂人日记》，载《鲁迅全集》第 1 卷，人民文学出版社 1981 年版，第 425 页。

们会吃我,也会吃你,一伙里面,也会自吃"①。所以要创建自由平等的人文精神,那么批判、否定、破坏传统人伦文化就成为近代中国人要完成的一项重要任务。而戊戌、五四两代先进知识分子最先觉悟,并向传统人伦文化发起了抨击。他们把矛头首先投向人伦文化的核心,即"贵贱有等""长幼有序""男女有别"的纲常名教。康有为把"三纲"的人伦规范视为非人道之物,认为"君为臣纲"颠倒了本末,只能使"其民枯槁屈束,绝无生气"②;"父为子纲"使家庭成员"皆失人道独立之义而损天赋人权之理"③;"夫为妻纲"同样违背了"男与女虽异形,其为天民而共受天权"④的公理。谭嗣同也深刻揭露了"三纲五常"的危害,认为"数千年来,三纲五伦之惨祸烈毒,由是酷焉矣。君以名桎臣,官以名轭民,父以名压子,夫以名困妻,兄弟朋友各挟一名以相抗拒,而仁尚有少存焉者得乎?"⑤"三纲之慑人,足以破其胆,而杀其灵魂。"⑥章太炎认为传统人伦文化所鼓吹的愚忠愚孝的纲常名教是"无益于民德秋毫"⑦的"愚民之计"⑧。陈独秀视"三纲"为"教忠、教孝、教从",推行"片面之义务,不平等之道德,阶级尊卑之制度"⑨的殄灭个性,造成奴性的"奴隶之道德"⑩。"君为臣纲,则臣于君为附属品,而无独立自主之人格矣;父为子纲,则子于父为附属品,而无独立自主之人格矣;夫为妻纲,则妻于夫为附属品,而无独立自主之人格矣。率天下之男女,为臣,为子,为妻,而不见有一独立自主之人格者,三纲之说为之也",这是名副其实的"以己属人之奴隶道德也"⑪。李大钊也指出:"看那二千余年来支配中国精神的孔门伦理,所谓纲常,所谓名教,所谓道德,所谓礼义,哪一样不是损卑以奉尊长? 哪一样不是牺牲被治者的个性以事治者?"尊奉

① 《狂人日记》,载《鲁迅全集》第 1 卷,人民文学出版社 1981 年版,第 430 页。
② 康有为:《大同书》,古籍出版社 1956 年版,第 44 页。
③ 康有为:《大同书》,古籍出版社 1956 年版,第 44 页。
④ 康有为:《大同书》,古籍出版社 1956 年版,第 130 页。
⑤ 《谭嗣同全集(增订本)》下册,中华书局 1981 年版,第 299 页。
⑥ 《谭嗣同全集(增订本)》下册,中华书局 1981 年版,第 348 页。
⑦ 太炎:《答梦庵》,《民报》第 4 册第 21 号。
⑧ 《驳康有为论革命书》,载《章太炎全集》第 4 册,上海人民出版社 1985 年版,第 174 页。
⑨ 陈独秀:《宪法与孔教》,《新青年》第 2 卷第 3 号。
⑩ 陈独秀:《敬告青年》,《新青年》第 1 卷第 1 号。
⑪ 《一九一六年》,载《独秀文存》卷一,安徽人民出版社 1987 年版,第 34—35 页。

封建道德教条，"不是使人完成他的个性，乃是使人牺牲他的个性"①。

近代知识分子群体在对传统人伦文化进行彻底批判的同时，开始了人文精神的重建工作。这种新人文精神是人类自身第二次觉悟的标志，是人类精神进化的再次飞跃。它同以人群为本位而脱离自然（神）束缚，从而重视整体人群的价值不同，它是以个体为本位，要求个体摆脱人伦文化的束缚，强调个体间的自由与平等，强调一种以充分发挥个人价值的"个性主义"原则，这是近代人精神进化的本质，是人类第二次自我觉醒的深刻内涵。他们首先强调了作为个人的自由平等权利。康有为在19世纪八九十年代撰写的《实理公法全书》中就阐述了他的自由平等思想，他认为"人有自主之权"合乎"公法"，而"天地生人，本来平等"又为"实理"所认定。他认为，"凡人皆天生，不论男女，人人皆有天与之体，即有自立之权，上隶于天，人尽平等，无形体之异也"②。严复提出"身贵自由"的非同小可，认为若个人失去了自由权利，则"民固有其生也不如死，其存也不如亡"③。谭嗣同针对"三纲"所反映的人伦关系的不平等，也阐发了自己的人伦平等观，他认为君主没有"绝乎臣民之上而独尊"的特权，君主若不能为民办事，人民就有权废之而"易其人"④。父子之间亦为平等，"父以名压子"是不平等的封建伦常之道，事实上，"子为天之子，父亦为天之子。父非人所得而袭取也，平等也"⑤。夫妻间也不存在天生的贵贱之别，"男女同为天地之菁英，同有无量之盛德大业，平等相均"⑥。梁启超把个人的自由、平等和自治同国家自尊，团体自由和群治紧密联系起来，视为不可分割的整体。他说："欲求国之自尊，必先自国民人人自尊始"⑦；把"团体自由"视为"个体自由之积"⑧；还指出，"听民之自由焉，自治焉，则群治

---

① 《李大钊选集》，人民出版社1959年版，第296页。
② 康有为：《大同书》，古籍出版社1956年版，第134页。
③ 《原强修订稿》，载《严复集》第1册，中华书局1986年版，第23页。
④ 《谭嗣同全集（增订本）》下册，中华书局1981年版，第339页。
⑤ 《谭嗣同全集（增订本）》下册，中华书局1981年版，第348页。
⑥ 《谭嗣同全集（增订本）》下册，中华书局1981年版，第304页。
⑦ 梁启超：《新民说·论自尊》，载张岱年主编：《新民说》，辽宁人民出版社1994年版，第96页。
⑧ 梁启超：《新民说·论自由》，载李华兴、吴嘉勋编：《梁启超选集》，上海人民出版社1984年版，第229页。

必蒸蒸日上。有桎梏之、戕贼之者,始焉窒其生机,继焉失其本性,而人道乃几乎息矣"①。这种个人自由与否可以影响群治和人道的思想非常深刻,这种思想在五四知识分子中有了进一步发展。蔡元培曾强调个性自由与独立人格的重要,指出"自由、平等、亲爱、道德之要旨,尽于是矣"②。胡适更是自由与民主的倡导者,他认为,只有自由,才可以"解放我们民族的精神";只有民主,才可以"团结全民族的力量来解决全民族的困难"③。胡适特别注重铸造"自由独立的人格"④。同时认为一个人的自由要以不侵犯他人的自由权利为界限。近代中国知识分子在阐述个人自由平等权利的同时,还特别强调要树立"个性主义"的人生观。"个性主义"是近代思想解放时期知识分子的普遍意识,它是对传统"克己制欲"观的反叛。康有为就曾指出"以人为主"的思想,认为"人道者,依人以为道"⑤。他以"人"为判断是非善恶的标准,指出"凡有害于人者为非,无害于人者则为是"⑥。陈独秀特别注重个人的意义及其个性的价值,他说,"天下无论何人,未有不以爱己为目的者。其有昌言不爱己而爱他人者,欺人之谈耳"⑦。他否定了绝对利他主义的人生观,认为"吾人若是专门牺牲自己,利益他人,乃是为他人而生,不是为自己而生,决非个人生存的根本理由"⑧。然而我们要清楚地认识到,近代进步知识分子主张的"个性主义"绝不是一般人认为的那种庸俗化了的"个人主义",更不是当代人所理解的"自私自利"。事实上,它是人类自身的一次觉悟,是人类精神的一次进化。近代知识分子是把"个性主义"与社会和国家的利益紧紧联系起来,把它们视为一种具有内部逻辑联系的相伴物,他们首先反对绝对的利己主义,陈独秀说:"持极端之自利主义者,不达群己相维之理,往往只知有己不知有人,极其

---

① 梁启超:《新民说·论进步》,载李华兴、吴嘉勋编:《梁启超选集》,上海人民出版社 1984 年版,第 237 页。
② 《蔡元培选集》,中华书局 1959 年版,第 9 页。
③ 胡适:《我们必须选择我们的方向》,《大公报》1947 年 8 月 24 日。
④ 《介绍我自己的思想》,载《胡适选集》,天津人民出版社 1991 年版,第 276 页。
⑤ 康有为:《大同书》,古籍出版社 1956 年版,第 5 页。
⑥ 康有为:《大同书》,古籍出版社 1956 年版,第 282 页。
⑦ 《道德之概念及其学说派别》1917 年 3 月 17 日,载《陈独秀文章选编》上册,生活·读书·新知三联书店 1984 年版,第 195 页。
⑧ 陈独秀:《人生真义》,《新青年》第 4 卷第 2 号。

至将破坏社会之组织……故言自利主义，而限于个人，不图扩而充之，至于国家自利、社会自利、人类自利，则人类思想生活之冲突无有已时"①。基于这种认识，近代知识分子特别揭示了"个性主义"与社会国家的利益关系，认为"人各尊重一己，发挥小己之才猷，以图人生之归宿，而其社会国家之价值，即合此小己之价值为要素，所积而成"②。胡适对"个性主义"与社会国家关系的内在逻辑联系论述得更为精当。他说："把自己铸造成器，方才可以希望有益于社会。真实的为我，便是最有益的为人。把自己铸造成了自由独立的人格，你自然会不知足，不满意于现状，敢说老实话，敢攻击社会上的腐败情形。"③"社会是个人组成的，多救出一个人，便是多备下一个再造新社会的分子……这种'为我主义'，其实是最有价值的利人主义"④。"社会国家没有自由独立的人格，如同酒里少了酒曲，面包里少了酵，人身上少了脑筋，那种社会国家绝没有改良进步的希望"⑤。可见，"个性主义"虽然争的是个人自由和独立的人格，其实质是"为国家争自由""为国家争人格"。这就把"个性主义"深刻的历史价值揭示出来。自由平等观及"个性主义"是近代中国人自身觉悟的精神标志及自身精神进化所追求的目标。而近代陋俗文化的变化正与这种精神进化的目标紧密相连。

（四）陋俗文化的变革与人的精神进化

生活习俗与人的价值观念是相互表里、相互依存、相互渗透的。价值观念很多时候是要通过人们的生活方式得以表现，价值观念的变化也必然引起生活习俗的变化。生活习俗是人们价值观念的外在表现与形式，它一方面随着价值观念的变化而变化；另一方面，它的变化反过来亦能促进和强化新价值观念的确立和巩固。陋俗文化的变革与人的精神进化也是如此。精神进

---

① 《道德之概念及其学说派别》，载《陈独秀文章选编》上册，生活·读书·新知三联书店1984年版，第195页。
② 高一涵：《共和国与青年之自觉》，《青年杂志》第1卷第2号。
③ 《介绍我自己的思想》，载《胡适选集》，天津人民出版社1991年版，第276页。
④ 胡适：《易卜生主义》，《新青年》第4卷第6号。
⑤ 胡适：《易卜生主义》，《新青年》第4卷第6号。

化的程度往往是通过陋俗文化变革的程度来作为标尺的;反之,陋俗文化的变化亦能加强和稳固新的人文精神,使精神进化的内容成为较稳定的意识形式。两者相辅相成,互为原因,互为结果,互为目的。可见,近代中国陋俗文化的演变并非特定时期内孤立的文化现象,实际上,它既是人类精神进化过程中一个阶段性的主旨,又是再次实现人的自身觉悟和精神解放的重要途径。

　　人类的觉醒和精神进化最终要归结为人群整体的觉悟,如果不能体现为人群整体的普遍觉醒,也就达不到我们所理解的人类精神进化。近代中国进步知识分子率先觉悟,并开始追求人的精神解放的新目标和新层次,即追求个人的自由平等和"个性主义",以求得个体人生的幸福美满和社会的向前发展。但若仅仅是极少数先进分子的特殊追求,而不能把它变为人群整体的普遍追求和意识,那么作为整体人群的精神进化就不可能实现。笔者认为,改造人群的生活陋俗是实现这一愿望的有效方法。生活习俗是群体生活方式的反映,习俗变革意味着给予影响的对象是人群整体而非个别少数人。习俗变革是人群观念变革在行为方式上的反映。没有精神即没有价值观念的变化,难有真正的习俗即人们生活方式的变化。习俗演变不但以观念变革为基础,且比观念变化更有难度。因为,它不仅是思想上的认同,还需要行动上有所作为。实践比之于观念带有滞后的特点。因此,观念变了,习俗未必变,但习俗变了,却要求群体观念必须变,否则习俗变化是虚假的。从其而论,习俗变革是观念变革的途径和方法。近代中国进步知识分子要把他们所追求的人的自由平等和"个性主义"这种精神进化的内容和目标变为群体的普遍意识,那么变革陋俗文化就成了历史的必然。近代中国追求人的精神进化和陋俗文化变革几乎同时起步,这正是两者内在逻辑联系的必然反映。"要风化好,是在解放人性"①。反之,解放人性,要靠风化好。两者紧密相连,不可分割。事实上,从本书所阐述的近代中国陋俗文化演变的内容看,婚姻生活、家庭生活、妇女生活、"性伦"生活变化的实质就是要人们摆脱传统人伦文化的约束,从而追求个

---

① 《坚壁清野主义》,载《鲁迅全集》第 1 卷,人民文学出版社 1981 年版,第 258 页。

体的自由平等和"个性主义",进而获得幸福美满的人生。所以说,近代中国陋俗文化变革并非孤立的阶段性的文化变革现象,它是人的精神进化长河中的一环,其历史真谛就在于要实现人的自身的再次觉醒与人的精神的再次进化。

二、近代陋俗文化变革的局限及其规律

（一）阻碍陋俗文化变革的因由

近代陋俗文化发生了深刻的变化，但这种变化绝不是翻天覆地、轰轰烈烈的一日之功，其历史局限毋庸讳言。民俗学理论认为，习俗作为一种反映民众内心价值认同的行为方式一旦形成，就具备了传承性和惰性，即不易变性的特征。即便是弊习陋俗也依然如此。习俗是一种生活"惯制"，这个"惯制"概念所揭示的内涵表明，它既不完全等同于"习惯"，也不完全吻合于"制度"，而具有一种更为清晰明确的意义。它向人们揭示，这种"制度"是"习惯"的长期潜移默化而逐步形成的，并非硬性的规定，同时认定，这种"习惯"已成为人们日常生活的言行所要遵守的准则，具有一种"制度"的约束力。"习俗"既不是一般意义上的习惯，也不是通常所谓的制度，恰恰是两者的结合，是两者相互渗透而成的"惯制"。因为"惯制"有极强的稳定性，所以习俗，包括陋俗，尤其是陋俗文化要发生彻底的变化并非易事，它需要有一个曲折渐进、步履艰难的过程。细究其原因，是阻碍陋俗文化变革的政治、文化和经济等逆动因素的作用。

1. 逆动的政治因素影响

近代陋俗文化变革受逆动的政治因素影响而使其变化进程受到干扰，这在近代有两个突出的时期，一是在戊戌政变前后，二是在袁世凯称帝前后。本来受戊戌变法和辛亥革命这种政治革新运动的影响，这两个时期是近代陋俗文化变革的重要阶段。然而与正作用力越大，反作用力亦越大的道理相同，这两个时期的政治反作用力又极大地限制了陋俗文化的长足变革。政治上的守旧势力往往是从政治得失的角度来思考问题,并为了自身的政治利益进而反对变革陋俗文化的。戊戌时期政治守旧势力清楚地认识到:维新前识者主张变革陋俗文化的目的是要改变"天不变,道亦不变"的圣教,只要动摇了这个封建专制的理论基础,就能变君主专制为君主立宪,从而达到维新变法的目的。守旧势力为维护以"三纲五常"为核心的封建人伦文化,为维护君主专制下的封建等级制度,就不可能对陋俗文化的改造视而不见,听而不闻。正像张之洞露骨地表白一样:"知君臣之纲,则民权之说不可行也;知父子之纲,则父子同罪,免丧废祀之说不可行也;知夫妇之纲,则男妇平权之说不可行也。"①他还强调,"五伦之要,百行之原,相传数千年",故"亲亲""尊尊""长长""男女有别"这些人伦原则就不能变,"此其不可得与民变革者也"。② 从"男女有别"不能变,到纲常伦理不能变,最后推出封建君主专制的政体不能变,这就是守旧派推演的逻辑,这就是他们政治立场和政治态度的理论表白。袁世凯称帝前后,以袁为首包括保皇派的清末遗老遗少在全国掀起了一场尊孔复古的逆潮。一时间孔子为"万世师表",孔学如"日月之无伤,江河之不废"③的逢迎甚嚣尘上,并演出了一幕幕祭孔祭天的丑剧。这是借以恢复人民屈从之心,瓦解人民民主之信念,从而达到加强独裁、复辟帝制之目的。袁世凯篡权后复辟了帝制,专制是要靠纲常名教来扶持的,要专制,就要别尊卑贵贱,就要别君臣父子,就要别主奴亲疏。故本来就未被彻底清算的封建文化此刻又走了鸿运,被大肆标榜和弘扬。这种政治上的用心和伎俩无疑极大阻碍了近代陋俗文化的变革。

2. 守旧文化的束缚

列宁指出:"千百万人的习惯势力是最可怕的势力。"④如果说阻碍陋俗文化变革的政治势力主要来自守旧的官僚阶层的话,那么其守旧的文化势力不

---

① 张之洞:《劝学篇内篇》,载叶德辉:《翼教丛编》,第 117 页。
② 张之洞:《劝学篇内篇》,载叶德辉:《翼教丛编》,第 117 页。
③ 《临时大总统令》,《政府公报》第 14 册,1913 年 6 月 23 日第 406 号,第 147 页。
④ 列宁:《共产主义运动中的"左派"幼稚病》,人民出版社 1991 年版,第 25 页。

但来自上层的统治势力,而且更多的则来自上层士绅和下层的民众。由于人们很难摆脱封建人伦文化的束缚,不自觉地阻碍了陋俗文化的变革。近代中国上层士绅阶层的很多人还继续主张坚守传统的伦理道德。认为"我国古圣垂教,首重道德,经传所载,皆纲常伦理之精言;历史所详,悉忠孝节廉之美德。"①认为这些"纲常伦理""忠孝节廉"是世界上最好的道德,失去之,"则其贻害于人心世道,较洪水猛兽为尤烈,其危险实不可思议"②。他们对后生缄口不言固有之道德,斥责三纲四德为谬谈,斥程朱为大愚,笑孔孟为不武,更是痛心疾首,大有"人心不古"之愤! 他们认为,"家庭革命秘密结婚之恶果",都是不讲"君父之尊""男女之防"造成的,③认为"天尊地卑"为"自然之序","阳动阴静"是"造化之机";"男刚女顺""夫唱妇随"都是"终古长存之至理,万年不变之常经也"。④ 他们认为女性的伦理仍然是固有的"孝舅姑和妯娌、相夫教子数端"⑤而已,而不要"诩新奇、驰高远",别出心裁,悖逆天伦。在他们看来,中国人必须在传统人伦文化的框架内泰然生存,任何标新立异都该诅咒。上层士绅阶层还有人公开反对变革陋俗文化,认为"世界风俗之大概,则必由朴而至奢,由真而入伪,由敦厚而流于浇漓"⑥。"革其习惯,易其风俗","足以贻害道德""实人类之蟊贼也。"⑦所以要固守陋俗,只有这样,才能救国保种。如有人反对兴办女学,认为"再兴办女学,则将来办理不善,更足滋生流弊,女学一途必俟国人遍受普通教育,始可再议兴办之。"⑧有人竭力反对男女平等和婚姻自由,认为"急宜防禁者,男女无别,自由择配是也。"⑨许多老顽固认为提倡婚姻自由就是"教人淫乱",并说这些都是洋人的混账法,还有人认为:"误认自由,谬夸平等,以恋爱通婚为文明,以绝情离异为正轨,反道败

---

① 《论学术与道德相离之危险》,《东方杂志》第 5 年第 3 期。
② 《论学术与道德相离之危险》,《东方杂志》第 5 年第 3 期。
③ 《论学术与道德相离之危险》,《东方杂志》第 5 年第 3 期。
④ 《请禁女学》,《大公报》1907 年 8 月 12 日。
⑤ 《论女学宜注重德育》,《东方杂志》第 3 年第 6 期。
⑥ 《论学术与道德相离之危险》,《东方杂志》第 5 年第 3 期。
⑦ 《论学术与道德相离之危险》,《东方杂志》第 5 年第 3 期。
⑧ 《停办女学之风闻》,《大公报》1907 年 6 月 26 日。
⑨ 《工部主事刘梣呈学部代奏稿》,《四川学报》1906 年第 9 期。

德,乱伦悖理,浸而谬种流传,人禽莫辨,实胎亡灭种之祸,岂不大可惧哉"①。当时一些士绅阶层还要求对"学生中有演述男女平权诸谬说及沾染恶习者,立即斥退。"②对于违悖中国数千年礼教及有伤女教的课本新书,"应即分别禁止,以维风化"③。甚至在一些学校里,由于几千年来的旧思想、旧习惯仍然根深蒂固,乌烟瘴气的旧礼教,到处弥漫。"每逢孔子诞辰,学校还照例举行纪念会,向孔像顶礼,然后由校方训话。一些墨守成规的'冬烘先生',在课堂上训斥学生,要大家'安分守己',不准过问社会政治。"④由于士绅阶层大都是阔人、文人及有一定社会地位的人,易被一般人所敬仰,所以他们的话很有市场,影响很大。加之他们善于通过宣传的手段来固守陋俗,为近代陋俗文化的变革设置了不可低估的障碍。近代中国民众阶层的矛盾心理、守旧心理以及逆反心理也是影响陋俗文化变革的重要因素。矛盾心理体现在既反传统陋俗又适应陋俗生活的内心不平衡。在理性上他们可能有自觉反传统的要求,但要彻底背叛传统文化哺育的既定心理却又困难很多。那么在行为方式上往往呈现出既反传统又被传统所束缚的特有模式。爱因斯坦曾经说过:"我们待人接物的态度,大部分取决于我们在童年时代无意识地从周围环境吸取来的见解和感情。换句话说,除了遗传的天赋和品质以外,是传统使我们成为现在这个样子的。但我们极少意识到,同传统的强有力的影响相比,我们的自觉的思想对于我们行为和信念的影响竟是那么微弱。轻视传统是愚蠢的,但是如果要使人的关系不断地得到改善,那么,随着我们的自觉性的提高和智力的增长,我们就应当开始控制传统,并且对传统采取批判态度。我们应当努力去认识,在我们所接受的传统中,哪些是损害我们的命运和尊严的——从而相应地塑造我们的生活。"⑤这段话分析得比较透彻,民众阶层理性上的"自觉的思想"和传统赋予的"心理素质"形成了矛盾,这种矛盾反映到他们对改造陋俗文化的态度上,而前后龃龉、情绪波动、摇摆不定便是这种态度的显著特征。

---

① 游桂芬:《论女子教育当注重道德》,《妇女杂志》第 1 卷第 6 号。
② 《工部主事刘枟呈学部代奏稿》,《四川学报》1906 年第 9 期。
③ 《学部札饬各省提学司严演自由结婚文》,《四川学报》1907 年第 5 期。
④ 戴绪恭:《向警予传》,人民出版社 1981 年版,第 12—13 页。
⑤ 《黑人问题》,载《爱因斯坦文集》第三卷,商务印书馆 1979 年版,第 210—211 页。

一般说来,面对陋俗,有人能察觉到它的弊害,有人或能进而反对之,希望陋俗得到改造,这个过程基本符合一部分人的心态。然而问题并未就此完结,一旦陋俗真的发生变化,并打乱了人们早已习惯了的行为模式和生活节奏,一旦长时期积淀的稳定心态被打破,那么新造成的这种心灵上的不平衡往往又使人们本能地去抵制陋俗的变革,在检讨和判断新习俗中,人们容易沿袭认识上的惯性,从而站到反对变革陋俗的立场上。当然,陋俗的变革最终能在人们的心理重建平衡,但这个过程本身是迂回曲折的,迂回曲折的程度与变革陋俗的速度成反比。守旧心理在民众阶层也普遍存在,很多人还是按照旧观念来审视一切,比如,在一些人眼里,认为男女就是不应平等,对于女子来说,不要读书,不要去管什么国家大事,女子最好是"趁着青春年少的时候,修饰容颜,学些媚样,把男子奉承奉承,要他上了钩,养活我的终身,就算不枉为人一世"①。再如,坚守贞节观念的妇女普遍存在,她们认为丈夫死了,妇女要遵照"守节、体面、请旌、树节孝坊"的礼教而不能改嫁。甚至还有年轻女子甘愿殉夫而死。② 要求人们死抱传统节欲观,认为"身之有欲,如树之有蝎。树抱蝎则自凿,身抱欲则自戕。故蝎盛木折,欲炽身亡"③。有些人坚决反对女子上学,"一闻现在女学生出外入学堂读书,他们耳中就大大的听不进了"④,觉得男女混杂,不成体统。特别"闻得女学堂教习是男先生,他就拿小人的心来测度君子人的腹"⑤,本来"男女授受不亲",怎么能如此状态呢? 此外,逆反心理也构成阻碍陋俗文化变化的一个因素。近代陋俗文化的变革是在中国落后挨打的情况下展开的。由于殖民者的侵略,一些人开始觉醒,认识到中国的落后,决心迎头赶上去。但恰恰也是这样的原因,使一些人更加愤懑殖民者。这种愤懑的心情同民族自尊心以及传统意识相结合,便产生了一种逆反心理,表现出一种不加分析的肯定自己和否定别人,在习俗问题上,便竭力反对变革,顽固守旧,正像鲁迅所说:"因为多年受着侵略,就和这'洋气'为仇;更进一步,

①　君剑:《女子之责任》,《竞业旬报》第 6 期。
②　《贞姜殉夫》,《时报》1905 年 4 月 5 日。
③　游桂芬:《论女子教育当注重道德》,《妇女杂志》第 1 卷第 6 号。
④　道迷:《女学的阻力》,《觉民》第 7 期。
⑤　道迷:《女学的阻力》,《觉民》第 7 期。

则故意和这'洋气'反一调:他们活动,我偏静坐;他们讲科学,我偏扶乩;他们穿短衣,我偏着长衫;他们重卫生,我偏吃苍蝇;他们壮健,我偏生病……这才是保存中国固有文化,这才是爱国,这才不是奴隶性。"①当时这种愚蒙顽钝的逆反心理的影响,使一些人完全感情用事,既不理智,又不科学,成为阻碍陋俗文化变革的一种守旧心态。

3. 小农经济的束缚

与此相同,经济因素也制约着近代陋俗文化的变革。近代社会,封建的小农经济还占有相当大的比重,很多陋俗文化既与这种经济形态相适应,又是这种经济形态的产物。所以,小农经济的存在构成陋俗文化赖以生存的温床和土壤。既然陋俗文化生存的条件还在,那么它就有生存或重新滋生的可能。当人们用强力把气球压进水里之后,一旦疏忽,它就会重新浮起,道理有些相似。诸如:"结婚的充分自由,只有在消灭了资本主义生产和它所造成的财产关系,从而把今日对选择配偶还有巨大影响的一切附加的经济考虑消除以后,才能普遍实现。到那时,除了相互的爱慕以外,就再也不会有别的动机了。"②社会经济的不平衡,贫富差距较大,民众生活得不到基本保障,这些都是一部分陋俗文化得不到根本改造的经济因素。

(二)近代陋俗文化变革的规律及其启示

近代陋俗文化的变革是一个长期的动态运演过程,它贯穿于近代社会的始终。当我们对近代陋俗文化的变化过程作了考察之后,可以从中认识到几条最基本的规律以及对我们的某些启示。

首先,陋俗文化的改造与变革是极其缓慢和艰难的。它随着近代社会的开始而逐渐展开,一直到旧民主主义革命的终结,其改造仍未结束,呈现出长期的渐进状态。实际上,这也恰恰符合文化发展的规律,任何文化的发展变化

---

① 《从孩子的照相说起》,载《鲁迅全集》第 6 卷,人民文学出版社 1981 年版,第 82 页。

② 恩格斯:《家庭、私有制和国家的起源》,人民出版社 2018 年版,第 88 页。

都要经过一条曲折而又漫长的道路,而绝不是一朝一夕的事情。陋俗文化的变化亦是如此,其根本原因就在于陋俗文化的变革受制于政治经济文化等多项社会历史条件的影响,前文实际上已经阐述了这一问题。陋俗文化要依靠政治经济文化的变化而变化。它一般不会超越政治经济文化的现存条件而发生超前的变化。中国近代社会政治经济和文化条件并没有发生彻底的根本性变化,当时的中国依然是封建的政治制度占统治地位,封建的小农经济占主导地位,群体的守旧观念还普遍存在。陋俗文化在这庞大的社会阻力面前要想全面彻底的变革是不可想象和不可思议的。它启示人们,改造陋俗文化是一种长期的文化建设,要依靠政治经济文化变化的社会条件而逐步达到改造陋俗文化的目的。尤其要充分利用社会政治经济文化给社会带来的有利条件,抓住时机进行陋俗文化的改造。近代陋俗文化变革已经向我们昭示:就近代而言,陋俗文化虽处于不停顿的演进过程,但并非均衡地发展,呈现一种起伏的波浪式状态。这种状态恰与社会本身政治经济文化的运动有关。凡是国家处于严重的危机时期,凡是思想解放的时期,凡是社会大变革的时期,往往就是陋俗文化变革最显赫、最剧烈的关头。如20世纪初年中国正处于内忧外患的严重危急时刻,这时出现了以救国为目标的陋俗变革热潮。像戊戌时期和五四时期,中国社会出现了思想解放运动,在这个时候,出现了变革陋俗的热潮;再如辛亥革命刚刚结束,民国刚刚建立的时候,也形成了一次变革陋俗的高潮。正是中国社会的大变革时代,要求在改造社会各方面的同时去改造和变革传统陋俗。梁启超在谈论变法的时候曾讲道,变革社会,极其复杂,它要求变革相互作用的社会诸方面,"非全体并举,合力齐作,则必不能有功,而徒增其弊"①。正是在大变革的非常时期,才促进和启发人们去深刻地思考,才容易使人们产生变革的激情和大无畏精神,正是这样的时期,也易迎来陋俗文化的深刻变革。

其次,先进知识分子是陋俗文化变革的最初倡导者和最初的主体力量。社会心理学提供的理论可以说明这一点。陋俗文化的变革是先进知识分子率

---

① 《戊戌政变记》,载李华兴、吴嘉勋编:《梁启超选集》,上海人民出版社1984年版,第83页。

先作用的结果。"风俗既起源于一二人之人格或心向,故风俗必有其范成者。范成风俗的少数人即一时一地的真实领袖。"①改造陋俗文化必须有先进知识分子敢于经受极大的心理压力去冲破重重阻力,充当英勇无畏的带头人。他们的率先行为成为陋俗文化变革的起点。社会陋俗变化的动态轨迹固然遵循着自身内部的发展规律,但产生这种变化显而易见的直接动因,却是生活在社会群体中的某些人及其他们积极的变革行为。很难设想,在个人或少数人完全遵从多数人的信念和愿望的社会里,其文明程度会发展或能够达到多么高的地步。社会要产生强大的变化和发展,尤其是观念形态的进化,就需要改革者对多数人施加压力,即先进知识分子提出一种新异的思想和观点,供多数人选择,用于评价自己原先的立场及行为模式。从这个意义上讲,没有先进知识分子,就不会出现社会的变革。② 同理,没有近代最先觉醒的先进知识分子的表率作用,也就不会出现近代陋俗文化的真正变革。戊戌时期的康有为、梁启超、严复、谭嗣同、王韬、宋恕、陈虬、黄遵宪、何启、胡礼桓、经元善、唐才常、汪康年、麦孟华;辛亥革命时期的孙中山、黄兴、秋瑾、宋教仁、蔡元培、金天翮、唐绍仪、谭人凤、吴稚晖、李石曾、汪精卫、廖仲恺,五四新文化运动时期的陈独秀、胡适、鲁迅、李大钊、蔡元培、吴虞、沈雁冰、陈望道、周作人、李汉俊、张闻天、恽代英等就引领改造陋俗文化。他们改造陋俗文化的主张,"于个人之精神,社会之风气,关系甚大"③,直接影响了民众生活,使社会陋俗的变化渗透到民众生活的诸多领域。先进知识分子的文化价值取向之所以能对民众文化起着某种示范和导向作用,并能影响整个社会的文化价值观念,是因为"众从"现象所引起的。先进知识分子在长期的社会实践中,由于自身高尚的品格、聪颖的智慧、献身的精神,使他们在民众中逐渐获得了较高的威信,并赢得较高的地位和威望,成为民众心目中的偶像。"人贵言重",按照社会心理学的理论,他们容易获取民众的信赖,即人们乐意接受他们的指导,听从他们的意见和劝诱,从而产生一种"众从"现象,即多数人采取先进知识分子的意见而改变原来的态度、立场、观点和信念,采取与先进知识分子一致的价值观念

---

① 贺麟:《文化与人生》,商务印书馆 1988 年版,第 236 页。
② 时蓉华主编:《现代社会心理学》,华东师范大学出版社 1989 年版,第 296 页。
③ 《北京电报》,《民立报》1912 年 3 月 2 日。

和行为方式。① 近代中国社会，由于教育的落后，大多数人没有文化，生活在闭塞与愚昧之中，在这样的社会背景下，先进知识分子的开蒙作用的确是至关重要的，甚至可以说，没有先进知识分子的最初倡导与率先作用，也就没有近代陋俗文化的变革。

最后，近代陋俗文化的变革是通过采取多种方法和渠道展开的，表现了内容与形式的有机结合。陋俗文化渗透于民众的日常生活及思想意识中，是极为繁杂的超稳定的社会心理表现，难以改变。这就要求人们从各个角度、各种渠道、各种方式想方设法地开展工作，坚持内容与形式的辩证统一。近代主张变革陋俗文化的先进知识分子正是通过多方面的有效方式来展开变革陋俗的工作的。其主张表现于组织团体、集会演说、创办报纸、发行书刊、散发书画、开设学校、创立报馆、开展教育、编演新戏、宣传民众。利用这一系列的有效方式，因势利导，以求达到改造陋俗文化的目的。这一切充分表明，通过宣传教育等手段促使人们摆脱陋俗，进而追求新的道德风尚与文明生活，其功不可泯灭。细析之，也可以看到，近代陋俗文化变革是内容与形式有机结合的范例。它启示人们，在进行社会风气改造的过程中，必须坚持内容与形式相结合的方法。既要反对片面追求形式，不注重内容和实效的形式主义倾向，又要反对不采取任何有效方式的空谈。

这里要再次强调：近代中国的时代主题是救亡图存。为完成这时代的使命，中国人付出了巨大的代价，苦苦探索，寻求一个又一个救国方案。当有人发现陋俗文化是构成中国败弱的一个重要原因时，就决心要通过批判和改造陋俗文化来达到救国的目的。"欲救今日之中国，必自改良风俗始"②，这种"欲谋社会之进步，不能不改良风俗"③的习俗救国论是近代诸多文化救国论中的一种。事实上，文化救国不能成为排斥其他救国方案而独树一帜并能最终达到救国目的的最佳路径。但是这绝不是说文化救国论没有丝毫的实践意义。文化救国理论的核心意义之一是要改造国民的心理素质，即戊戌时期的"开民智"，20 世纪初年的"新民说"，新文化运动时期的"改造国民性"。严复

---

① 时蓉华主编：《现代社会心理学》，华东师范大学出版社 1989 年版，第 291 页。
② 《论慈善事业中外之不同》，《东方杂志》第 1 卷第 11 期。
③ 柳隅：《留日女学会杂志·题辞》，《留日女学会杂志》第 1 期。

曾特别突出"开民智"的重要地位,认为民智、民力、民德三者"以民智为最急也"①,梁启超说,"吾国言新法数十年,而效不睹者何也?则于新民之道未有留意焉者也"②,"苟有新民,何患无新制度,无新政府,无新国家"③。鲁迅说:"说到'为什么'做小说罢,我仍抱着十多年前的'启蒙主义',以为必须是'为人生',而且要改良这人生……所以我的取材,多采自病态社会的不幸的人们中,意思是在揭出病苦,引起疗救的注意。"④这"引起疗救的注意",不但是救人,而且是救国。国家兴亡与国民素质并非没有关系。一个是否有近代国家观念、民族观念、救亡观念的群体对一个国家和民族的未来命运关系重大。从这个意义上讲,文化救国论对近代中国救亡图存可起到一个催化剂的作用。因此,文化救国实际是政治救国的一个不可缺少的必要补充,这个补充有利于救国大目标的完成。正因为如此,笔者以为,近代改造陋俗文化在近代救国过程中所产生的进步意义是绝对不可抹杀或忽略不计的。

---

① 《原强》,载《严复集》第 1 册,中华书局 1986 年版,第 14 页。
② 《新民说》,载李华兴、吴嘉勋编:《梁启超选集》,上海人民出版社 1984 年版,第 207 页。
③ 《新民说》,载李华兴、吴嘉勋编:《梁启超选集》,上海人民出版社 1984 年版,第 207 页。
④ 《我怎么做起小说来》,载《鲁迅全集》第 4 卷,人民文学出版社 1981 年版。

参 考 文 献

一、报纸、杂志

《大公报》

《时报》

《万国公报》

《盛京时报》

《民立报》

《申报》

《民报》

《京报》

《晨报》

《觉悟》

《学灯》

《时务报》

《东方杂志》

《清议报》

《新青年》

《青年进步》

《解放画报》

《解放与改造》

《竞业旬报》

《秦钟》

《湘报》

《游学译编》

《四川学报》

《译书汇编》

《江苏》

《浙江潮》

《留日女学会杂志》

《平民》

《群众》

《民铎》

《共进》

《平民教育》

《曙光》

《天义报》

《童子世界》

《知新报》

《少年世界》

《新世纪》

《新生活》

《安徽俗话报》

《觉民》

《大中华杂志》

《新社会》

《新中国》

《云南教育报》

《教育杂志》

《中国女报》

《中国新女界杂志》

《新妇女》

《妇女时报》

《女子世界》

《妇女周报》

《妇女杂志》

《教育公报》

《妇女评论》

《现代妇女》

《女报》

《女学报》

《中华妇女界》

《万国公报》

《民报》

《绣像小说》

二、方志、族谱、家训

《中国地方志集成》第 45 册,巴蜀书社 1992 年版。

《中国地方志民俗资料汇编》中南卷(上、下),书目文献出版社 1991 年版。

《中国地方志民俗资料汇编》西南卷(上、下),书目文献出版社 1989、1991 年版。

《中国地方志民俗资料汇编》华北卷,书目文献出版社 1989 年版。

《中国地方志民俗资料汇编》东北卷,书目文献出版社 1989 年版。

胡朴安编:《中华全国风俗志》下编,中州古籍出版社 1990 年版。

胡朴安:《中华全国风俗志》,河北人民出版社 1986 年版。

王焕镳编纂:《首都志》下,正中书局 1935 年版。

刘爽:《吉林新志》下编,辽宁编译社 1934 年版。

周峰主编:《民国时期杭州》,浙江人民出版社 1992 年版。

徐乃昌等纂:《南陵县志》。

王荣商等纂:《镇海县志备稿》。

姚桓纂:《遂安县志》。

王树楠等撰:《奉天通志》,东北文史丛书编辑委员会 1983 年版。

陈宝生等撰:《满城县志略》,1941 年版。

高觐光等纂:《泸县志》。

徐葆莹监修:《蓟县志》,1944 年版。

《武乡县志》。

《呼兰县志》。

邓钟玉等纂:《金华县志》,1915 年金华益生成记排印。

郭春藻:《盖平乡土志》,1920 年盖平教养工厂石印。

孙毓璓主修:民国《盐山新志》。

刘崇本纂:民国《雄县新志》第 7 册。

许昌县志编纂委员会编:《许昌县志》,南开大学出版社 1993 年版。

陈周棠校补:《洪氏宗谱》,浙江人民出版社 1982 年版。

《孟氏宗谱》,胜善堂珍藏,民国岁次甲子重辑。

张元果修:《南皮张氏东门家谱》,道光丁酉春日辑,己亥日刊,永恩堂藏版。

(清)祝懋湛:《锡山祝氏宗谱》。

李汝祺等修:《李氏族谱》。

(宋)袁采撰:《袁氏世范》,乾隆甲寅长至重镌。

钱文选恭辑:《钱氏家乘》,上海书店出版社 1996 年版。

《陆氏葑门支谱》。

(明)庞尚鹏:《岭南遗书》,粤雅堂校刊。

《家庭谈话》,光绪三十三年冬学部图书局印行。

三、文集、日记

《左宗棠全集》,岳麓书社 1987 年版。

《康有为全集》第 1 集,上海古籍出版社 1987 年版。

梁启超:《饮冰室合集》文集第一册,上海中华书局印行 1936 年版。

梁启超:《饮冰室合集》第 4 册文集 27—37,中华书局 1989 年版。

李华兴、吴嘉勋编:《梁启超选集》,上海人民出版社 1984 年版。

夏晓虹编:《梁启超文选》(下),中华广播电视出版社 1992 年版。

《谭嗣同全集(增订本)》下册,中华书局 1981 年版。

王栻主编:《严复集》第 1、2、4 册,中华书局 1986 年版。

胡珠生编:《宋恕集》上册,中华书局 1993 年版。

《陈虬集》,浙江人民出版社 1992 年版。

《孙中山全集》第一、二、九卷,中华书局 1981、1982、1986 年版。

《孙中山选集》,人民出版社 1956 年版。

《宋教仁集》,中华书局 1981 年版。

石芳勤编:《谭人凤集》,湖南人民出版社 1985 年版。

湖南省社会科学院编:《黄兴集》,中华书局 1981 年版。

广东省社会科学院历史研究室编:《廖仲恺集(增订本)》,中华书局 1983 年版。

《章太炎全集》第 4 册,上海人民出版社 1985 年版。

《秋瑾集》,上海古籍出版社 1979 年版。

金一:《女界钟》,上海大同书局 1903 年版。

《师复文存》,革新书局 1927 年版。

《漱溟最近文录》,中华正气出版社 1944 年版。

贺麟:《文化与人生》,商务印书馆 1988 年版。

冯友兰:《三松堂学术文集》,北京大学出版社 1984 年版。

《独秀文存》卷一——卷三,安徽人民出版社 1987 年版。

《陈独秀文章选编》上册,生活·读书·新知三联书店 1984 年版。

高平叔编:《蔡元培全集》第三卷,中华书局 1984 年版。

《蔡元培选集》,中华书局 1959 年版。

《蔡元培美学文选》,北京大学出版社 1983 年版。

《胡适文存》第 1 集卷 4、第 4 集卷 1,黄山书社 1996 年版。

《胡适选集》,天津人民出版社 1991 年版。

《鲁迅全集》第 1、3、4、5、6、7 卷,人民文学出版社 1981 年版。

周作人:《谈虎集》上卷,北新书局 1928 年版。

中国民主促进会中央宣传部编:《周建人文选》,中国文史出版社 1988 年版。

《吴虞集》,四川人民出版社 1985 年版。

《夏丏尊文集》第一卷,浙江人民出版社 1983 年版。

张竞生:《美的社会组织法》,北新书局 1926 年版。

《李大钊选集》,人民出版社 1959 年版。

《毛泽东早期文稿》,湖南出版社 1990 年版。

《陈望道文集》第一卷,上海人民出版社 1979 年版。

张羽等编著:《恽代英来鸿去燕录》,北京出版社 1981 年版。

《爱因斯坦文集》第三卷,商务印书馆 1979 年版。

《汪悔翁乙丙日记》卷二、三。

孙宝瑄:《忘山庐日记》上册,上海古籍出版社 1983 年版。

四、游记、传记、小说、诗歌、回忆录

钟叔河主编:《走向世界丛书》,岳麓书社 1984—1986 年版。

(清)斌椿:《乘槎笔记(外一种)》,湖南人民出版社 1981 年版。

丁文江、赵丰田编：《梁启超年谱长编》，上海人民出版社 1983 年版。

邵传烈：《孙中山》，上海人民出版社 1980 年版。

杨廷福：《谭嗣同年谱》，人民出版社 1957 年版。

唐振常：《蔡元培传》，上海人民出版社 1985 年版。

顾长声：《容闳——向西方学习的先驱》，上海人民出版社 1984 年版。

汪太冲编：《章太炎外纪》，北京文史出版社 1924 年版。

［美］陈福霖、余炎光：《廖仲恺年谱》，湖南出版社 1991 年版。

戴绪恭：《向警予传》，人民出版社 1981 年版。

李宗一：《袁世凯传》，中华书局 1981 年版。

尚明轩等编著：《宋庆龄年谱》，中国社会科学出版社 1986 年版。

（明）凌濛初：《二刻拍案惊奇》，古典文学出版社 1957 年版。

（清）李汝珍：《镜花缘》上册，人民文学出版社 1955 年版。

（清）吴敬梓：《儒林外史》，人民文学出版社 1958 年版。

余冠英选注：《汉魏六朝诗选》，人民文学出版社 1958 年版。

（宋）郭茂倩：《乐府诗集》第三、四册，中华书局 1979 年版。

林庚、冯沅君主编：《中国历代诗歌选》上编（一），人民文学出版社 1964 年版。

《李太白全集》上册，中华书局 1977 年版。

《辛亥革命回忆录》（一），文史资料出版社 1961 年版。

中国社会科学院近代史研究所编：《五四运动回忆录》（上、下），中国社会科学出版社 1979 年版。

姜泣群编：《民国野史》（上、下），江苏广陵古籍刻印社 1995 年版。

五、资料汇编

中国史学会主编：《太平天国》（一——四），上海人民出版社 1957 年版。

牟安世：《太平天国》（一、二），上海人民出版社 1979 年版。

《太平天国资料汇编》第 1 册，中华书局 1980 年版。

中国社会科学院近代史研究所：《太平天国文献史料集》，中国社会科学出版社 1982 年版。

《太平天国史料专辑》，上海古籍出版社 1979 年版。

《太平天国印书》（上、下），江苏人民出版社 1979 年版。

王庆成编注：《天父天兄圣旨》，辽宁人民出版社 1986 年版。

郦纯:《太平天国制度初探》(上、下),中华书局 1989 年版。

《太平天国文选》,上海人民出版社 1956 年版。

《太平天国文书汇编》,中华书局 1979 年版。

《太平天国史料》,开明书店 1950 年版。

太平天国历史博物馆编:《太平天国史料丛编简辑》第五册,中华书局 1962 年版。

张枬、王忍之编:《辛亥革命前十年间时论选集》第一卷下册、第二卷下册、第三卷,生活·读书·新知三联书店 1960、1963、1977 年版。

上海社会科学院历史研究所编:《辛亥革命在上海史料选辑》,上海人民出版社 1981 年版。

《辛亥革命时期期刊介绍》第 1 集,人民出版社 1982 年版。

中国第二历史档案馆:《中华民国史档案资料汇编》第 2 辑,江苏人民出版社 1981 年版。

舒新城编:《中国近代教育史资料》(上、中、下),人民教育出版社 1961 年版。

《五四时期的社团》(一——四),生活·读书·新知三联书店 1979 年版。

中华全国妇女联合会妇女运动历史研究室:《五四时期妇女问题文选》,生活·读书·新知三联书店 1981 年版。

中华全国妇女联合会妇女运动历史研究室编:《中国妇女运动历史资料(1921—1927)》,人民出版社 1986 年版。

中华全国妇女联合会妇女运动历史研究室编:《中国妇女运动历史资料(1840—1918)》,中国妇女出版社 1991 年版。

《民国丛书》第一编、第二编,上海书店 1989、1990 年版。

中国革命博物馆、湖南省博物馆编:《新民学会资料》,人民出版社 1980 年版。

《实用北京指南》,商务印书馆 1926 年版。

《日用百科全书》上册,商务印书馆 1919 年版。

郑逸梅编著:《南社丛谈》,上海人民出版社 1981 年版。

《中国经济年鉴续编》,商务印书馆 1935 年版。

徐珂编撰:《清稗类钞》第 2、5 册,中华书局 1984 年版。

王三聘辑:《古今事物考》,上海书店 1987 年版。

王隐菊等编著:《旧都三百六十行》,北京旅游出版社 1986 年版。

六、著作与论文集

乌丙安:《中国民俗学》,辽宁大学出版社 1985 年版。

张紫晨:《中国民俗与民俗学》,浙江人民出版社 1985 年版。

时蓉华主编:《现代社会心理学》,华东师范大学出版社 1989 年版。

沙莲香主编:《社会心理学》,中国人民大学出版社 1987 年版。

沙莲香主编:《中国民族性》(一),中国人民大学出版社 1989 年版。

刘达临:《性社会学》,山东人民出版社 1986 年版。

司马云杰:《文化社会学》,山东人民出版社 1990 年版。

罗国杰:《伦理学》,人民出版社 1989 年版。

庄锡昌等编:《多维视野中的文化理论》,浙江人民出版社 1987 年版。

[美]克莱德·克鲁克洪等:《文化与个人》,高佳等译,浙江人民出版社 1986 年版。

[德]卡尔·雅斯贝尔斯:《智慧之路》,柯锦华、范进译,中国国际广播出版社 1988 年版。

[美]露丝·本尼迪克特:《文化模式》,王炜等译,生活·读书·新知三联书店 1989 年版。

[美]菲利普·巴格比:《文化·历史的投影》,夏克等译,上海人民出版社 1987 年版。

[德]恩斯特·卡西尔:《人论》,甘阳译,上海译文出版社 1985 年版。

严复译:《孟德斯鸠法意》下册,商务印书馆 1981 年版。

[英]阿·汤因比、[日]池田大作:《展望二十一世纪——汤因比与池田大作对话录》,荀春生等译,国际文化出版公司 1985 年版。

[英]马尔萨斯:《人口原理》,朱泱等译,商务印书馆 1992 年版。

康有为:《大同书》,古籍出版社 1956 年版。

梁启超:《中国近三百年学术史》,中国书店 1985 年版。

何启、胡礼垣集:《新政真诠》,辽宁人民出版社 1994 年版。

冯自由:《革命逸史》第三集,中华书局 1981 年版。

梁漱溟:《东西文化及其哲学》,商务印书馆 1987 年影印版。

梁漱溟:《人心与人生》,学林出版社 1984 年版。

钱穆:《中国文化史导论(修订本)》,商务印书馆 1994 年版。

贺麟:《文化与人生》,商务印书馆 1988 年版。

孙本文:《现代中国社会问题》第 1、2 册,商务印书馆 1947 年版。

陈长蘅:《中国人口论》,商务印书馆 1932 年版。

陈翰笙编:《广东农村生产关系与生产力》,上海中山文化教育馆 1934 年版。

张静如主编:《北洋军阀统治时期中国社会之变迁》,中国人民大学出版社 1992 年版。

陈锋、刘经华:《中国病态社会史论》,河南人民出版社 1991 年版。

冯尔康、常建华:《清人社会生活》,天津人民出版社 1990 年版。

张亮采编著:《中国风俗史》,生活·读书·新知三联书店 1988 年版。

严昌洪:《中国近代社会风俗史》,浙江人民出版社 1992 年版。

陈鹏:《中国婚姻史稿》,中华书局 1990 年版。

马之骕:《中国的婚俗》,岳麓书社 1988 年版。

张树栋、李秀领:《中国婚姻家庭的嬗变》,浙江人民出版社 1990 年版。

孙晓:《中国婚姻小史》,光明日报出版社 1988 年版。

易家钺编译:《家庭问题》,商务印书馆 1920 年版。

徐扬杰:《中国家族制度史》,人民出版社 1992 年版。

岳庆平:《中国的家与国》,吉林文史出版社 1990 年版。

舒新城编:《近代中国留学史》,上海文化出版社 1989 年影印版。

[日]实藤惠秀:《中国人留学日本史》,生活·读书·新知三联书店 1983 年版。

成都体育学院体育史研究室编著:《中国近代体育史简编》,人民体育出版社 1981 年版。

赵风喈:《中国妇女在法律上之地位》,商务印书馆 1928 年版。

陈东原:《中国妇女生活史》,上海商务印书馆 1928 年版。

[日]仁井田升:《中国身份法史》,日本座右宝刊行 1943 年版。

[日]本间久雄:《妇女问题十讲》,章锡琛译,上海开明书店 1928 年版。

田家英:《中国妇女生活史话》,中国妇女出版社 1982 年版。

吕美颐、郑永福:《中国妇女运动(1840—1921)》,河南人民出版社 1990 年版。

郑永福、吕美颐:《近代中国妇女生活》,河南人民出版社 1993 年版。

梁瓯第、梁瓯霓:《近代中国女子教育》,正中书局 1936 年版。

朱云影:《人类性生活史》,上海社会科学院出版社 1988 年版。

王昭玺:《东方两性论》,辽宁教育出版社 1989 年版。

钟雯:《四大禁书与性文化》,哈尔滨出版社 1993 年版。

刘达临编著:《中国古代性文化》,宁夏人民出版社 1993 年版。

[荷]高罗佩:《中国古代房内考》,李零、郭晓惠等译,上海人民出版社 1990 年版。

林语堂:《中国人》,浙江人民出版社 1988 年版。

简又文:《太平天国典制通考》中册,简氏猛进书屋 1958 年版。

罗尔纲:《太平天国史料考释集》,生活·读书·新知三联书店 1956 年版。

罗尔纲:《太平天国史稿》,开明书店 1951 年版。

[英]呤唎:《太平天国革命亲历记》,王维周译,上海古籍出版社 1985 年版。

郭廷以:《太平天国史事日志》,上海书店 1980 年影印版。

赵清主编:《社会问题的历史考察》,成都出版社 1992 年版。

龚书铎:《中国近代文化探索》,北京师范大学出版社 1988 年版。

李侃:《近代传统与思想文化》,文化艺术出版社 1990 年版。

《中国文化研究集刊》第 1、2 辑,复旦大学出版社 1984、1985 年版。

张立文等编:《传统文化与现代化》,中国人民大学出版社 1987 年版。

《东西方文化研究》,河南人民出版社 1986 年版。

复旦学报编辑部:《断裂与继承:青年学者论传统文化与现代化》,上海人民出版社 1987 年版。

《学林漫录》第 2 集,中华书局 1981 年版。

张岱年主编:《新民说》,辽宁人民出版社 1994 年版。

[英]赫胥黎:《天演论》,严复译述,商务印书馆 1933 年版。

杨步伟:《一个女人的自传》,岳麓书社 1987 年版。

七、古籍与其他资料

(清)阮元校刻:《十三经注疏》,中华书局 1980 年版。

《百子全书》(一)(三)(六),浙江人民出版社 1984 年版。

(西汉)刘向集录:《战国策》,上海古籍出版社 1978 年版。

(唐)房玄龄注:《管子》,上海古籍出版社 1989 年版。

(汉)司马迁撰:《史记》,中华书局 1982 年版。

(汉)班固撰:《汉书》,中华书局 1976 年版。

(宋)范晔撰:《后汉书》,中华书局 1965 年版。

(唐)房玄龄等撰:《晋书》,中华书局 1974 年版。

(北齐)魏收撰:《魏书》,中华书局 1974 年版。

（宋）欧阳修、宋祈撰：《新唐书》，中华书局 1975 年版。

（后晋）刘昫等撰：《旧唐书》，中华书局 1975 年版。

（明）宋濂等撰：《元史》，中华书局 1977 年版。

（清）张廷玉等撰：《明史》，中华书局 1974 年版。

《清实录》，中华书局 1985 年版。

《清会典》，中华书局 1991 年版。

朱寿朋编：《光绪朝东华录》第 4 册，中华书局 1958 年版。

《香艳丛书》，人民文学出版社 1992 年版。

（宋）黎靖德编：《朱子语类》第一册，中华书局 1986 年版。

（北宋）司马光：《司马温公书仪》，研香书屋藏版。

（元）陶宗仪撰：《四部丛刊三编子部·南村辍耕录》卷十，上海书店 1985 年版。

（明）田艺蘅撰：《留青日札》，上海古籍出版社 1985 年版。

章锡琛点校：《张载集》，中华书局 1978 年版。

（清）黄宗羲：《明夷待访录》，中华书局 1981 年版。

（清）江永注：《近思录集注》，上海书店 1987 年影印版。

《陈确集》下册，中华书局 1979 年版。

（清）俞正燮：《癸巳类稿》。

（清）赵翼：《廿二史札记》，世界书局 1936 年版。

（清）赵翼：《陔馀丛考》，商务印书馆 1957 年版。

（清）赵翼、（清）姚元之撰：《詹曝杂记　竹叶亭杂记》，中华书局 1982 年版。

（清）钱泳撰：《履园丛话》下册，中华书局 1979 年版。

（清）袁枚：《随园诗话》上册，人民文学出版社 1960 年版。

（清）福格：《听雨丛谈》，中华书局 1959 年版。

（清）阮元撰：《畴人传》，商务印书馆 1935 年版。

（清）魏源撰：《海国图志》，光绪丙申孟秋慎记书庄石印。

（清）王韬：《弢园文录外编》，中华书局 1959 年版。

安徽自治研究所编：《自治要言》。

姚灵犀编：《采菲录续编》，天津时代公司 1936 年版。

贾伸撰：《中华妇女缠足考》，北京慈祥工厂 1925 年版。

姜泣群编：《民国野史》（上、下），江苏广陵古籍刻印社 1995 年版。

初 版 后 记

1984 年秋,我在北京师范大学做硕士研究生,攻读中国近代文化史方向。当时学术界掀起一股文化热,文化问题一下子成了显学。选择一个什么样的文化史方面的论文题目,是很费心思的。有一次,我阅读了龚书铎老师 1983 年 8 月 24 日在《光明日报》发表的《戊戌新文化运动述略》一文,很受启发。其中一段话直接导引出我的学位论文题目。文章写道:"维新派还重视社会风俗的改造,主张禁缠足、鸦片等陋习;提倡体育活动、讲究卫生,甚至提倡工作、生活时间的条理化,注重工作效率,用西方资本主义社会的文明改变中国封建社会陋恶落后的风习。"社会风俗是文化传统、价值观念以及社会经济在人们生活方式上的体现,风俗本身是一个非常重要的文化现象。近代中国社会的政治和经济发生了变化,文化观念发生了变化,人们的社会生活也发生了变化。应当说近代社会习俗的演变是值得研究的一个课题。后来在导师龚书铎先生、李侃先生的鼓励下,我确定了《20 世纪初年中国社会习俗的变化》的硕士学位论文题目。1987 年初夏,以这篇论文通过答辩并获得历史学硕士学位。

毕业后,我到辽宁师范大学任教。这期间我一直把近代中国习俗的演变作为科研主攻方向。1988 年秋,我用了一个多月的时间,在北京图书馆、北京师范大学图书馆、北京大学图书馆、中国科学院图书馆查阅了大量的报刊和地方志,获得了上千份有关近代社会习俗变革的资料,这些资料对我后来的科研工作补益甚大。

1991 年秋,我到湖南师范大学做博士研究生。由于过去几年的积累和思考,我确定博士论文题目为《近代中国陋俗文化嬗变研究》,导师林增平先生支持我做这个题目。1994 年初夏,我完成了这篇学位论文并通过答辩,获得历史学博士学位。

1994 年 10 月,我到中国社会科学院博士后科研流动站做博士后。其间,我在做博士后研究报告的同时,挤出时间,充分利用近代史研究所丰富的报刊和图书资料,特别是一些家谱资料,对我的博士论文进行了补充和修改,并得到导师耿云志先生的点拨,受益匪浅。

陋俗文化是一个特定的学术概念,它与传统人伦文化不同,也与陋俗不同,所以很多不被传统人伦文化认同的陋俗不是本书研究的范围。即便如此,陋俗文化的内容还是相当广泛的,本书很难全部囊括,只是就近代中国发生明显变化的陋俗文化进行了探讨。

在本书即将出版之际,我更加思念我的导师林增平先生!先生离开我们已经 5 年了,先生的治学精神是我一辈子都要老老实实学习的。我的导师龚书铎先生为本书赐序,在此深表谢意!

本人薄能谫才,本书粗疏鄙陋之处在所难免,希望得到读者的批评指正。

梁景和
1998 年 1 月 10 日于首都师范大学

再 版 后 记

  《近代中国陋俗文化嬗变研究》1998 年出版时，印数较少。后来很多人买不到这本书，所以与出版社商量拟出增订本，再次出版。

  这次出版对原书只是作了个别字句的修改，注释的标准进一步统一了。此外就是增加了一个"附录卷"，这是由与本书同类的几篇论文构成的。其中《〈绣像小说〉与民间迷信习俗批判》《〈延年会叙〉与改造社会习俗》《太平天国时期社会风气的改造》《近代国人眼中的外国风俗》《五四时期的"解放尼姑"与广州废娼大游行》是 80 年代中期，我把阅读史料后的一些零星体会，作了几篇小文章。《重视研究五四时期的性伦文化》和《五四时期的"废婚主义"》是为五四运动八十周年所写的两篇小文。而《论五四时期的"性伦"文化》是在以往研究基础上撰写的一篇学术论文。《资产阶级上层集团与民初社会习俗的改造》是 90 年代初撰写的一篇学术论文。《20 世纪初年中国社会习俗的变化》是 1987 年我硕士毕业时的学位论文。以上这些文章绝大多数是比较早期的论述，虽稚嫩，却是我从事社会文化史研究的一个起步，这就有了独特的意义，所以把它们作为附录卷收集起来。

梁景和

2008 年 6 月 7 日于北京颐慧佳园

三 版 后 记

　　《近代中国陋俗文化嬗变研究》1998 年由首都师范大学出版社出版，2009
年出版了修订本。这次出版除了个别错字落字和个别语句做了改正外，还删
除了附录卷，其他与修订本相同。

　　这是三十多年前写的著作，现在看来留有很多时代的痕迹，但这本书的价
值是对一些新的学术领域和学术概念的探讨以及对某些文化理论问题的
思考。

梁景和

2024 年 1 月 27 日于幽乔书屋